弈品阁

弈品阁

围棋实战训练丛书

围棋死活400题

罗静 编著

全国百佳图书出版单位

化学工业出版社

·北京·

图书在版编目（CIP）数据

围棋死活400题 / 罗静编著. —北京：化学工业出版社，2023.6

（围棋实战训练丛书）

ISBN 978-7-122-43094-6

Ⅰ. ①围… Ⅱ. ①罗… Ⅲ. ①死活棋（围棋）–习题集
Ⅳ. ①G891.3-44

中国国家版本馆CIP数据核字（2023）第044230号

责任编辑：史　懿　　　封面设计：刘丽华
责任校对：宋　夏　　　内文排版：盟诺文化

出版发行：化学工业出版社（北京市东城区青年湖南街 13 号　邮政编码 100011）
印　　装：三河市延风印装有限公司
710mm × 1000mm　1/32　印张 $7^3/_4$　字数 144 千字
2023 年 6 月北京第 1 版第 1 次印刷

购书咨询：010-64518888
售后服务：010-64518899
网　　址：http://www.cip.com.cn
凡购买本书，如有缺损质量问题，本社销售中心负责调换。

定　　价：39.80 元　

前言

本套书主要写给围棋爱好者。

爱好者无论是接受系统的围棋教学，还是自学，做练习题都是学习围棋必不可少的内容。做练习题既可以巩固所学知识，提高计算能力，更可以培养行棋的感觉，对提高棋艺水平大有裨益。

初学者做题时，往往比较茫然，不知道“着手”在哪里，而下一手对方又将回应在哪里。笔者在开始学习围棋时也有过这样的困惑，所以根据多年的教学经验，编写了这套“围棋实战训练丛书”。

本套书包含吃子、死活、对杀三册。吃子、死活和对杀是围棋最基本的技能，吃子是各项技能的前提，死活是围棋对弈的核心，对杀是棋艺提高的台阶。只有掌握了这三项基本技能，才能继续学习布局、打入、定式、官子等更深入的知识。

本套书的特点如下。

① 从零基础开始，在难度上无门槛，初学者上手快，可增强信心，随后逐步提升难度。非常适

合初学者自我强化训练。

② 分级准确，全部题目按照不同级位、段位赛学生所达到的棋力设置，适合读者评估自己的棋力。

初学者可根据棋力提升的速度安排做题的进度。刚入门时，可做一些简单的吃子练习，当正确率比较高时，可以相应地做一些死活、对杀练习。这样循序渐进，螺旋式上升，既减少了做题过程中的枯燥感，又避免了棋艺上升时可能出现的瓶颈期，更能够接触不同的题型，有利于实战应用，一举多得。

本套书在编写过程中得到了李恩国、罗季雄、王跃华、王文涛、彭宁辉、李铮宙、赵博、韩洋、马玉艳、罗野、罗岩、罗宇晗、高素春、狄春红、王欣等同仁及亲友的支持与帮助，在此一并表示感谢。

罗 静

2023 年 2 月

目录

死活训练题

死活问题是围棋最重要的基本功。围棋从始至终都是围绕着死活问题展开的，它为围棋各种战术的使用提供了坚实的平台。

做活的主要方法如下。

① 将棋下成活棋型；②扩大眼位；③三眼两做；④打三还一可做眼；⑤打二还一可连接。

杀棋的方法主要如下。

① 将对方的棋下成死棋型；②缩小眼位；③打二还一不成眼；④利用扳、点、扑、跳、立等手段破眼。

基本死活型有如下三大类。

① 活棋型（或称杀不死），包括直四、弯四（包括两个形状）、板六；②死棋型（或称做不活），包括直二、方四；③一点死型（或称看谁先），包括直三、弯三、丁四、梅花五、刀把五、葡萄六。

我们还要注意基本死活型在棋盘上所处的位置、断点和气的情况。

除此之外还有比较常见的死活型，如大猪嘴、六死八活七要补等。常见的双活型，如葡萄七、板八等。常见的打劫型，如小猪嘴等。

25 级～ 23 级训练题

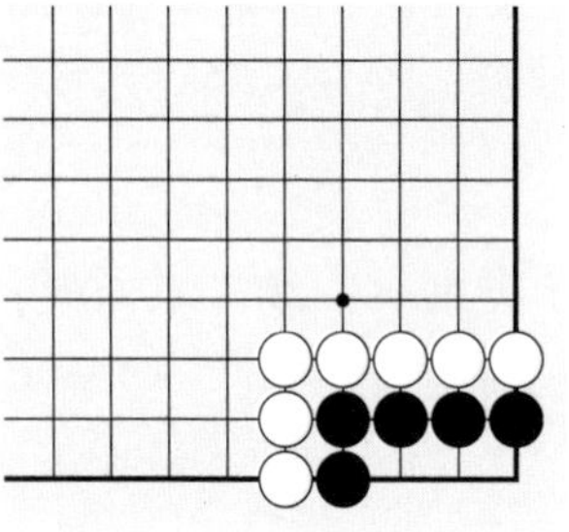

题 1

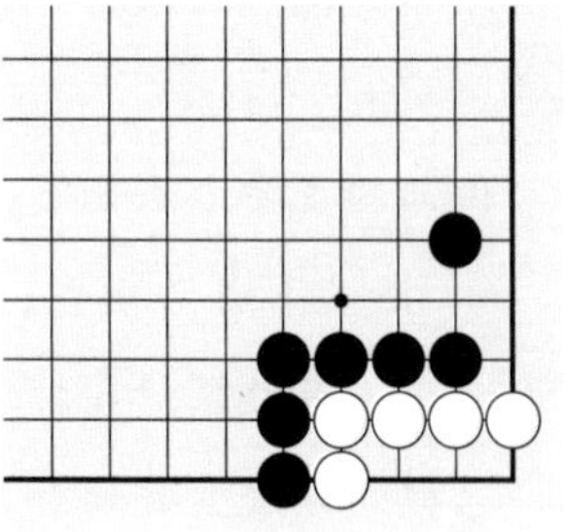

题 2

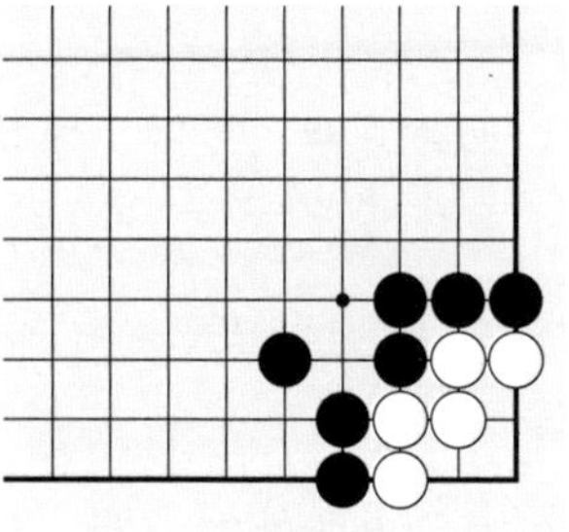

题 3

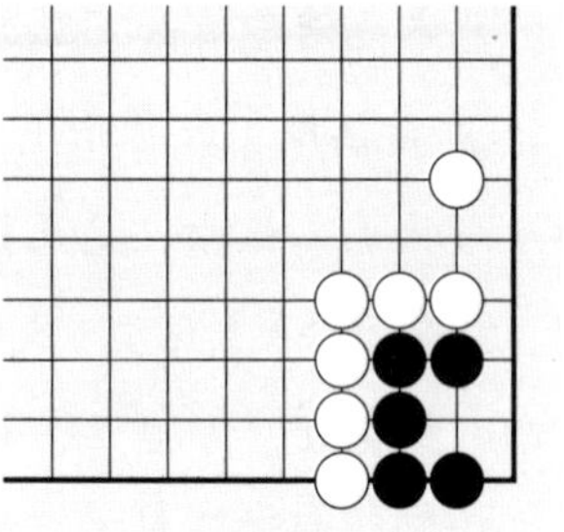

题 4

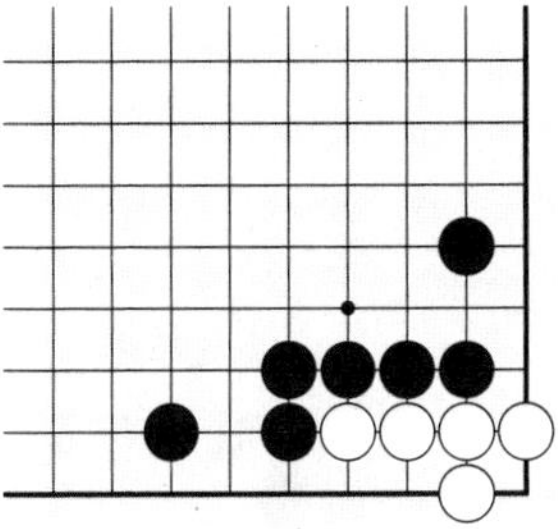

题 5

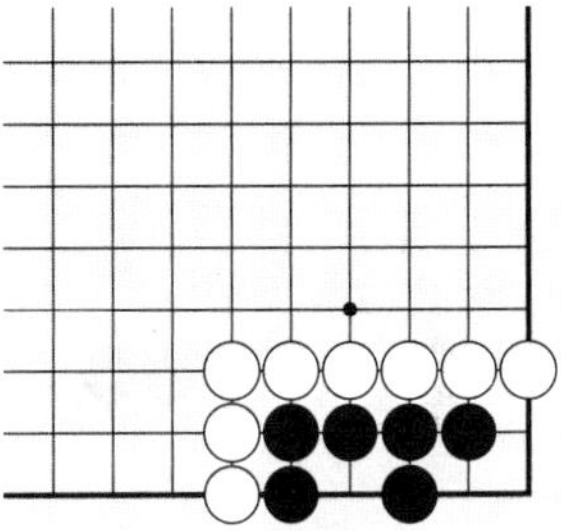

题 6

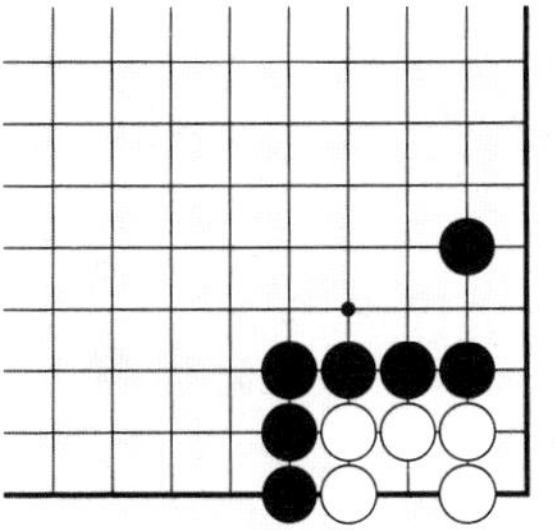

题 7

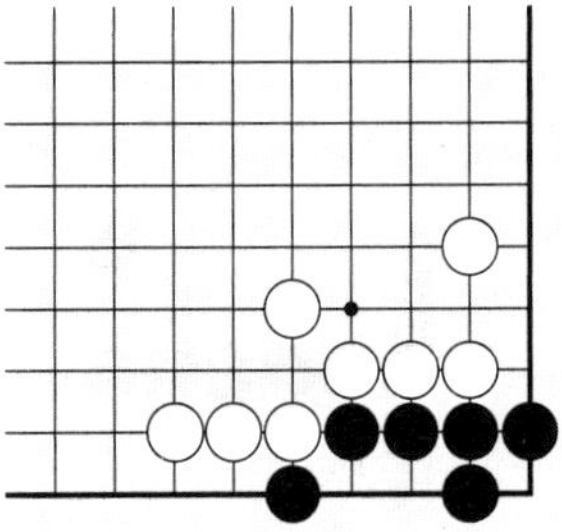

题 8

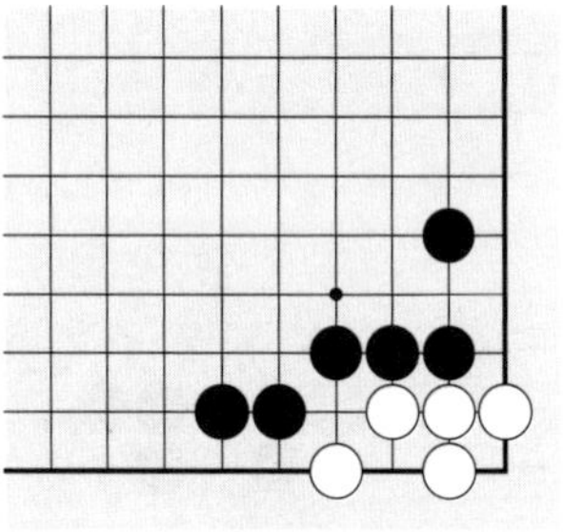

题 9

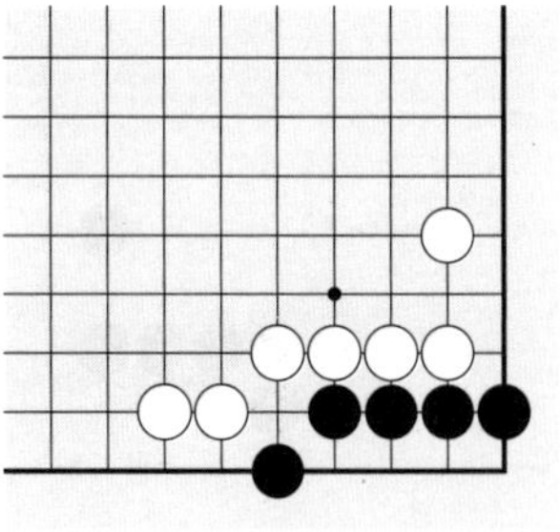

题 10

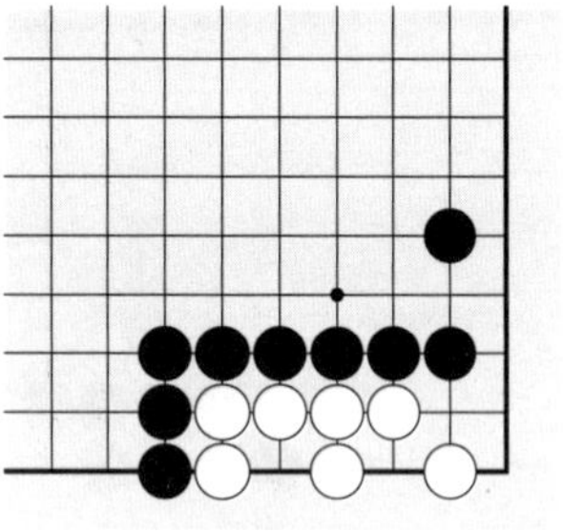

题 11

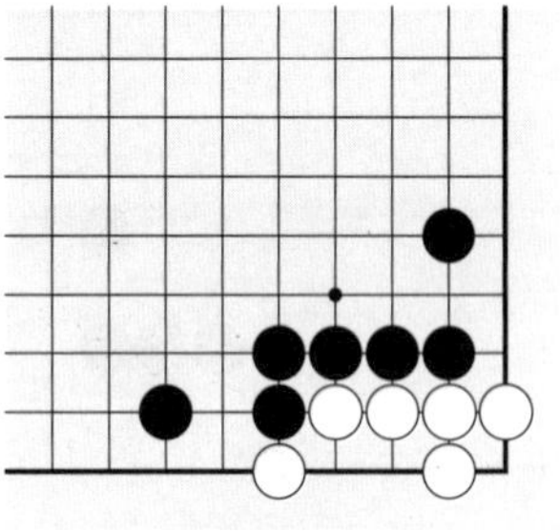

题 12

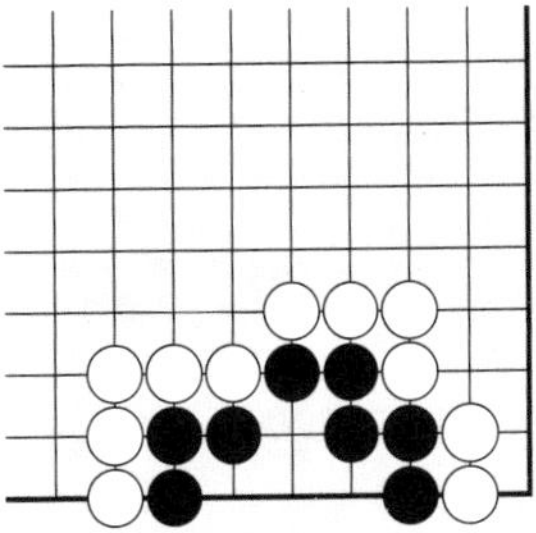

题 13

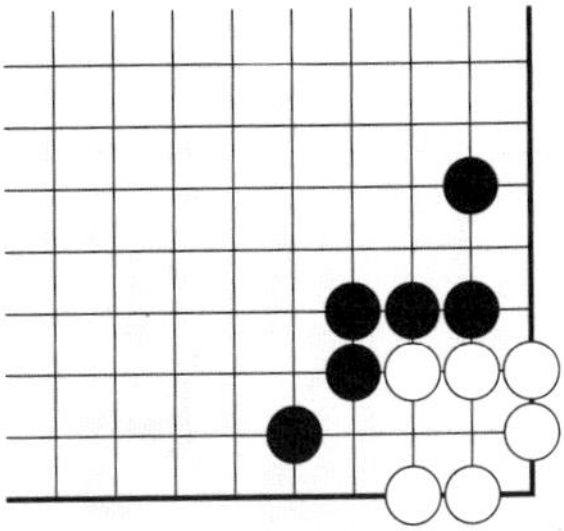

题 14

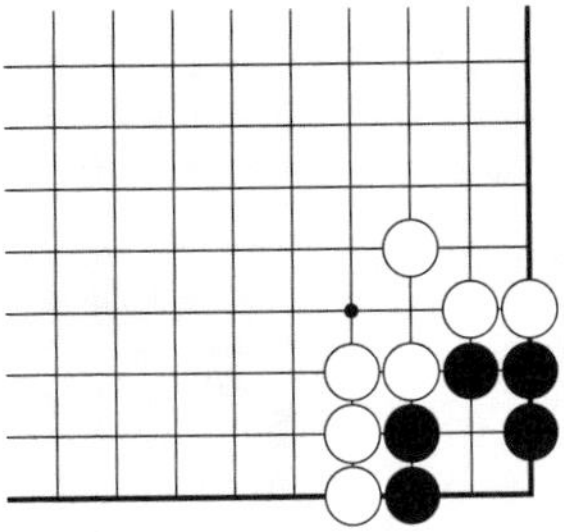

题 15

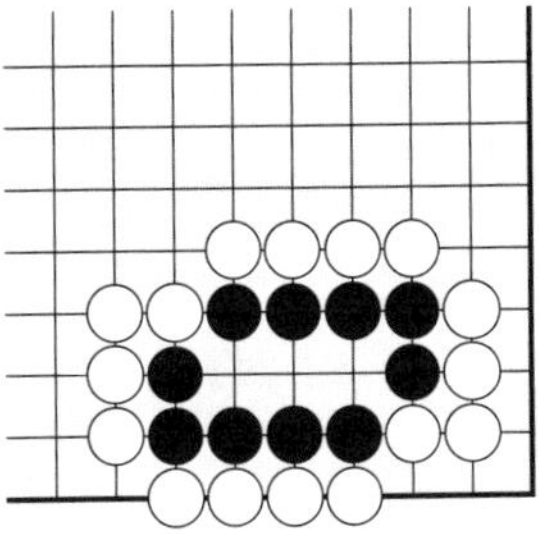

题 16

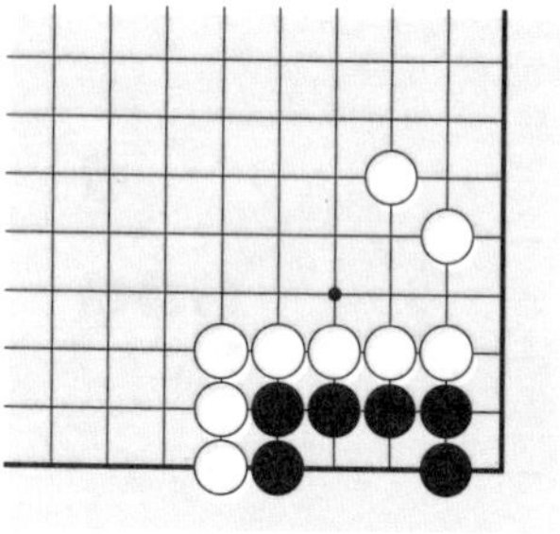

题 17

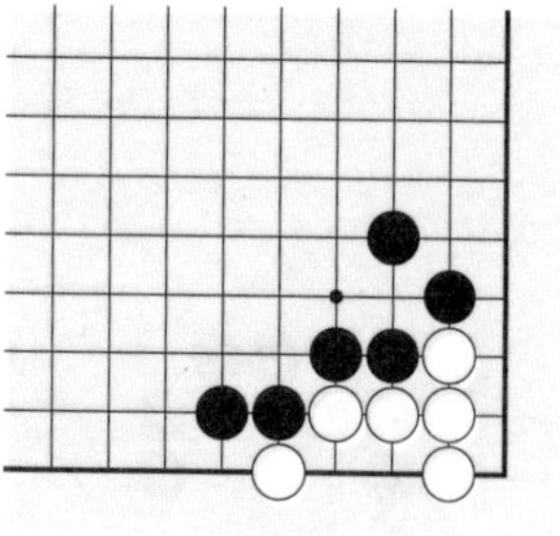

题 18

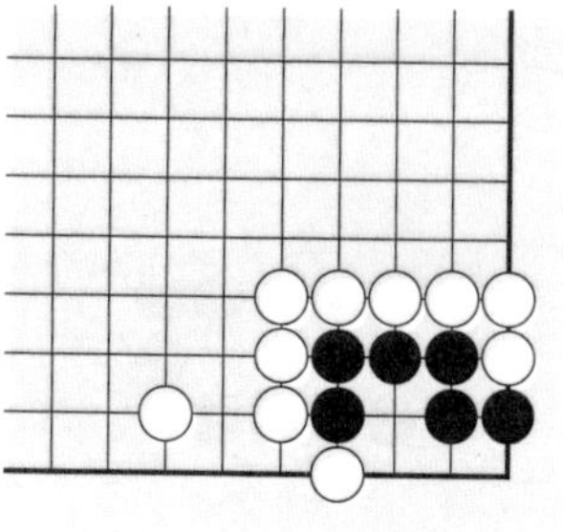

题 19

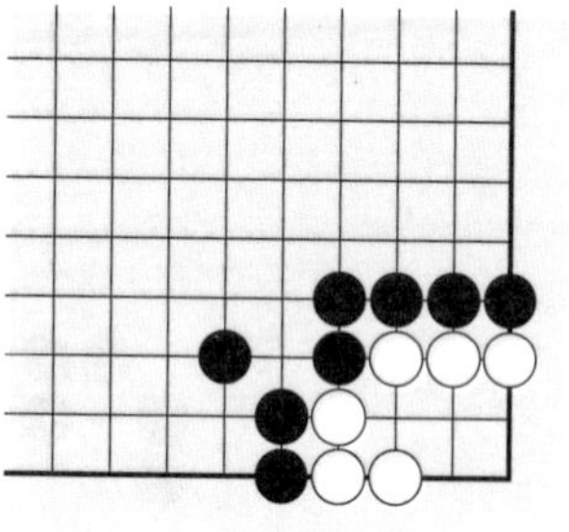

题 20

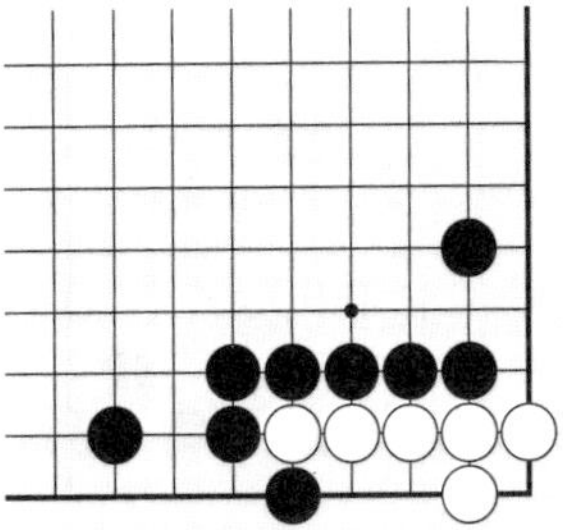

题 21

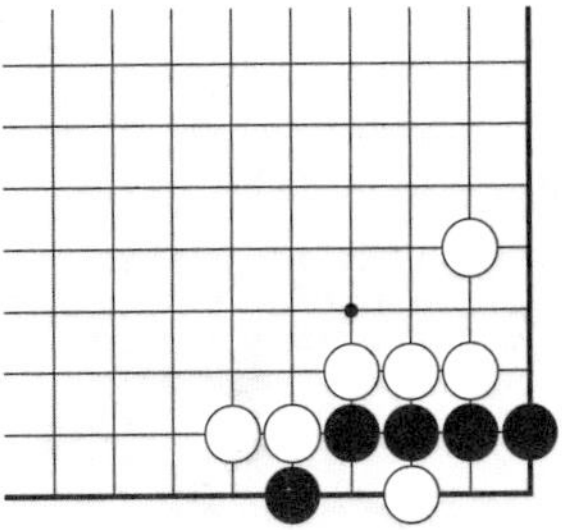

题 22

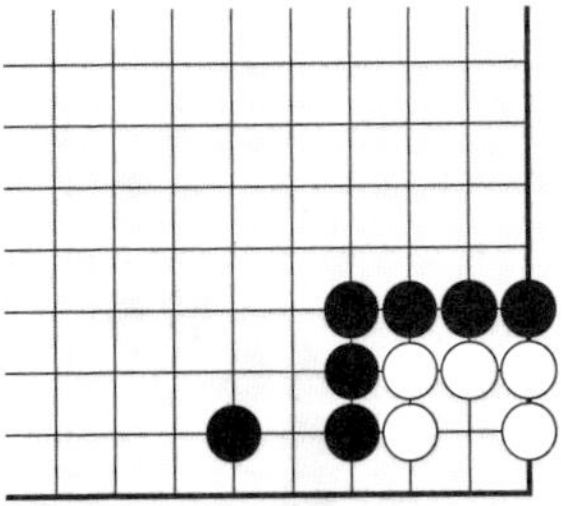

题 23

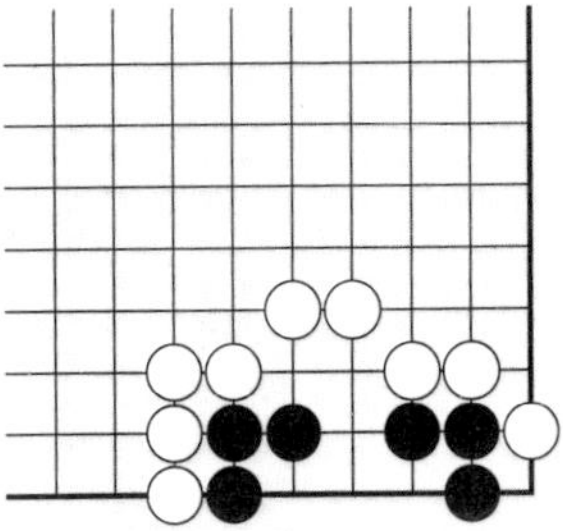

题 24

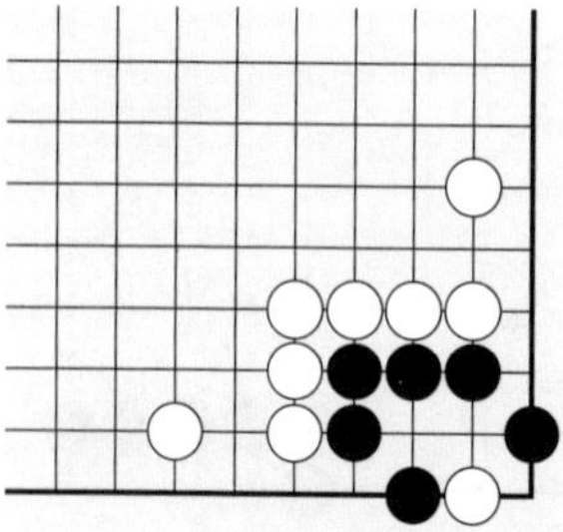

题 25

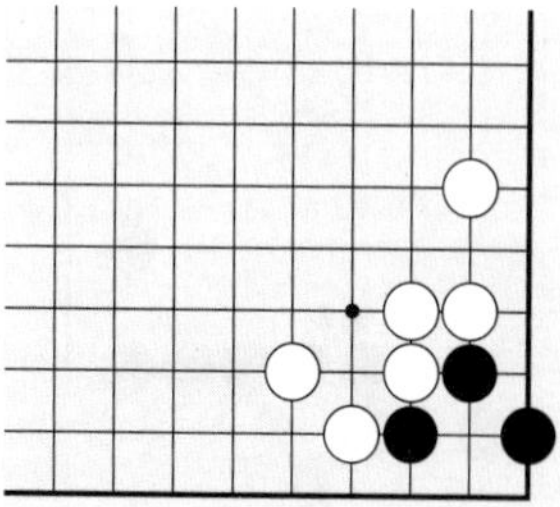

题 26

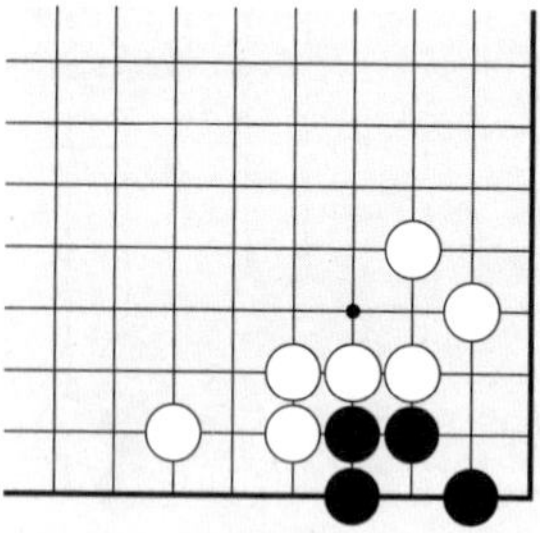

题 27

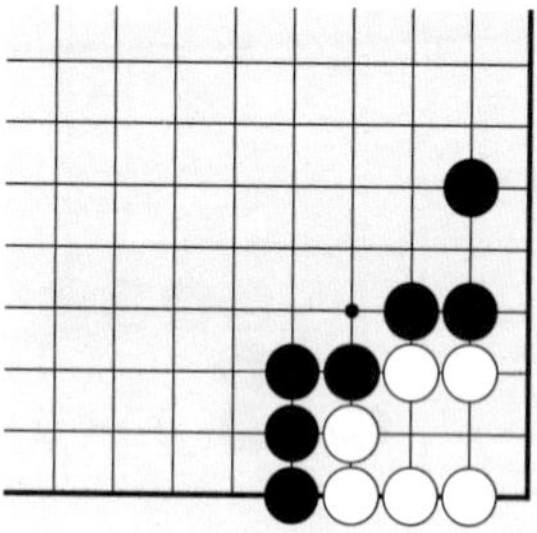

题 28

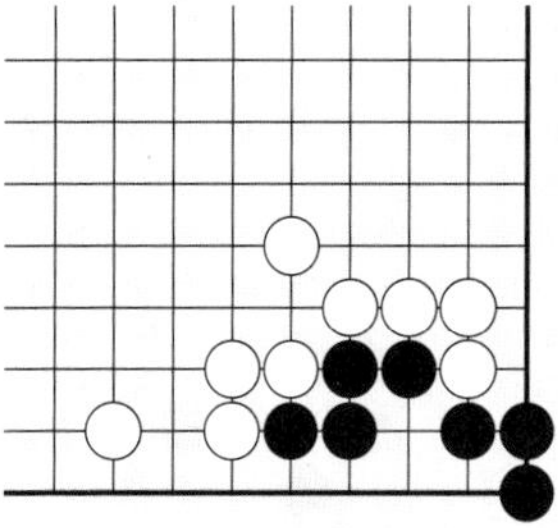

题 29

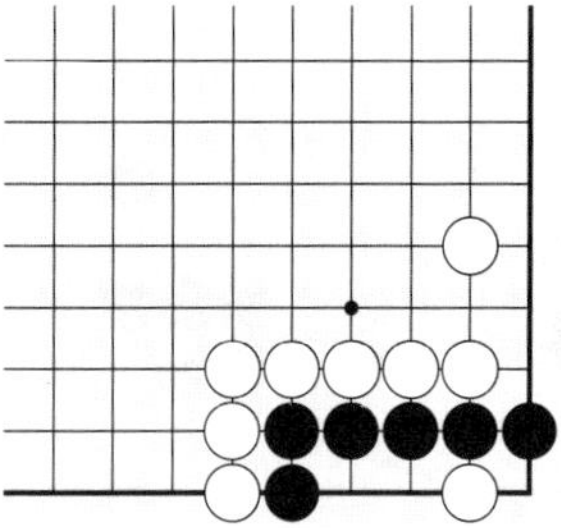

题 30

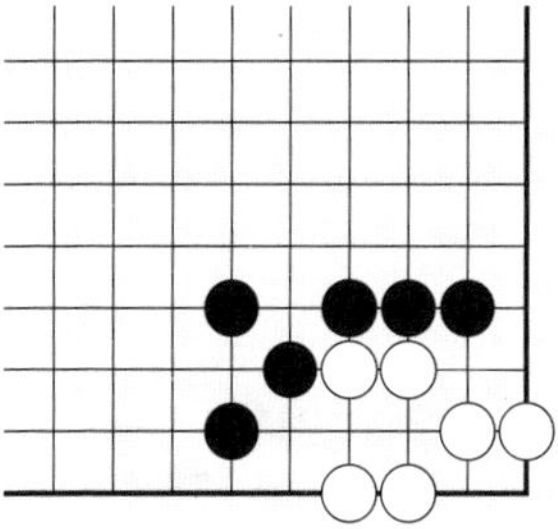

题 31

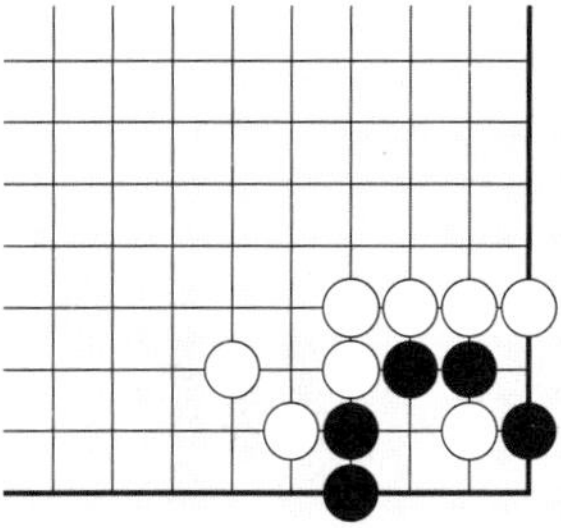

题 32

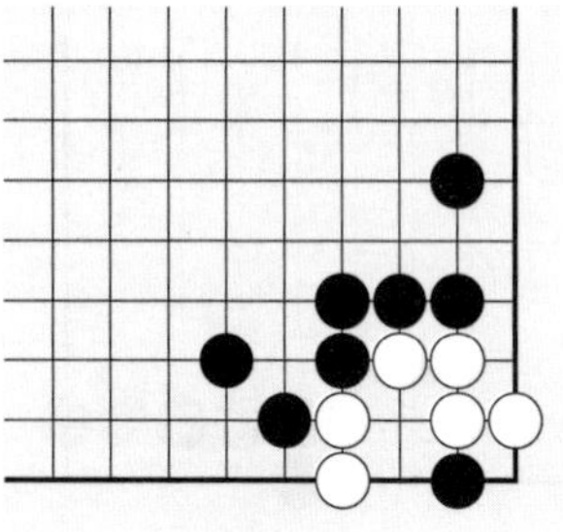

题 33

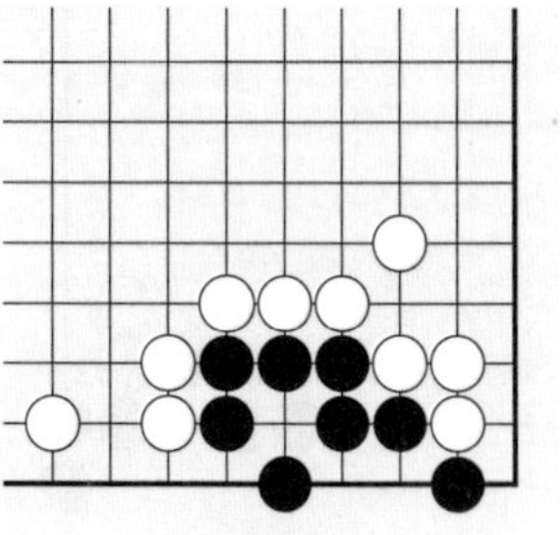

题 34

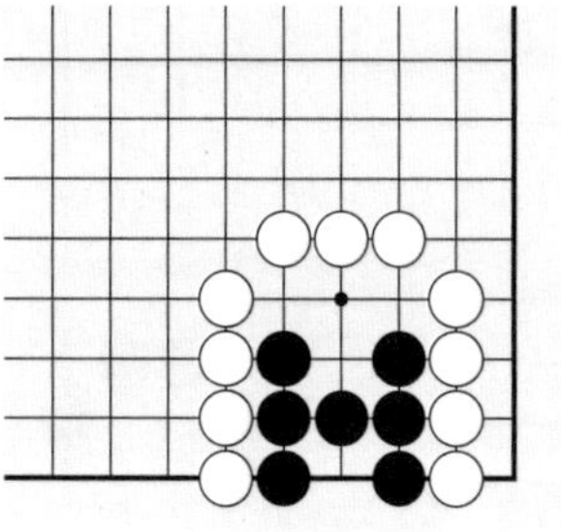

题 35

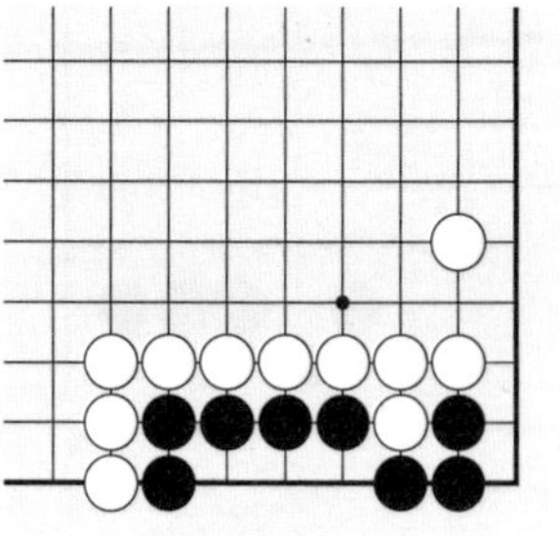

题 36

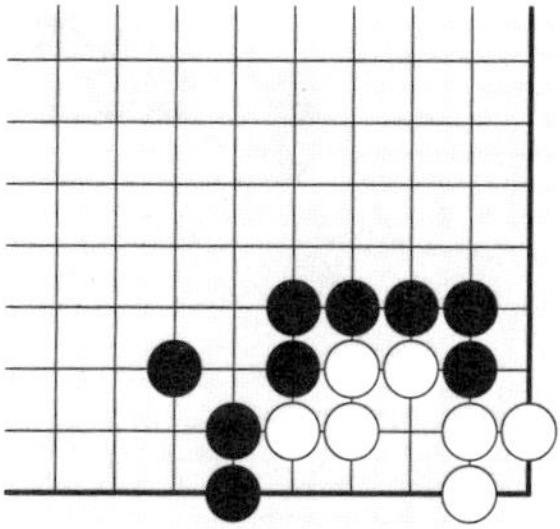

题 37

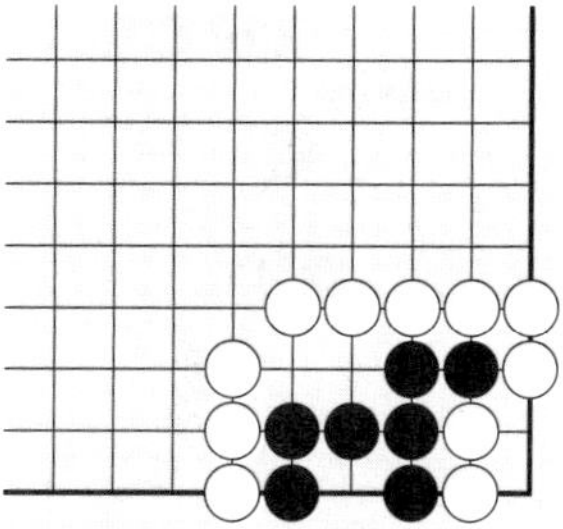

题 38

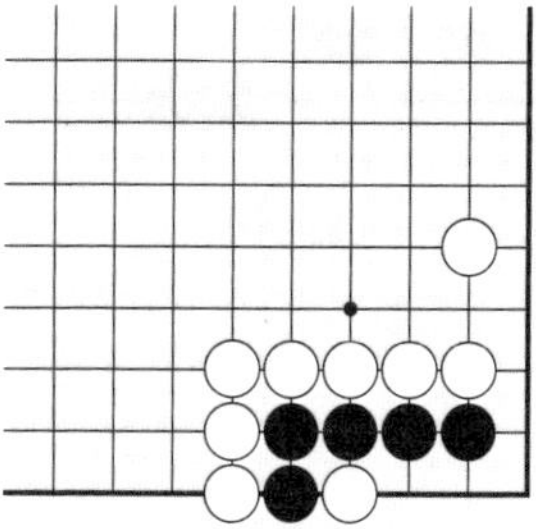

题 39

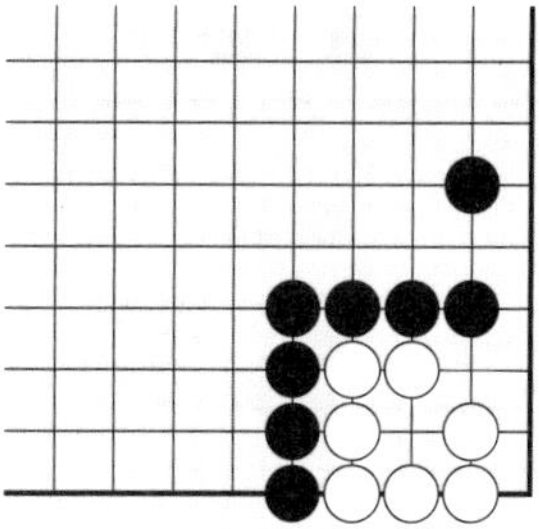

题 40

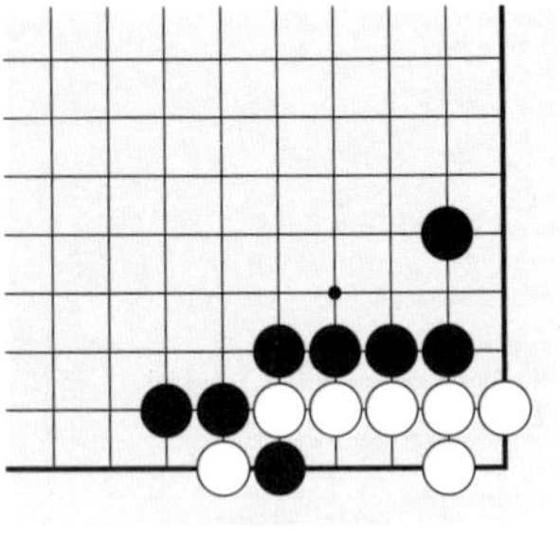

题 41

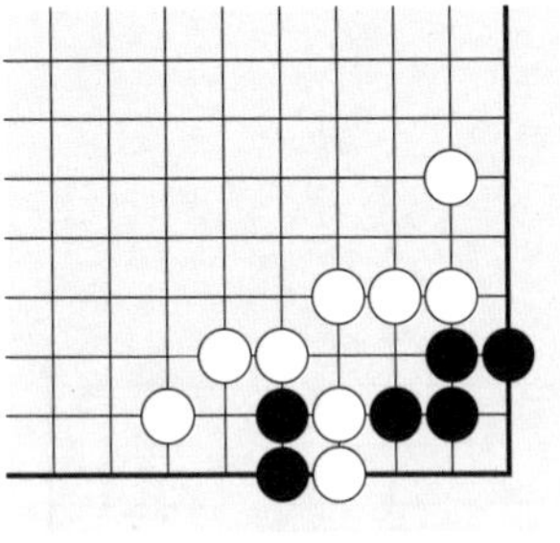

题 42

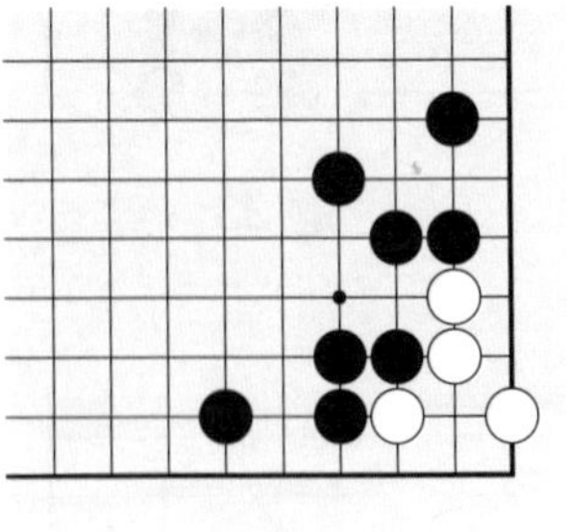

题 43

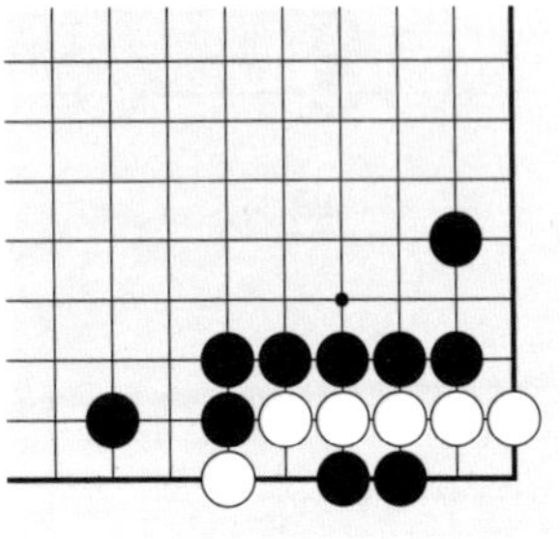

题 44

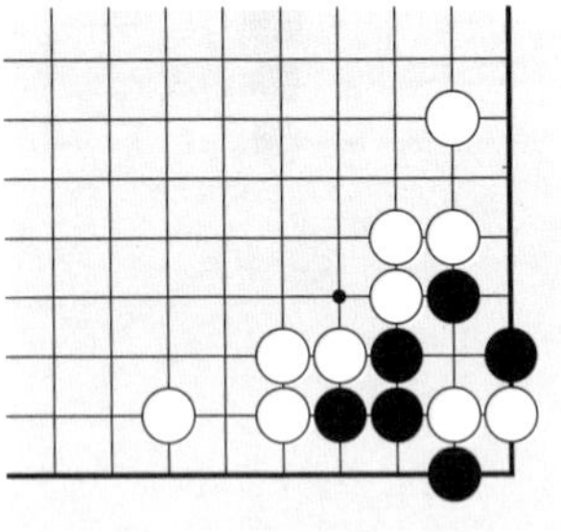

题 45

22级～ 20级训练题

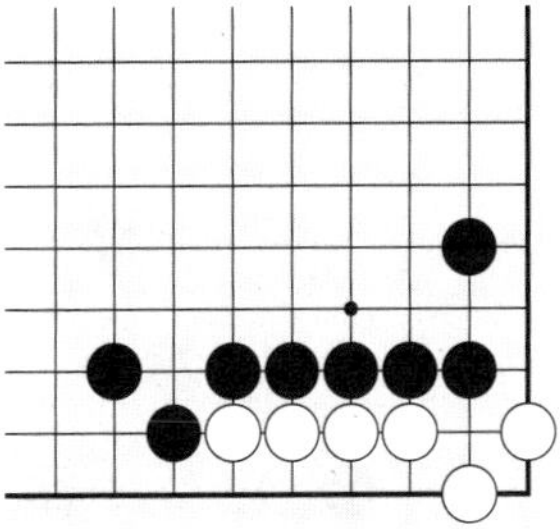

题 46

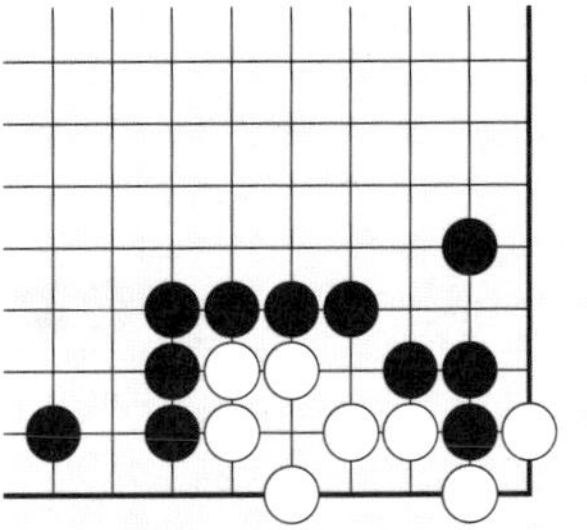

题 47

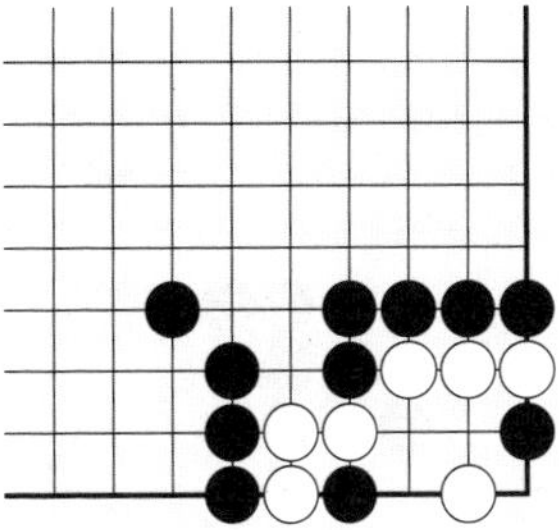

题 48

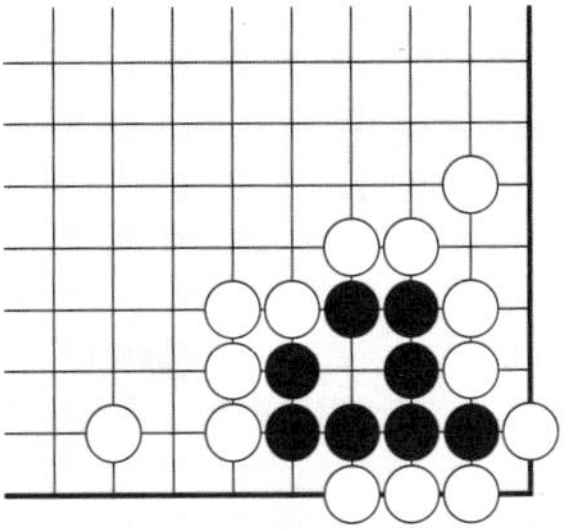

题 49

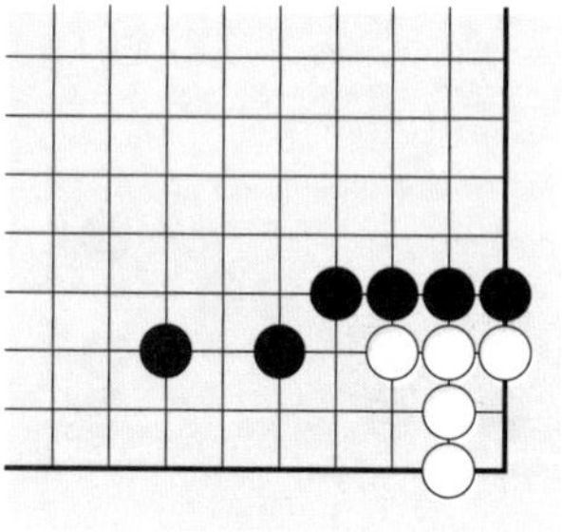

题 50

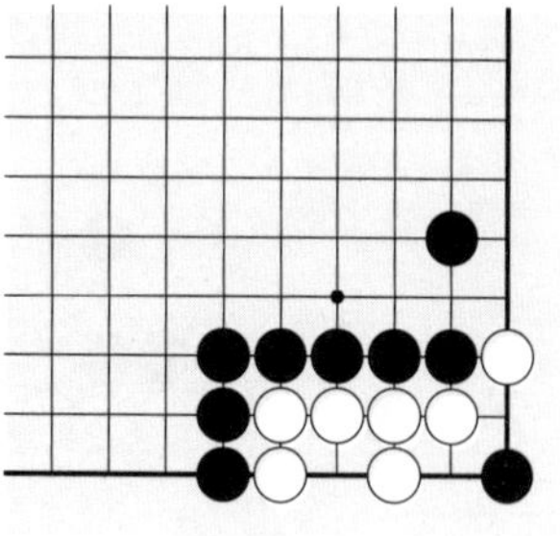

题 51

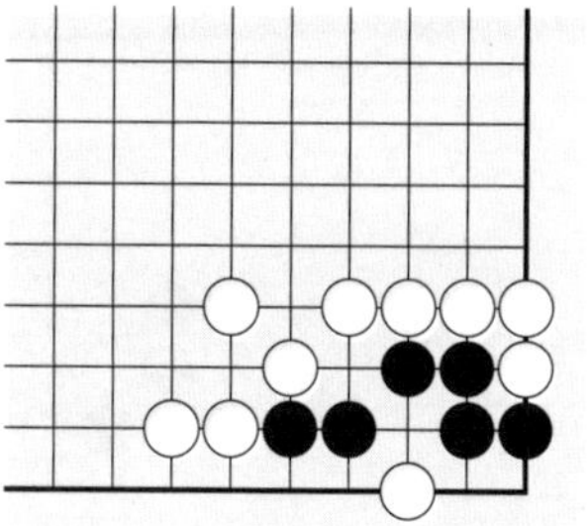

题 52

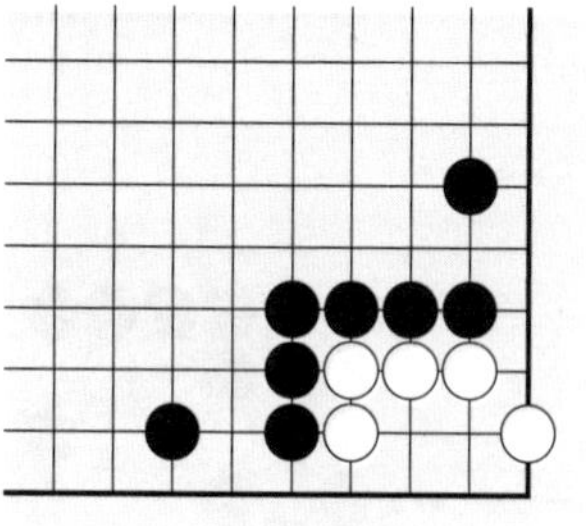

题 53

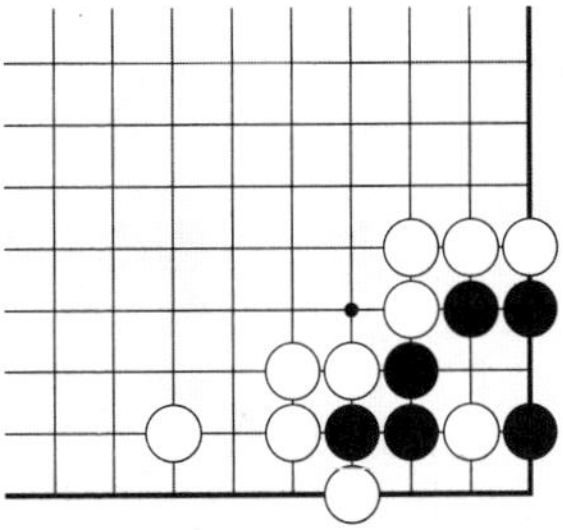

题 54

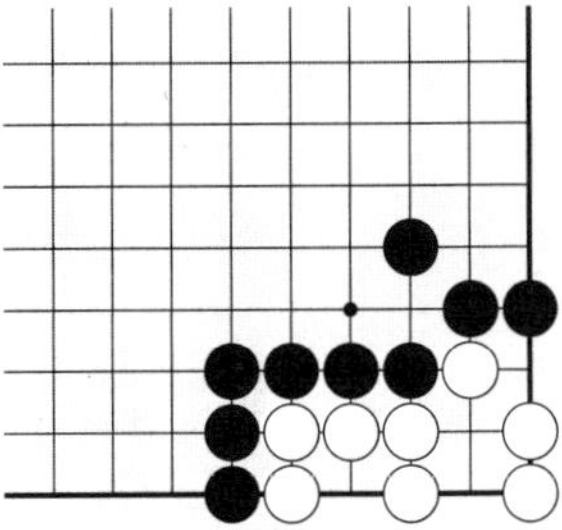

题 55

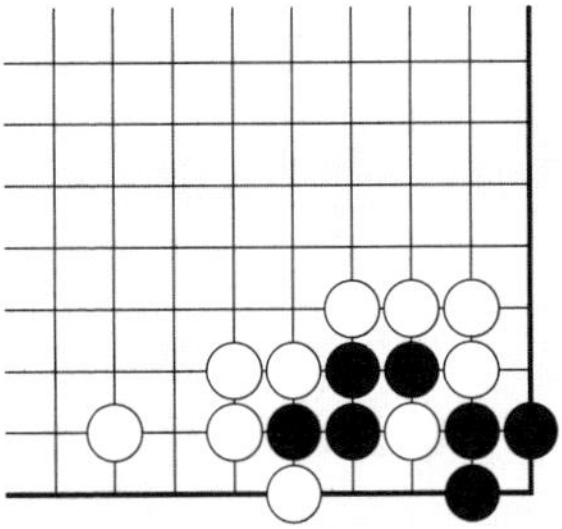

题 56

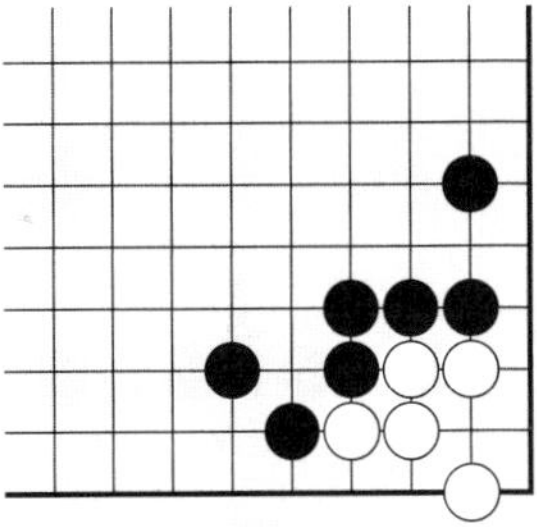

题 57

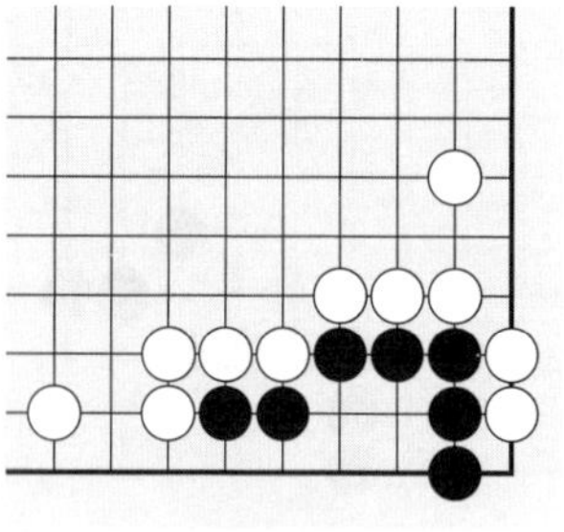

题 58

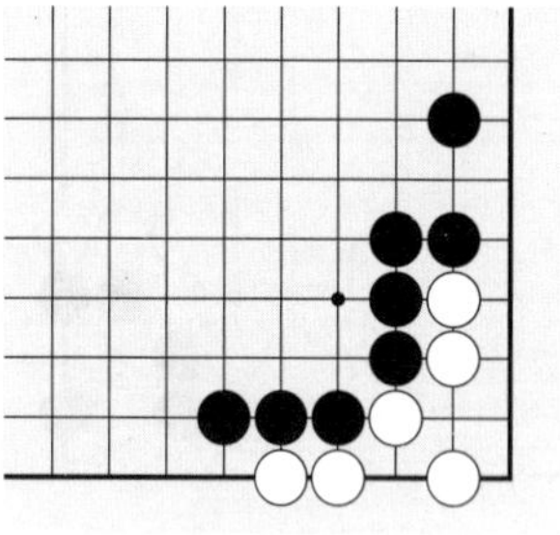

题 59

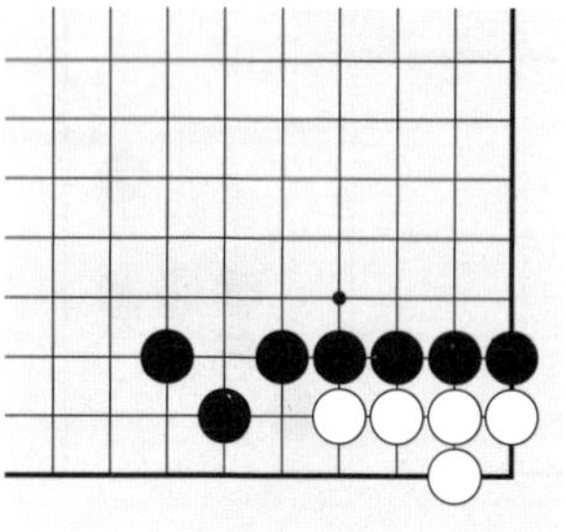

题 60

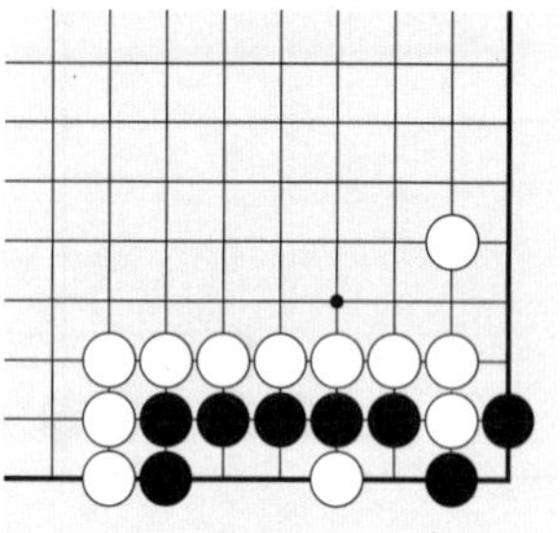

题 61

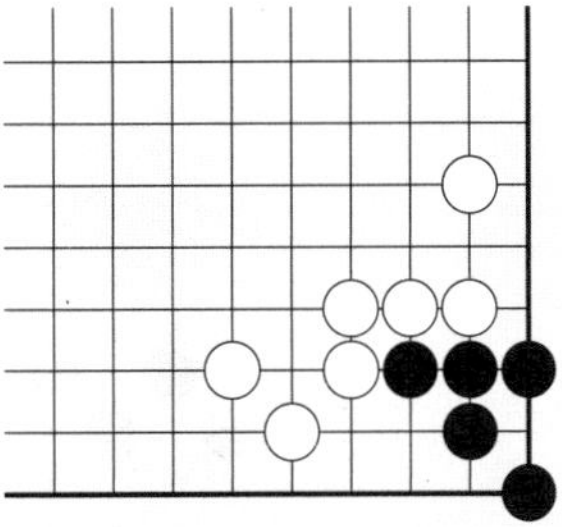

题 62

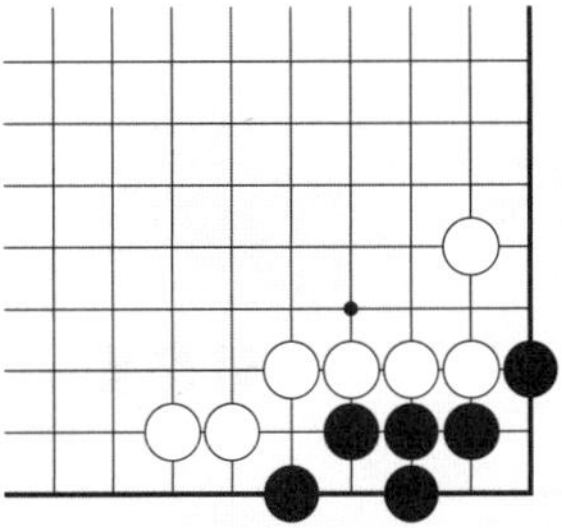

题 63

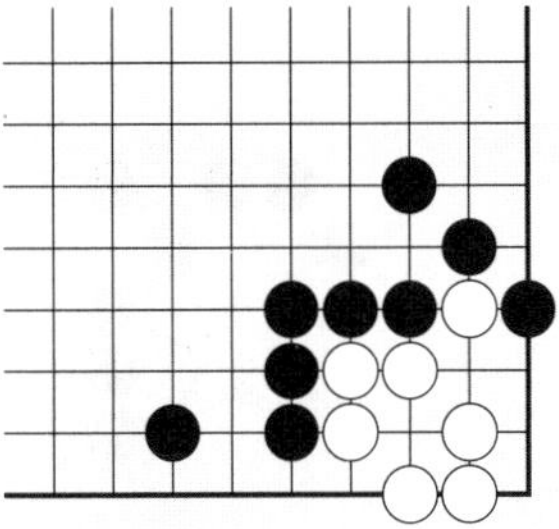

题 64

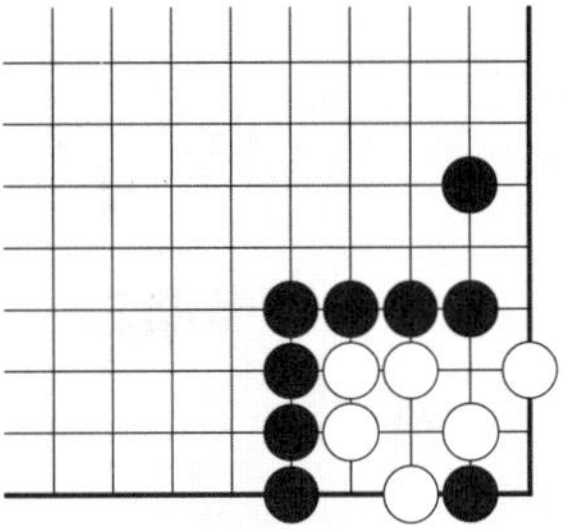

题 65

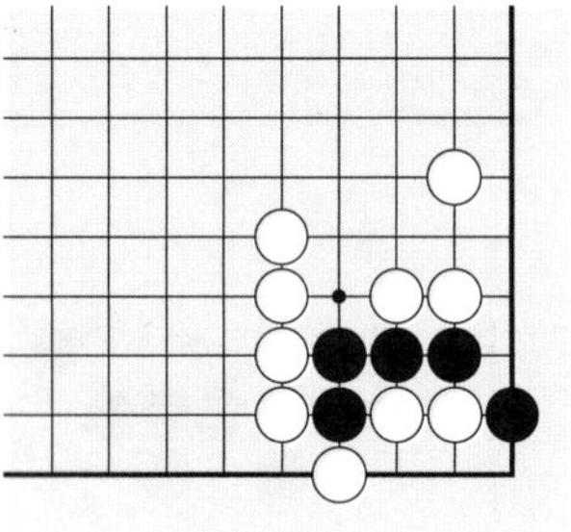

题 66

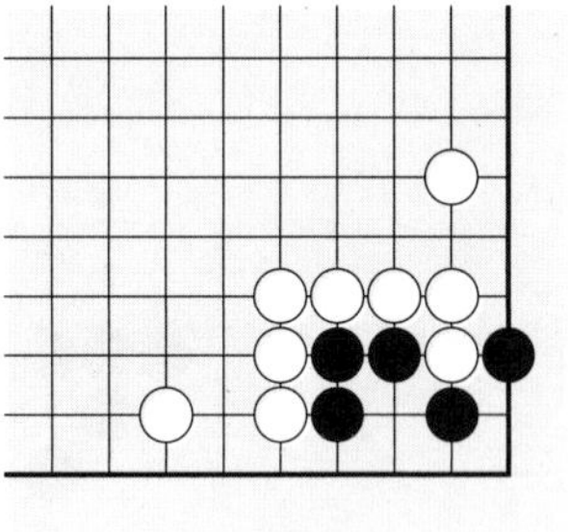

题 67

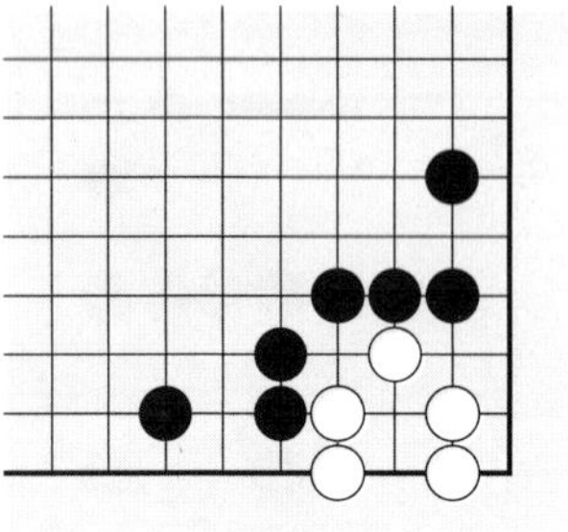

题 68

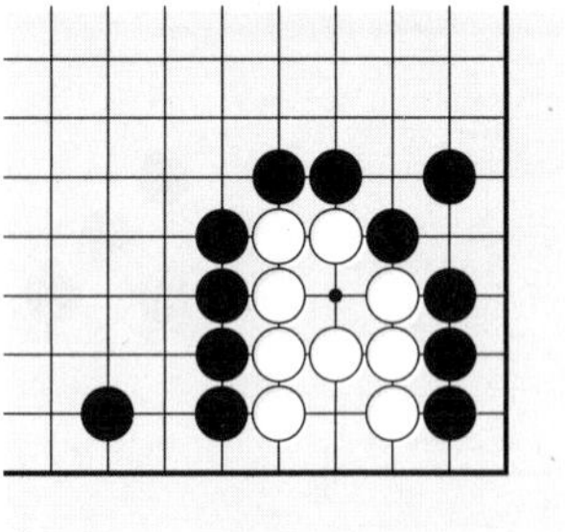

题 69

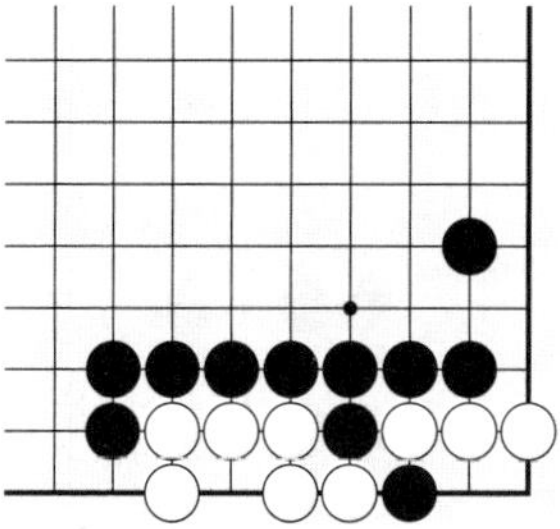

题 70

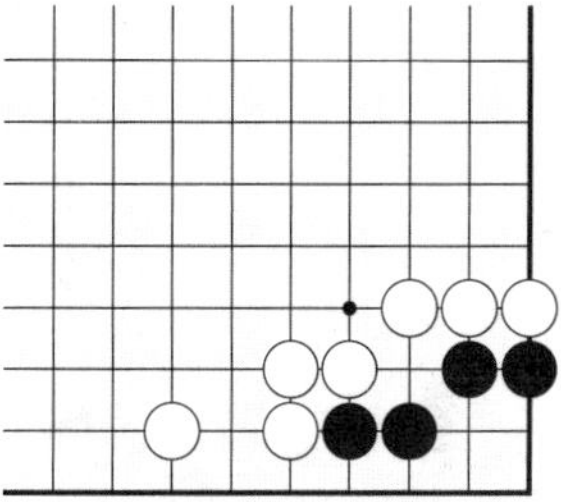

题 71

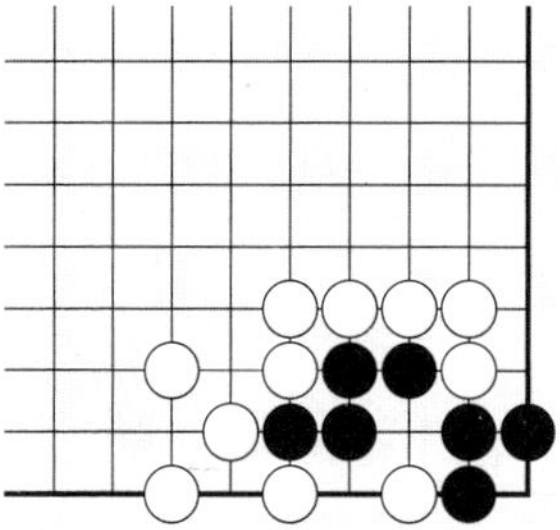

题 72

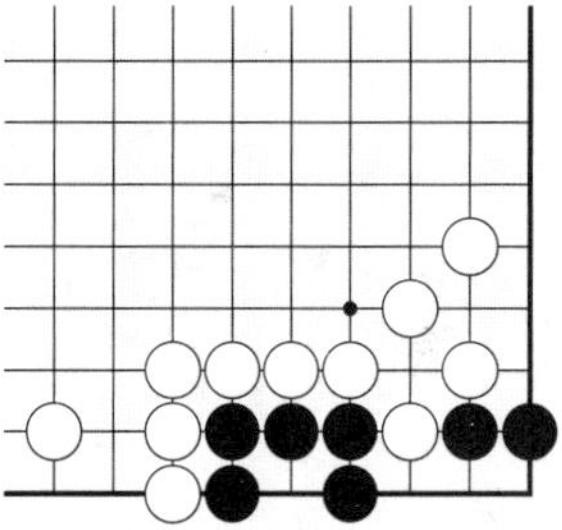

题 73

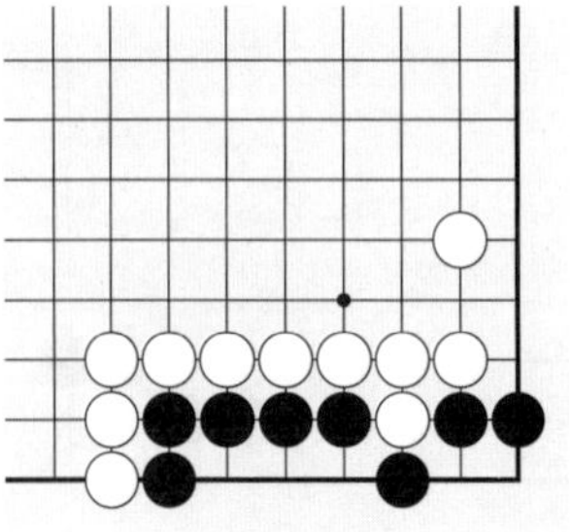

题 74

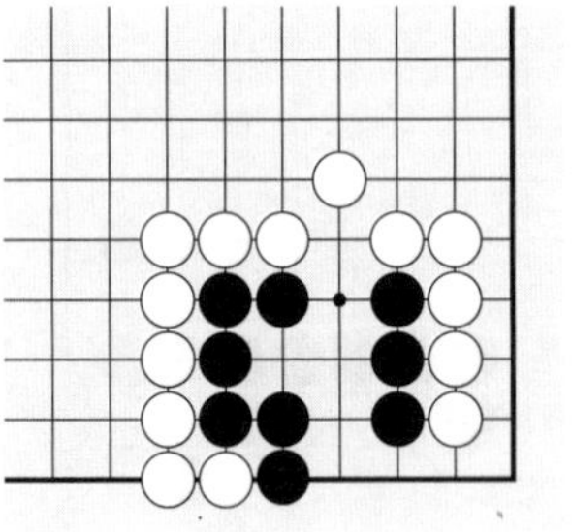

题 75

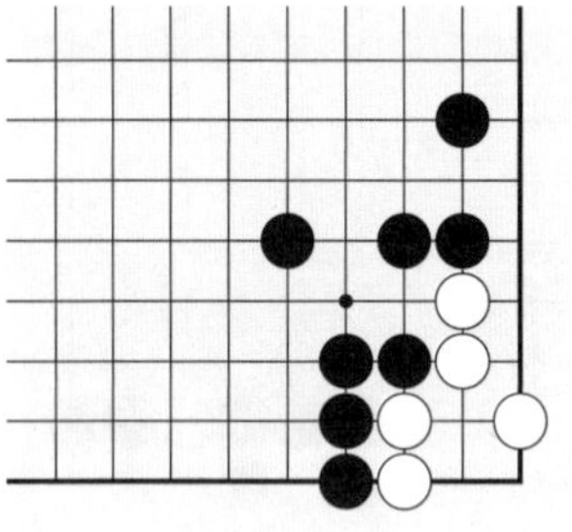

题 76

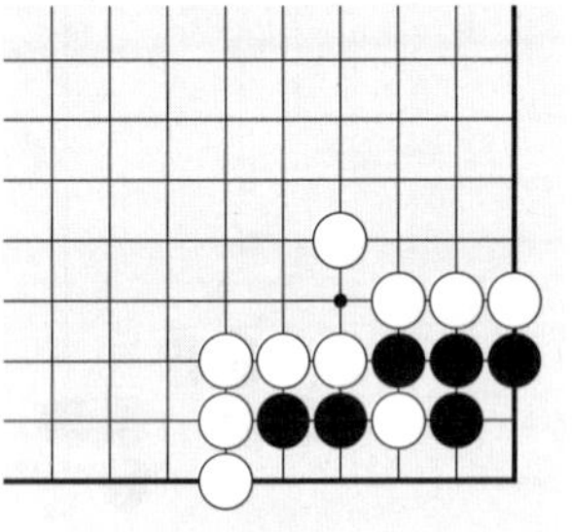

题 77

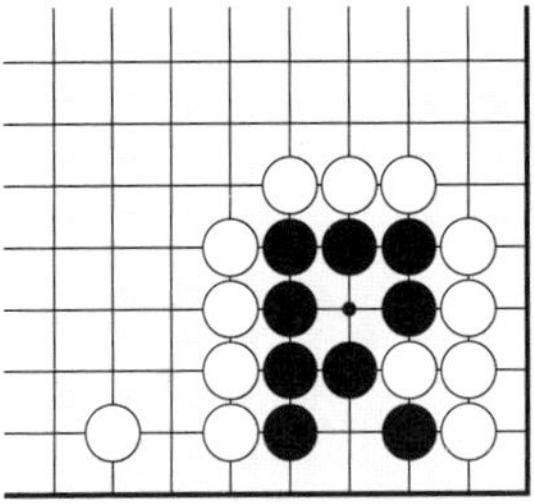

题 78

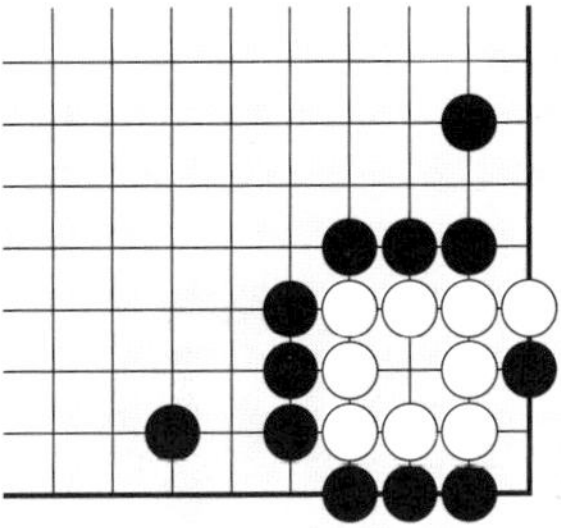

题 79

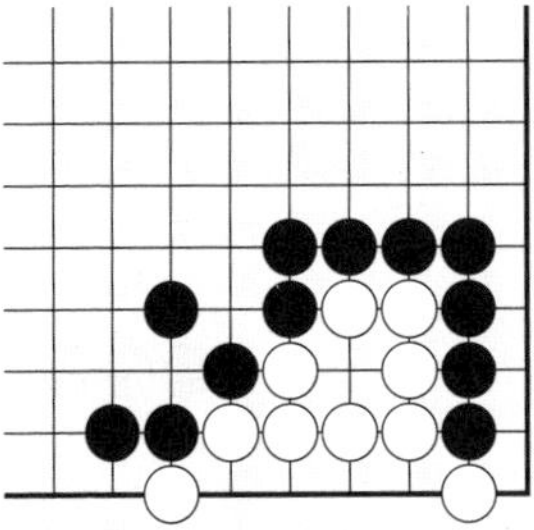

题 80

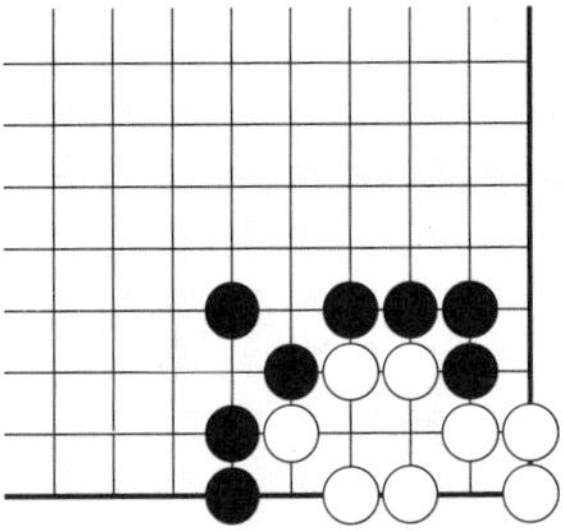

题 81

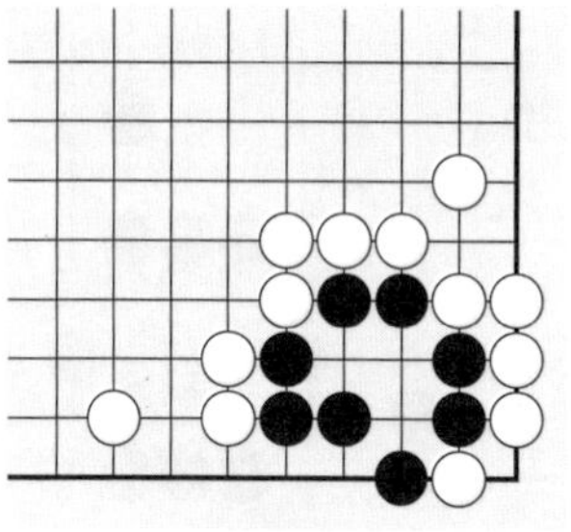

题 82

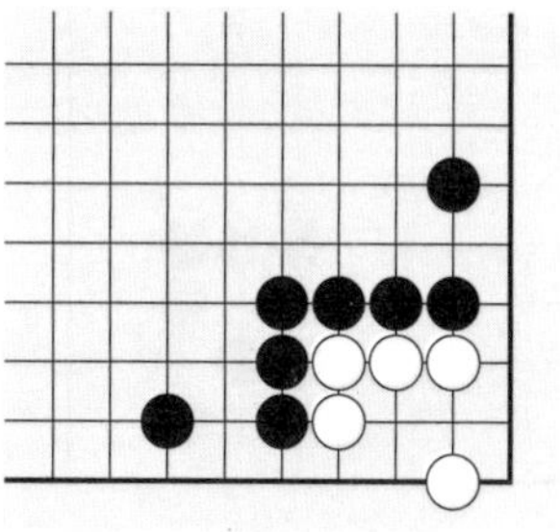

题 83

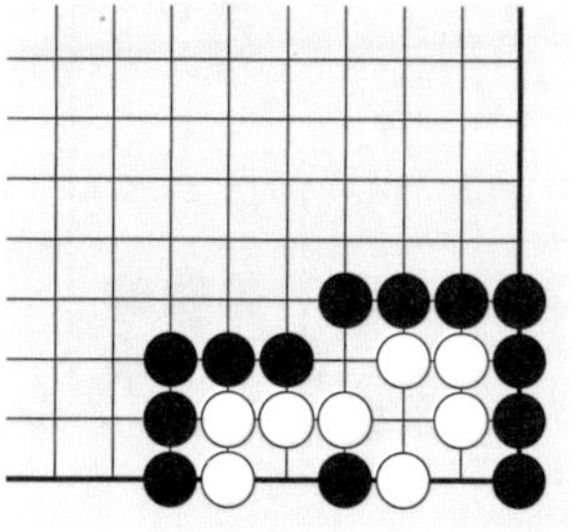

题 84

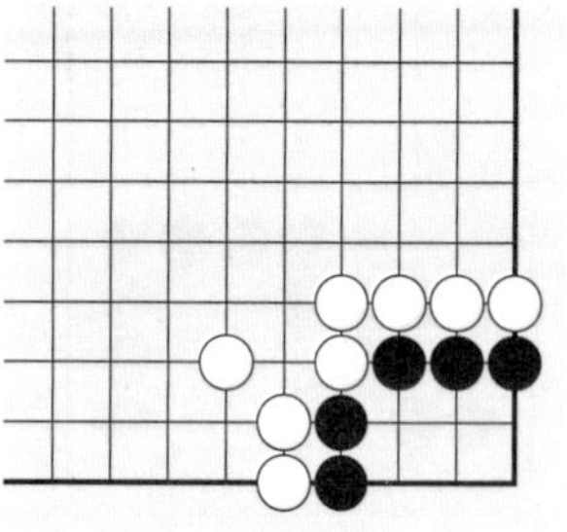

题 85

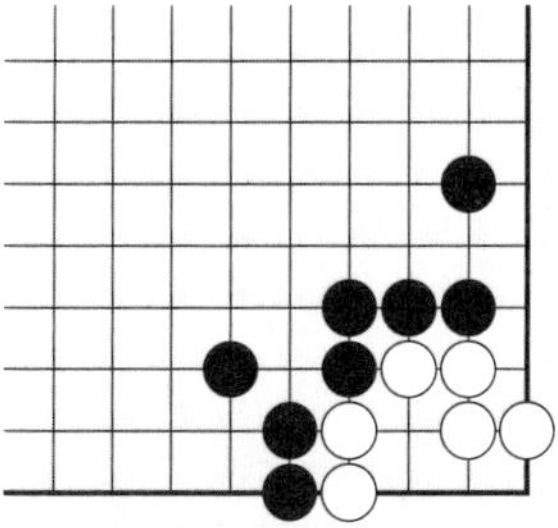

题 86

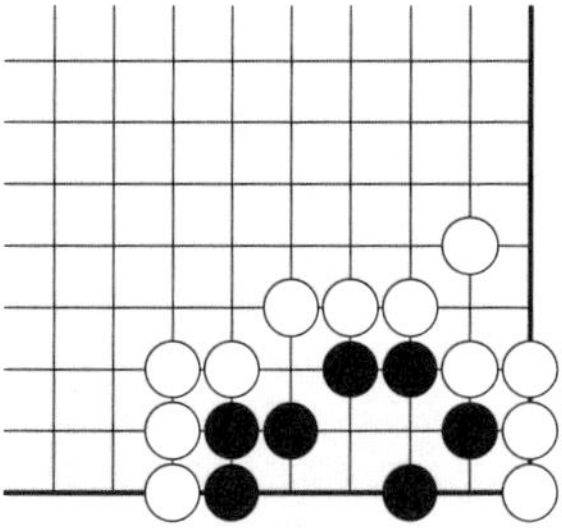

题 87

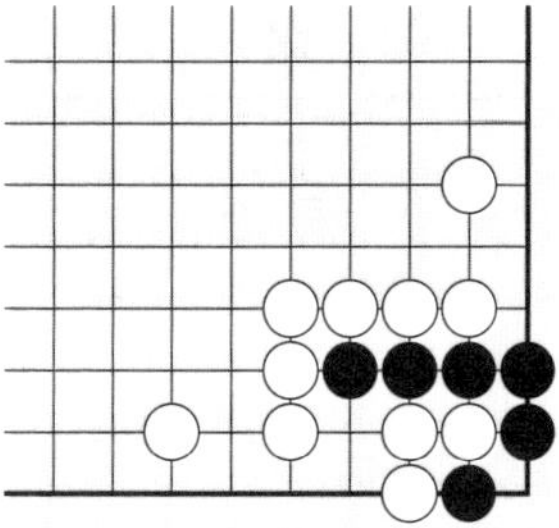

题 88

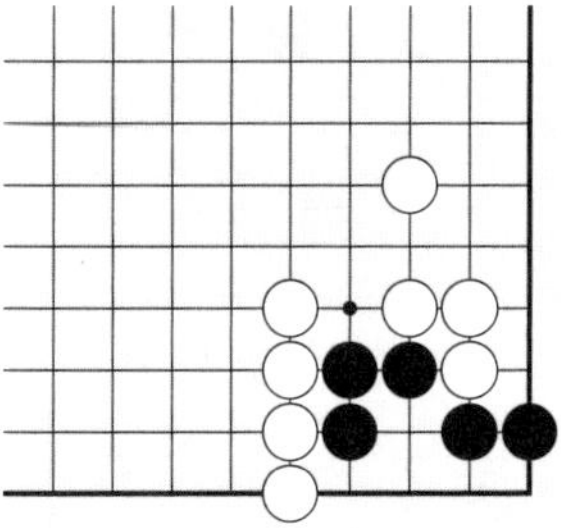

题 89

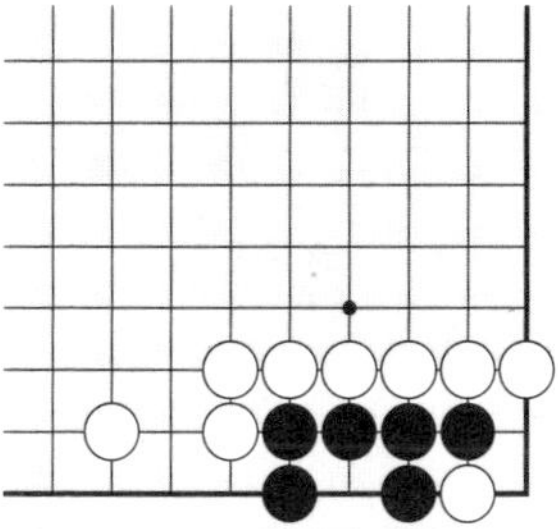

题 90

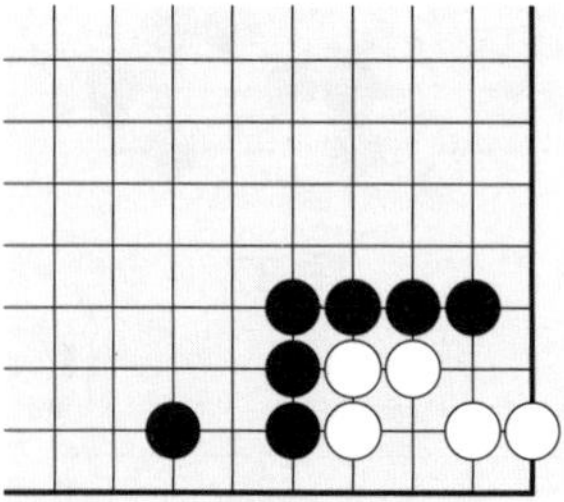

题 91

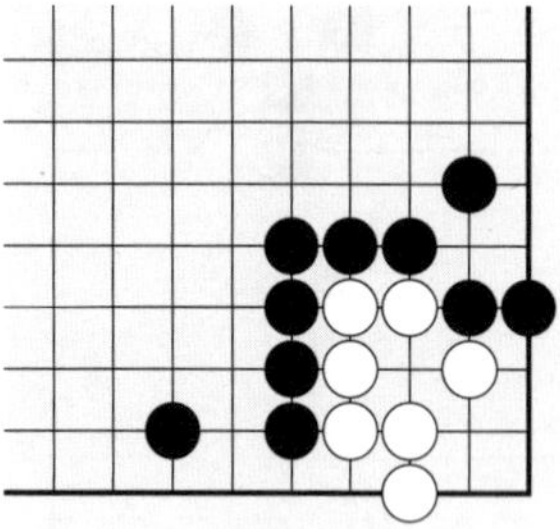

题 92

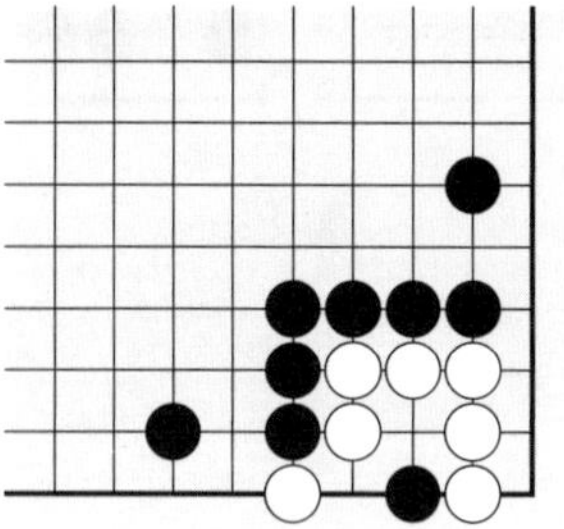

题 93

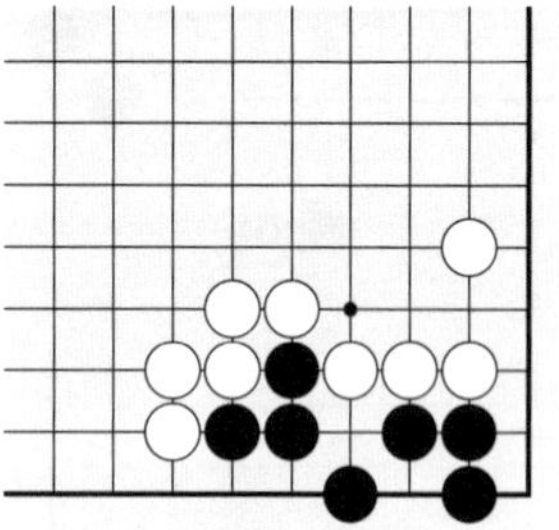

题 94

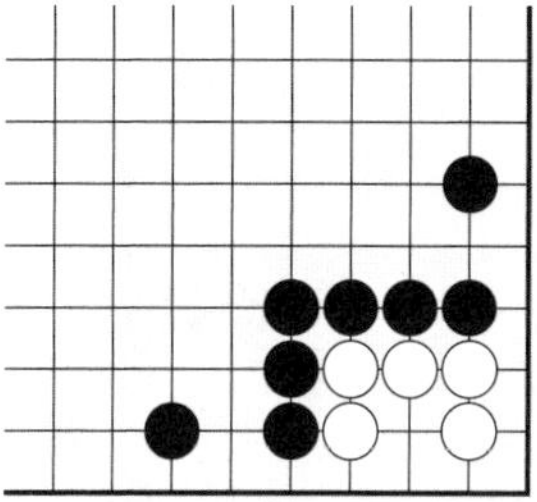

题 95

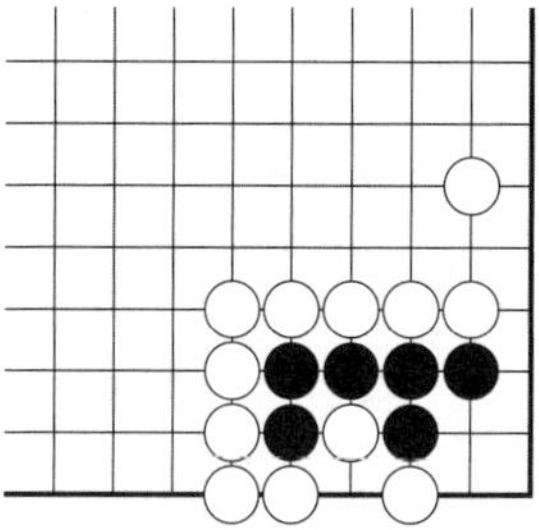

题 96

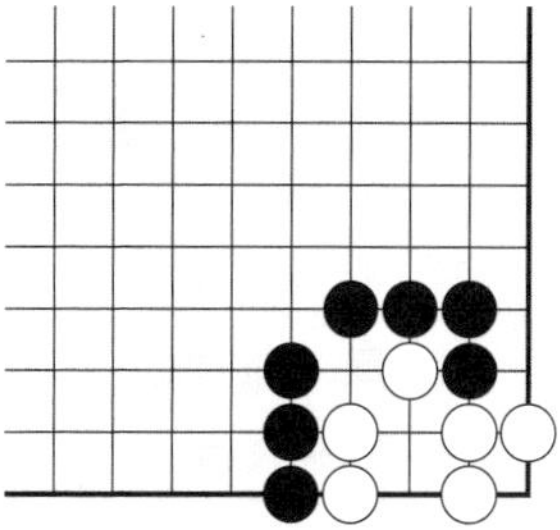

题 97

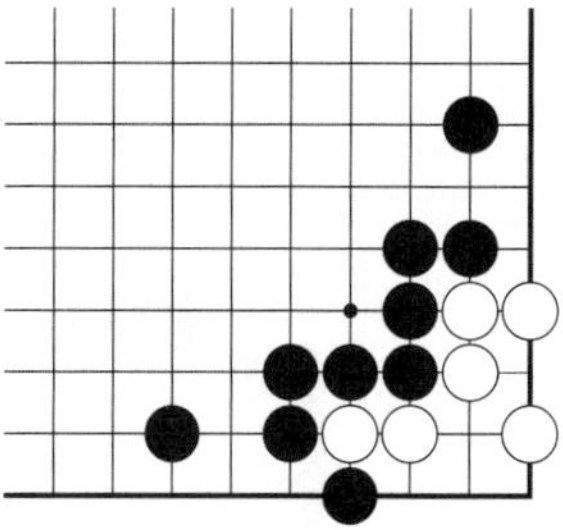

题 98

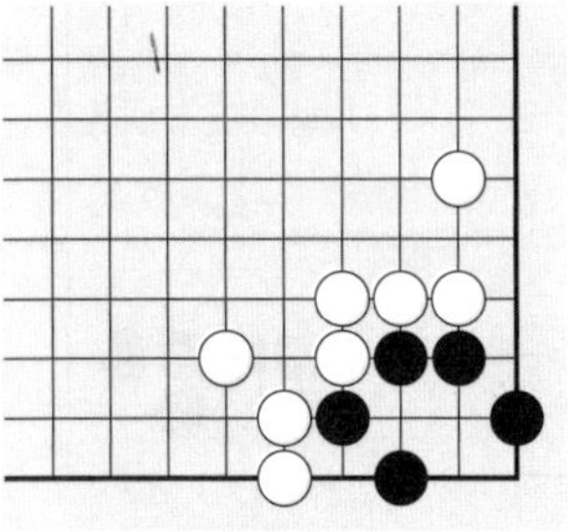

题 99

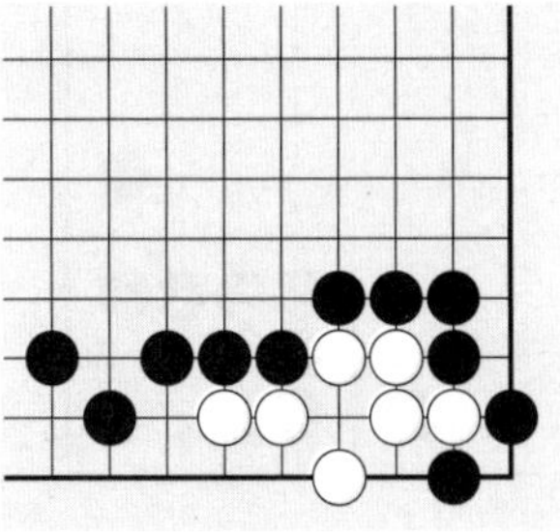

题 100

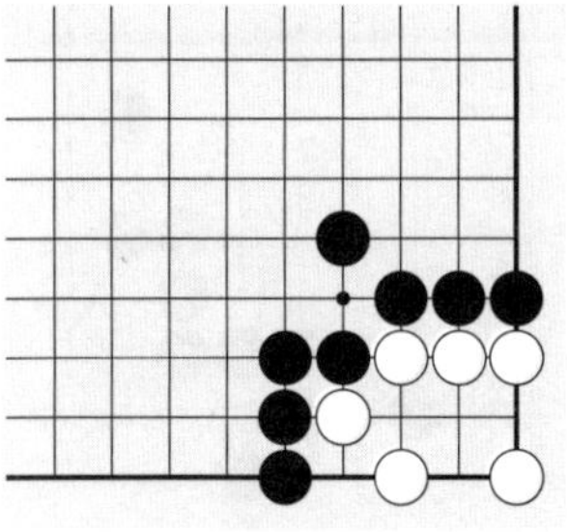

题 101

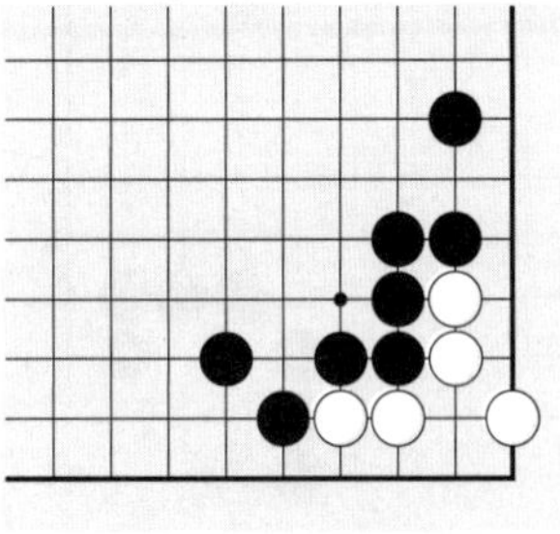

题 102

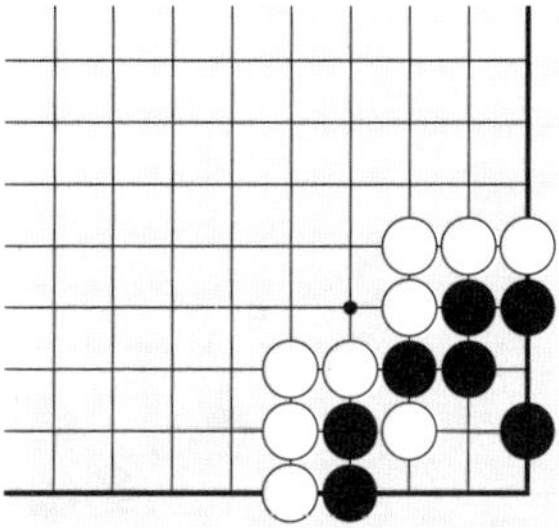

题 103

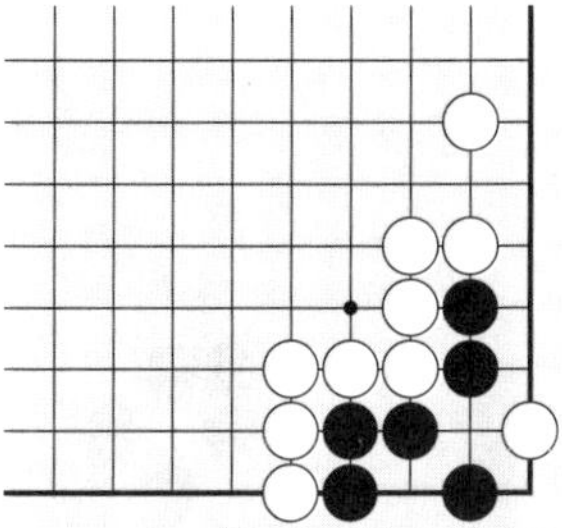

题 104

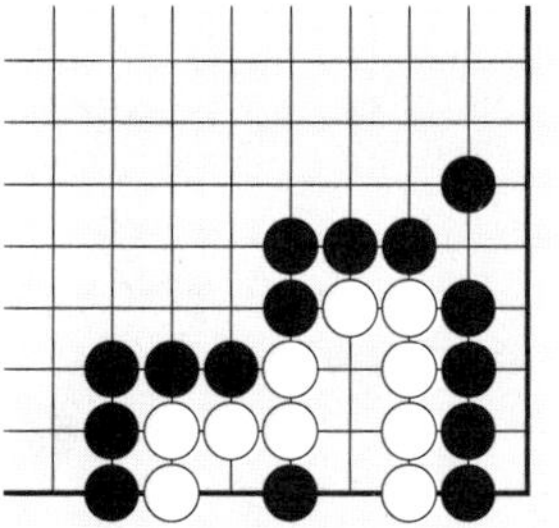

题 105

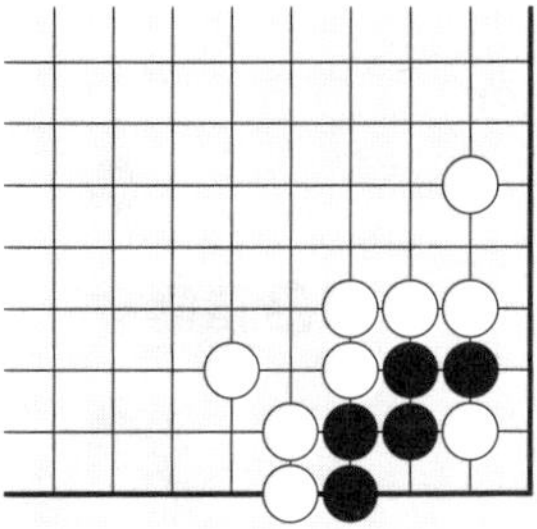

题 106

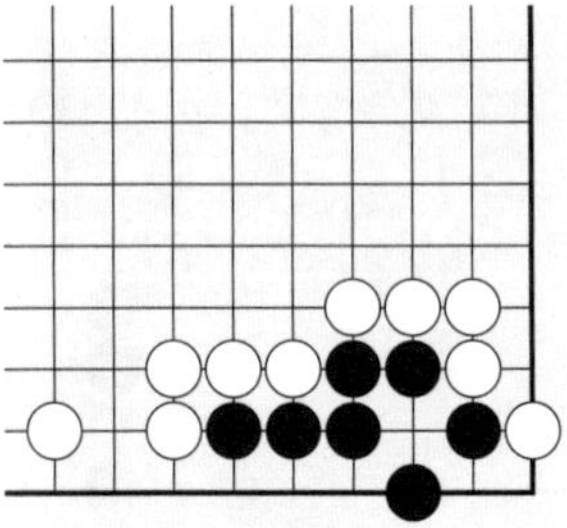

题 107

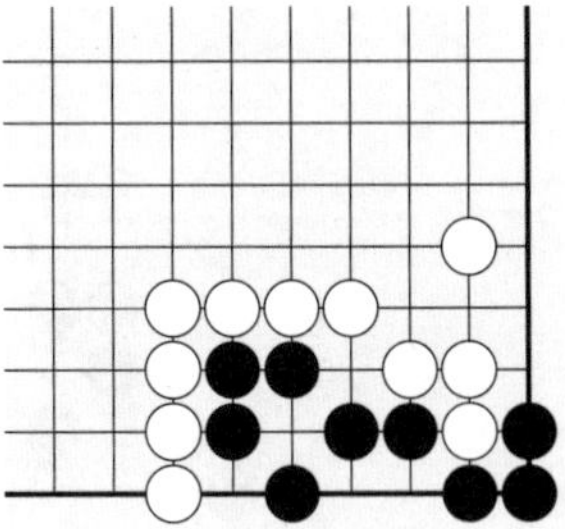

题 108

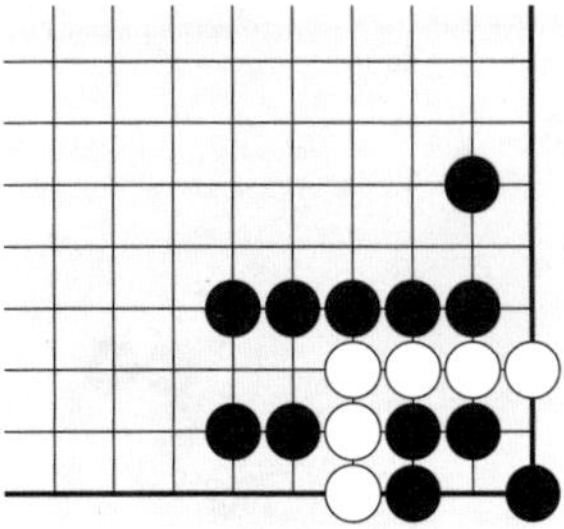

题 109

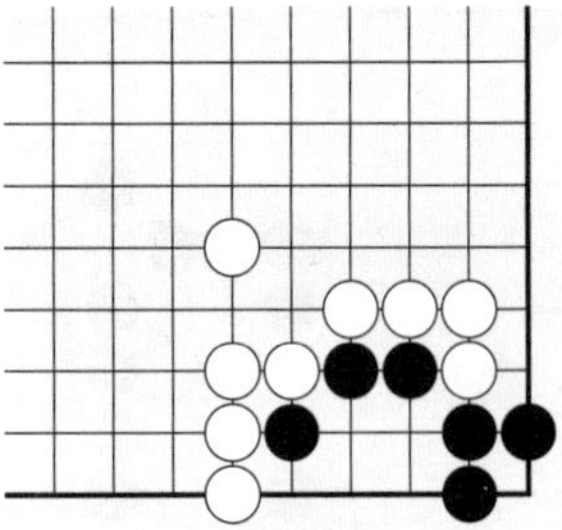

题 110

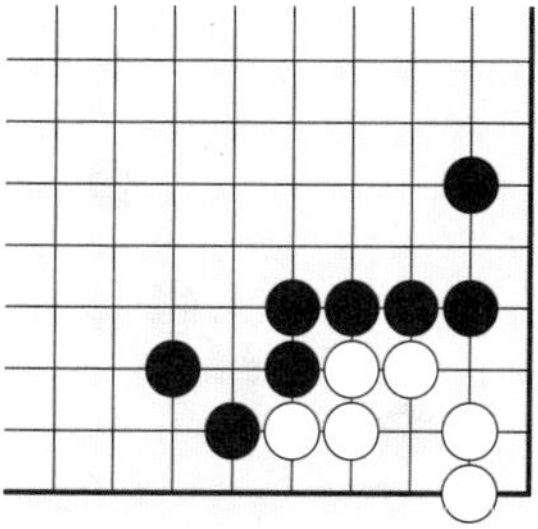

题 111

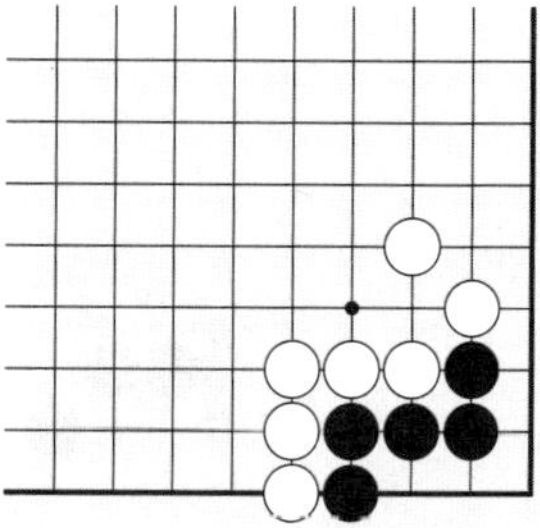

题 112

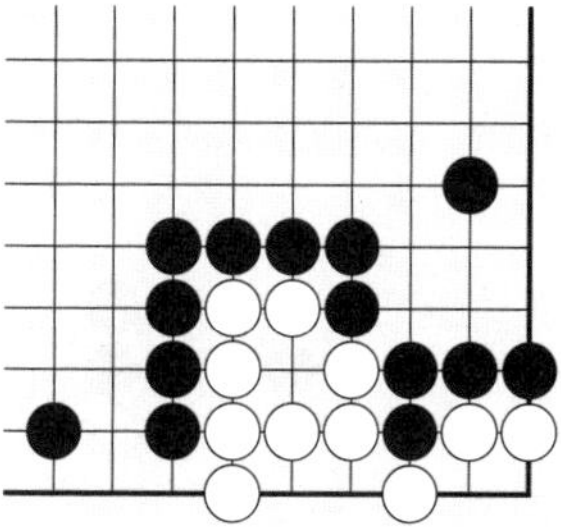

题 113

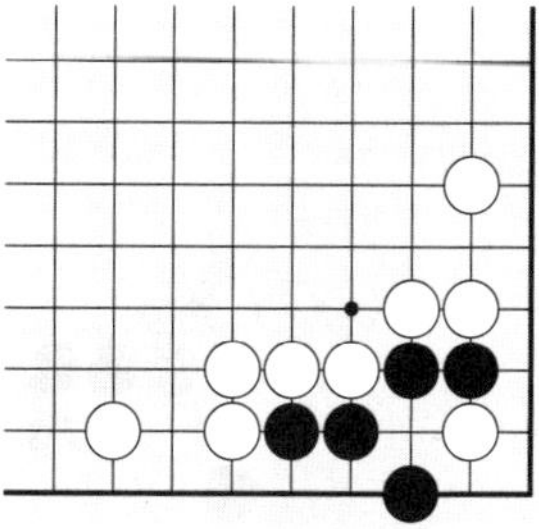

题 114

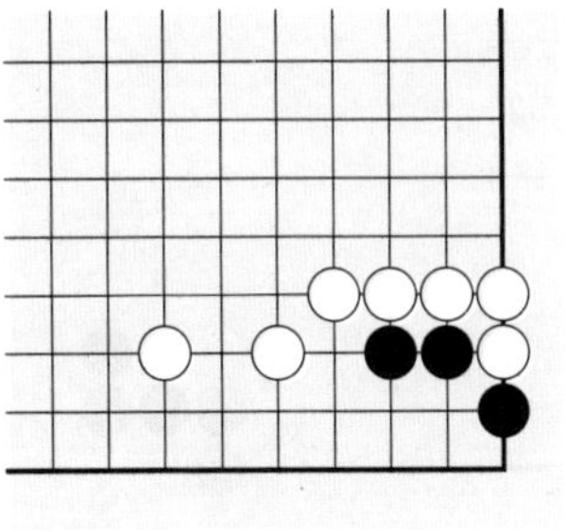

题 115

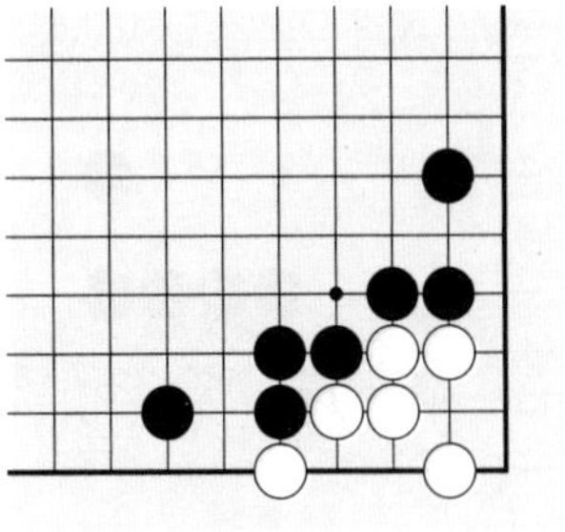

题 116

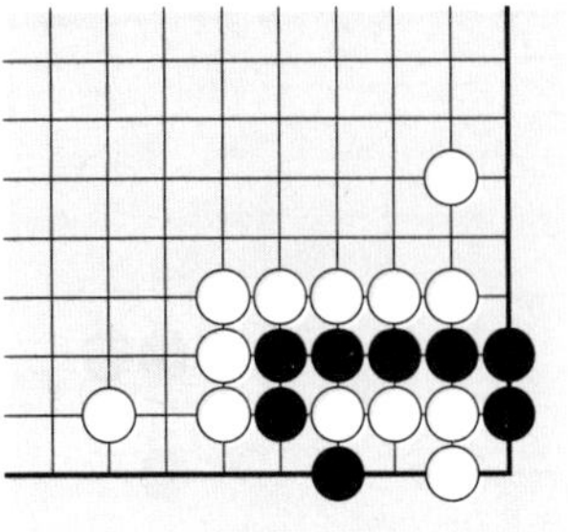

题 117

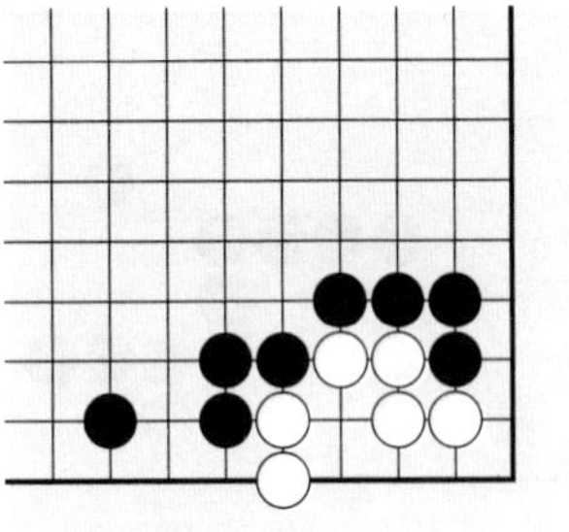

题 118

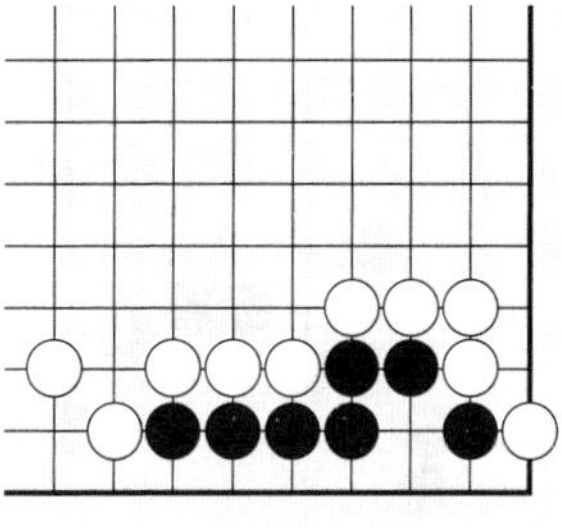

题 119

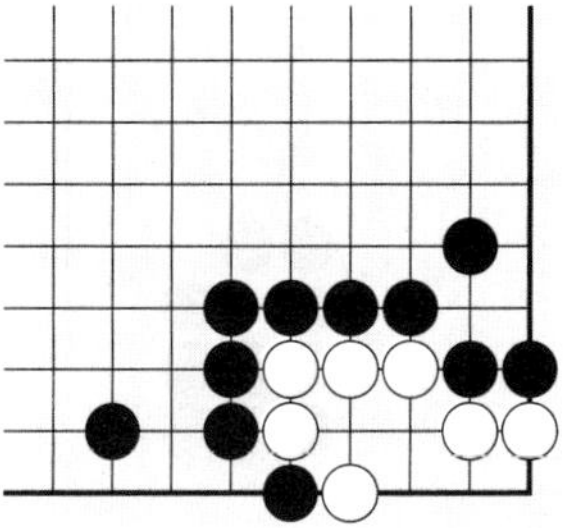

题 120

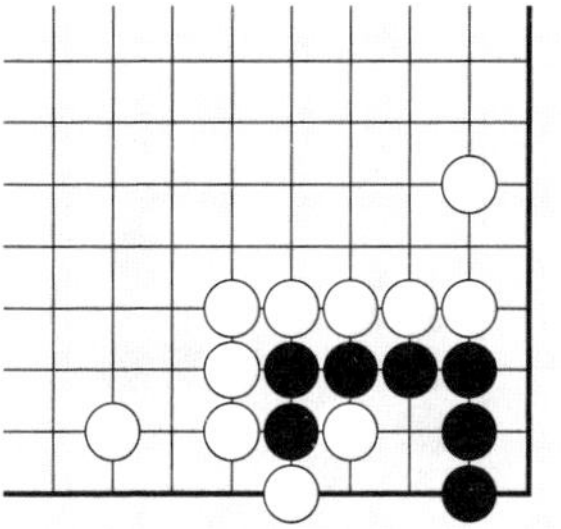

题 121

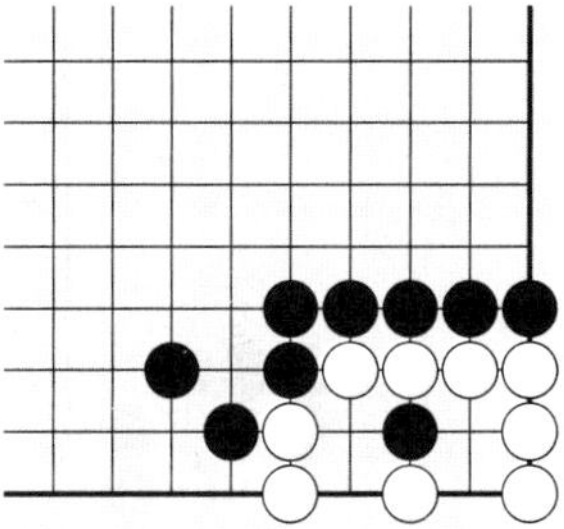

题 122

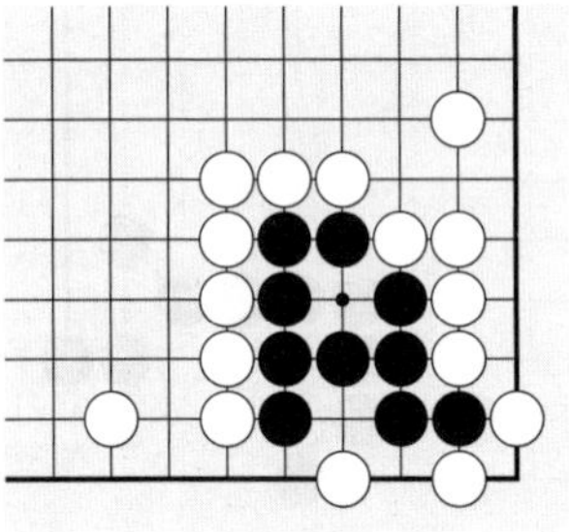

题 123

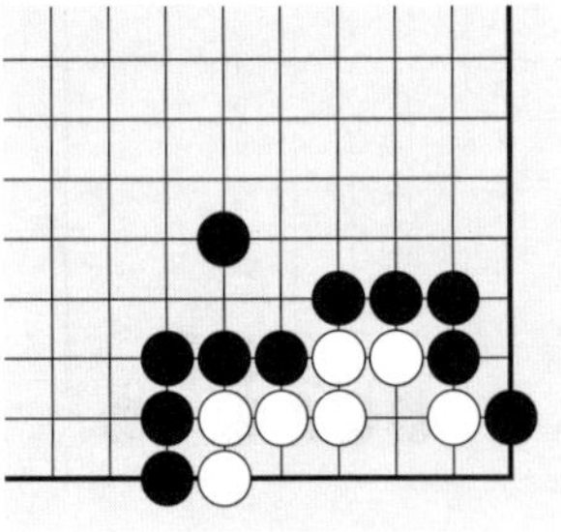

题 124

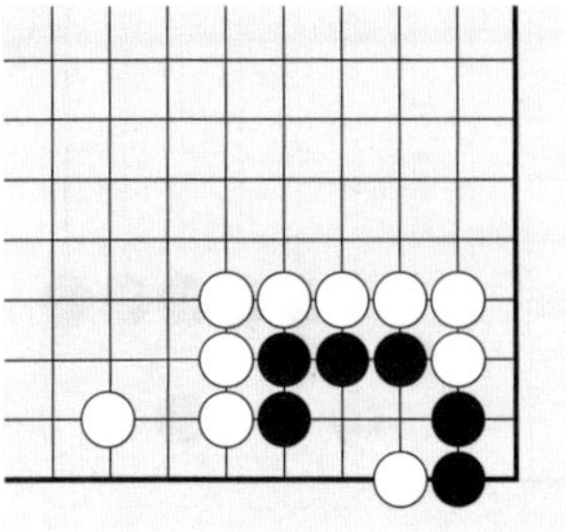

题 125

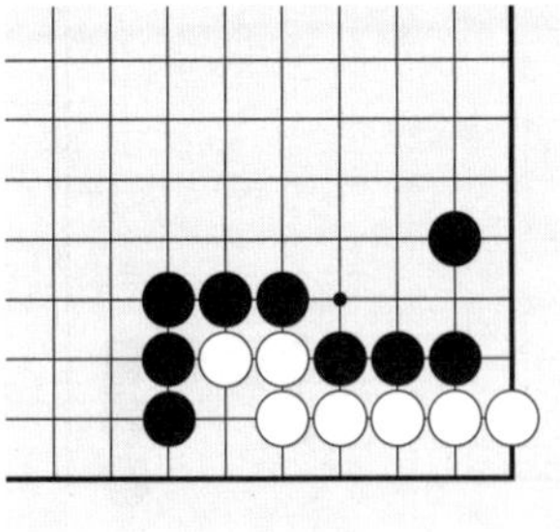

题 126

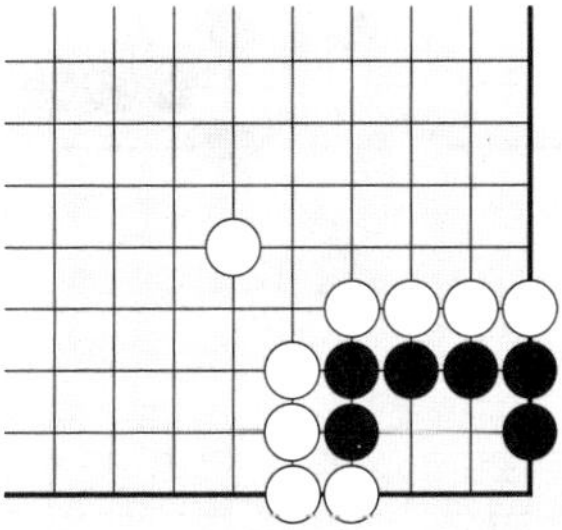

题 127

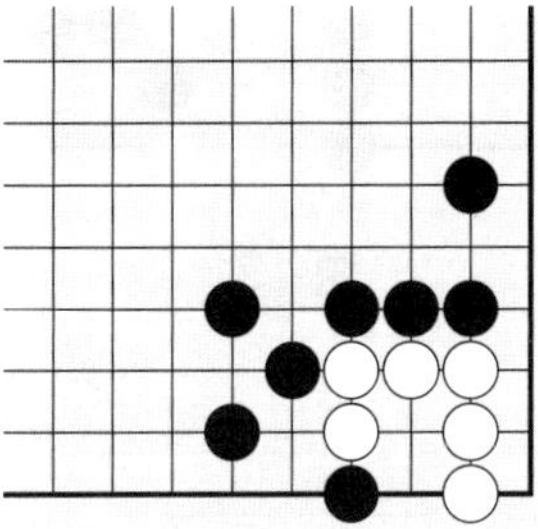

题 128

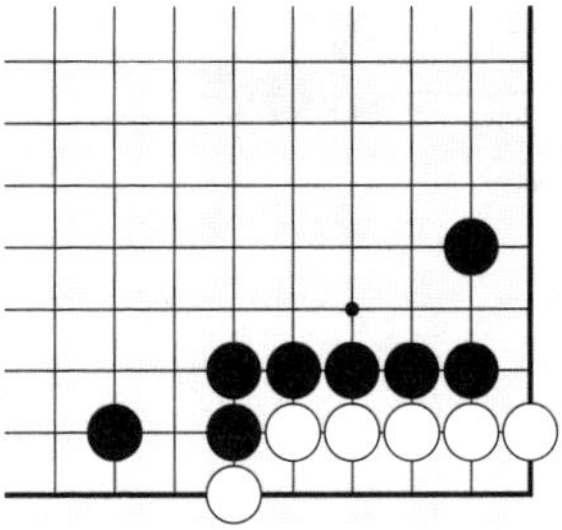

题 129

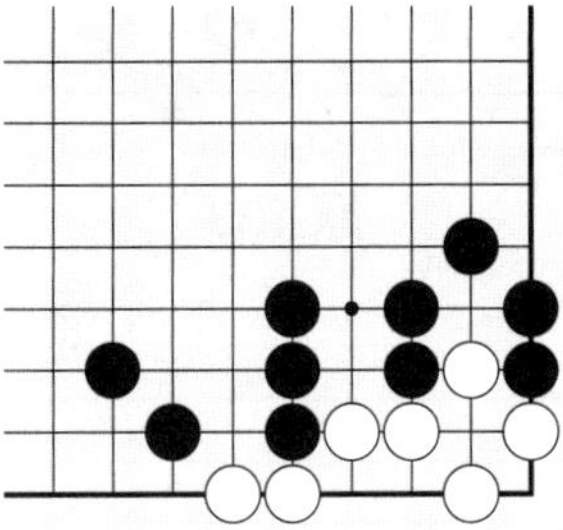

题 130

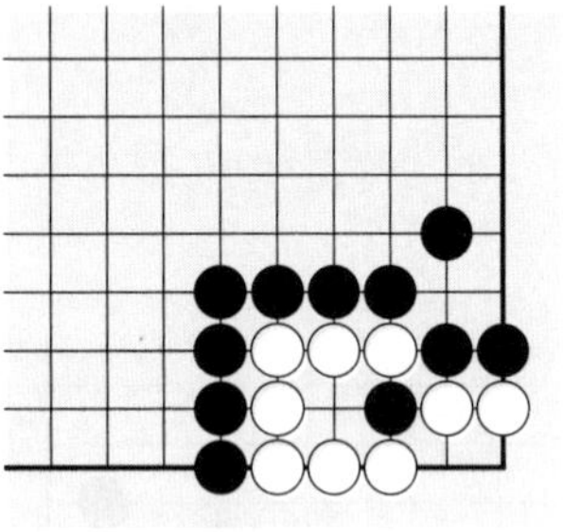

题 131

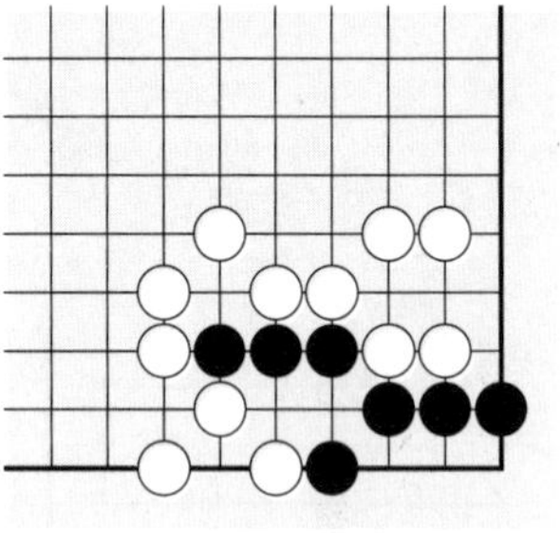

题 132

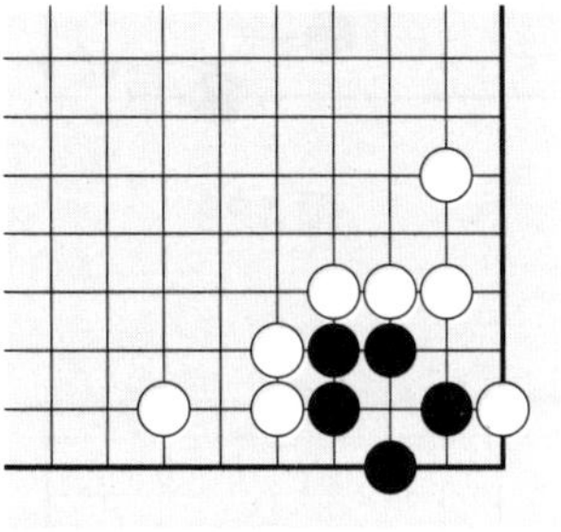

题 133

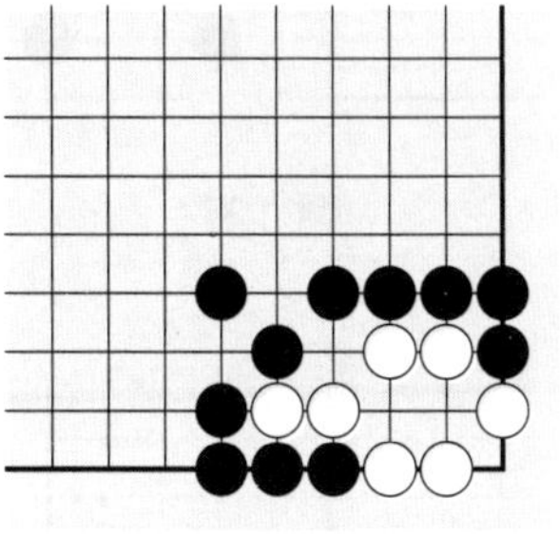

题 134

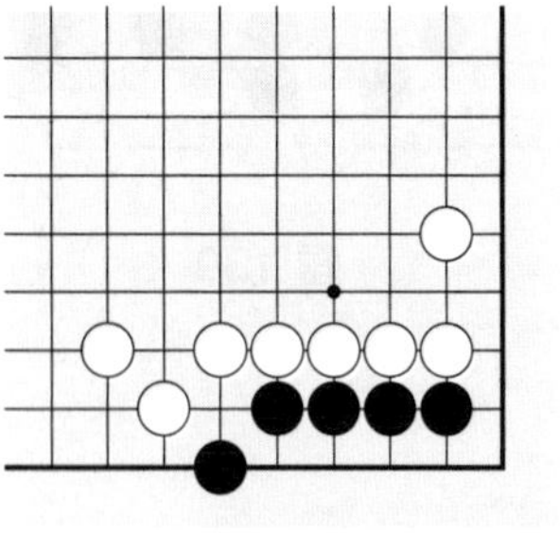

题 135

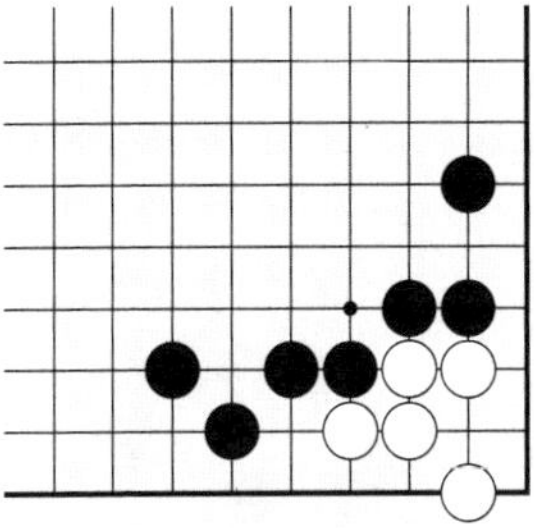

题 136

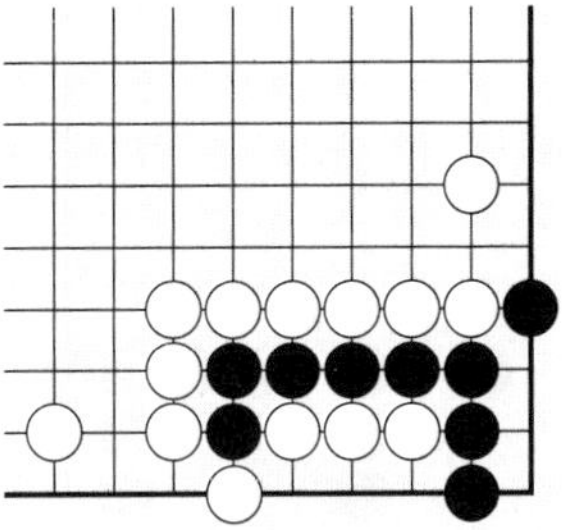

题 137

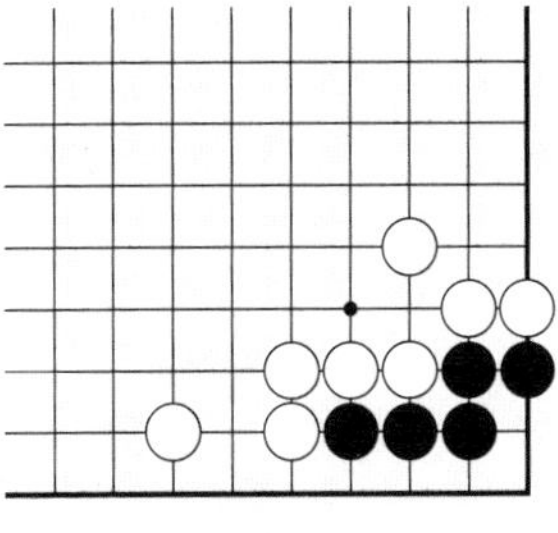

题 138

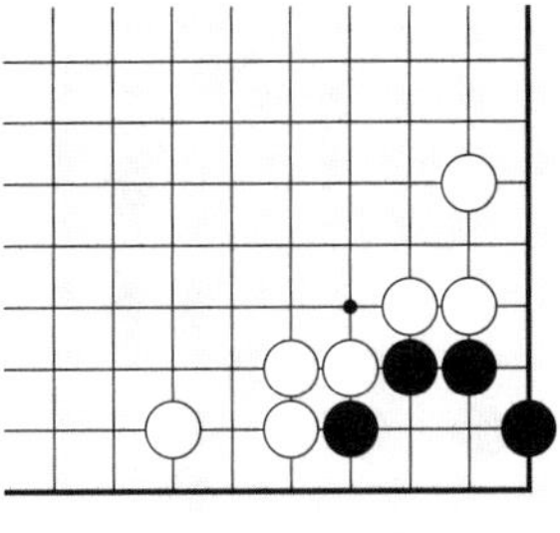

题 139

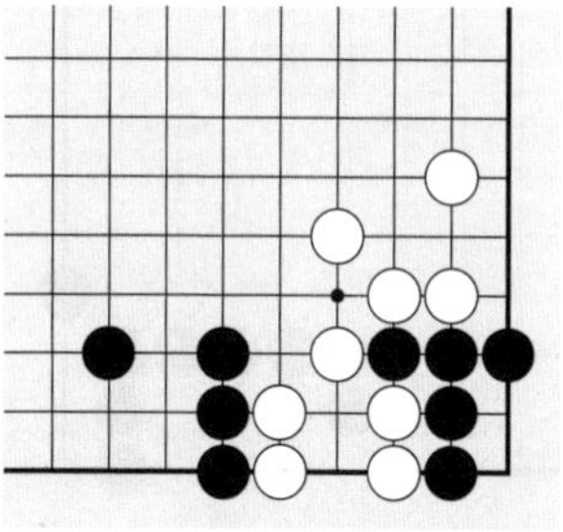

题 140

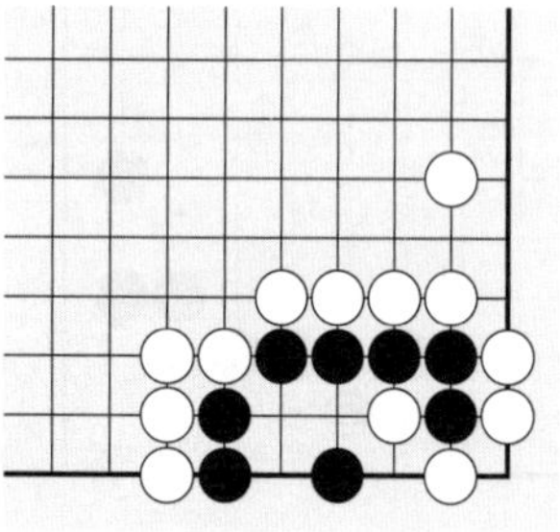

题 141

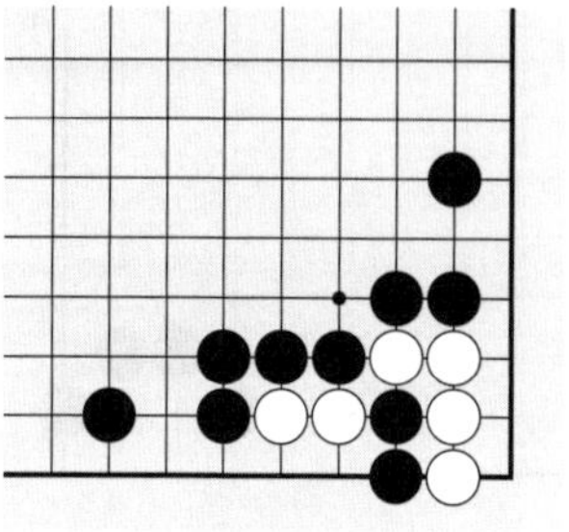

题 142

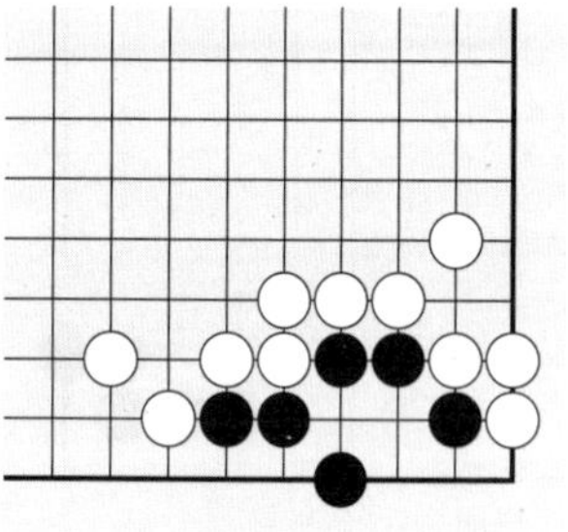

题 143

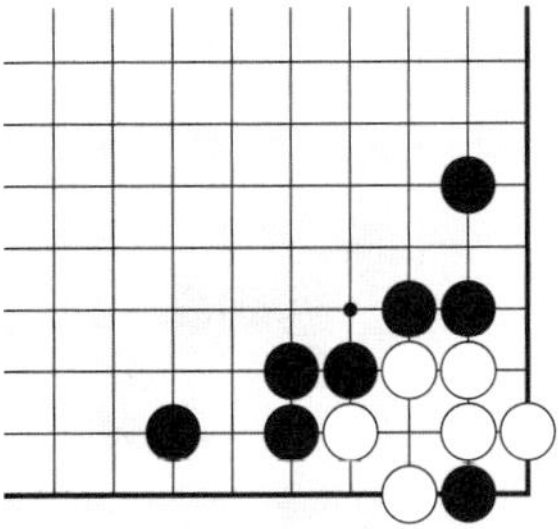

题 144

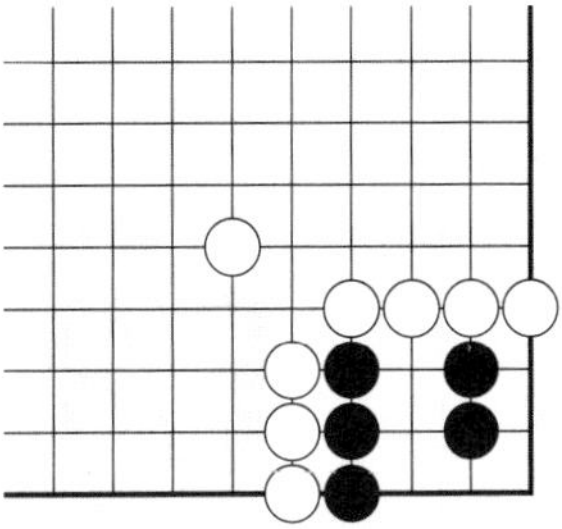

题 145

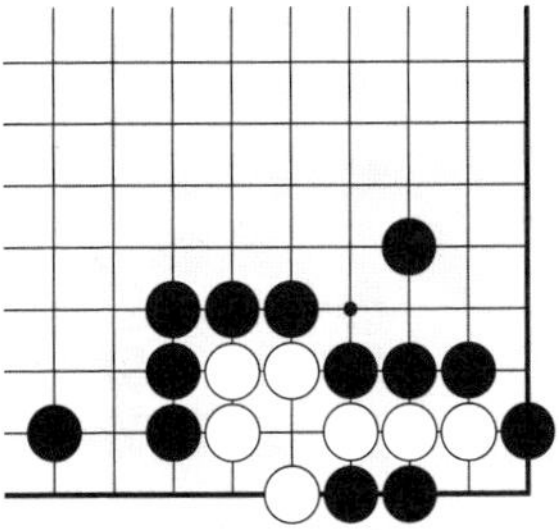

题 146

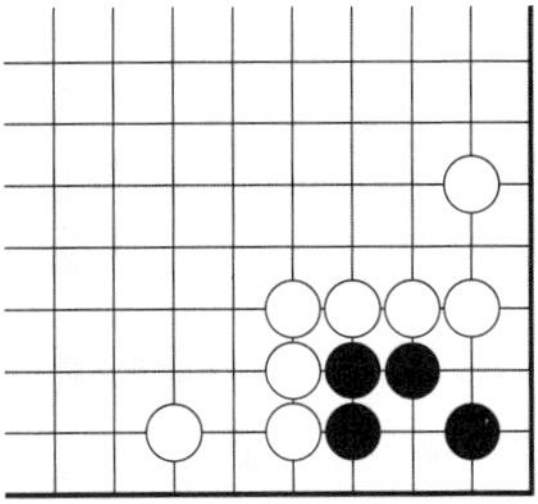

题 147

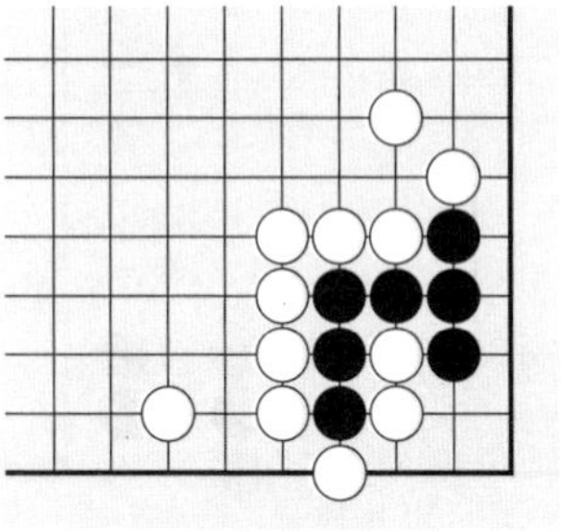

题 148

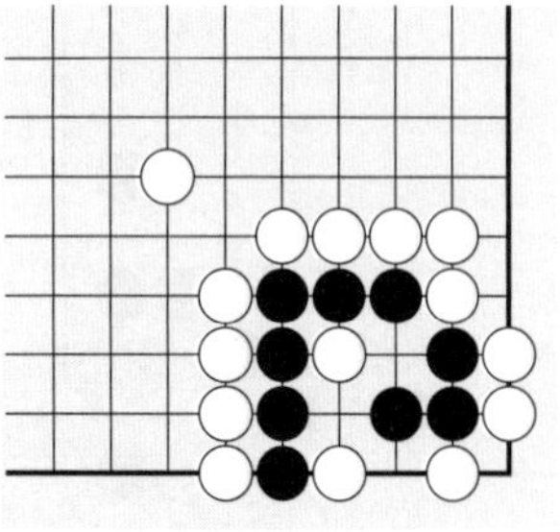

题 149

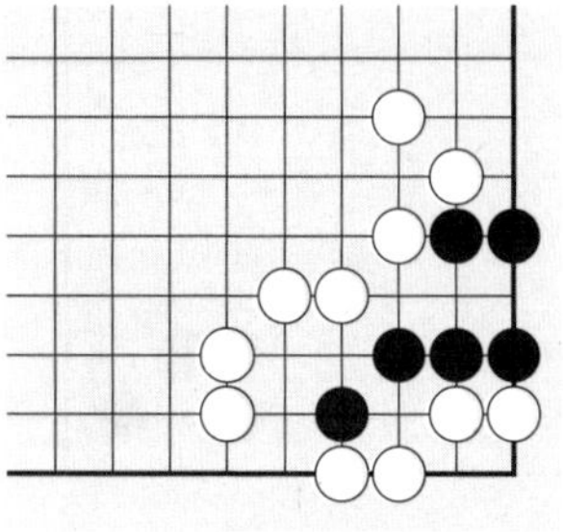

题 150

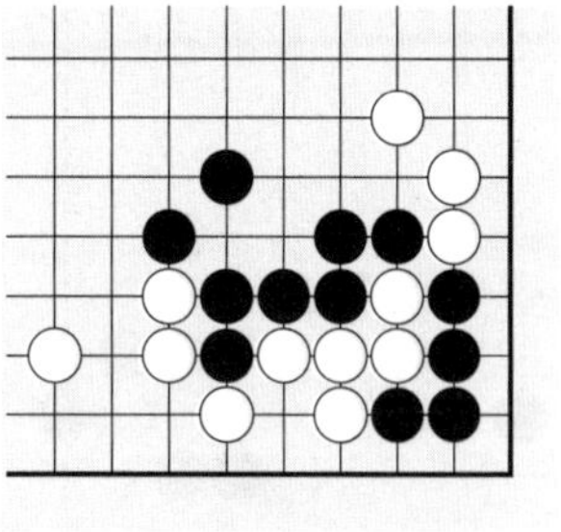

题 151

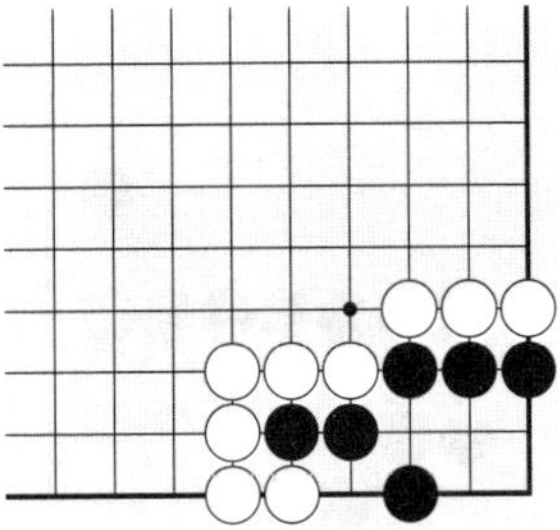

题 152

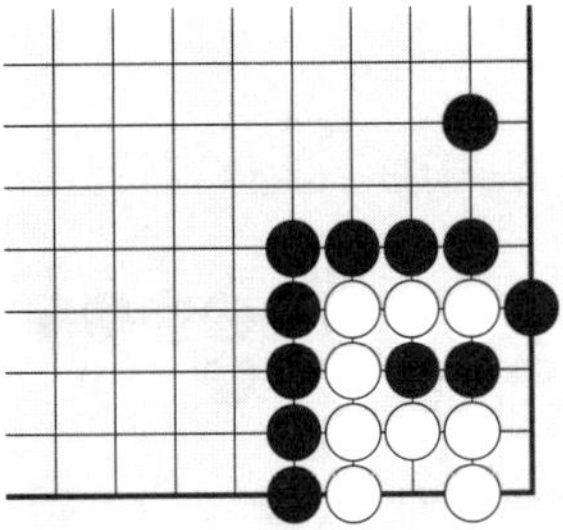

题 153

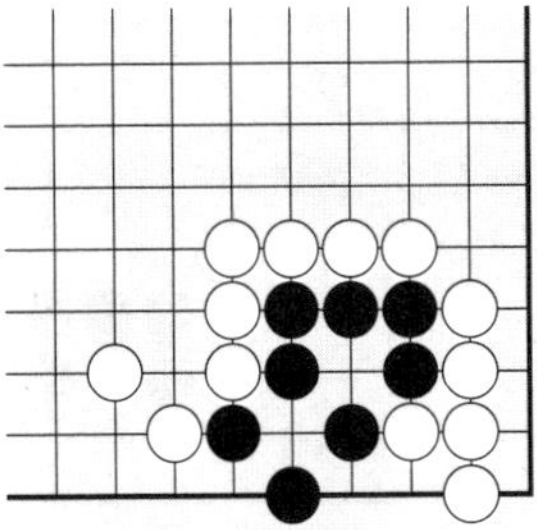

题 154

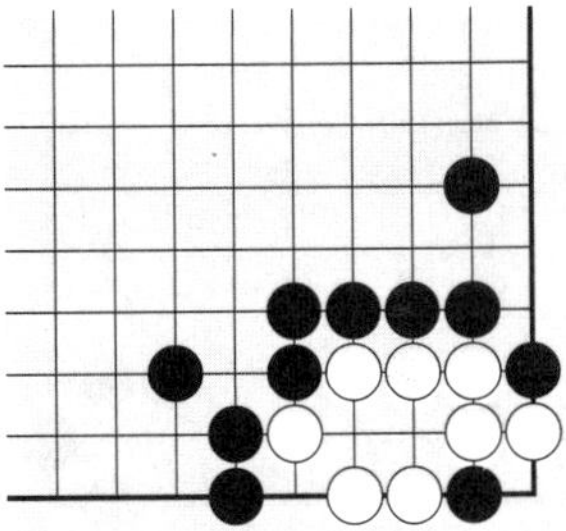

题 155

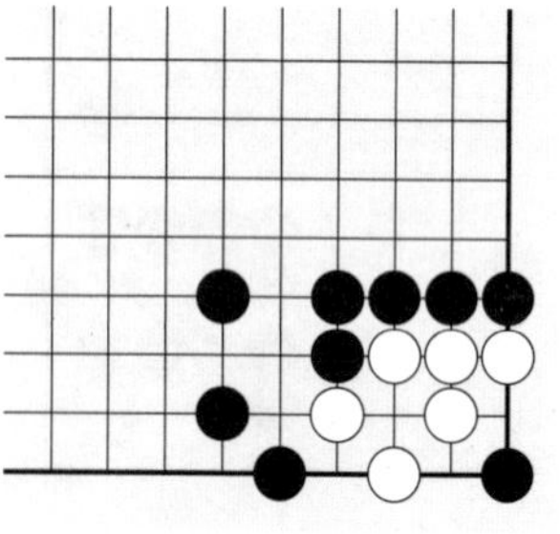

题 156

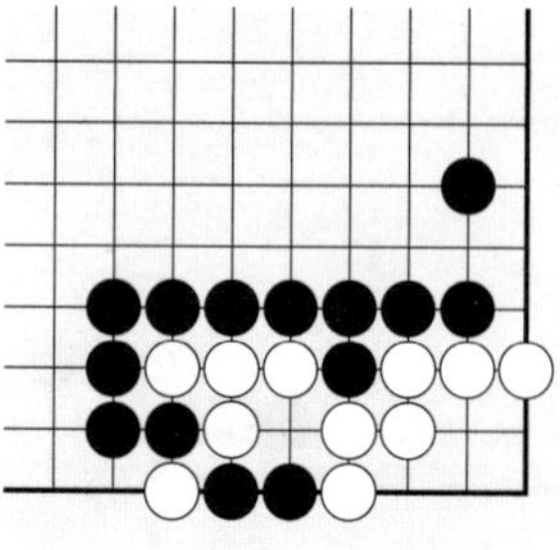

题 157

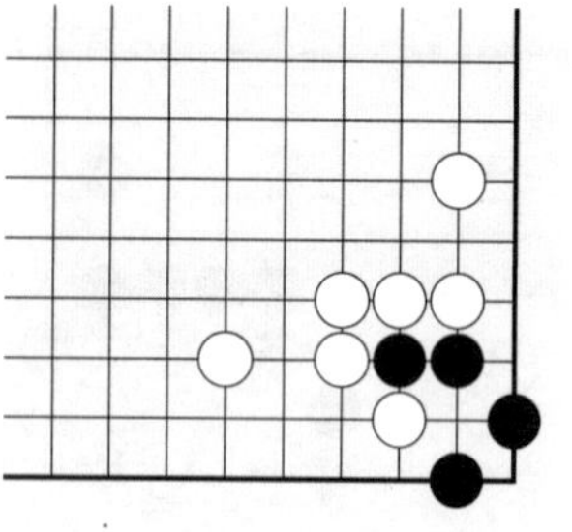

题 158

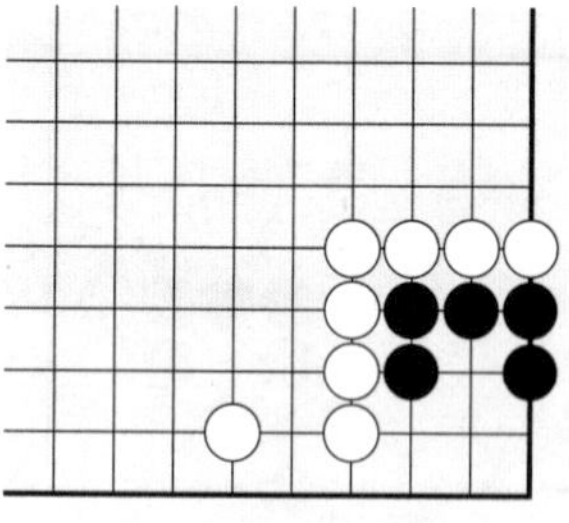

题 159

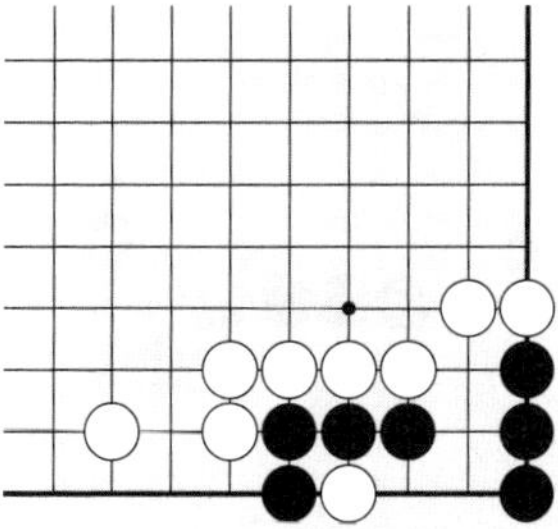

题 160

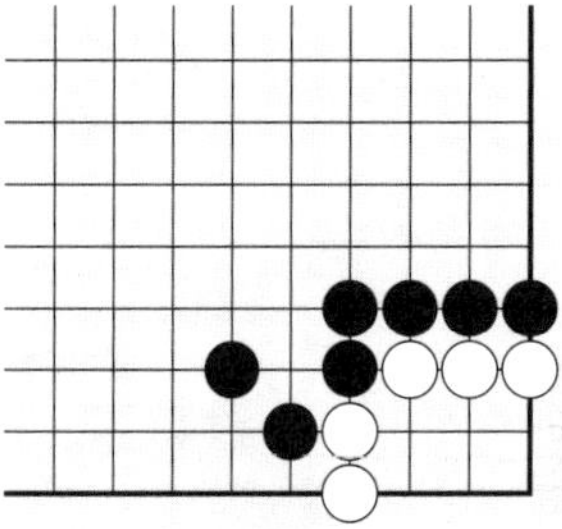

题 161

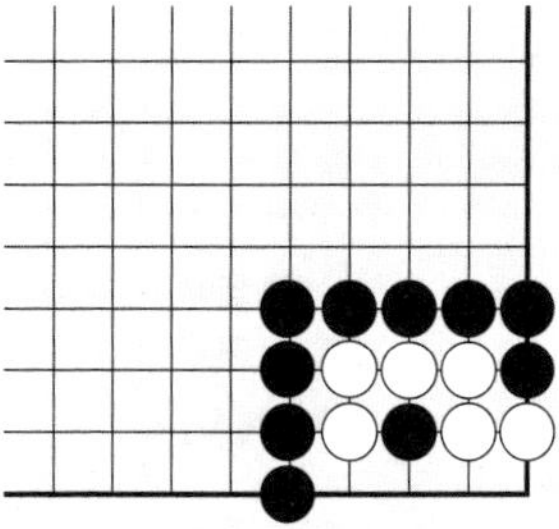

题 162

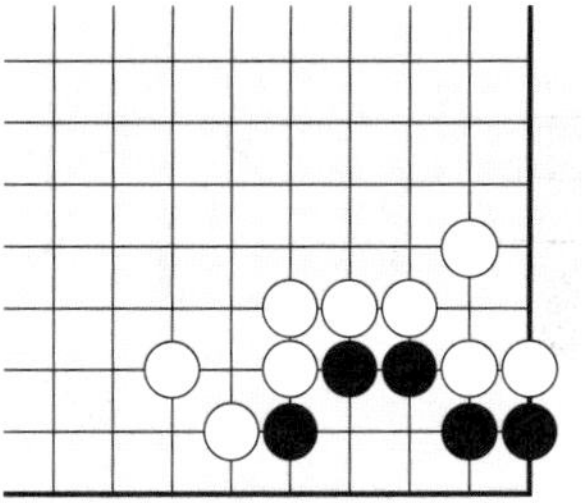

题 163

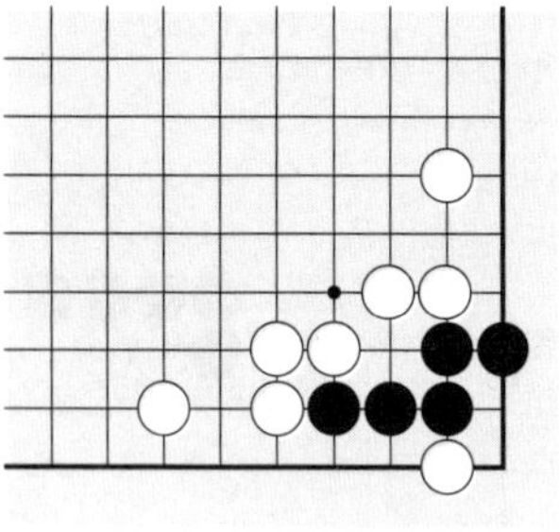

题 164

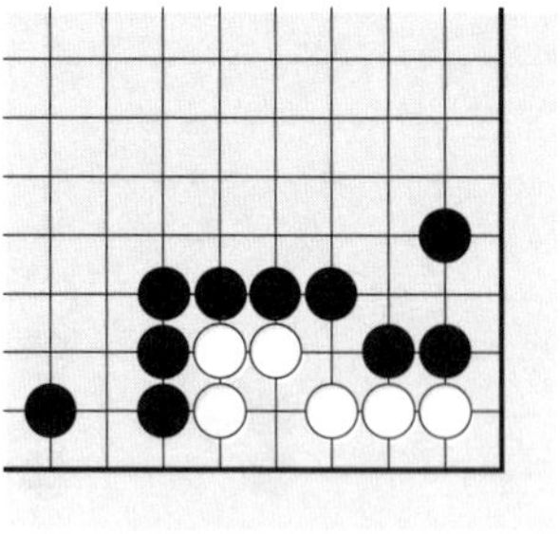

题 165

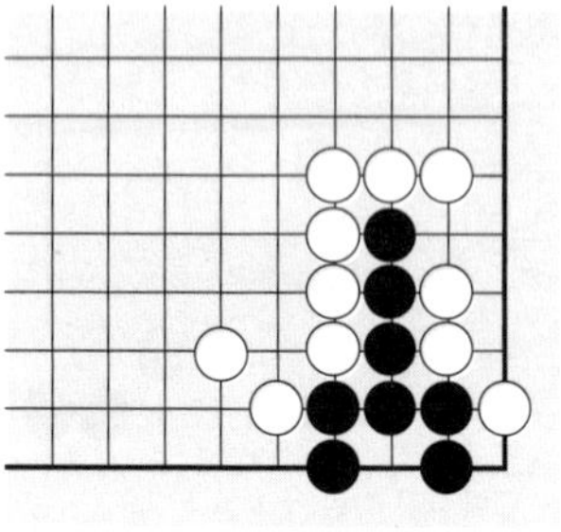

题 166

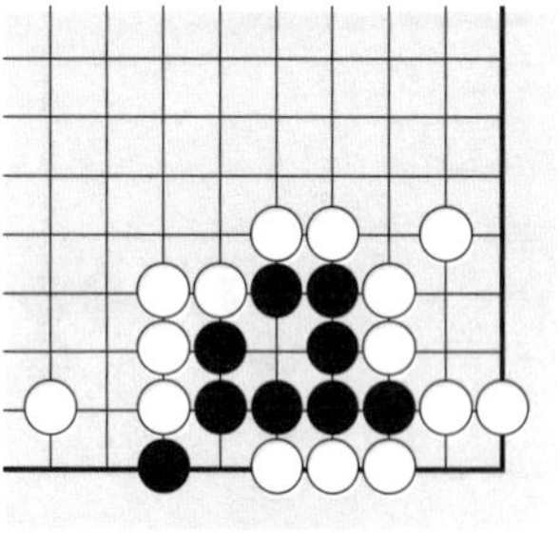

题 167

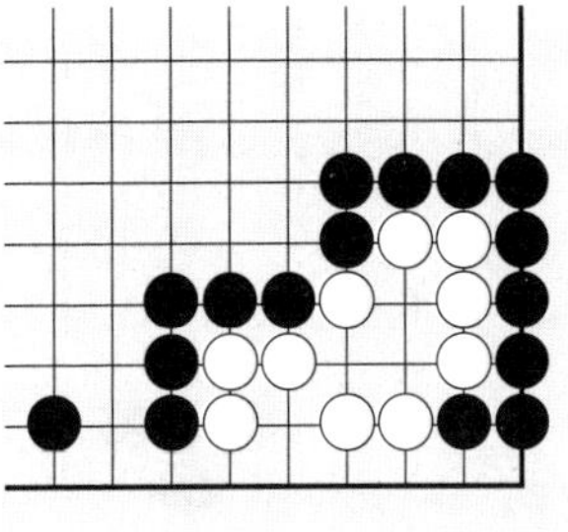

题 168

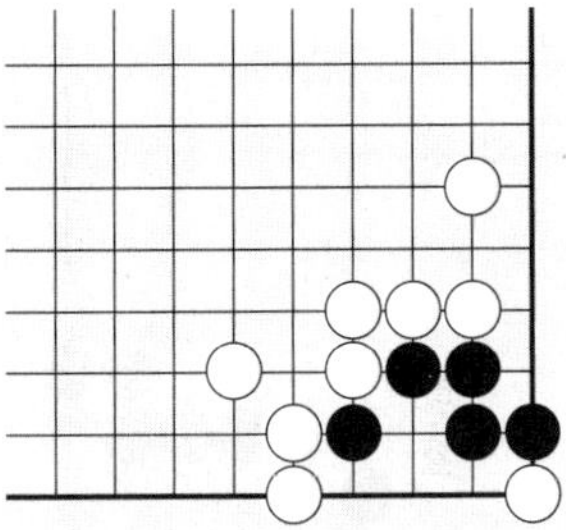

题 169

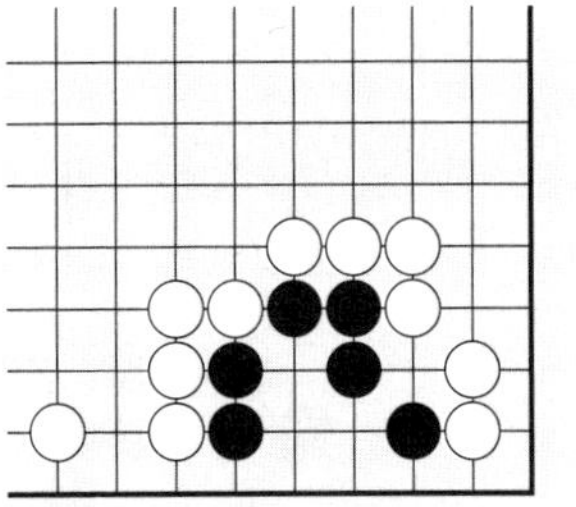

题 170

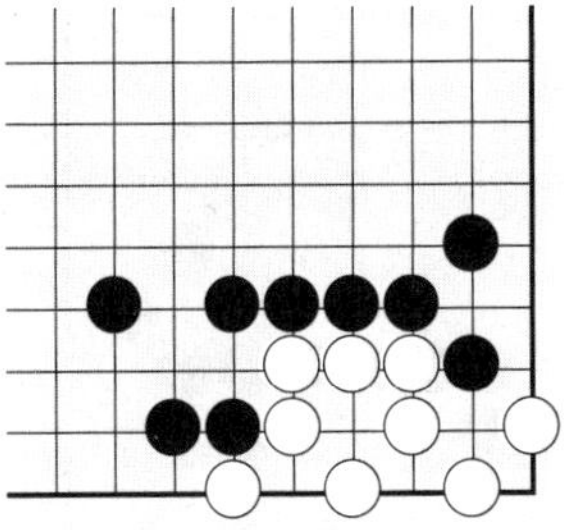

题 171

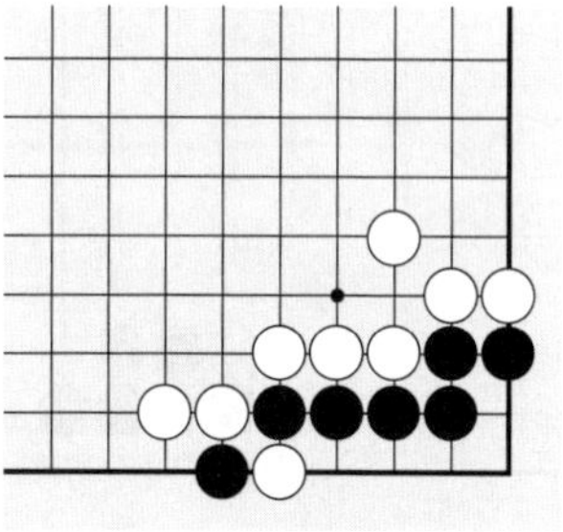

题 172

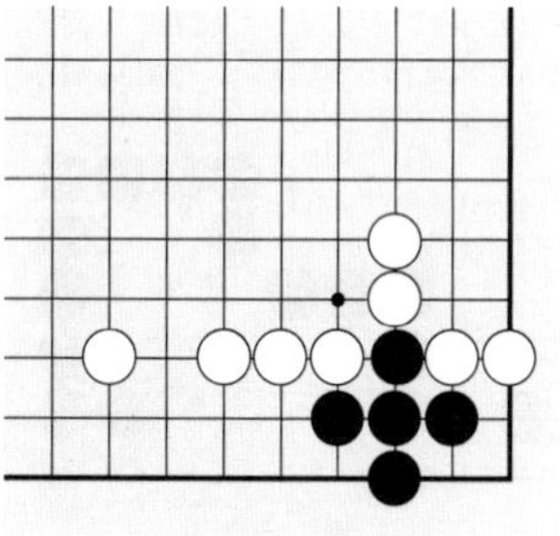

题 173

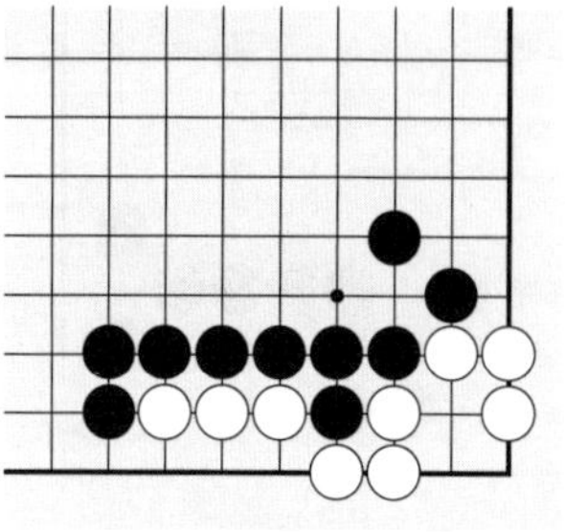

题 174

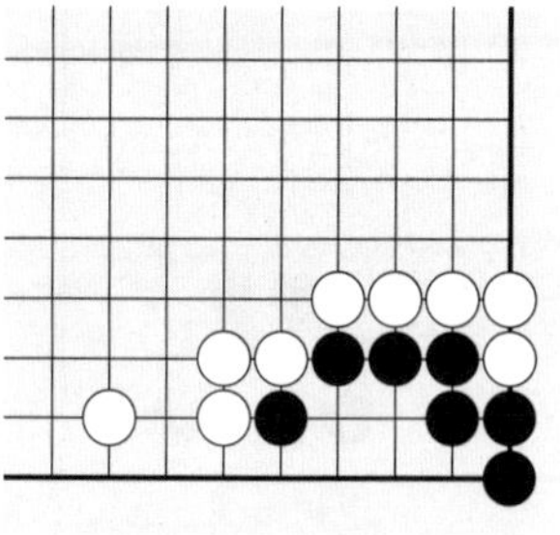

题 175

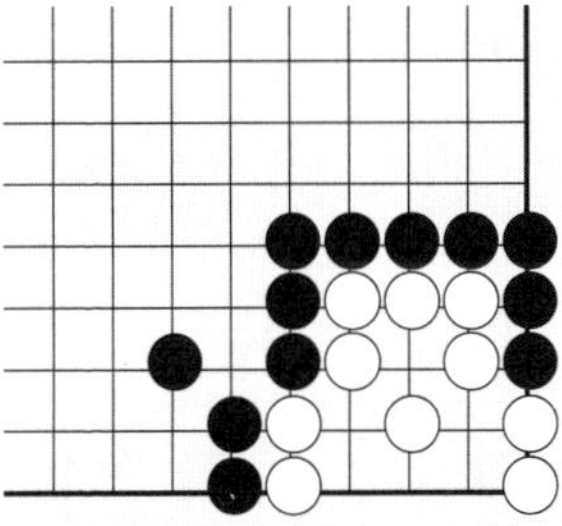

题 176

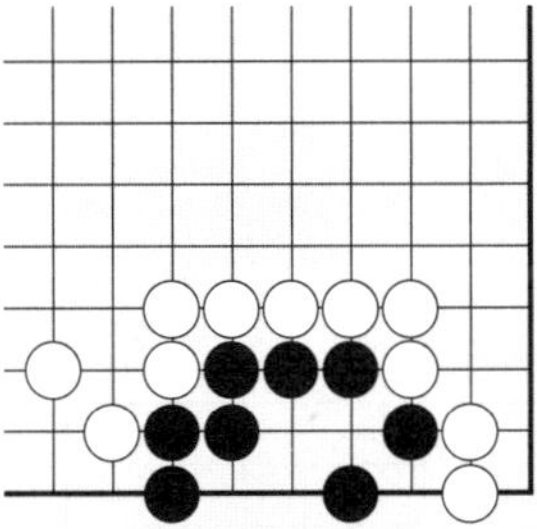

题 177

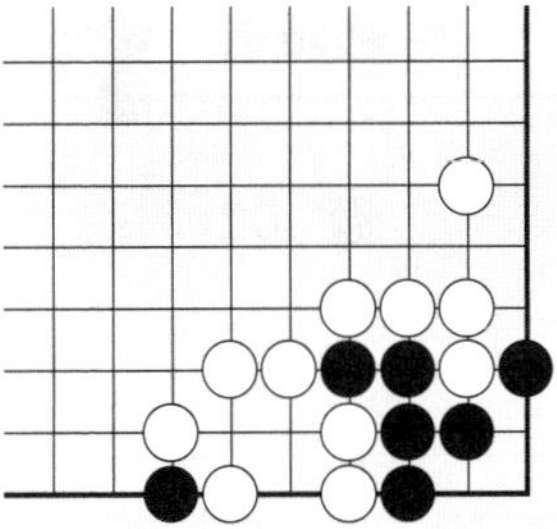

题 178

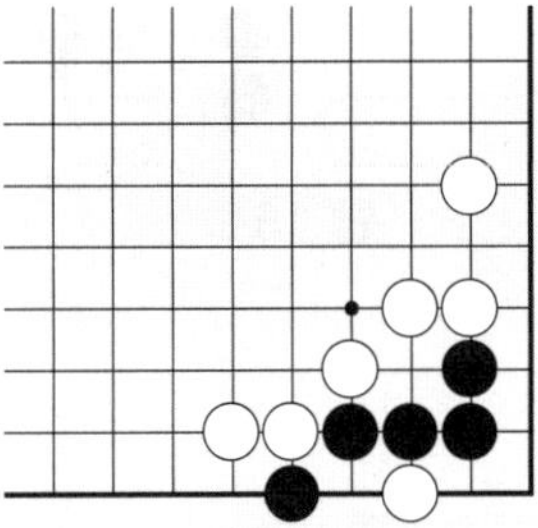

题 179

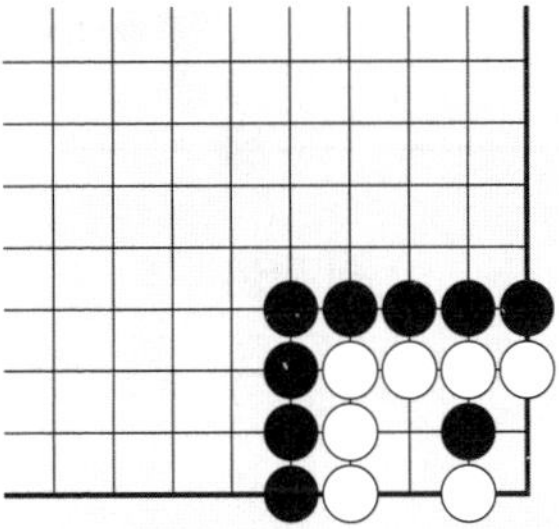

题 180

13 级～ 11 级训练题

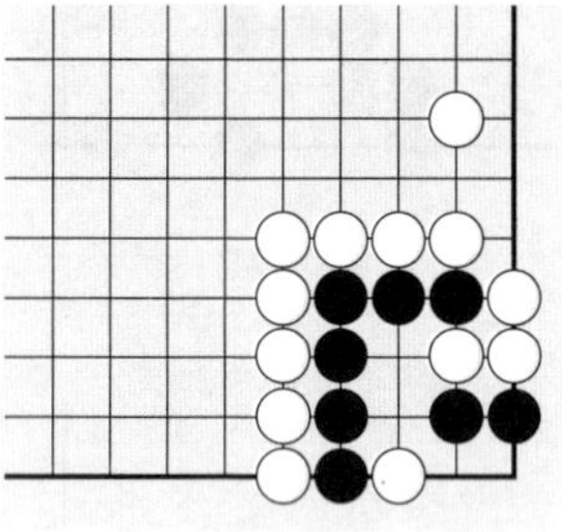

题 181

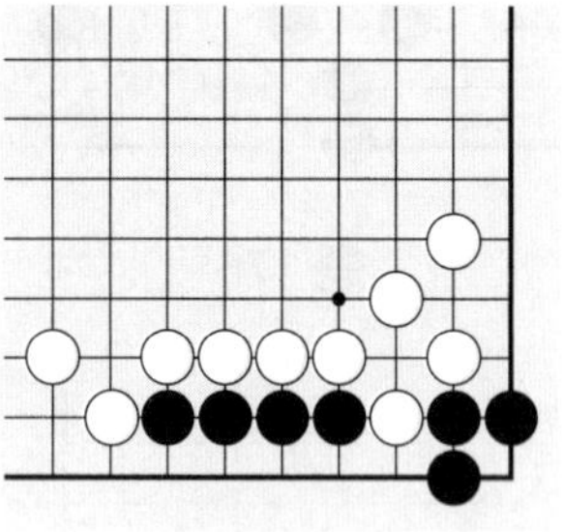

题 182

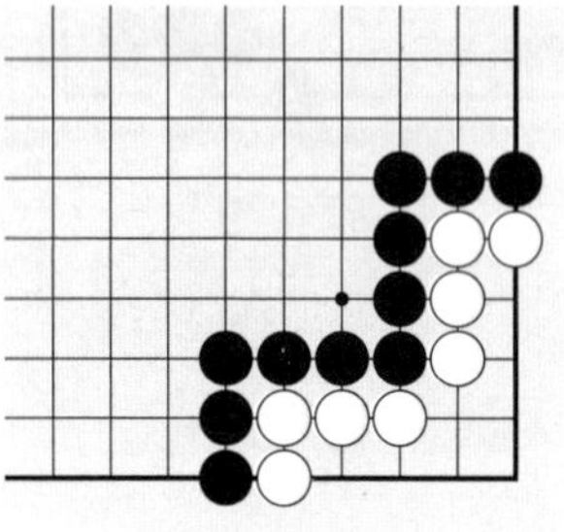

题 183

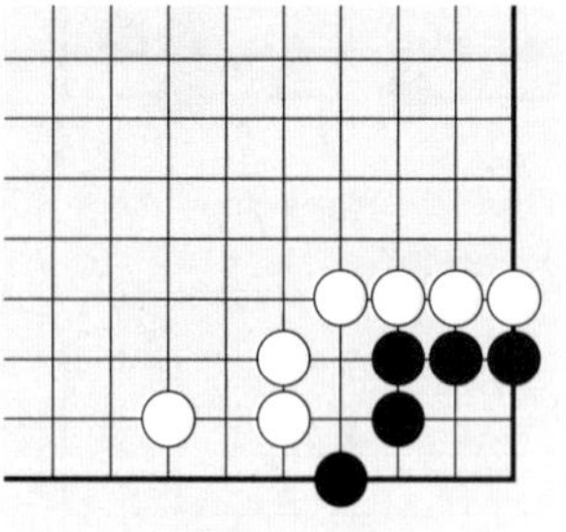

题 184

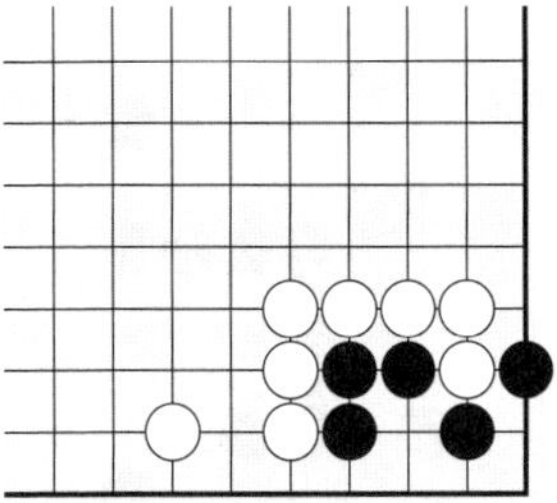

题 193

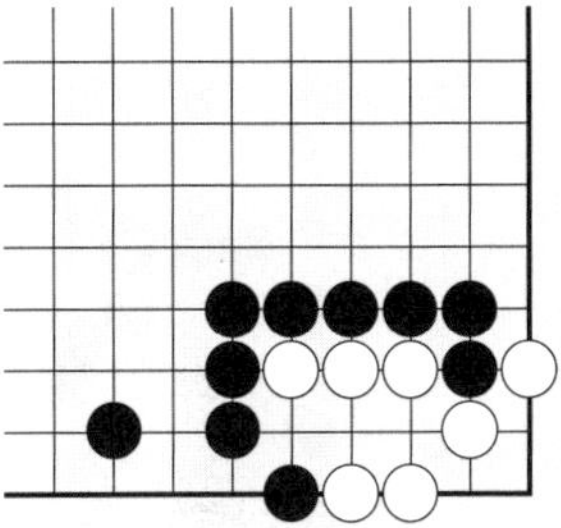

题 194

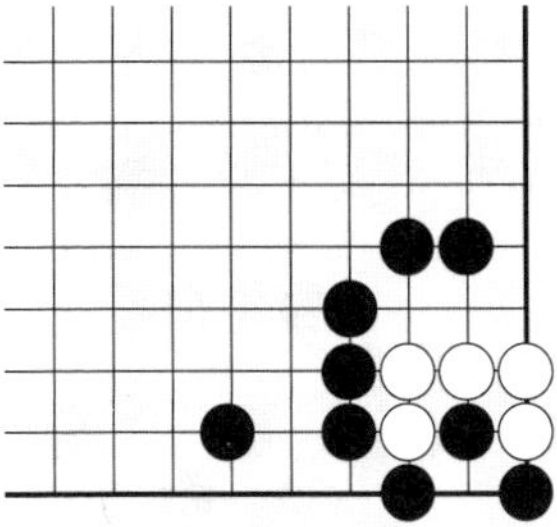

题 195

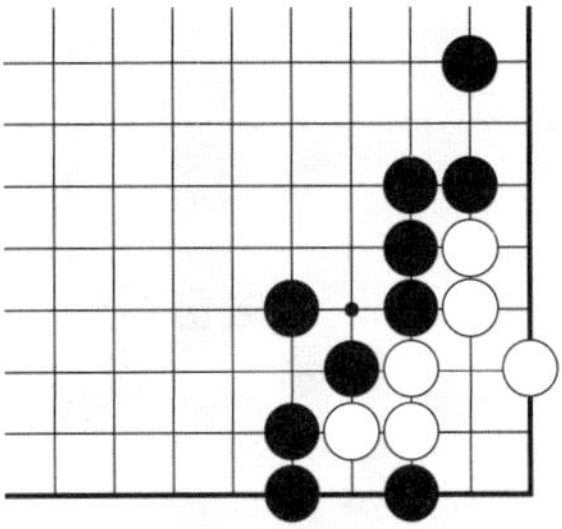

题 196

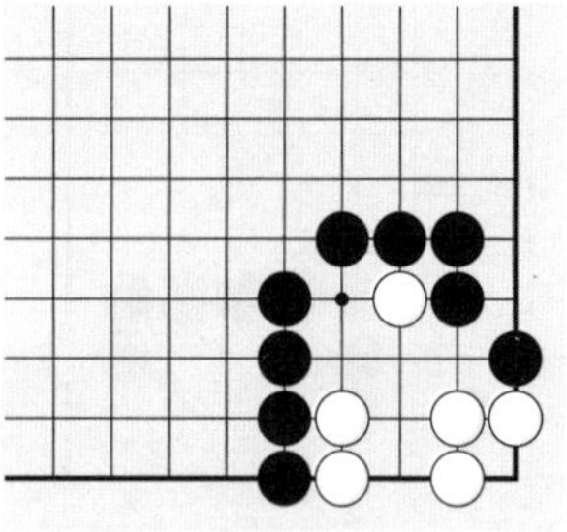

题 197

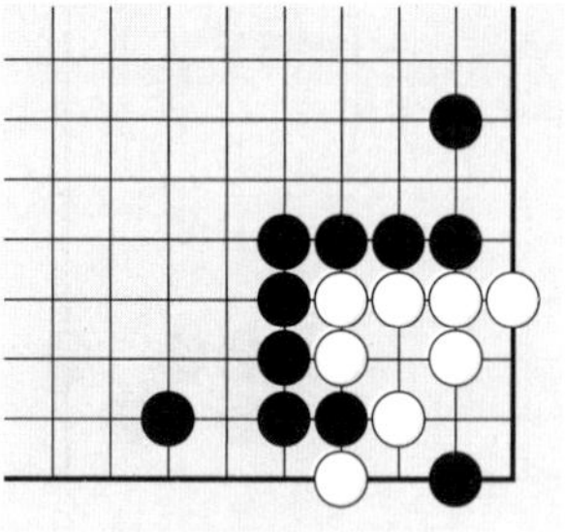

题 198

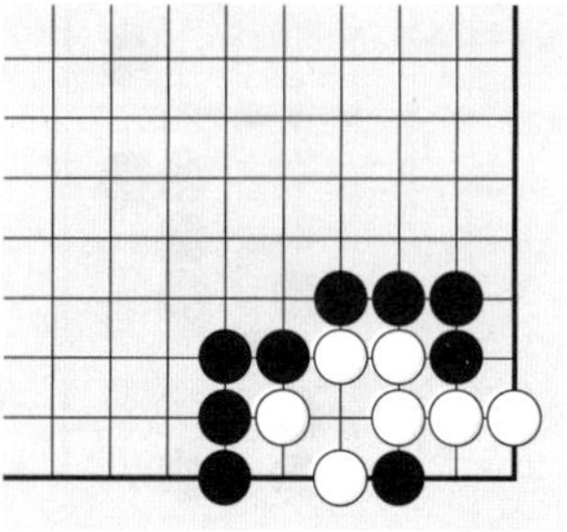

题 199

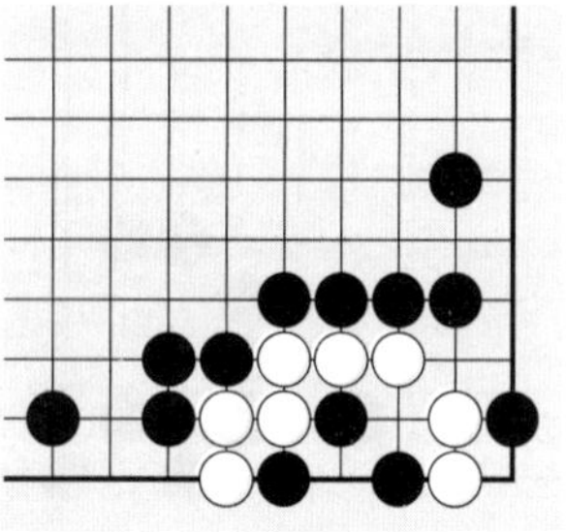

题 200

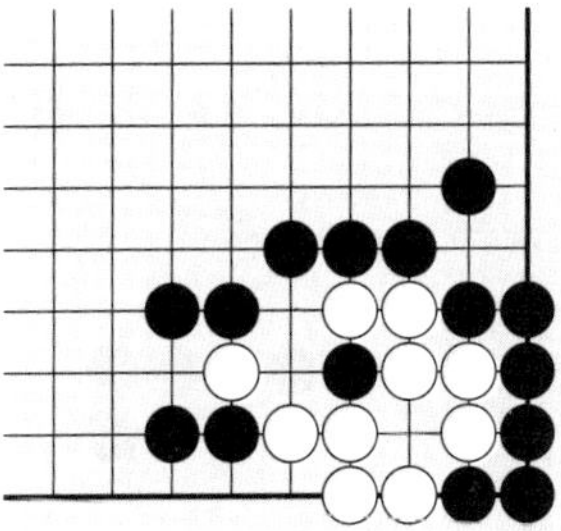

题 201

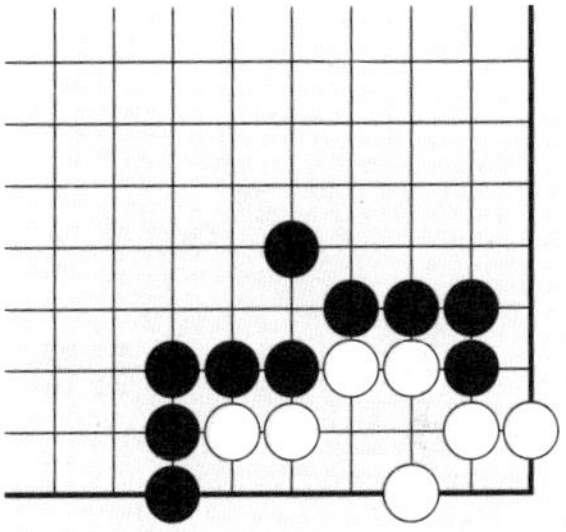

题 202

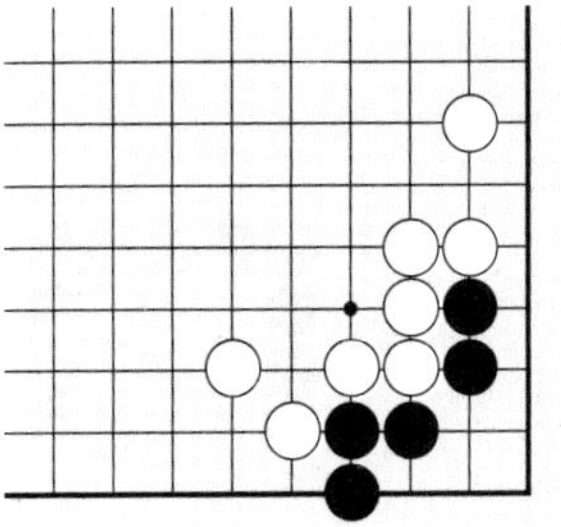

题 203

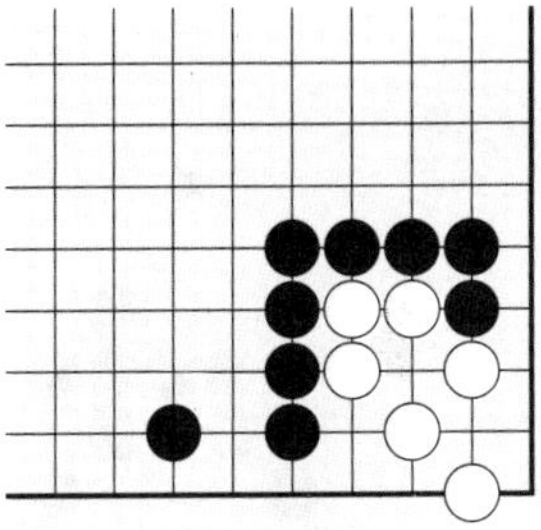

题 204

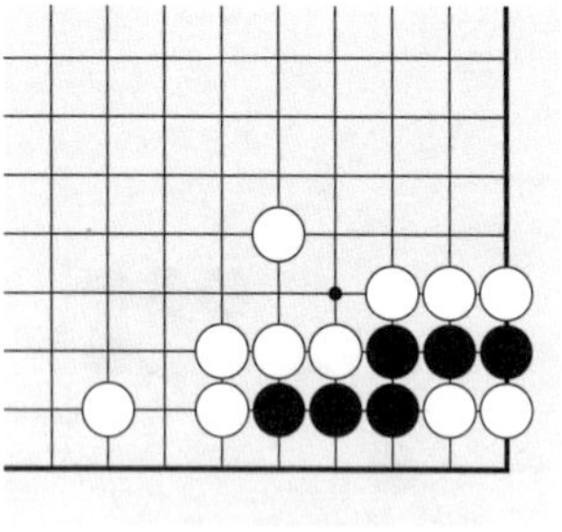

题 205

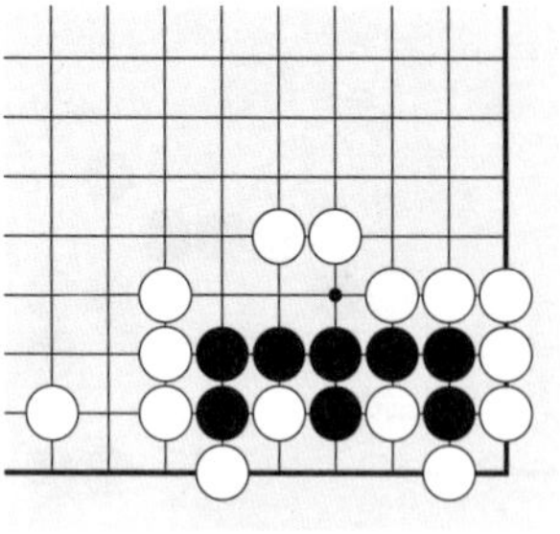

题 206

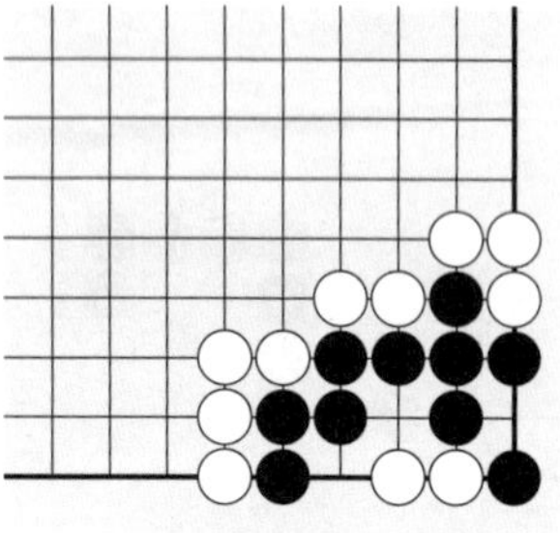

题 207

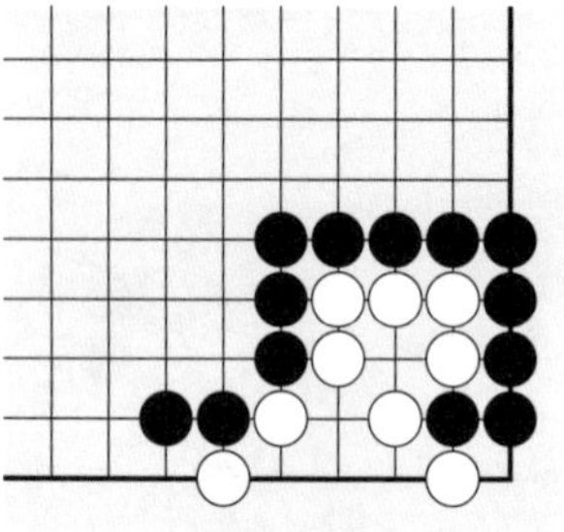

题 208

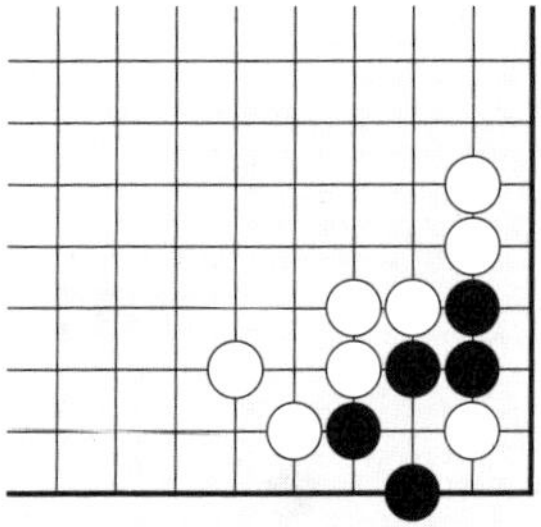

题 209

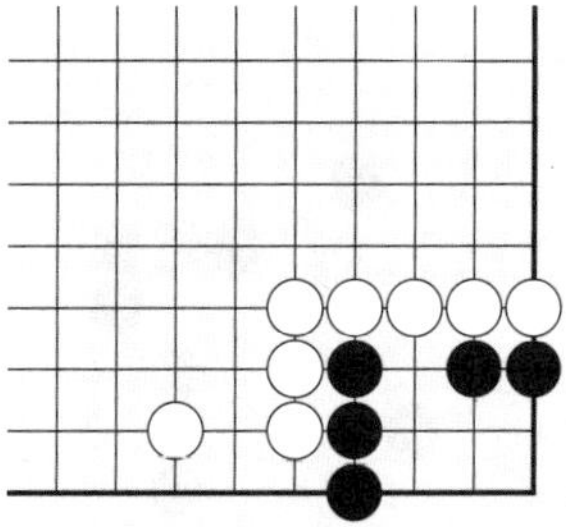

题 210

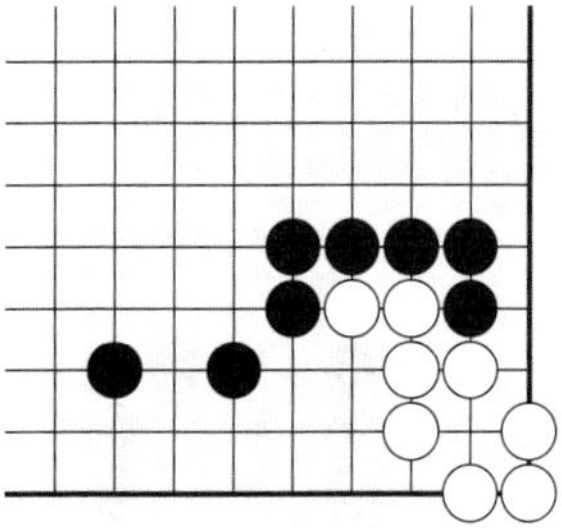

题 211

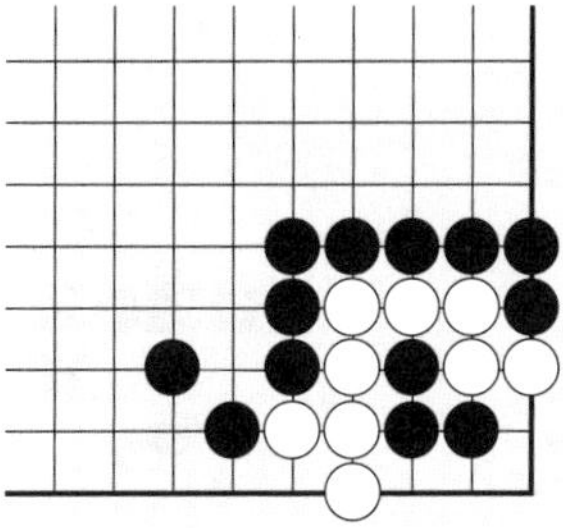

题 212

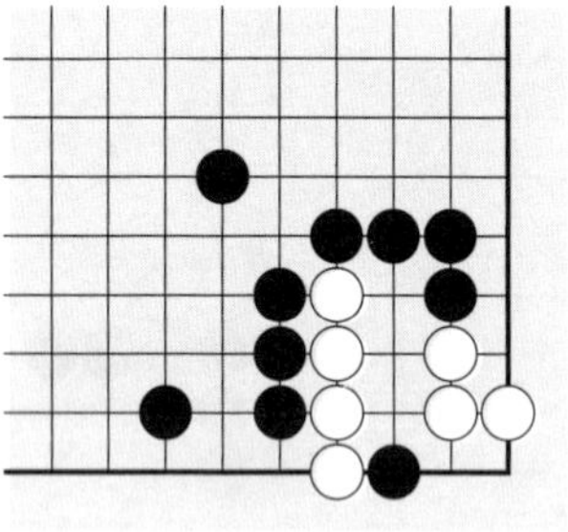

题 213

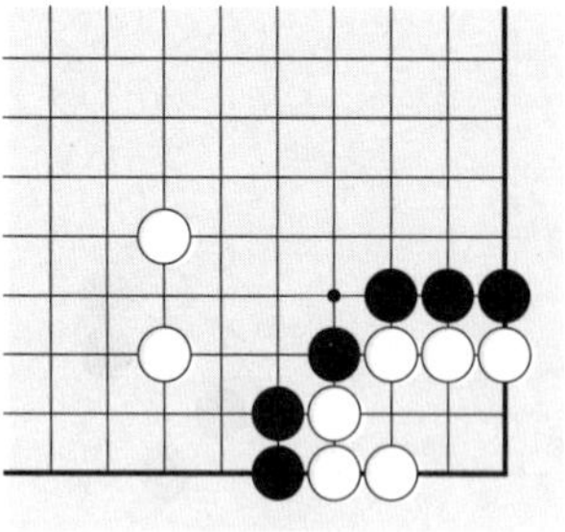

题 214

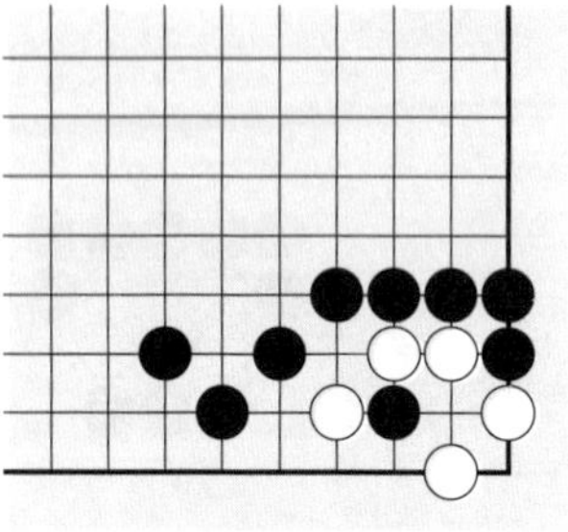

题 215

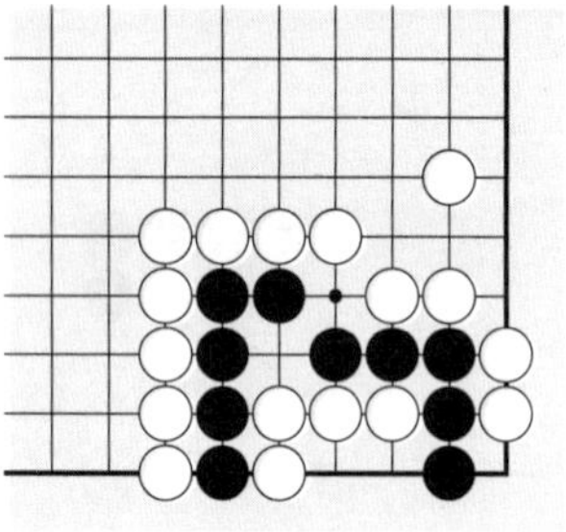

题 216

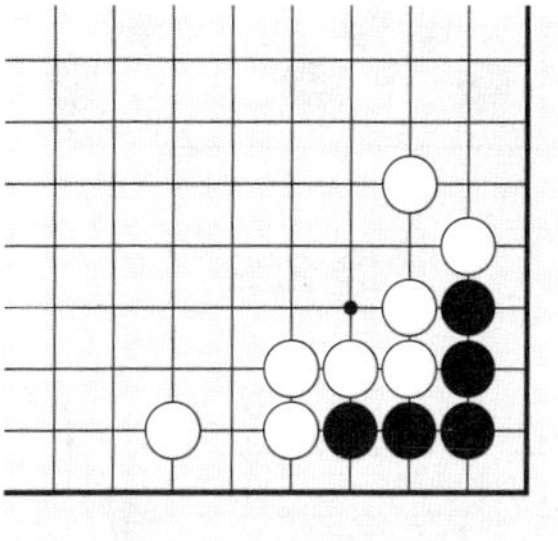

题 217

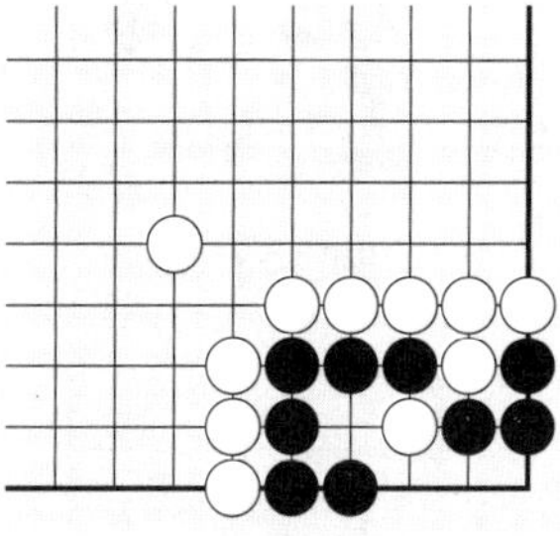

题 218

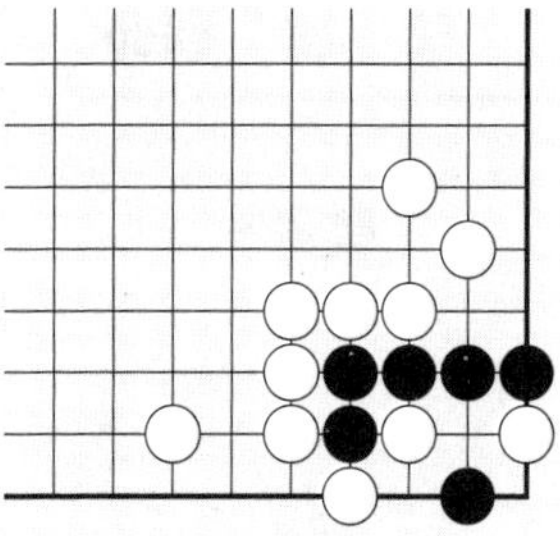

题 219

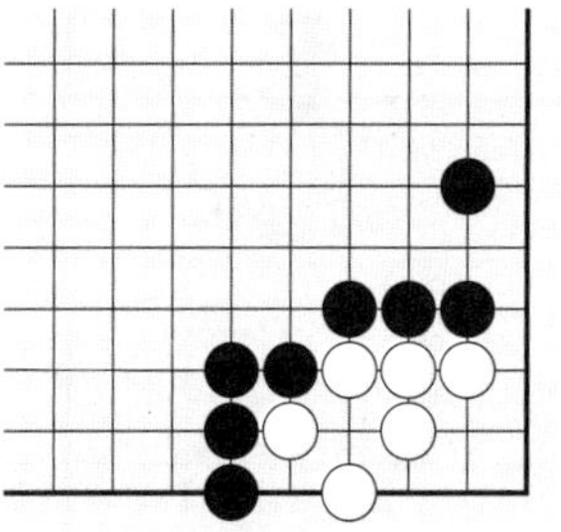

题 220

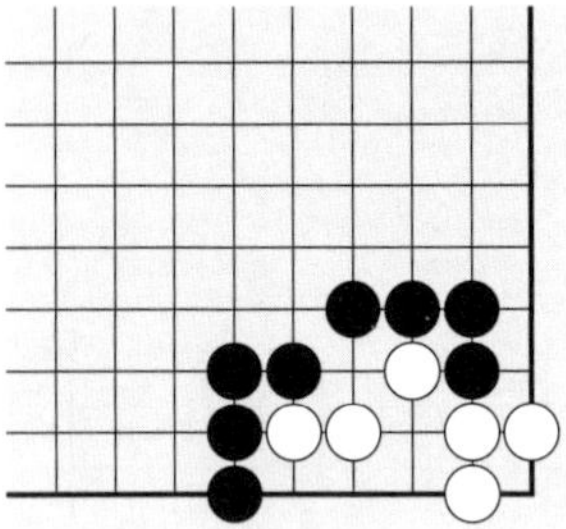
题 221

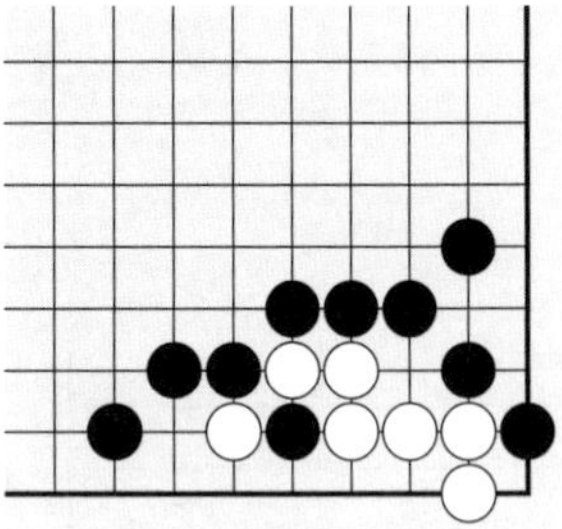
题 222

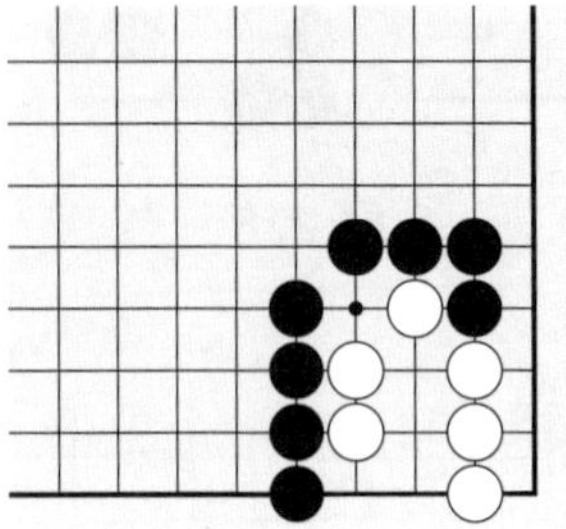
题 223

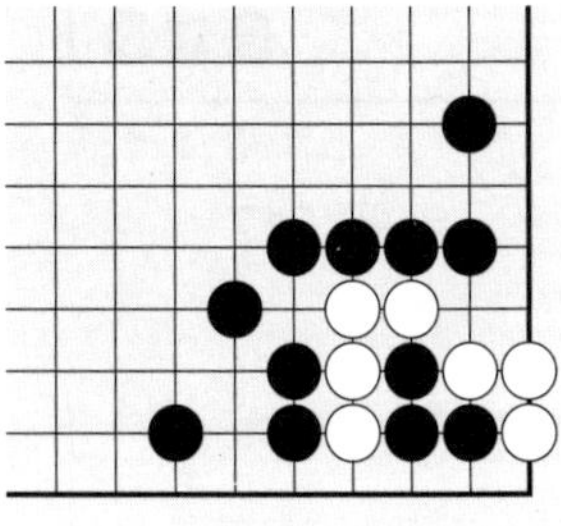
题 224

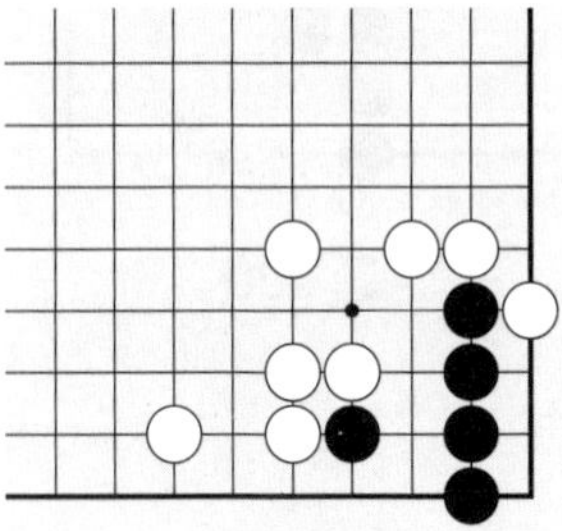
题 225

13级~11级训练题

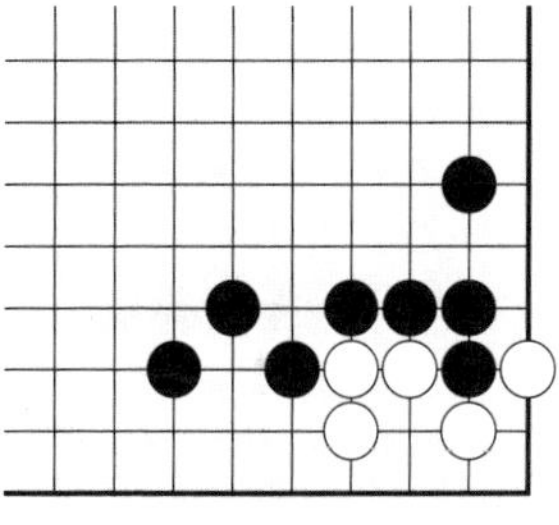

题 226

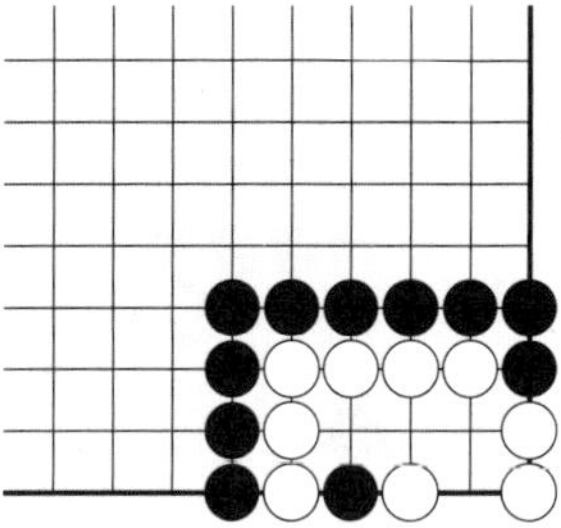

题 227

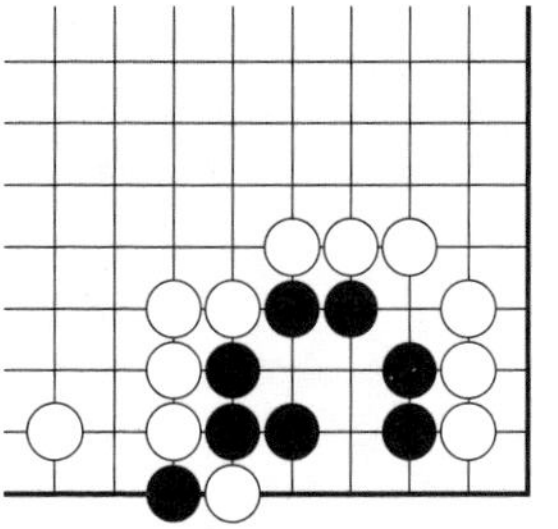

题 228

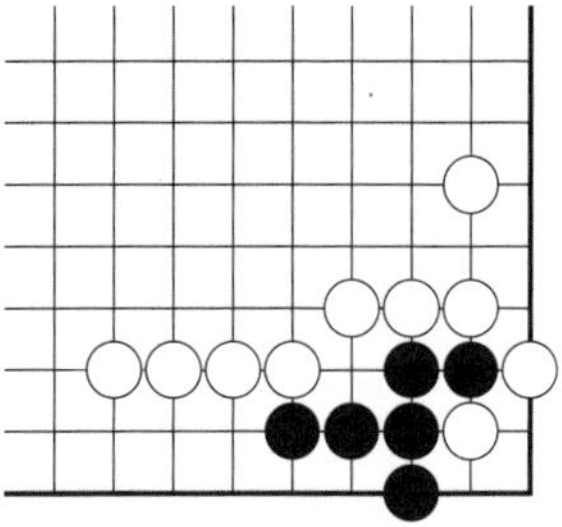

题 229

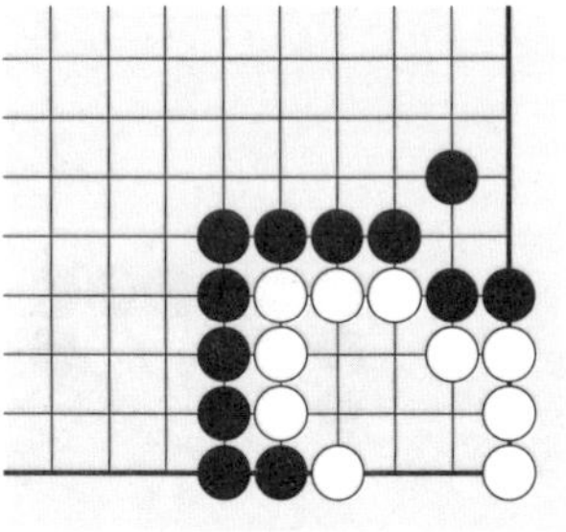

题 230

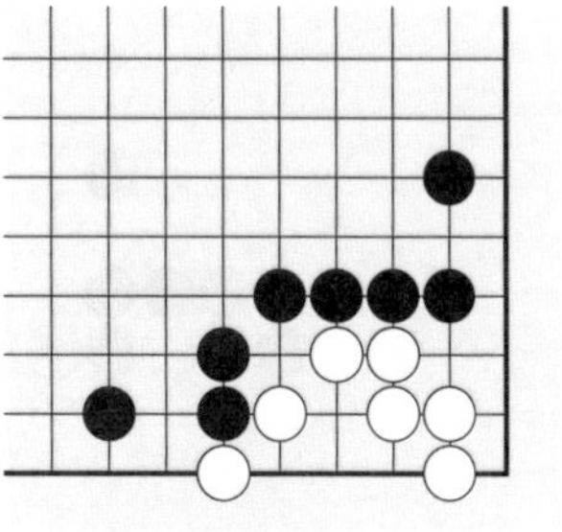

题 231

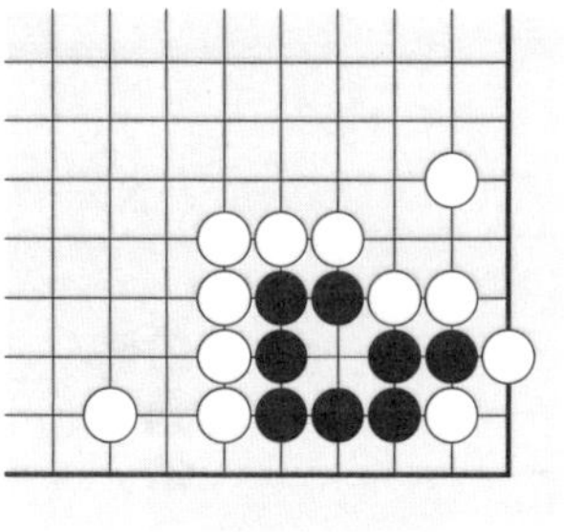

题 232

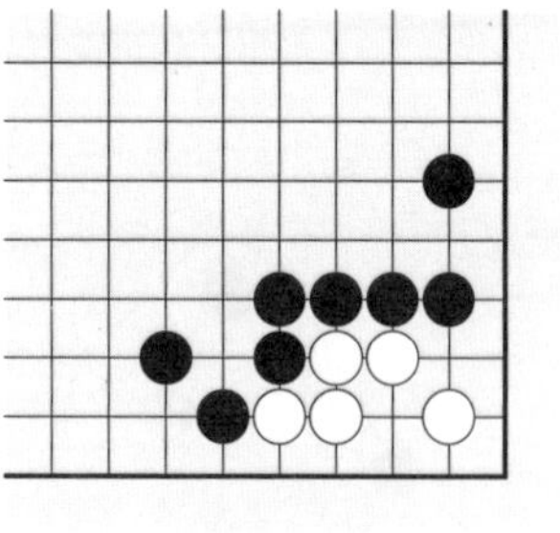

题 233

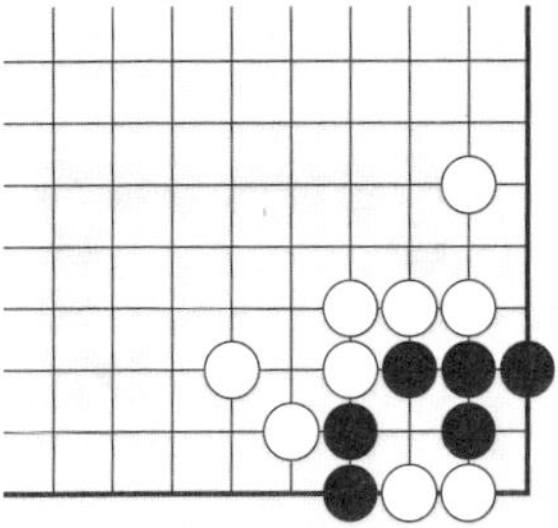

题 234

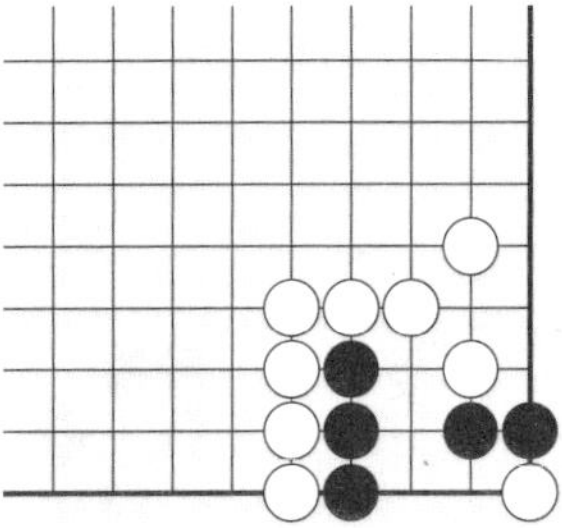

题 235

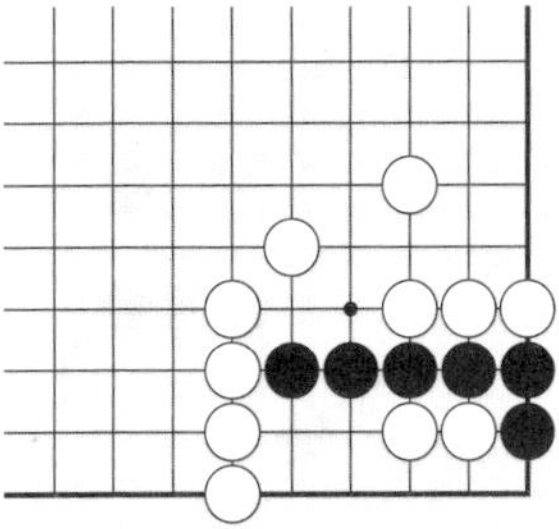

题 236

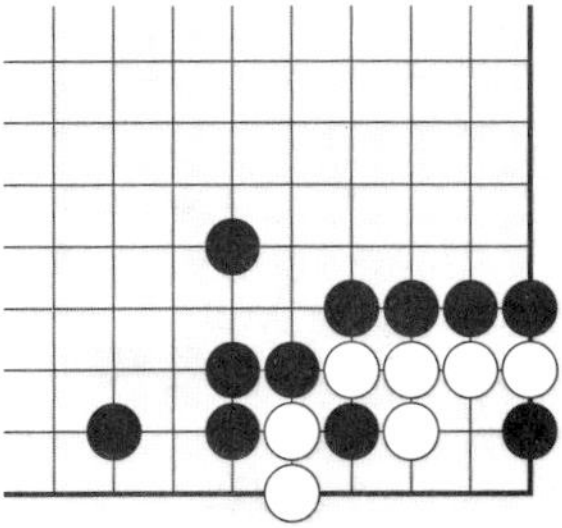

题 237

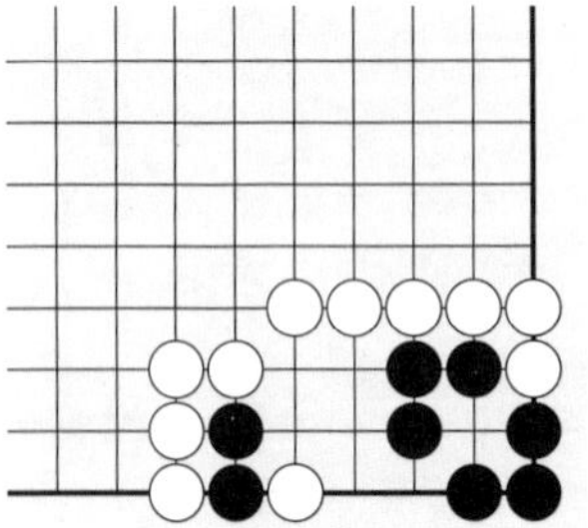

题 238

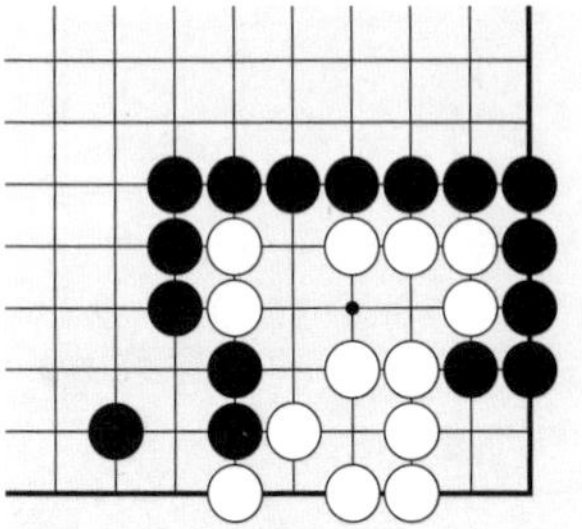

题 239

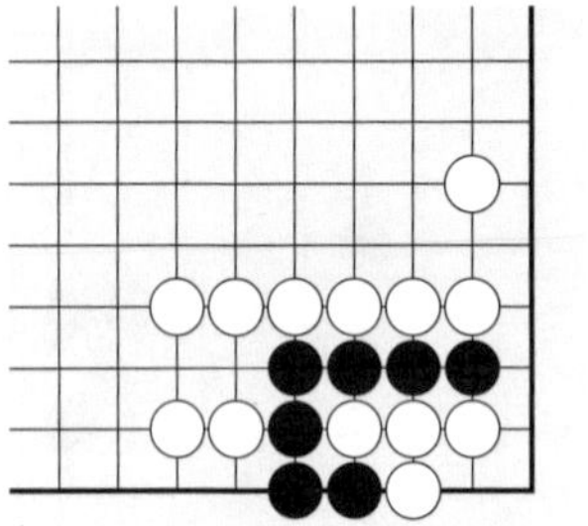

题 240

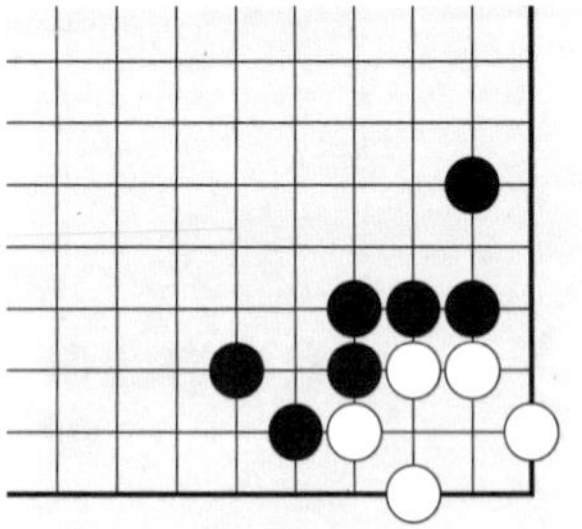

题 241

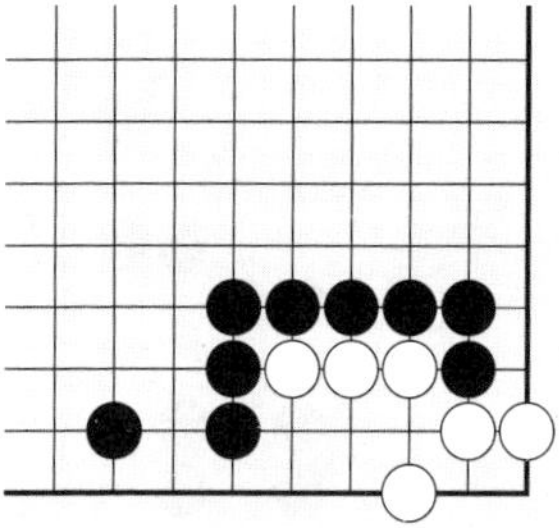

题 242

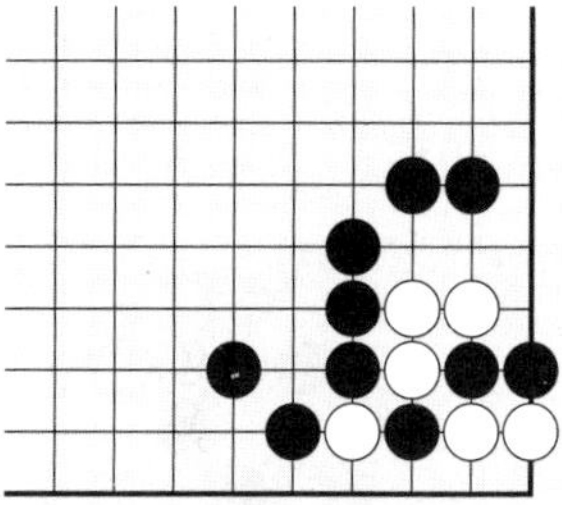

题 243

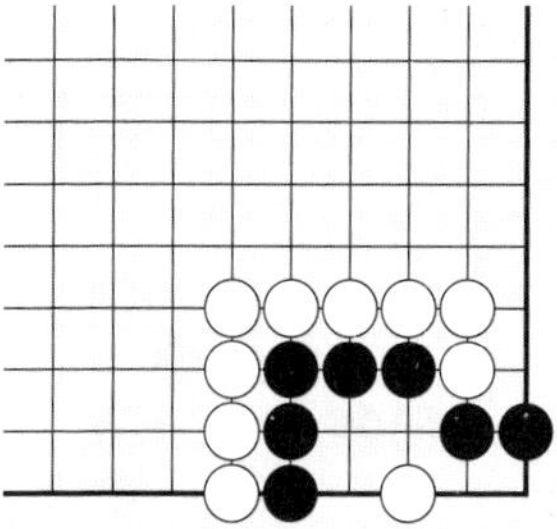

题 244

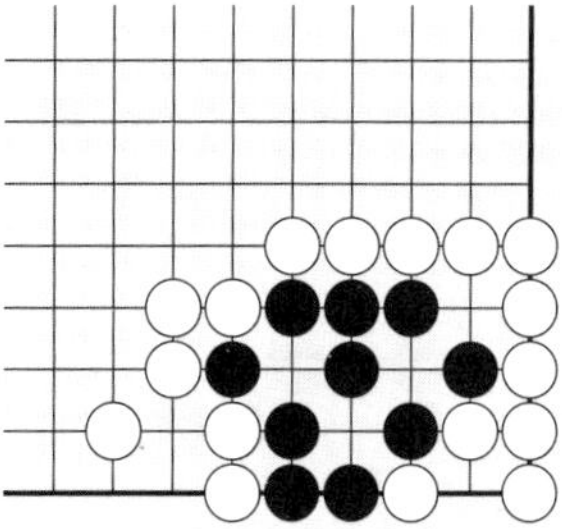

题 245

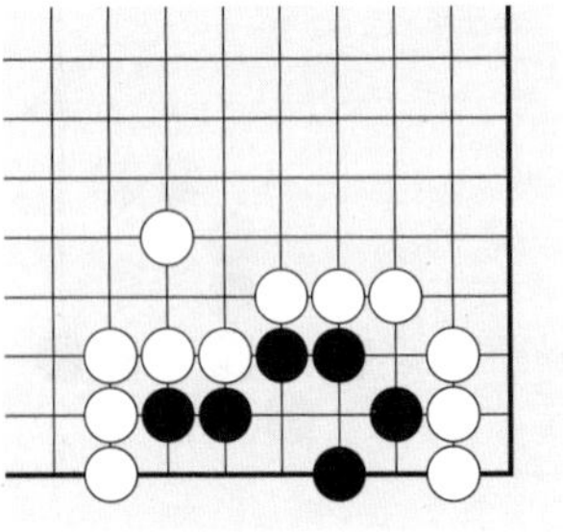

题 246

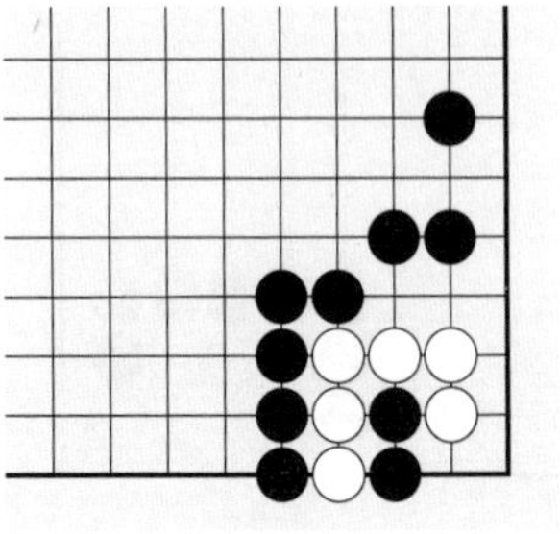

题 247

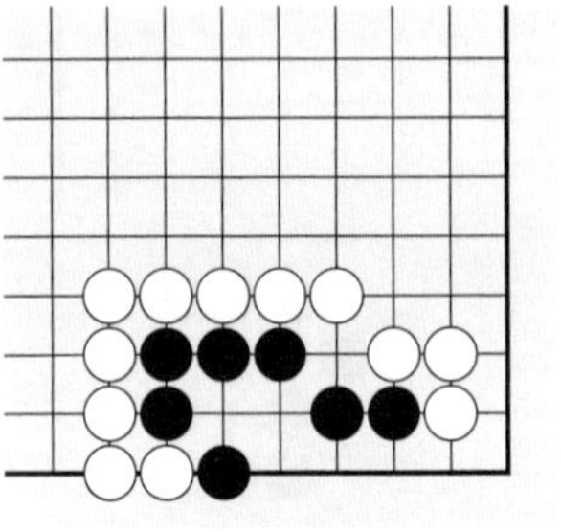

题 248

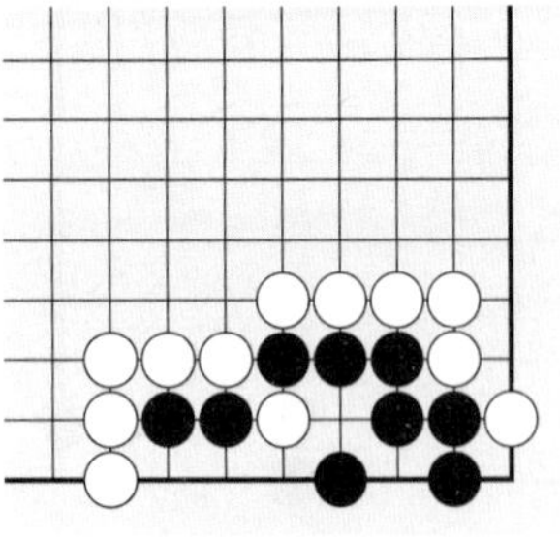

题 249

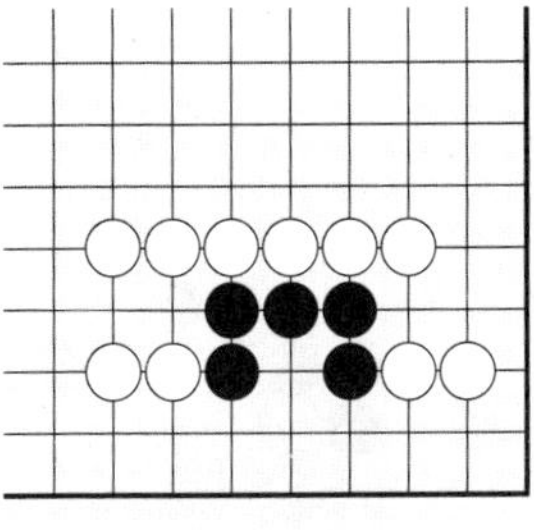

题 250

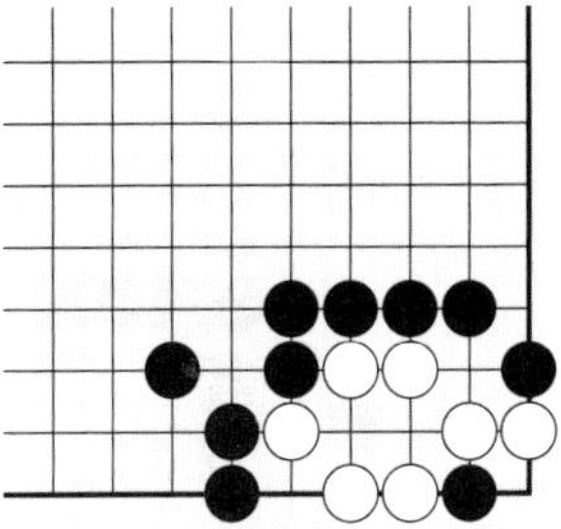

题 251

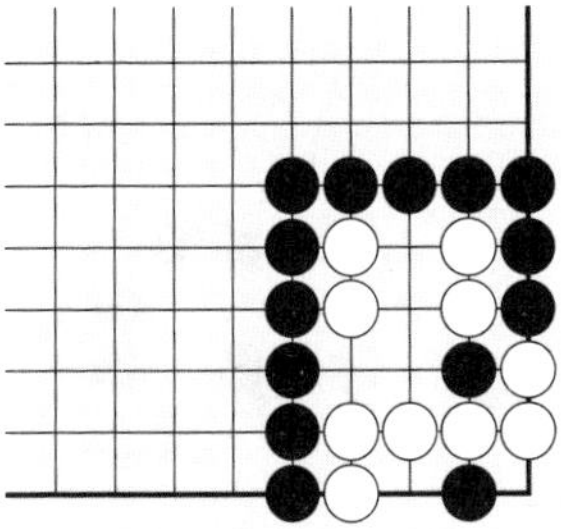

题 252

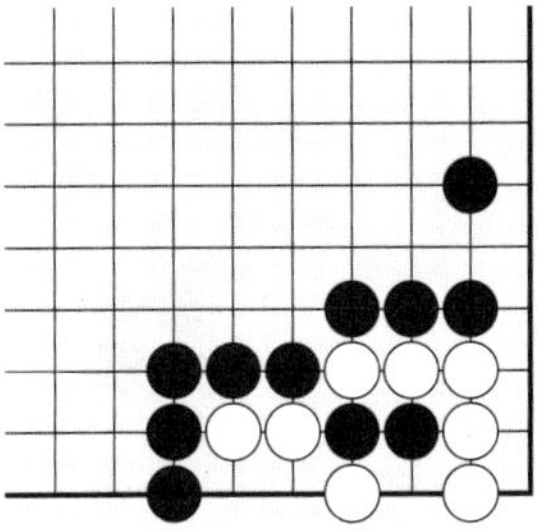

题 253

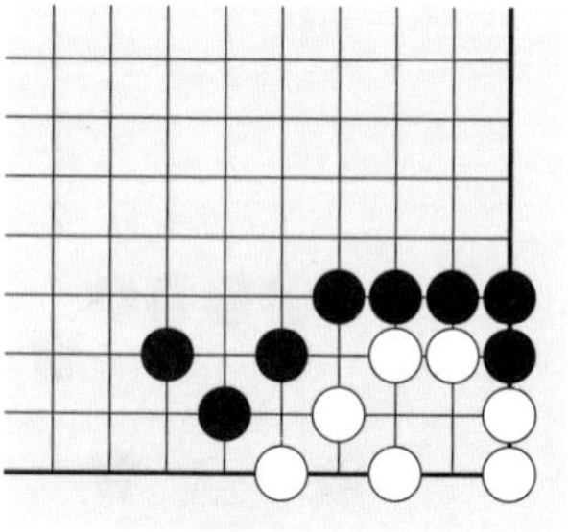

题 254

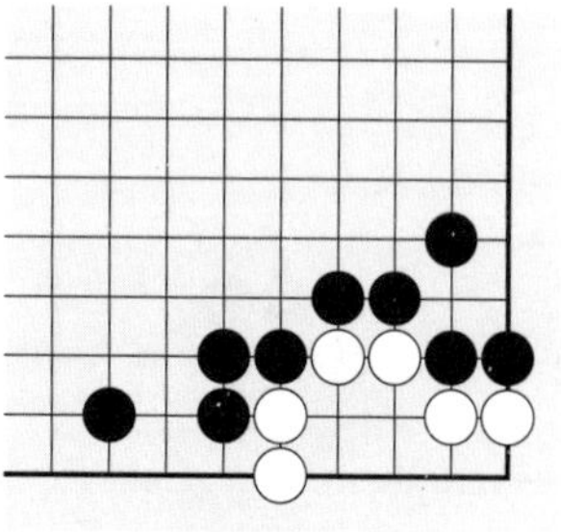

题 255

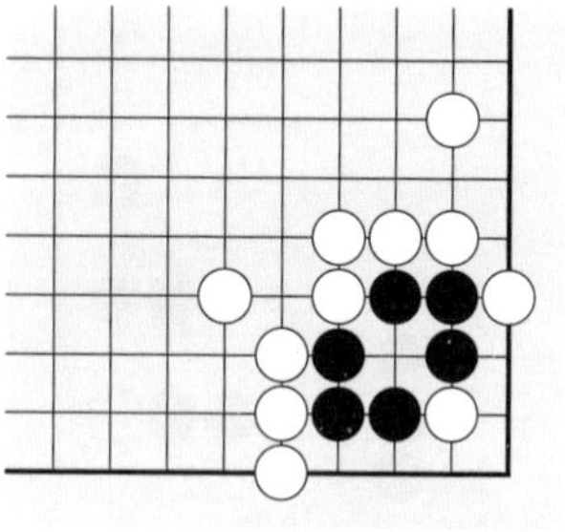

题 256

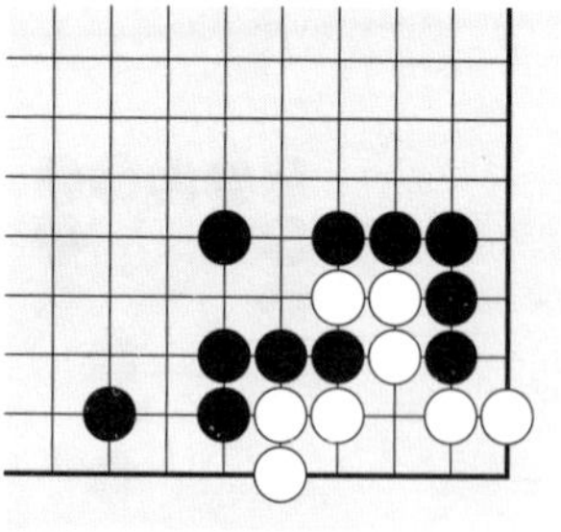

题 257

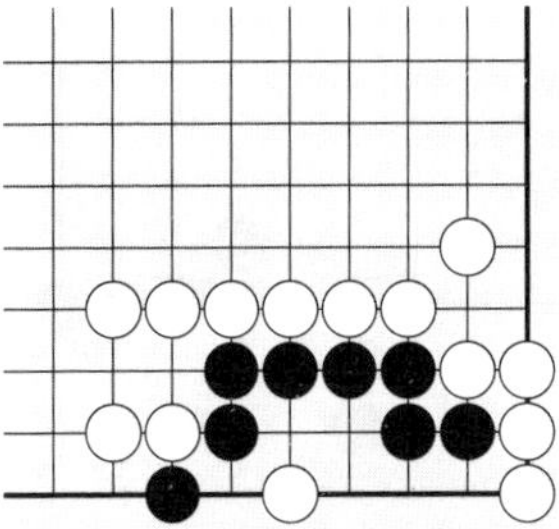

题 258

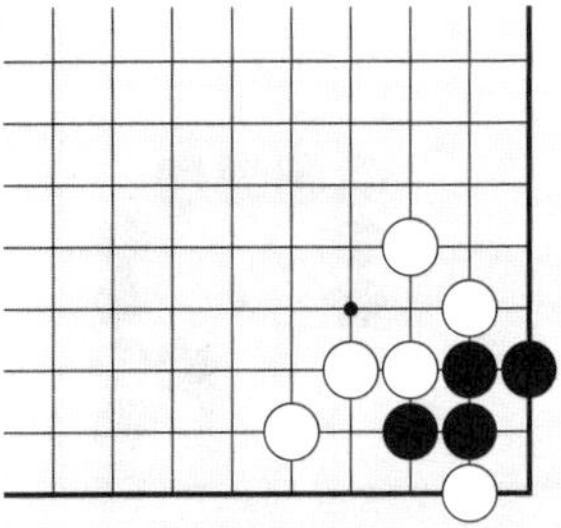

题 259

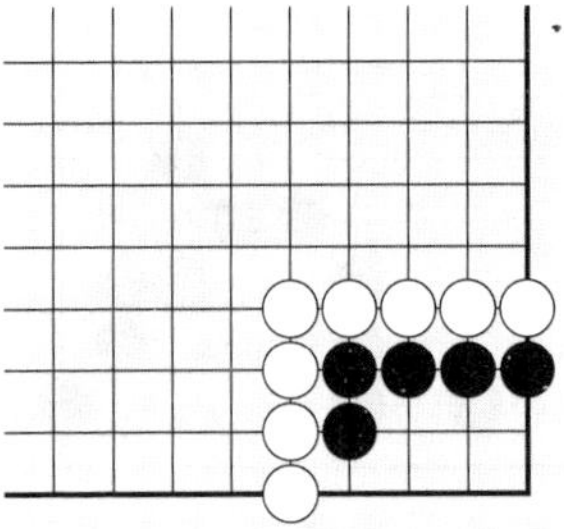

题 260

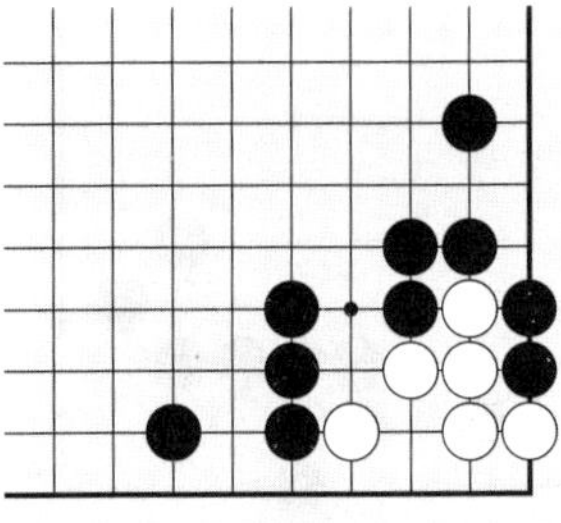

题 261

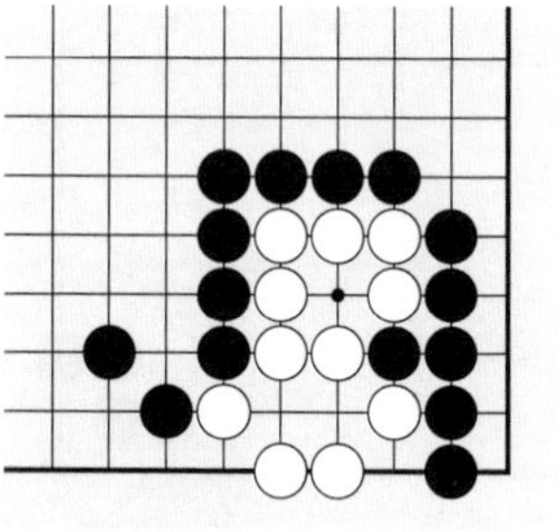

题 262

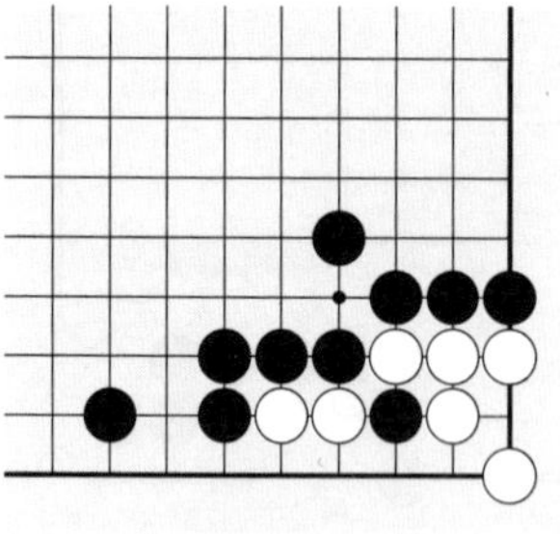

题 263

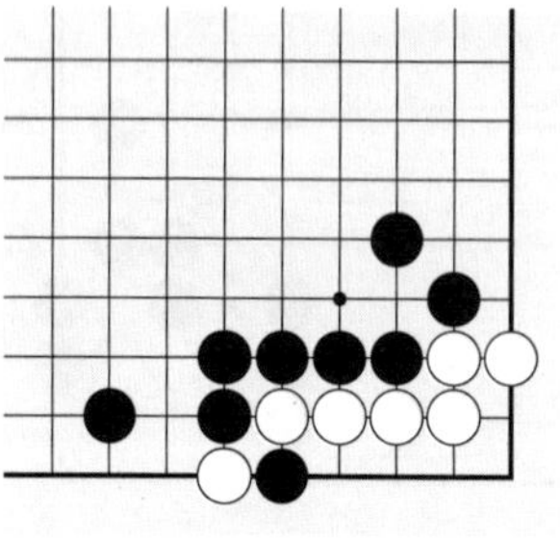

题 264

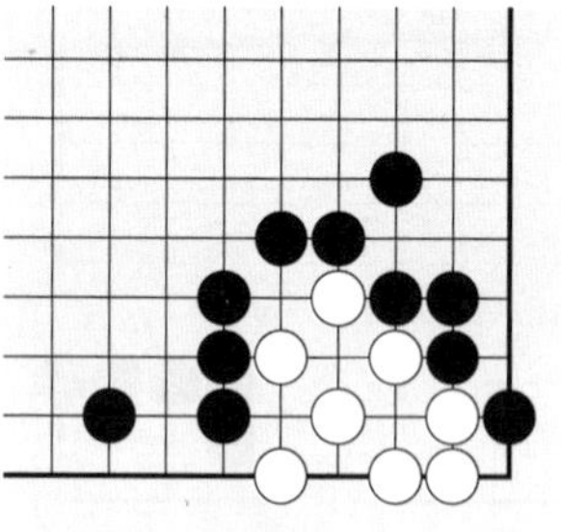

题 265

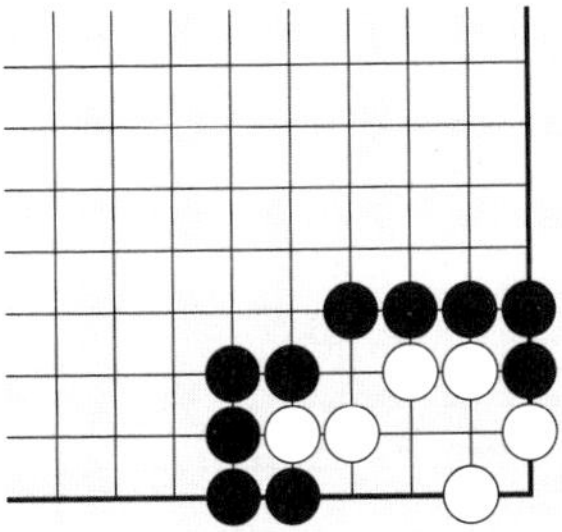

题 266

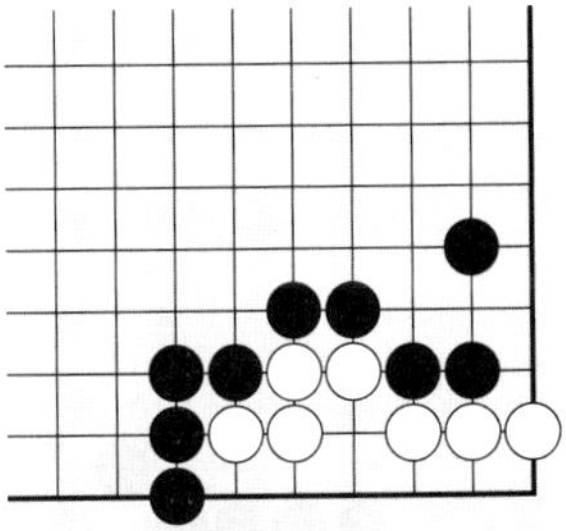

题 267

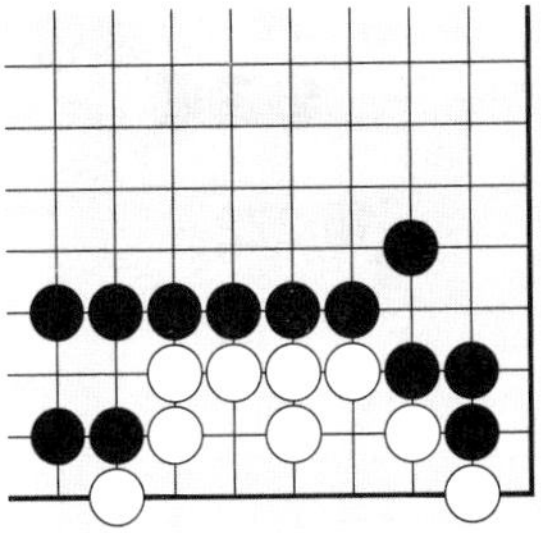

题 268

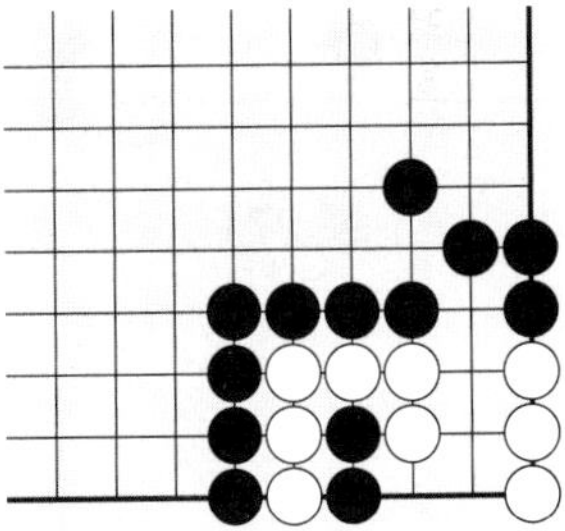

题 269

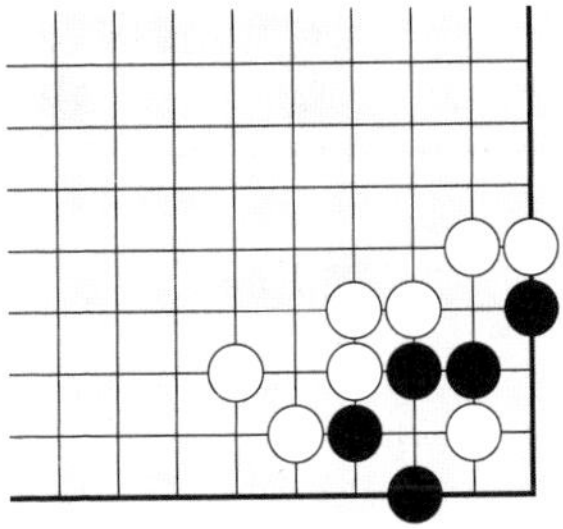

题 270

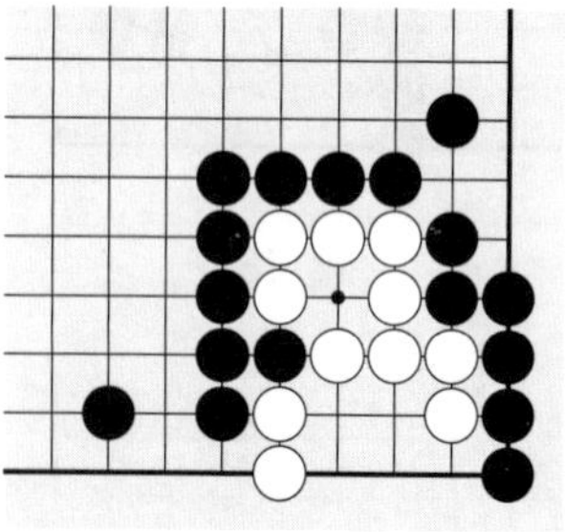

题 271

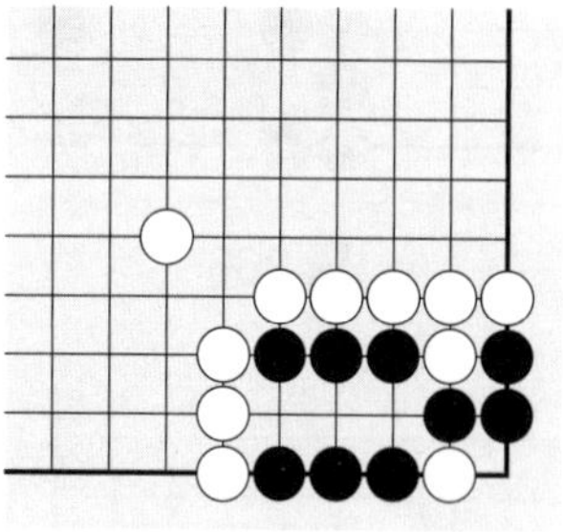

题 272

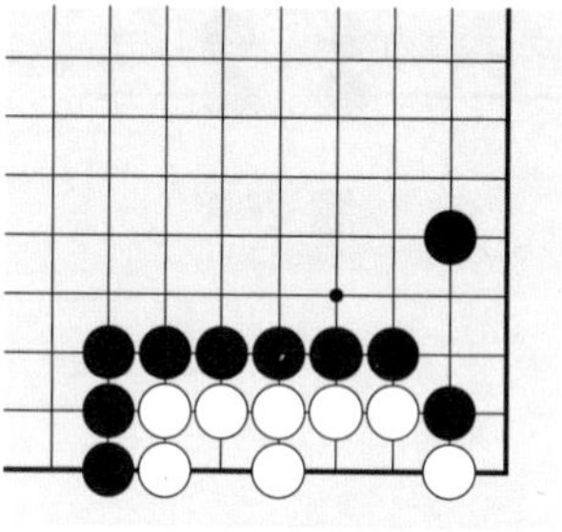

题 273

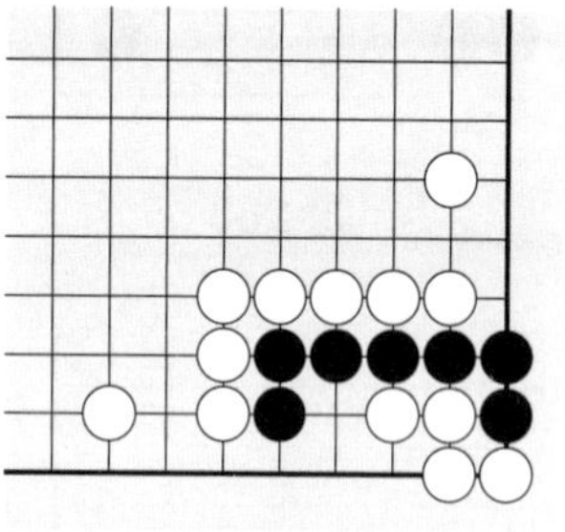

题 274

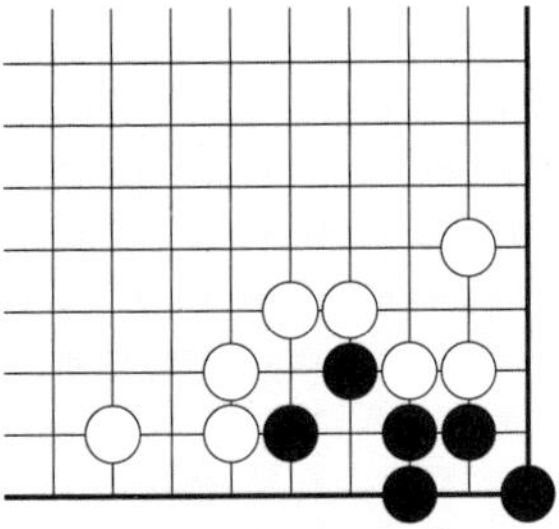

题 275

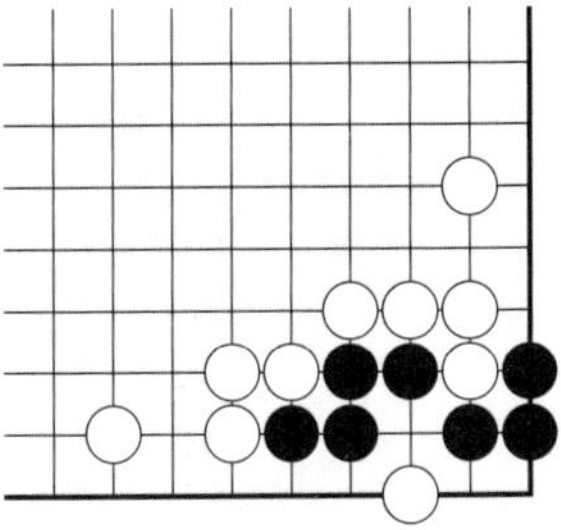

题 276

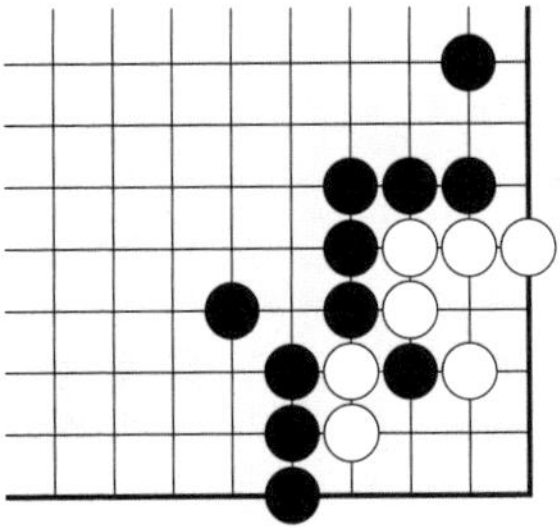

题 277

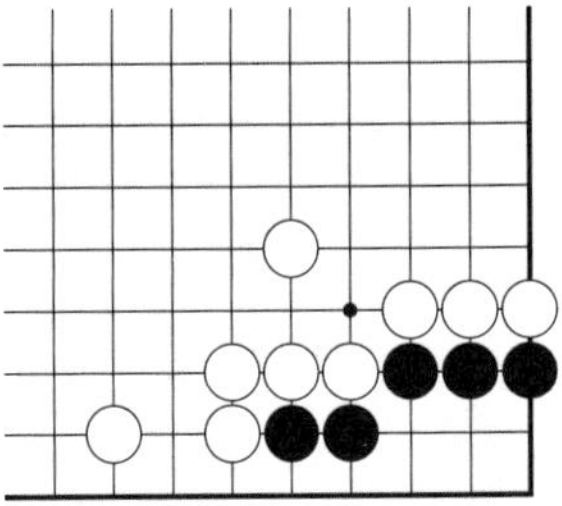

题 278

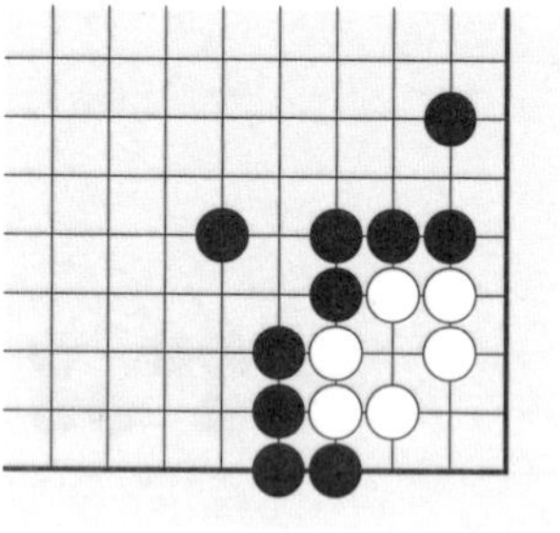

题 279

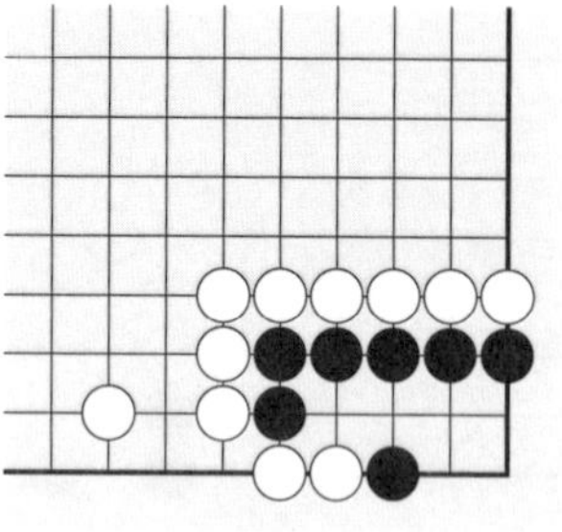

题 280

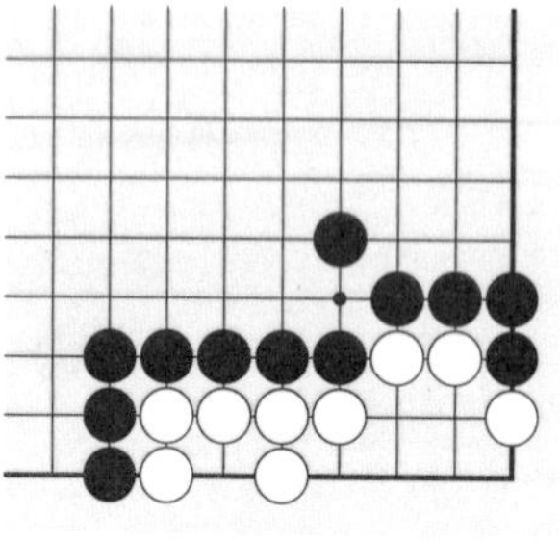

题 281

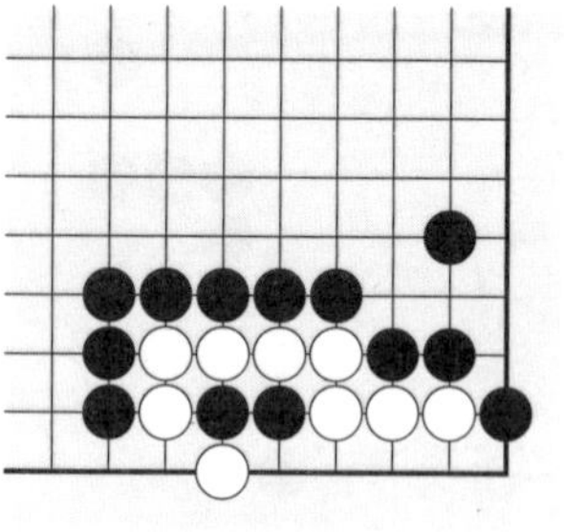

题 282

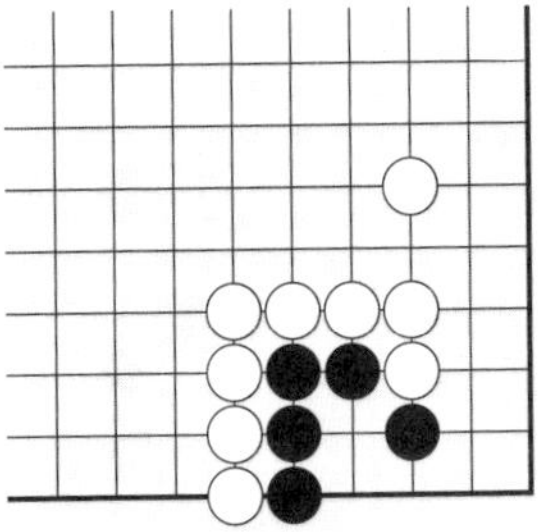
题 283

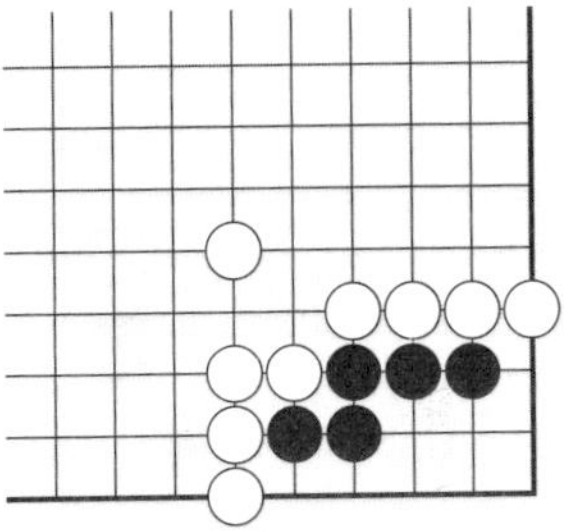
题 284

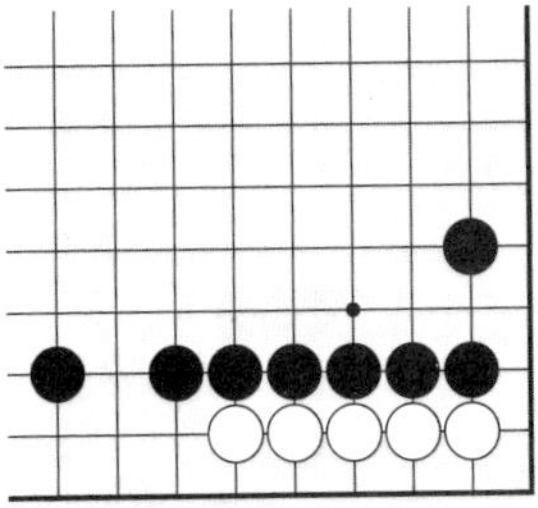
题 285

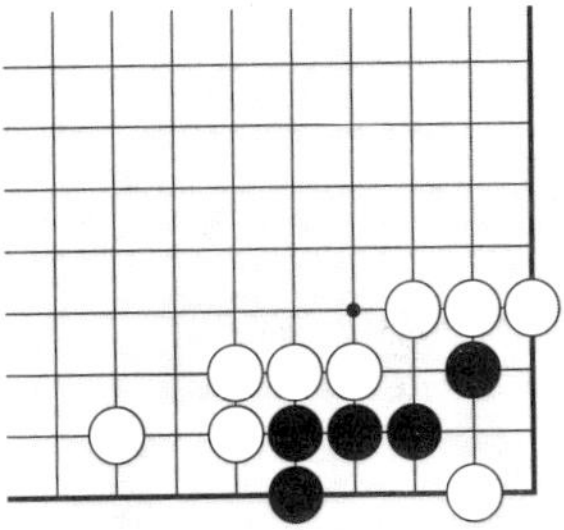
题 286

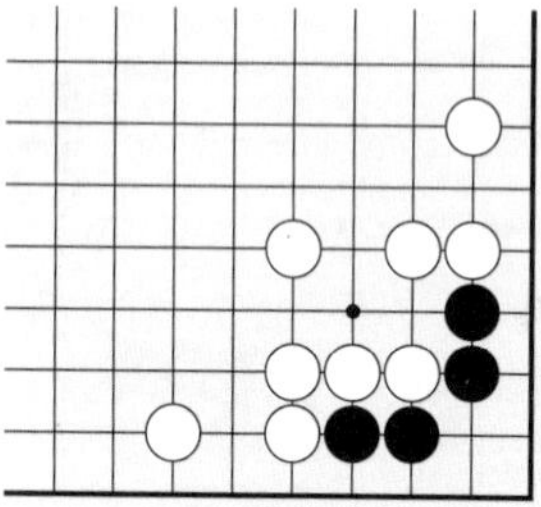

题 287

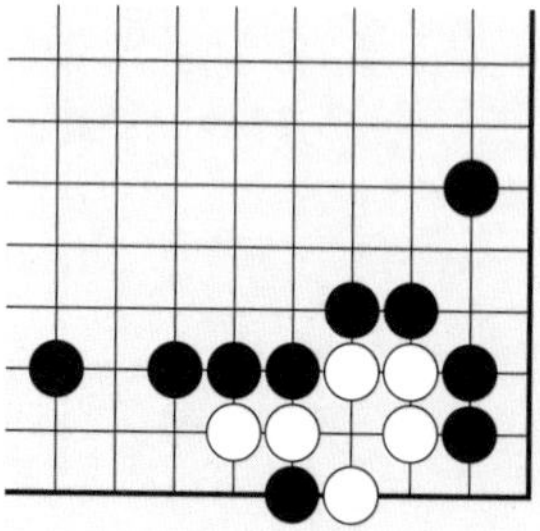

题 288

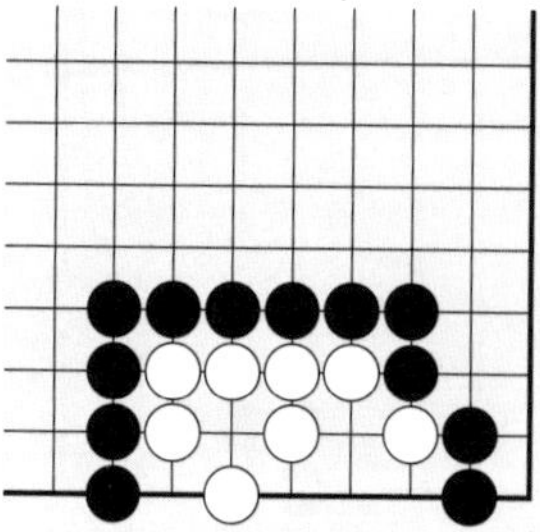

题 289

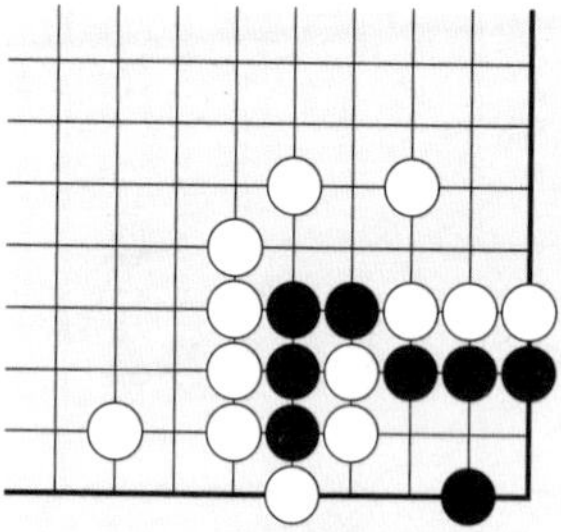

题 290

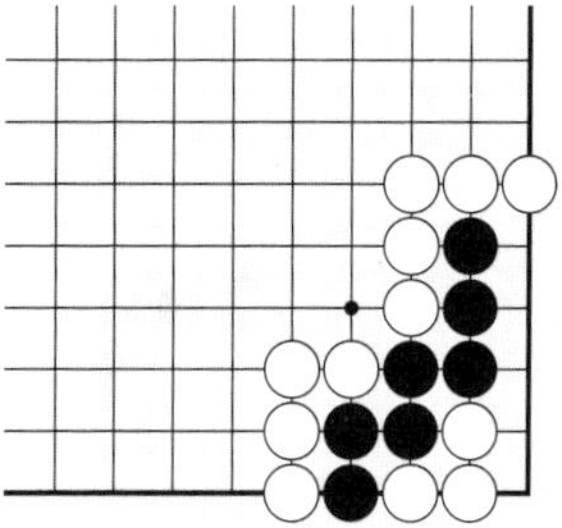

题 291

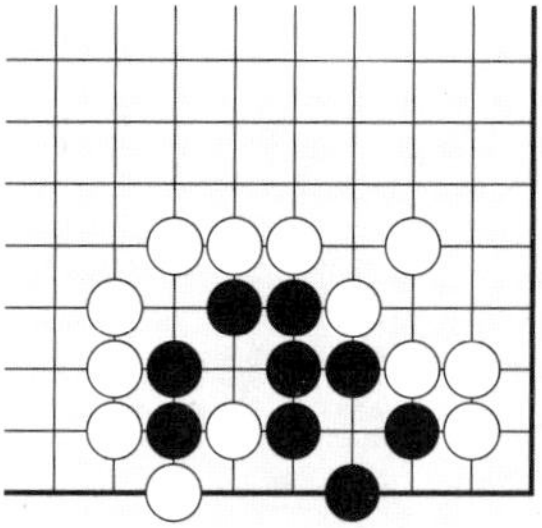

题 292

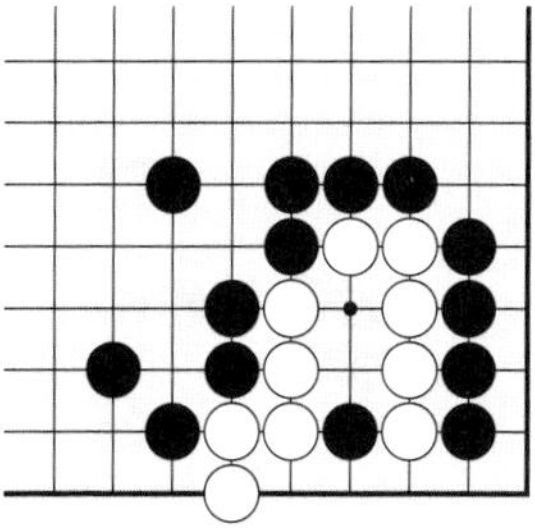

题 293

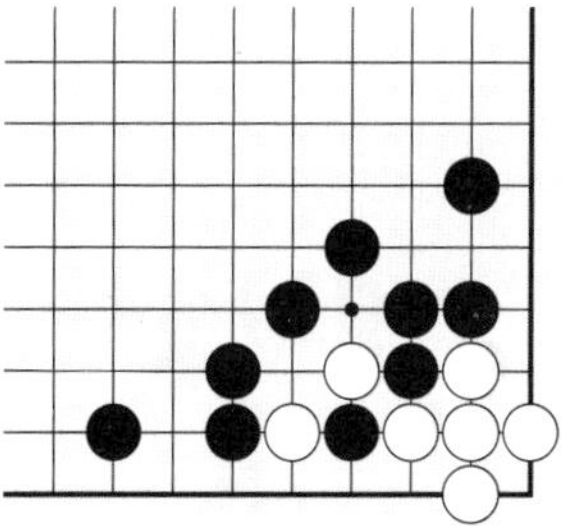

题 294

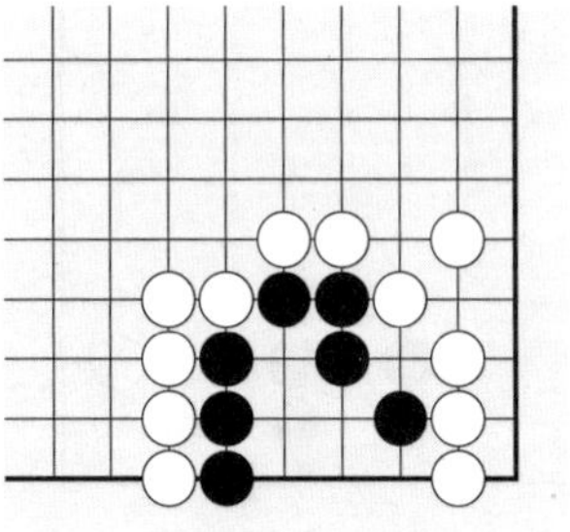

题 295

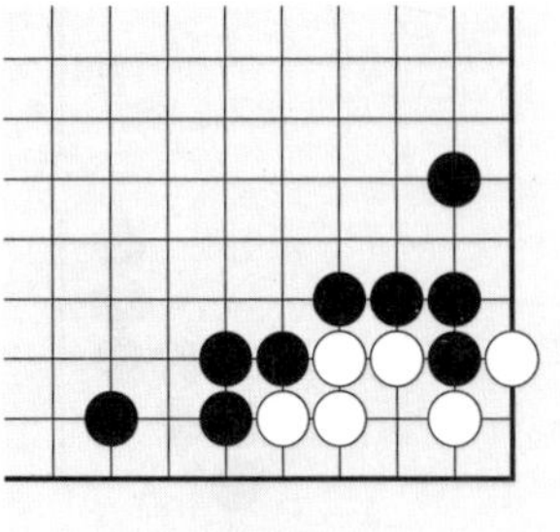

题 296

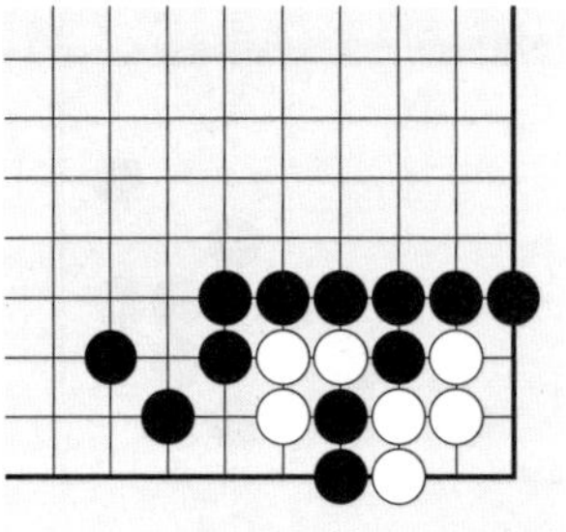

题 297

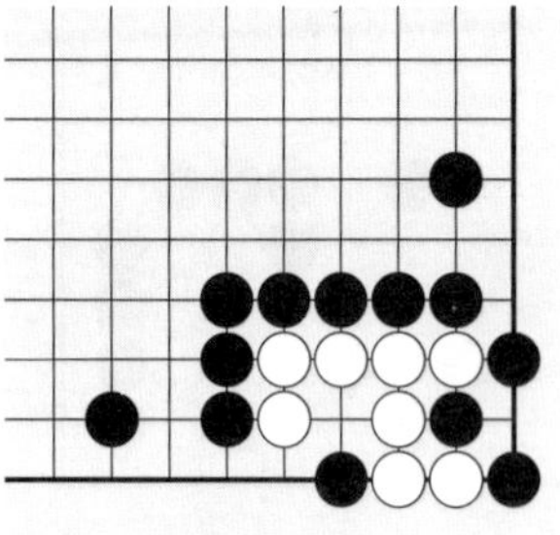

题 298

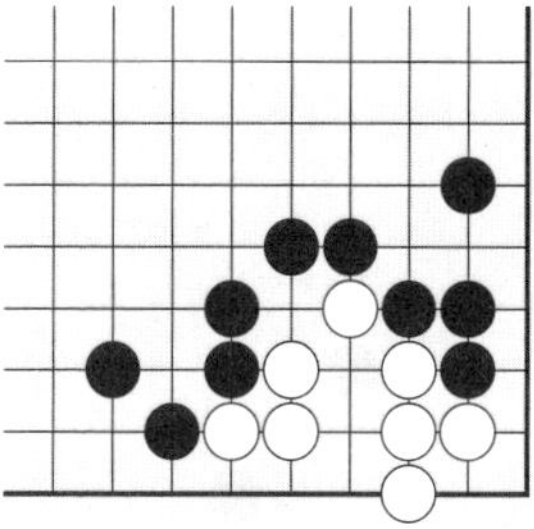

题 299

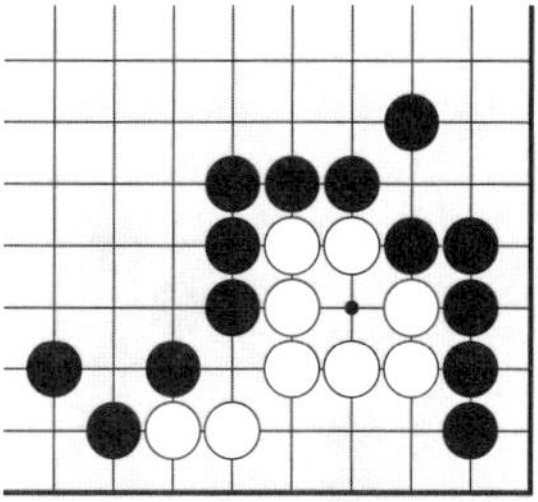

题 300

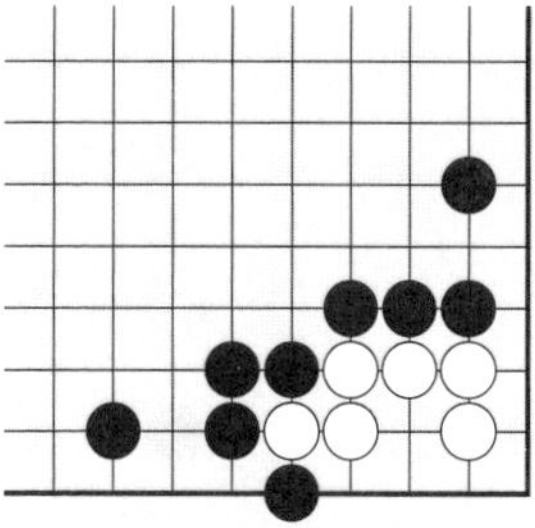

题 301

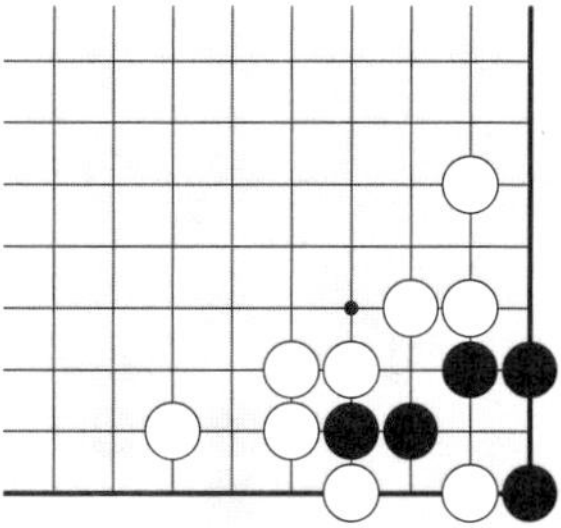

题 302

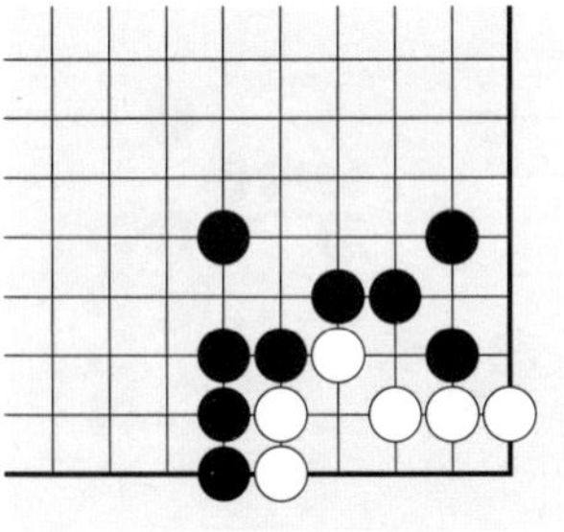

题 303

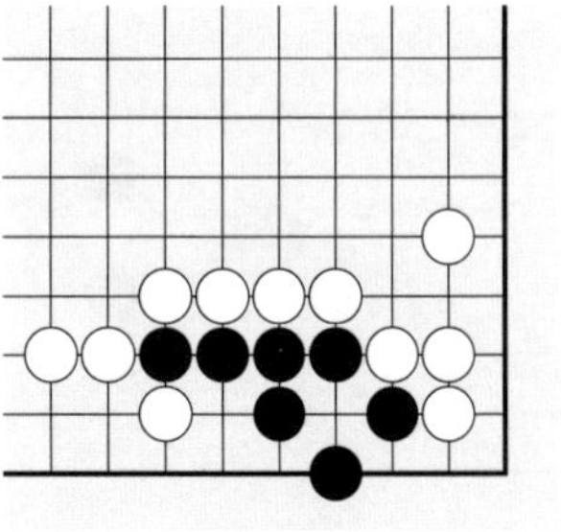

题 304

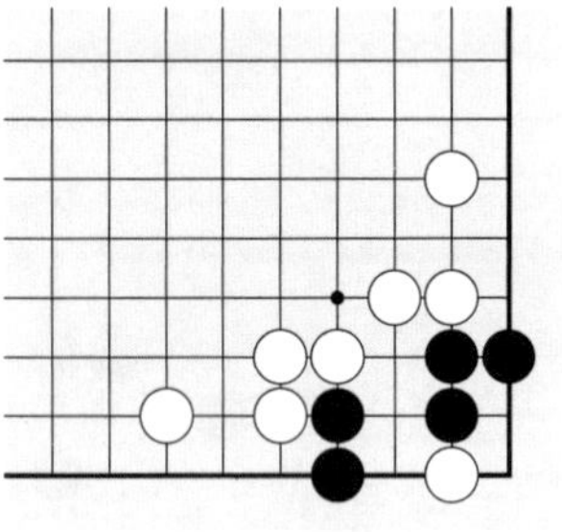

题 305

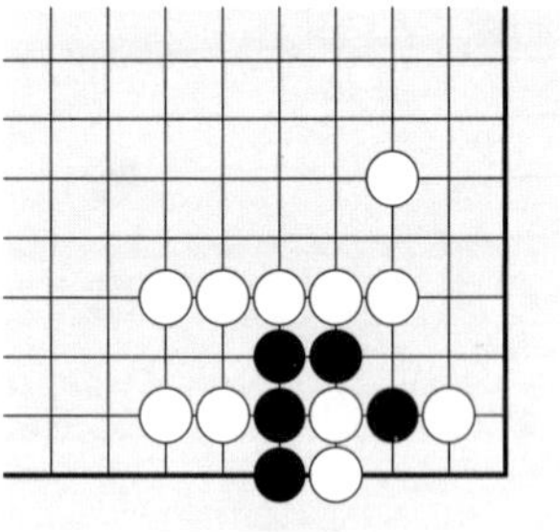

题 306

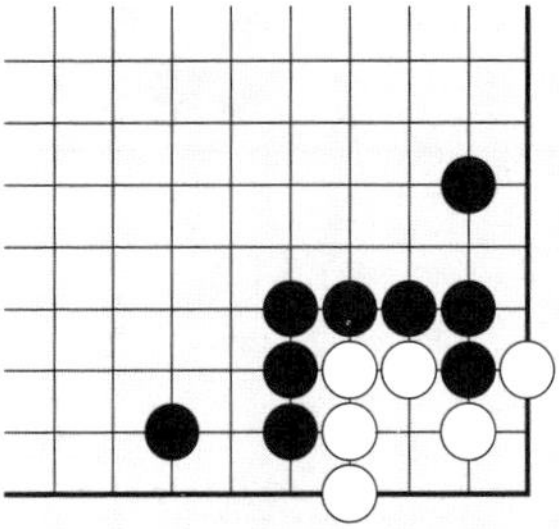

题 307

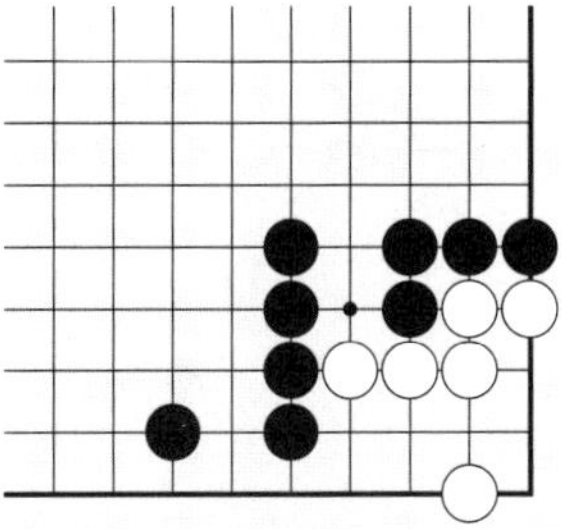

题 308

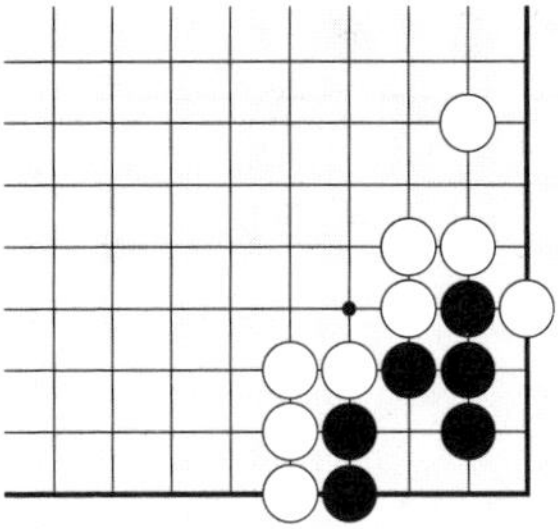

题 309

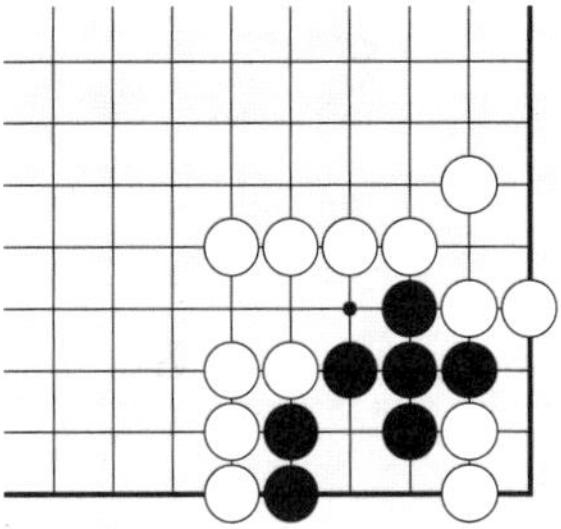

题 310

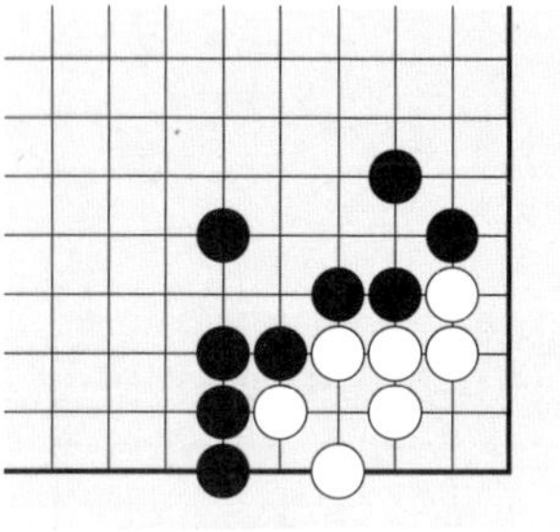

题 311

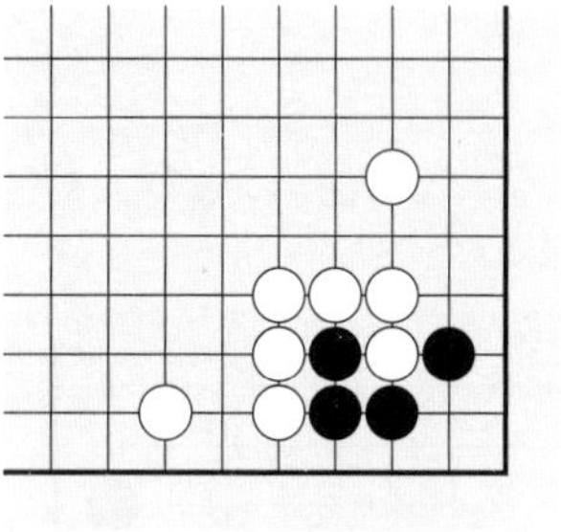

题 312

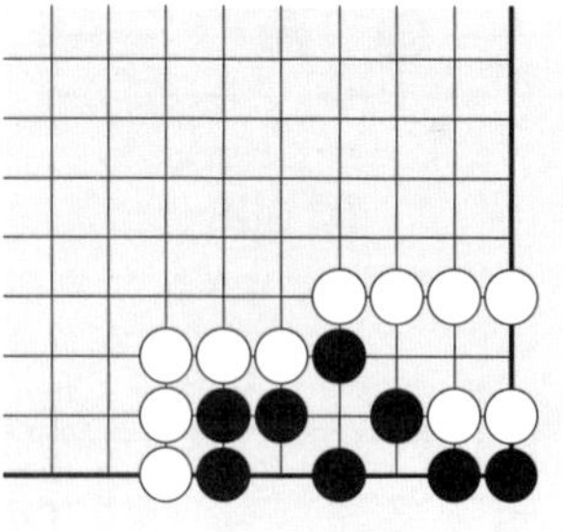

题 313

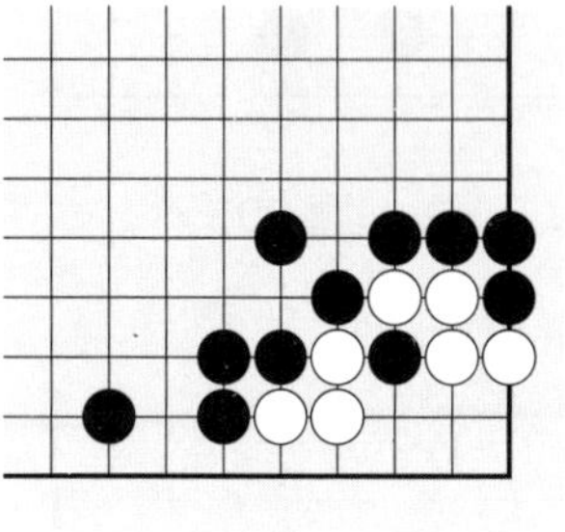

题 314

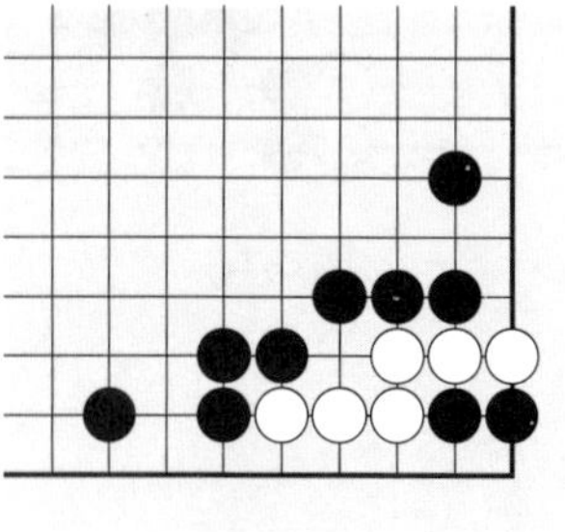

题 315

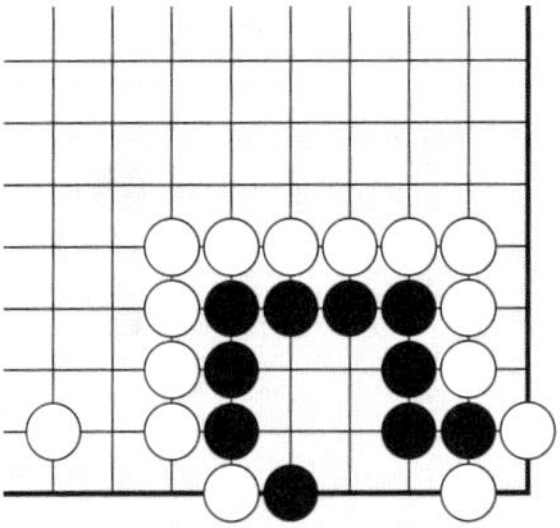

题 316

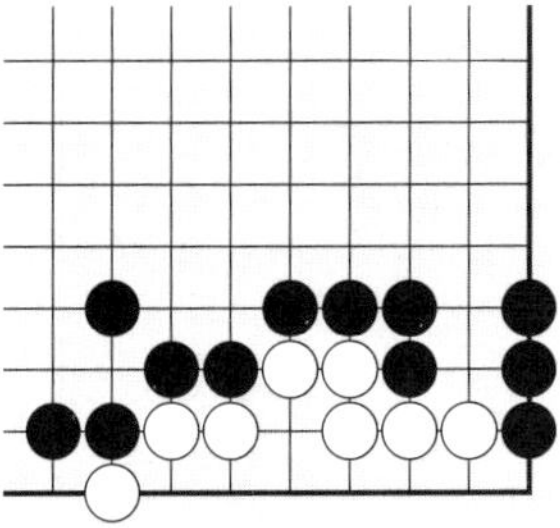

题 317

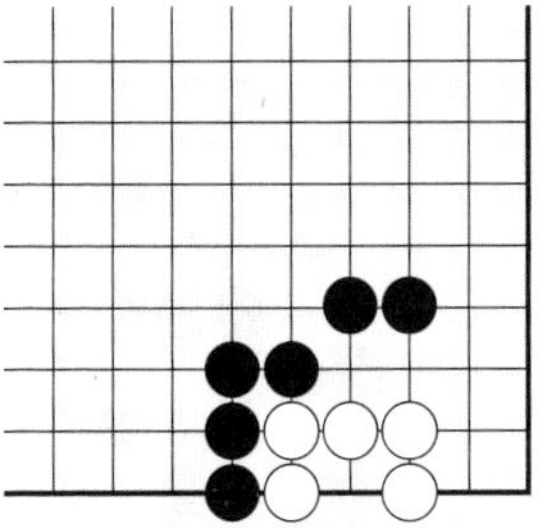

题 318

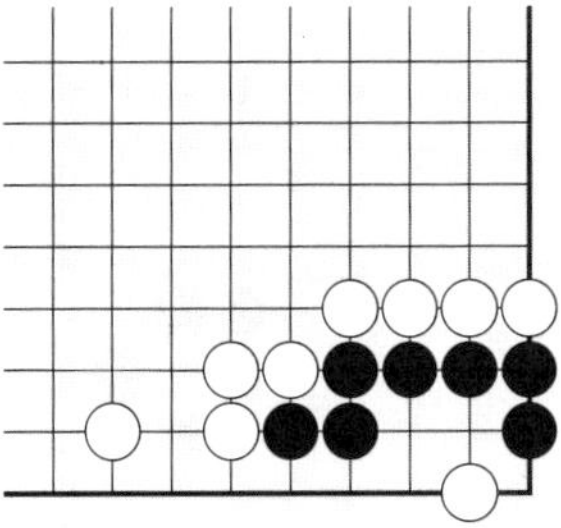

题 319

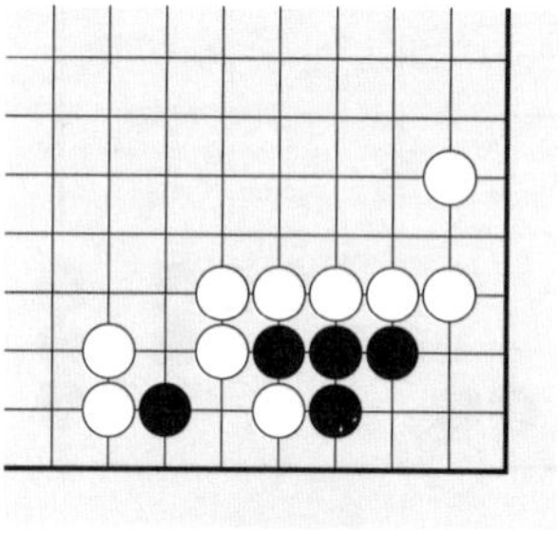

题 320

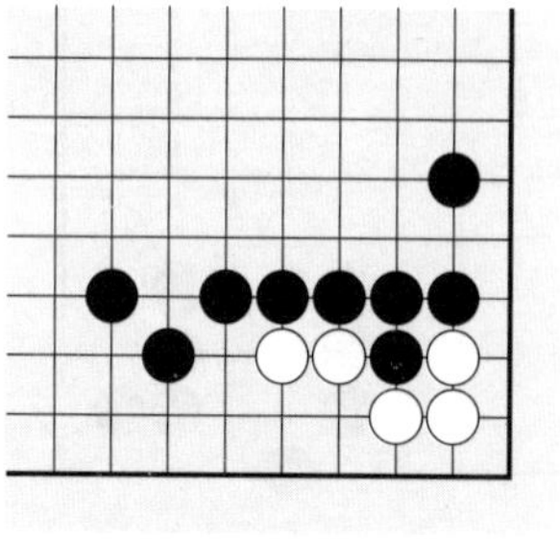

题 321

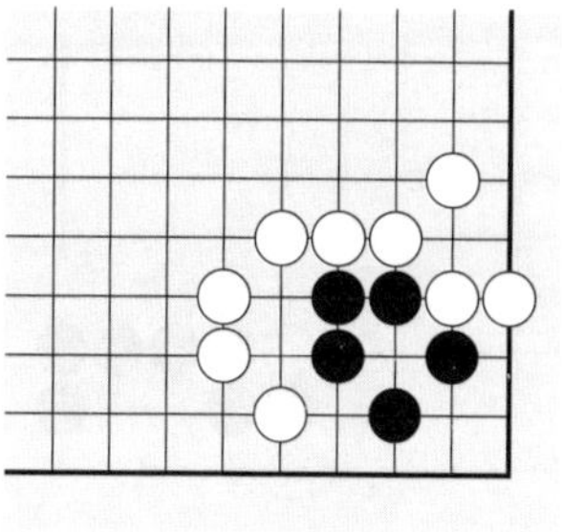

题 322

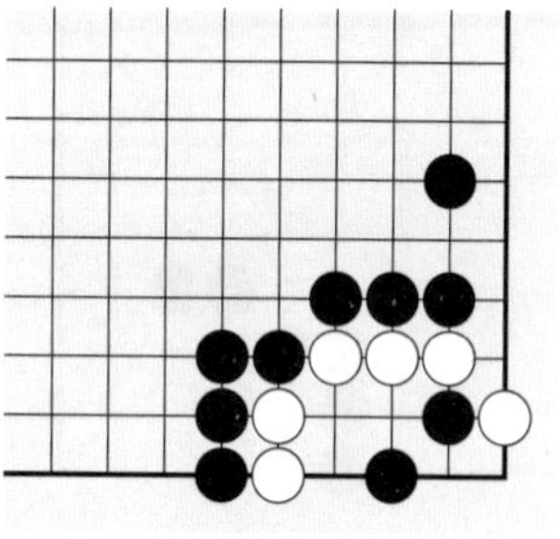

题 323

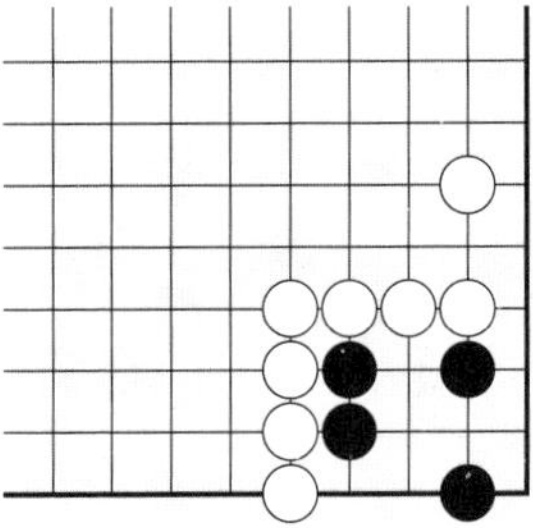

题 324

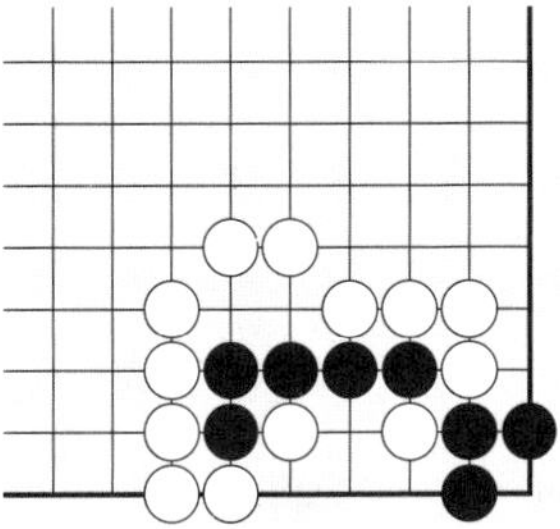

题 325

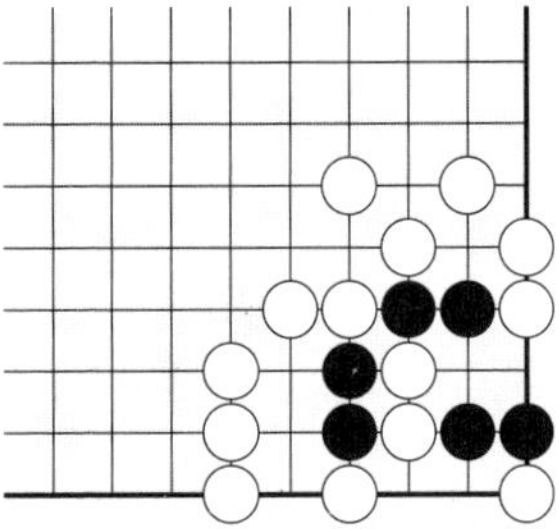

题 326

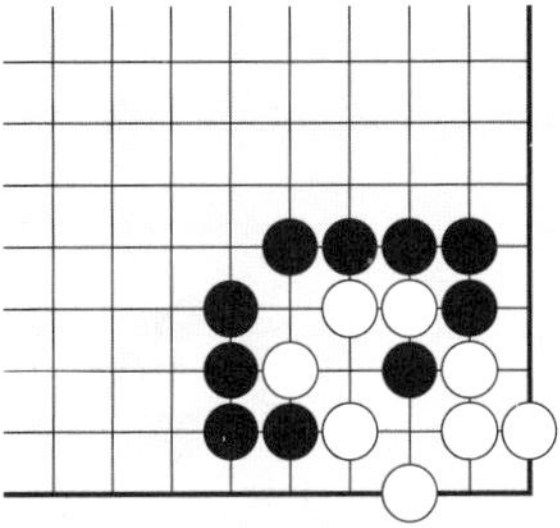

题 327

4级～2级训练题

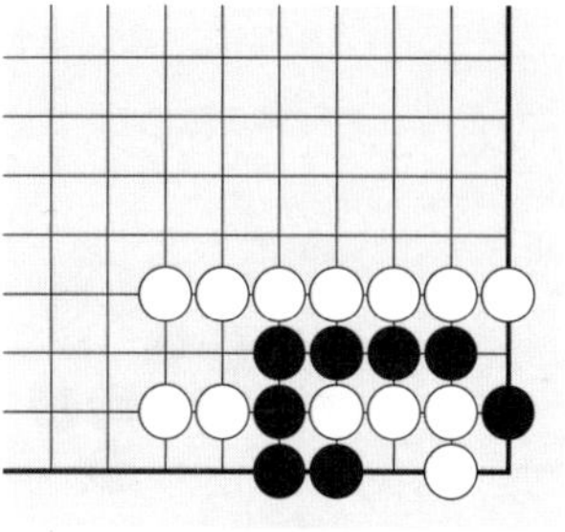

题 328

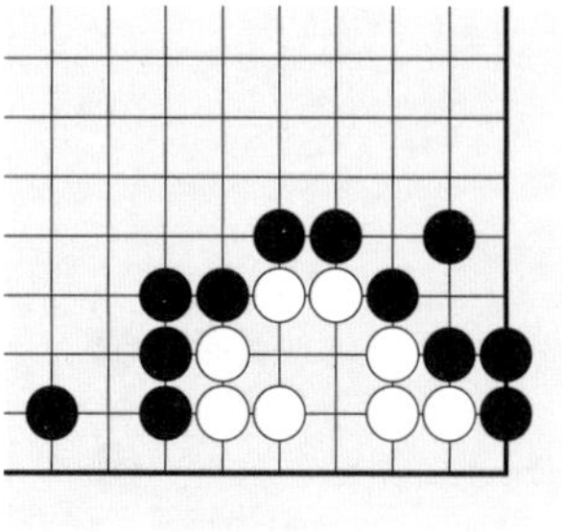

题 329

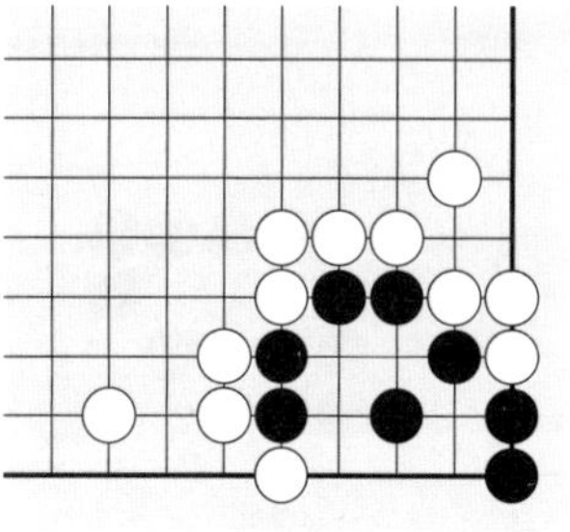

题 330

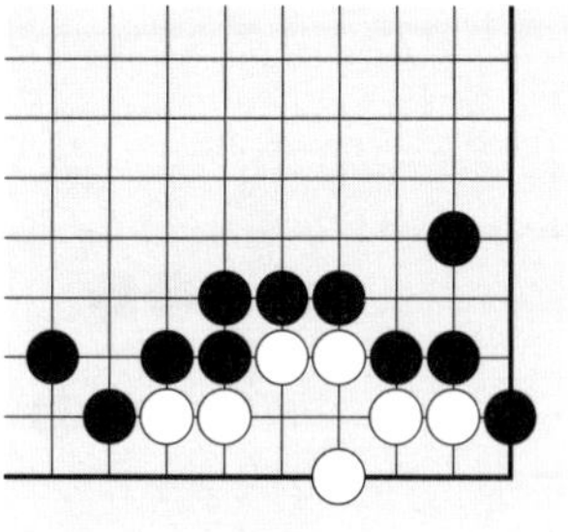

题 331

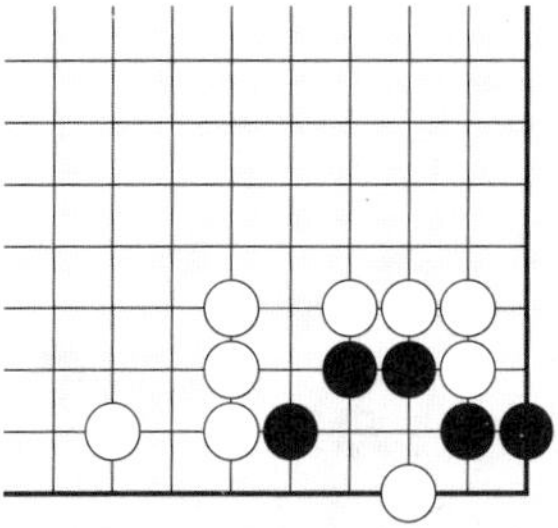

题 332

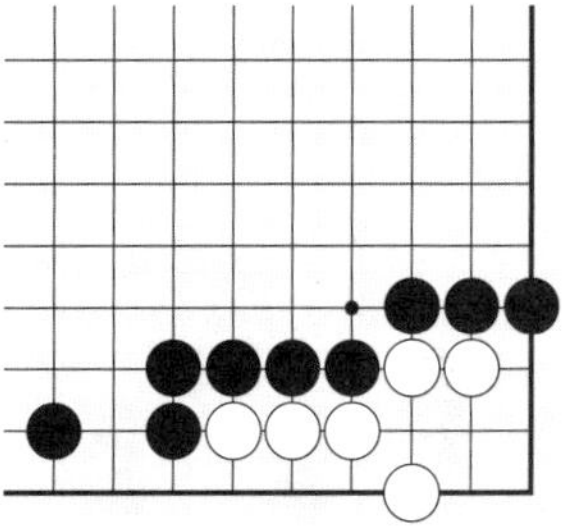

题 333

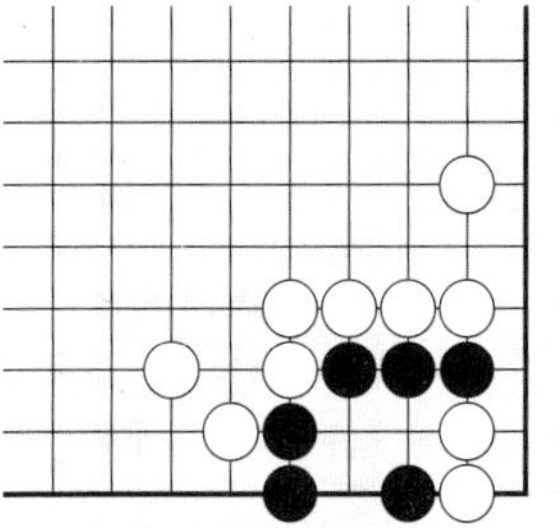

题 334

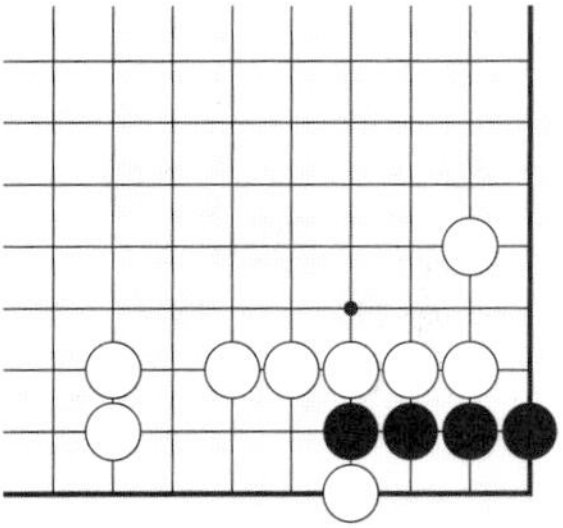

题 335

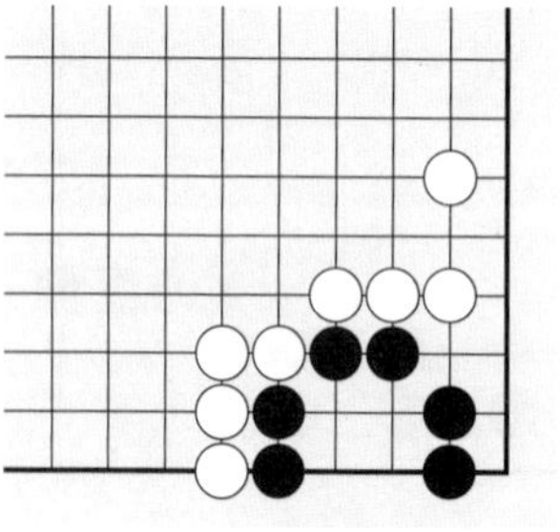

题 336

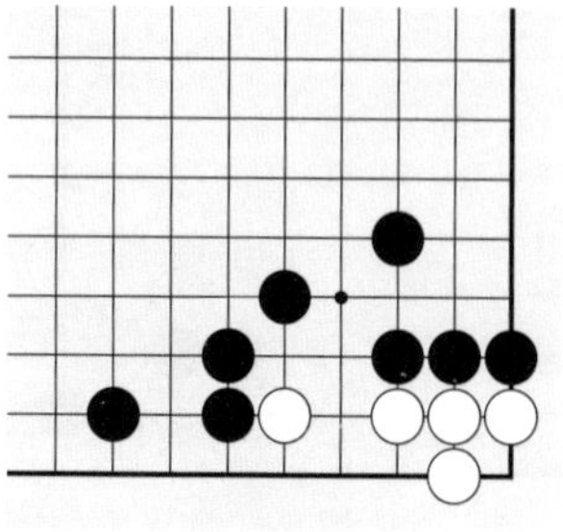

题 337

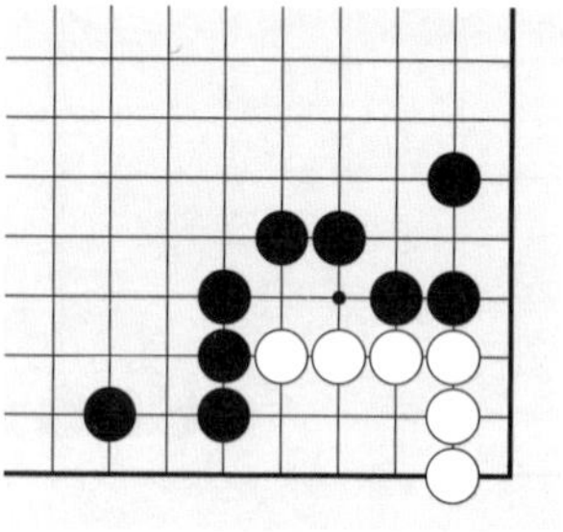

题 338

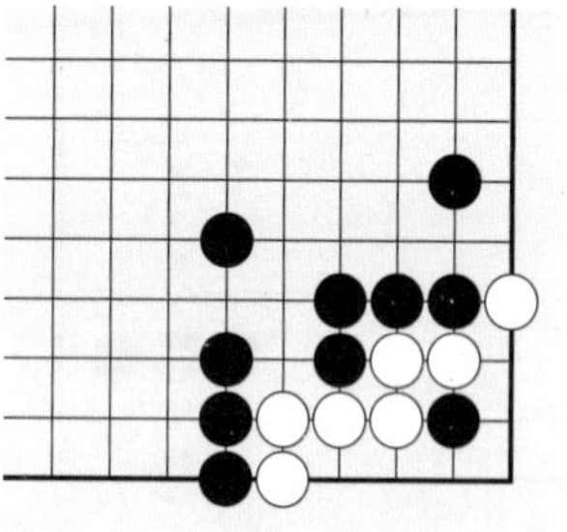

题 339

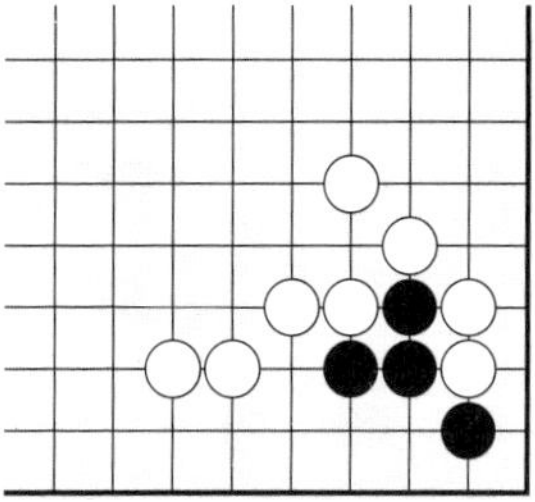

题 340

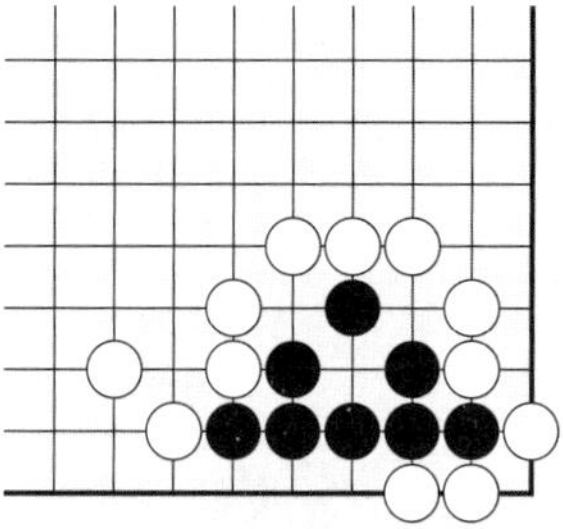

题 341

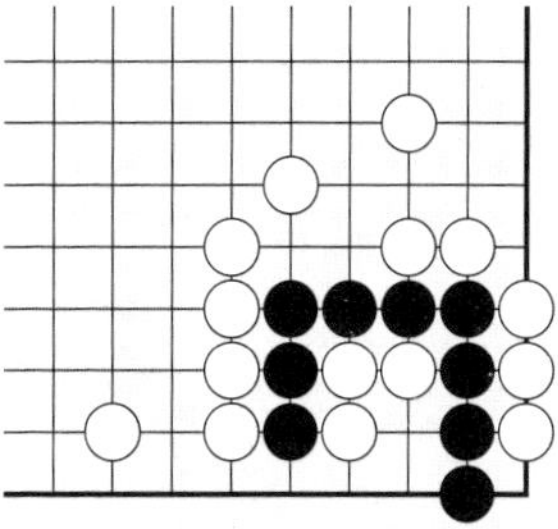

题 342

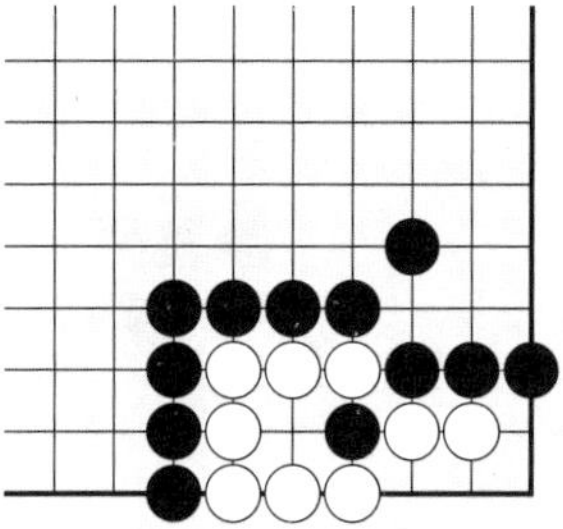

题 343

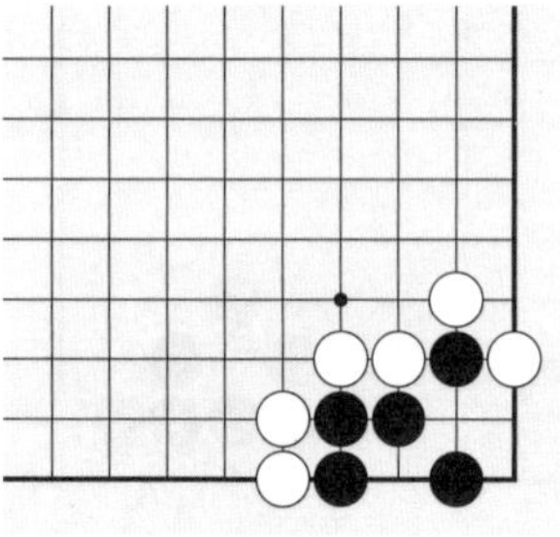

题 344

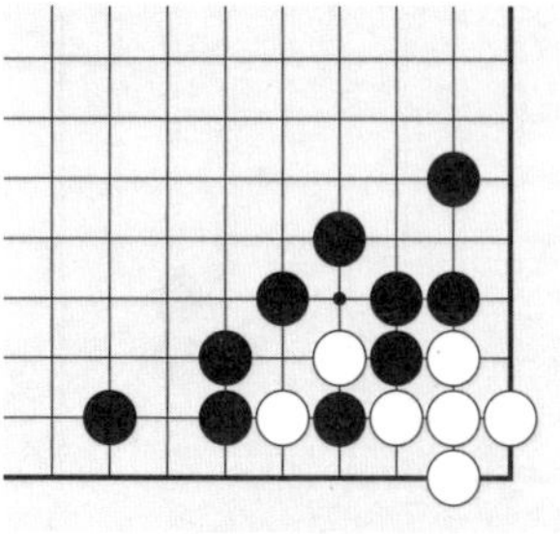

题 345

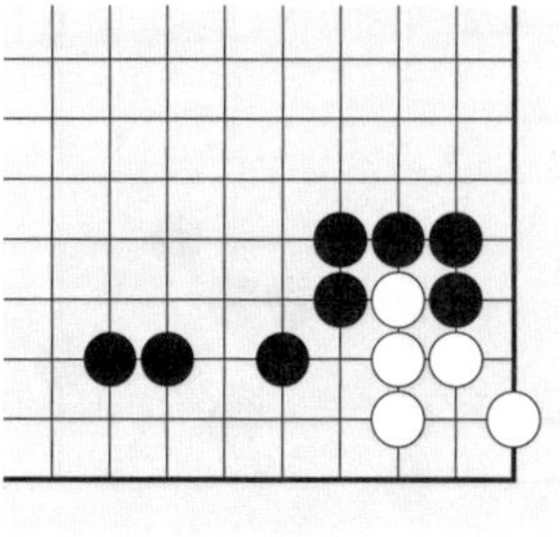

题 346

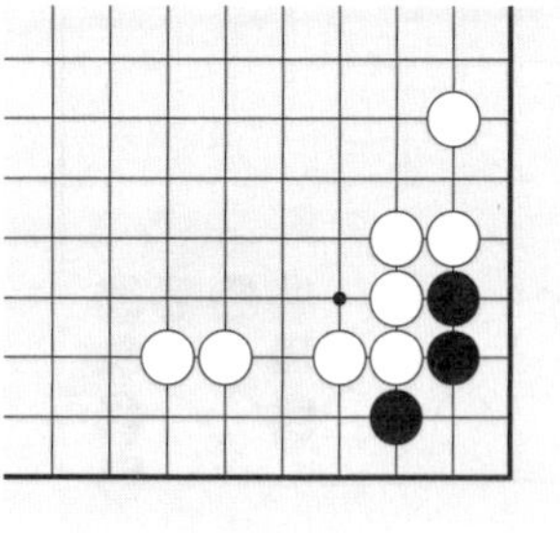

题 347

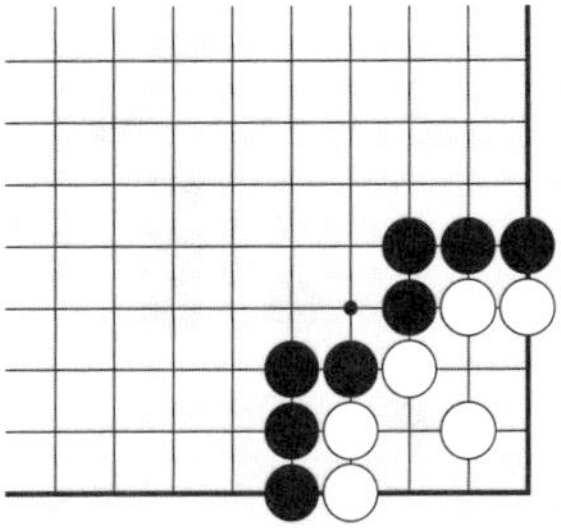

题 348

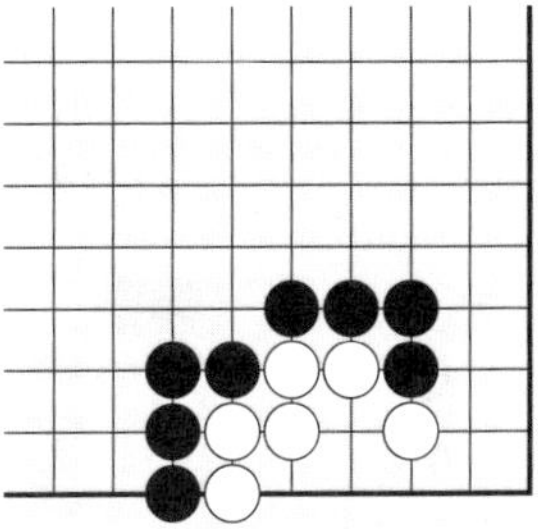

题 349

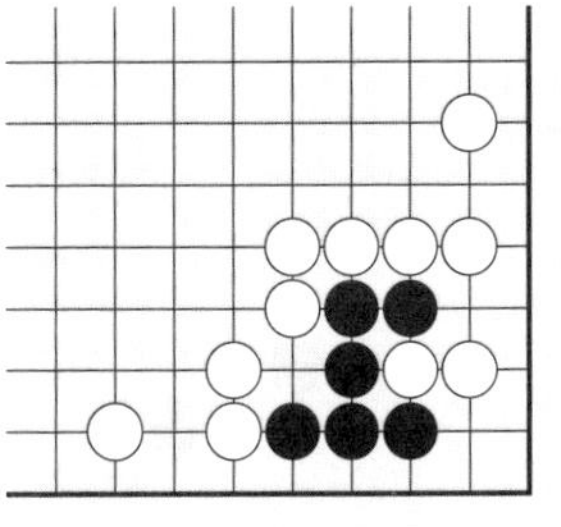

题 350

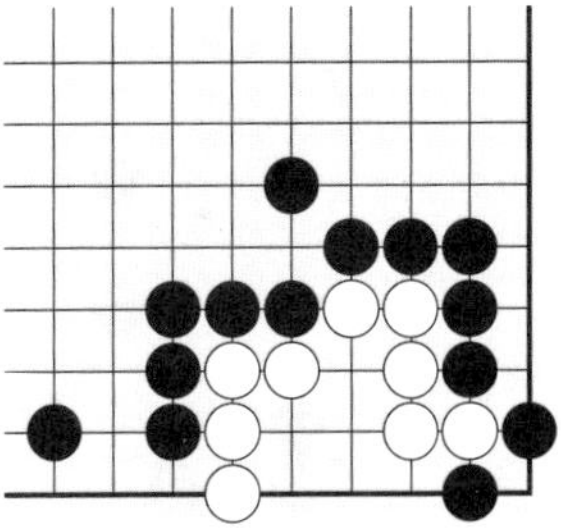

题 351

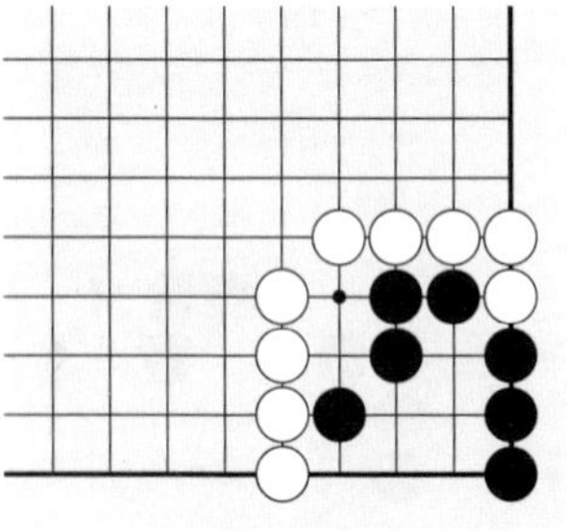

题 352

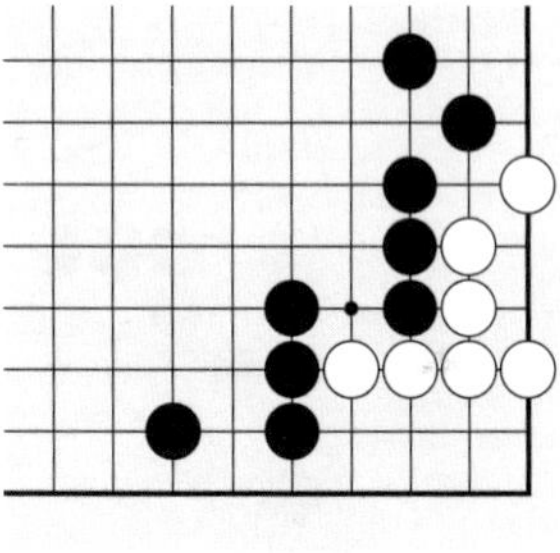

题 353

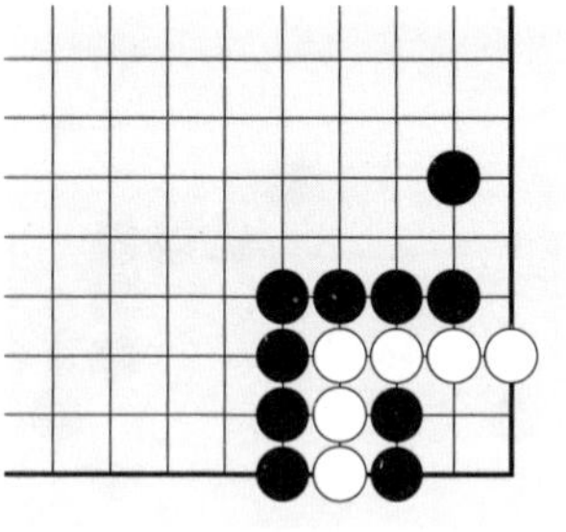

题 354

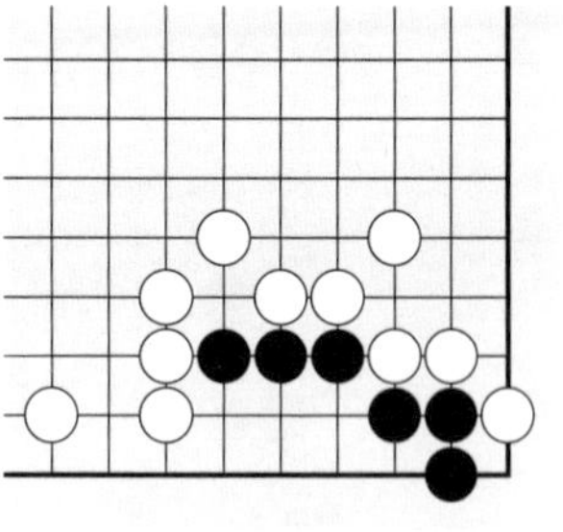

题 355

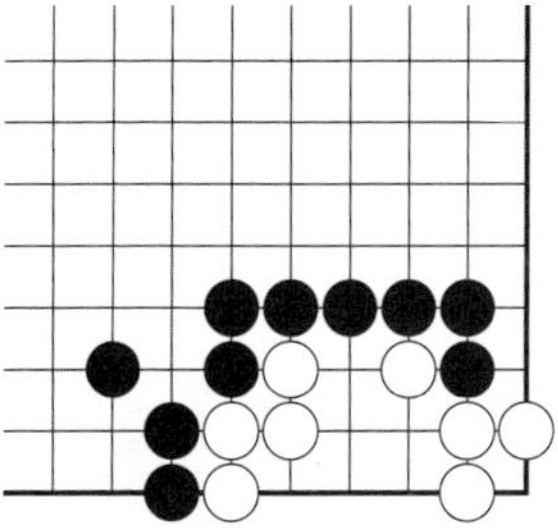

题 356

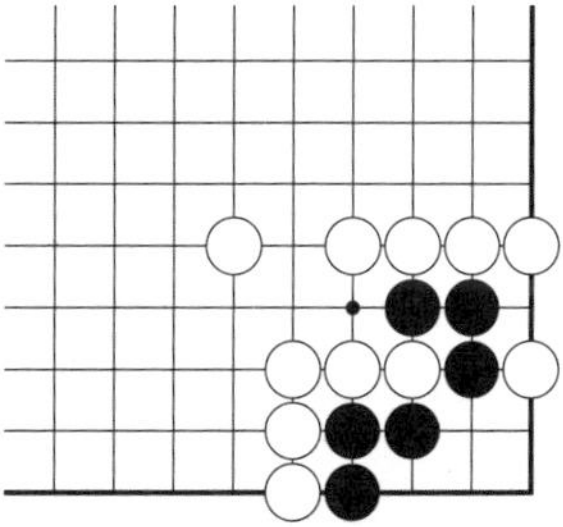

题 357

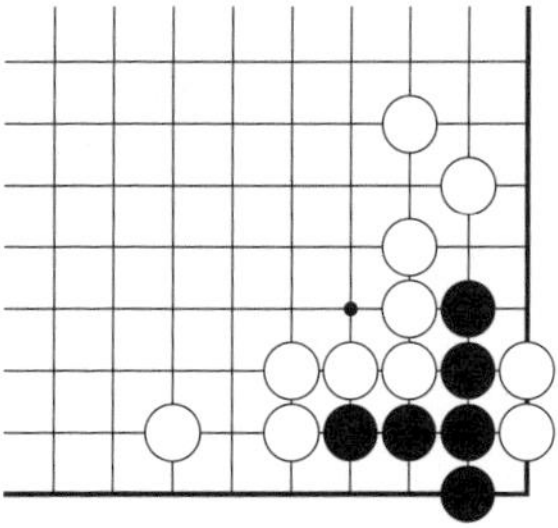

题 358

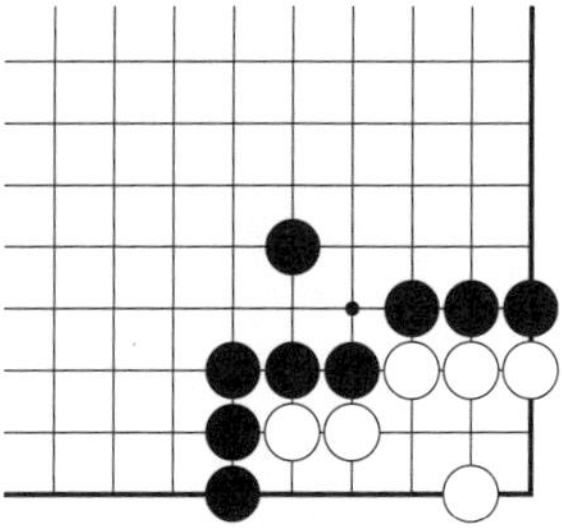

题 359

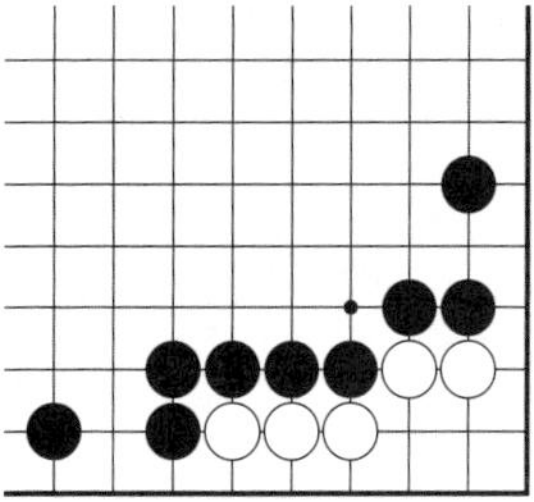

题 360

1级～1段训练题

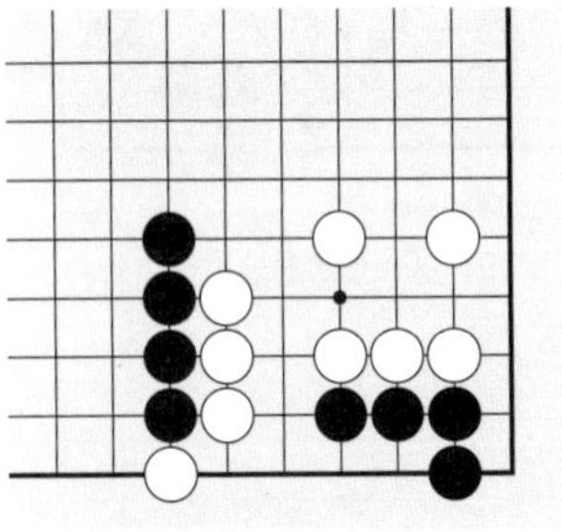

题 361

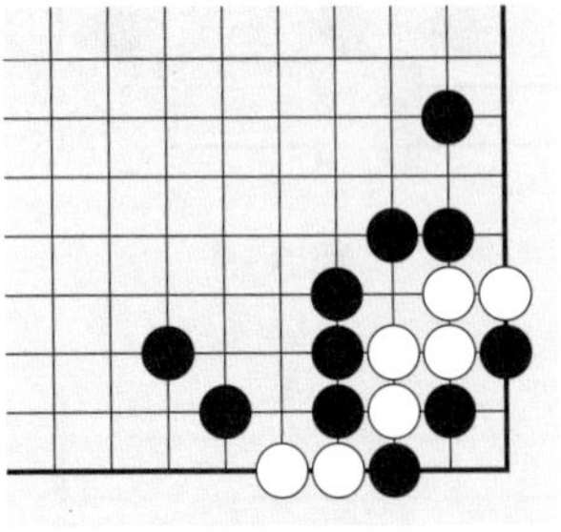

题 362

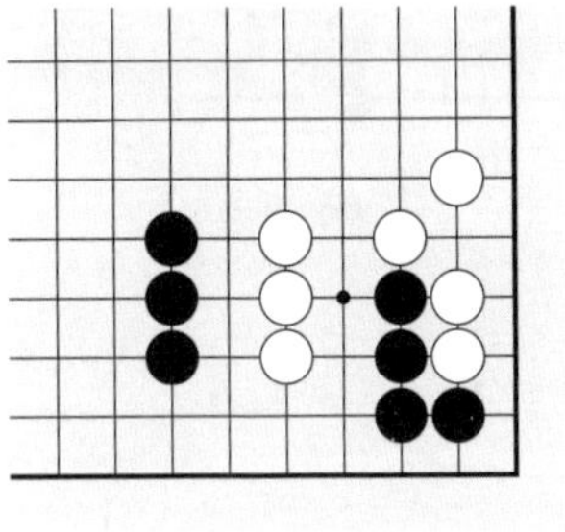

题 363

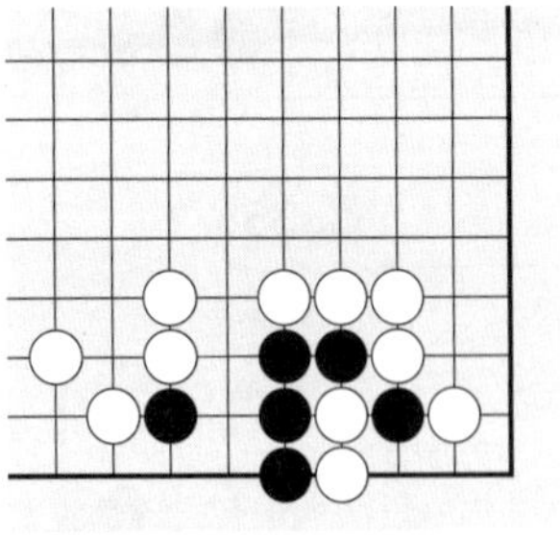

题 364

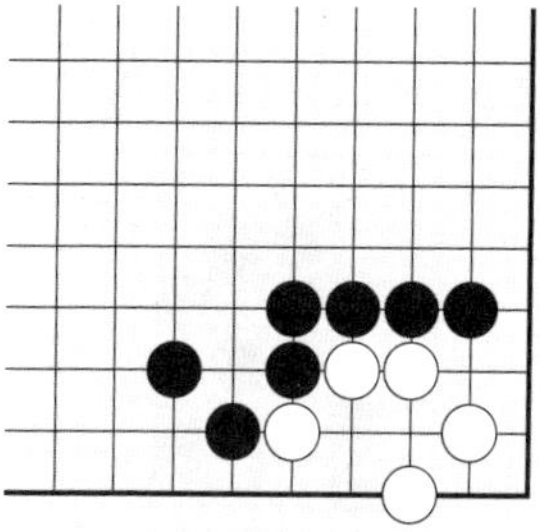

题 365

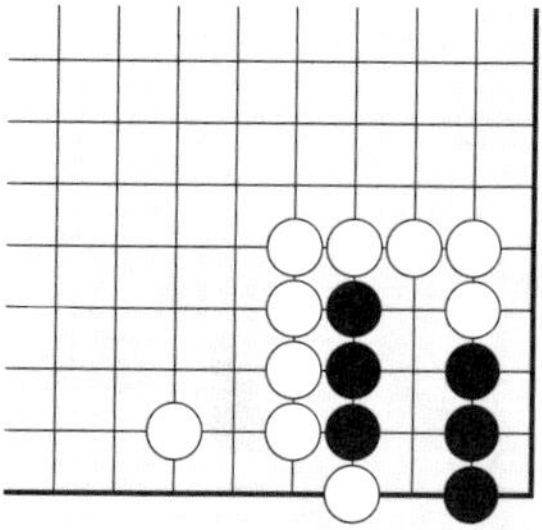

题 366

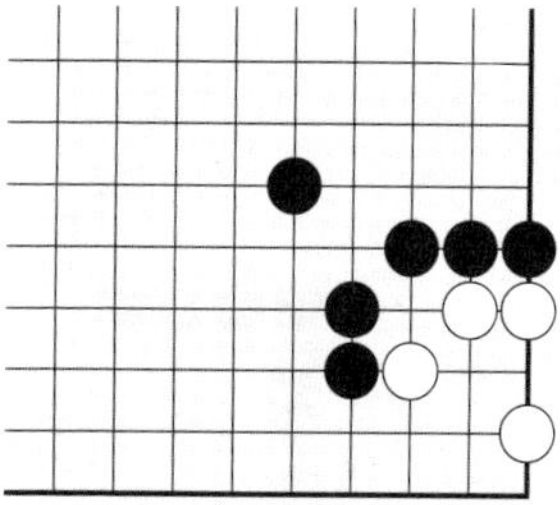

题 367

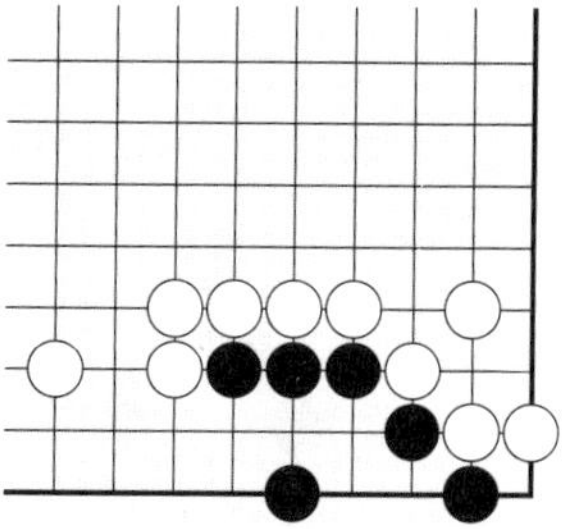

题 368

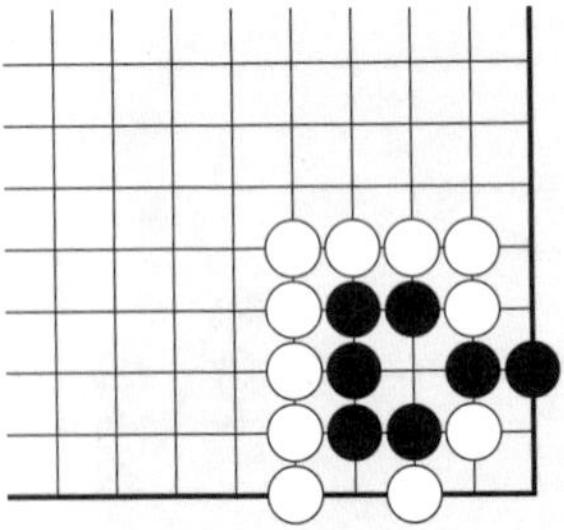

题 369

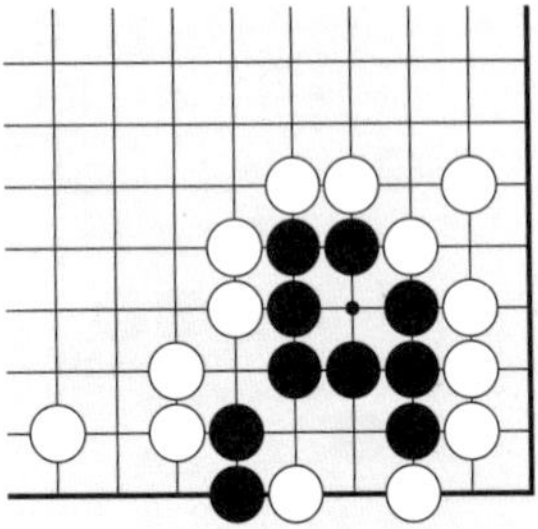

题 370

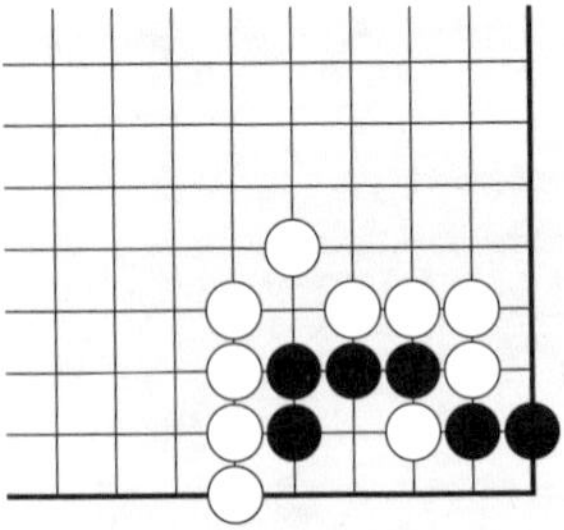

题 371

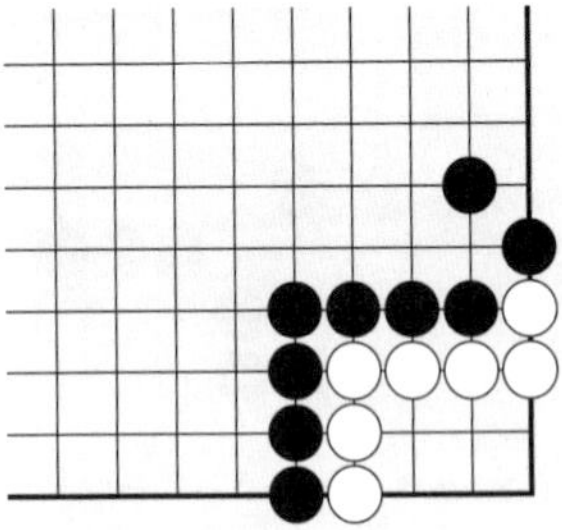

题 372

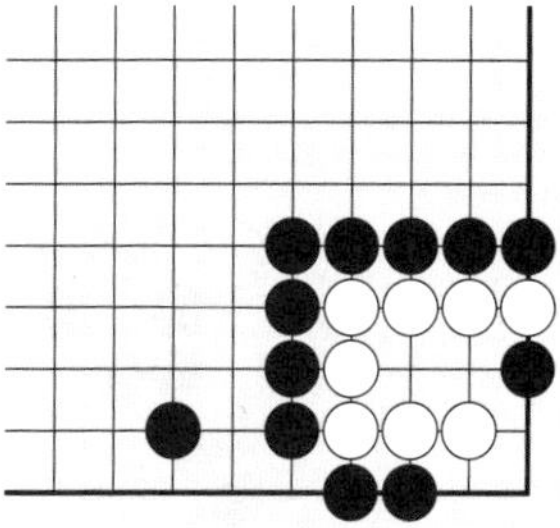

题 373

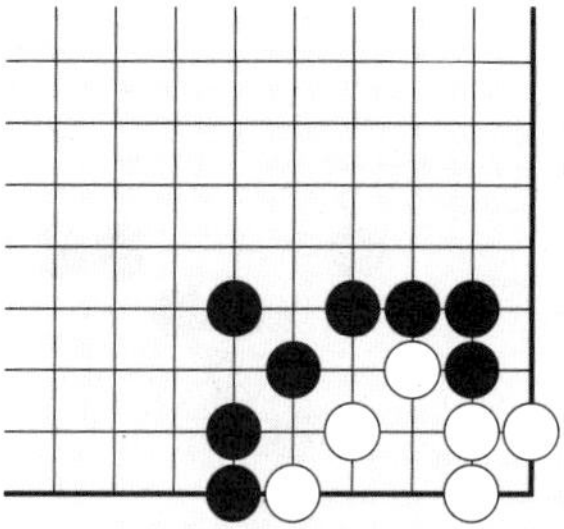

题 374

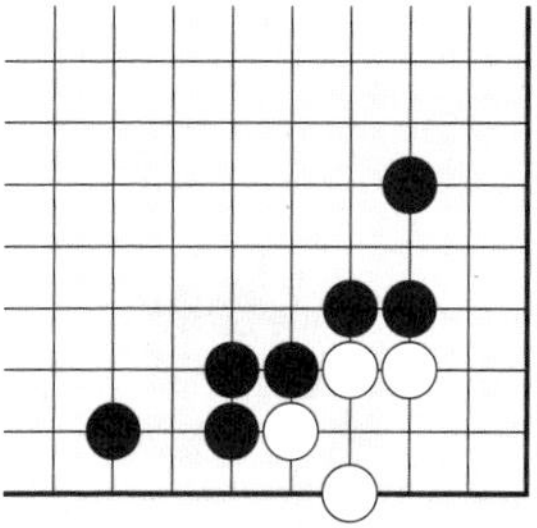

题 375

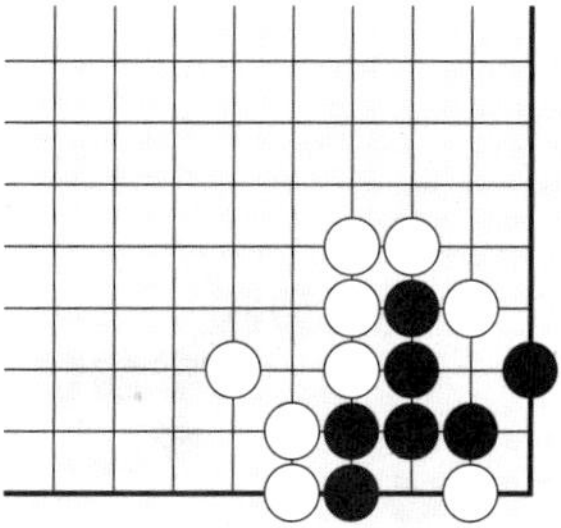

题 376

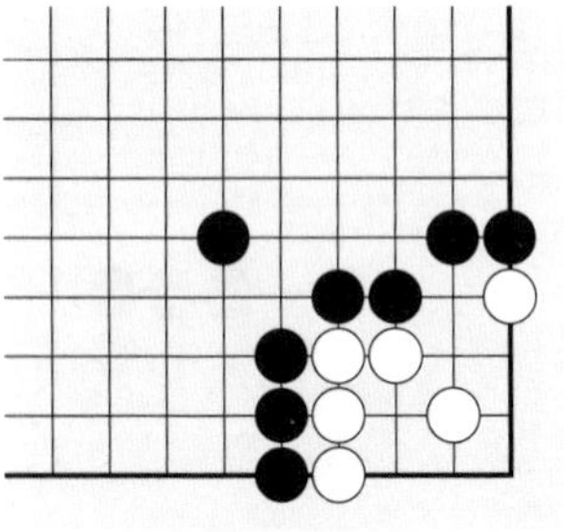

题 377

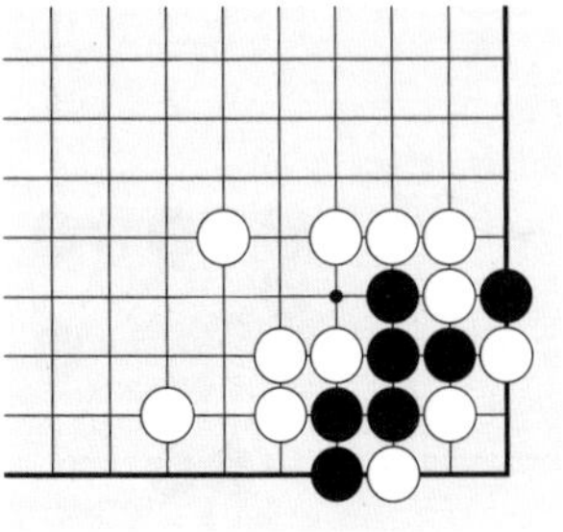

题 378

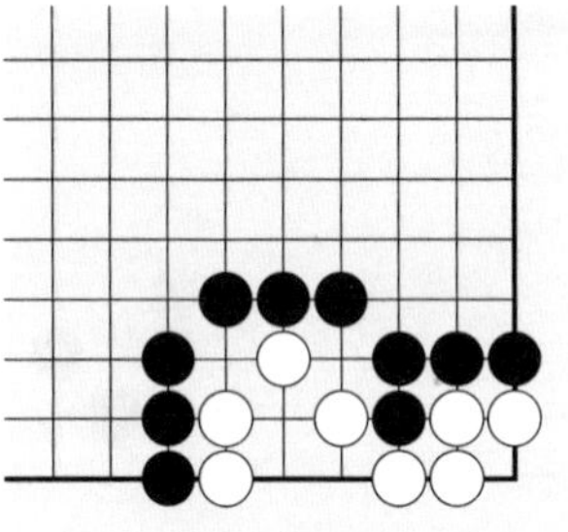

题 379

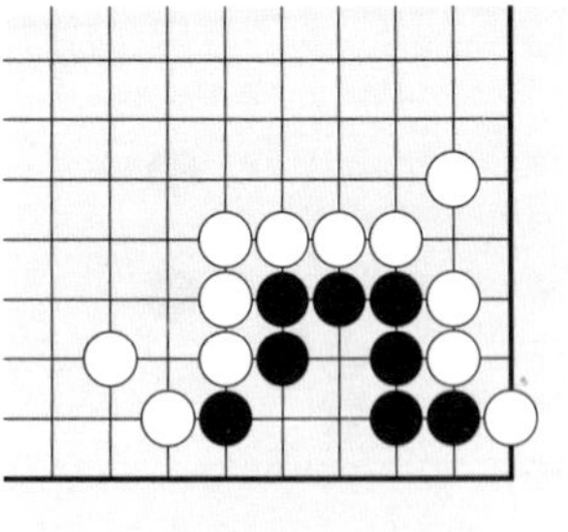

题 380

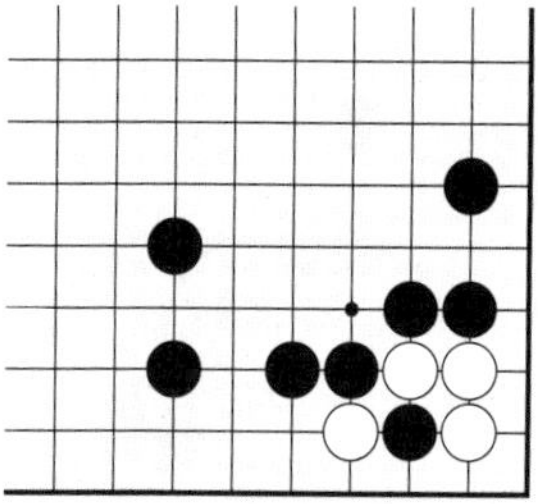

题 381

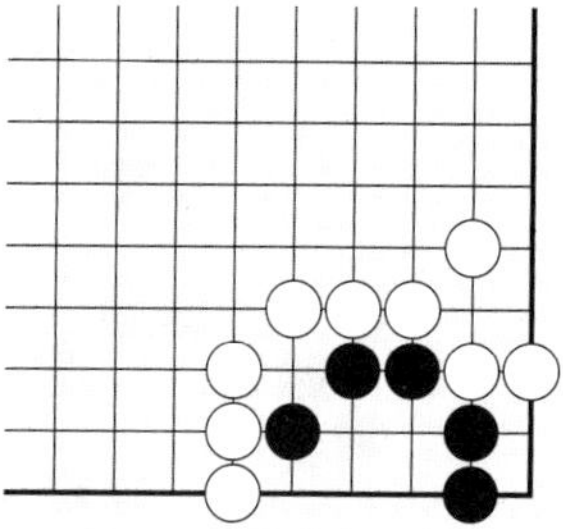

题 382

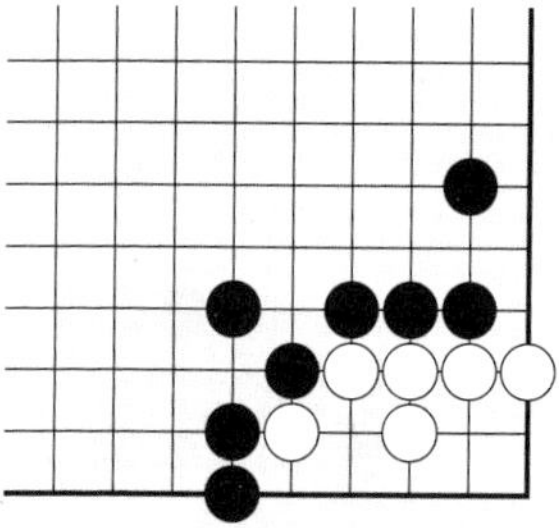

题 383

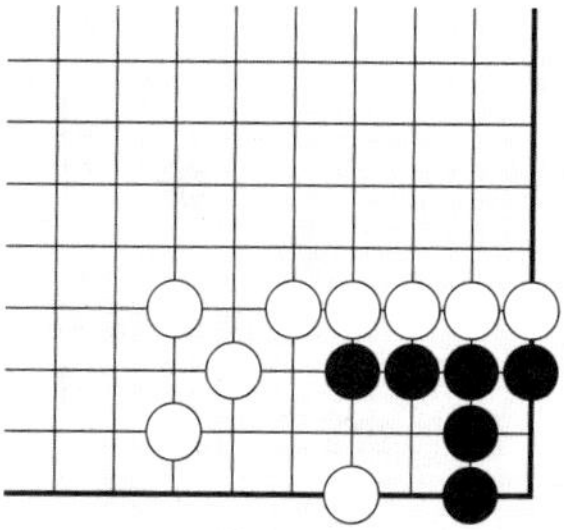

题 384

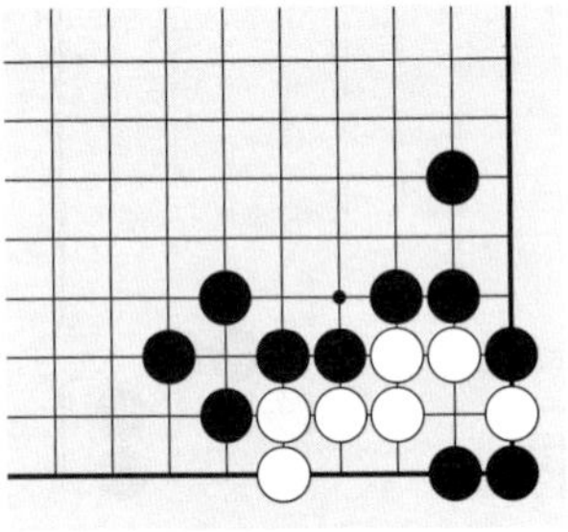

题 385

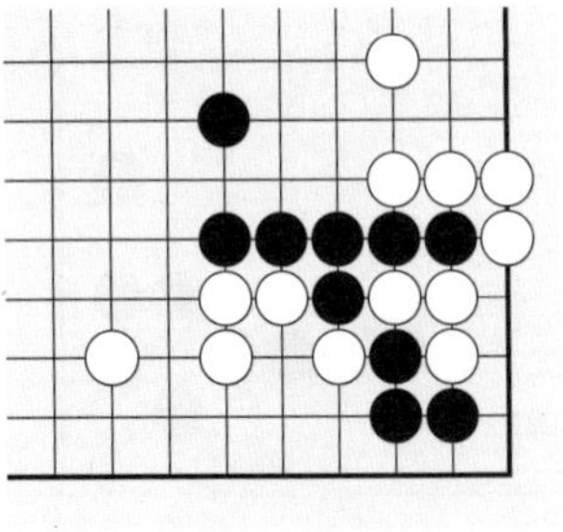

题 386

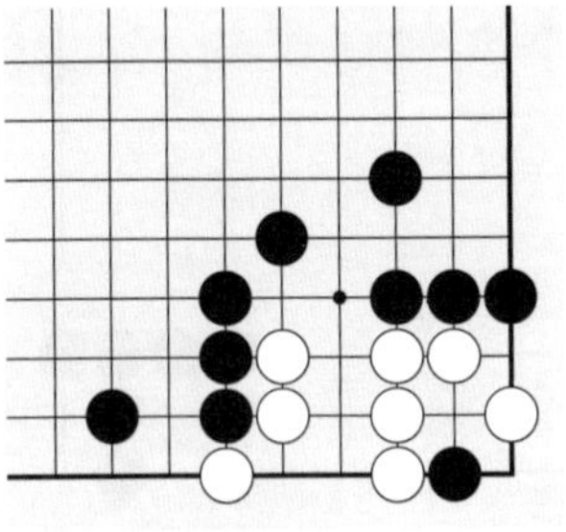

题 387

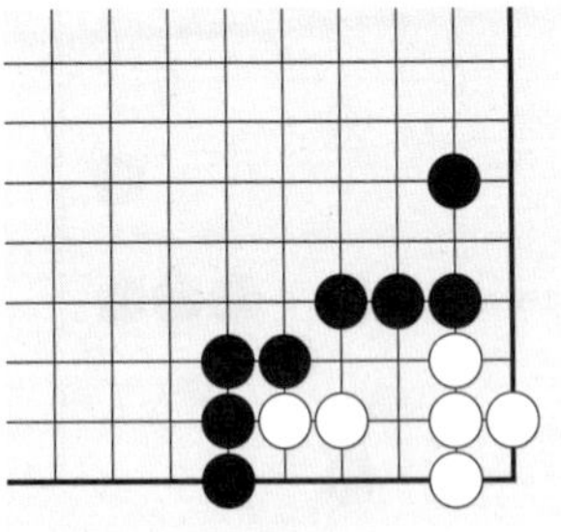

题 388

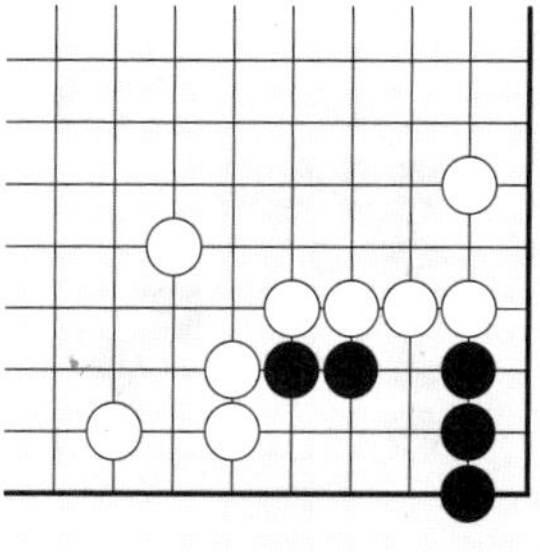

题 389

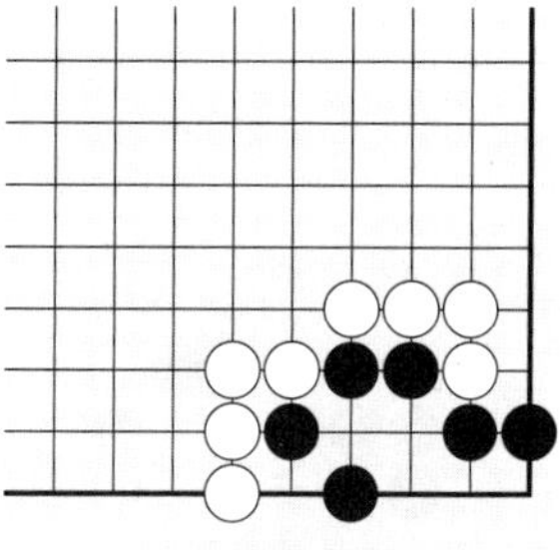

题 390

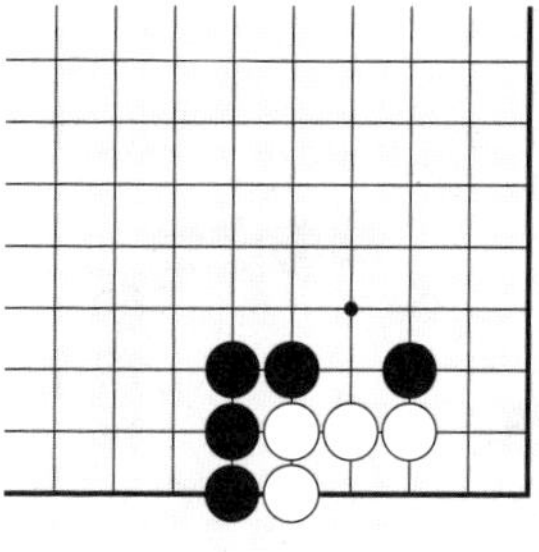

题 391

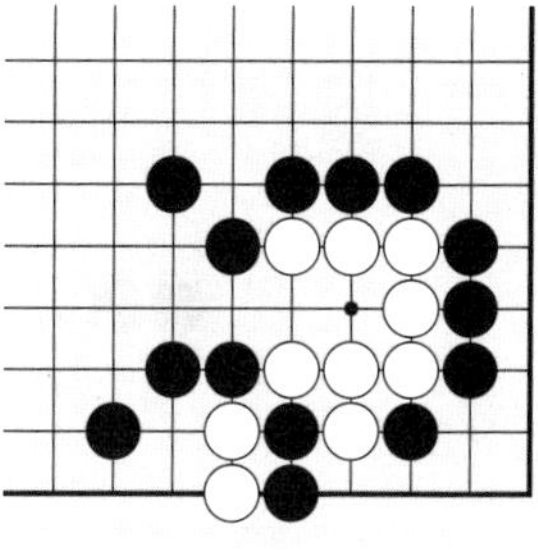

题 392

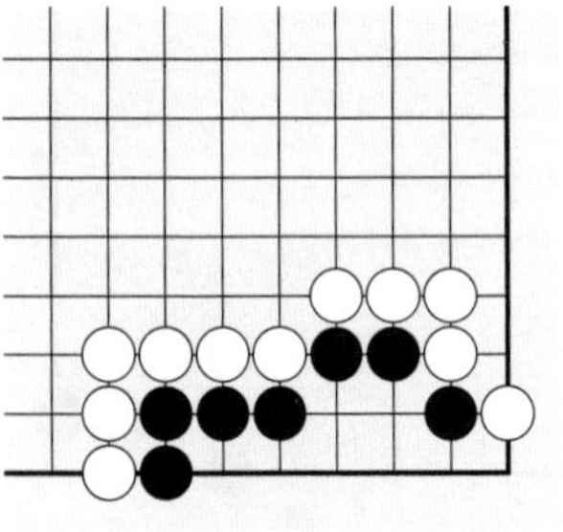

题 393

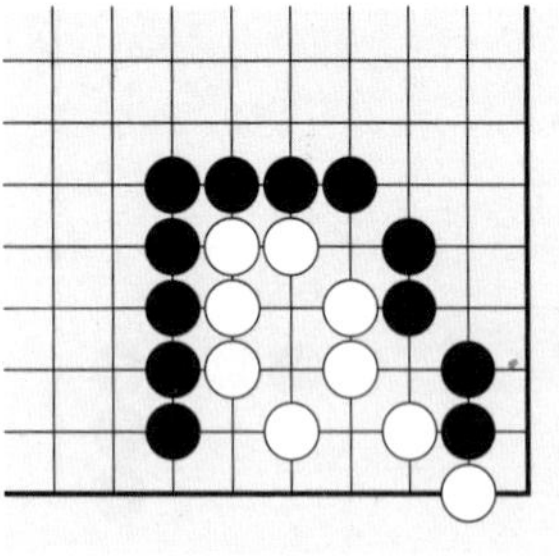

题 394

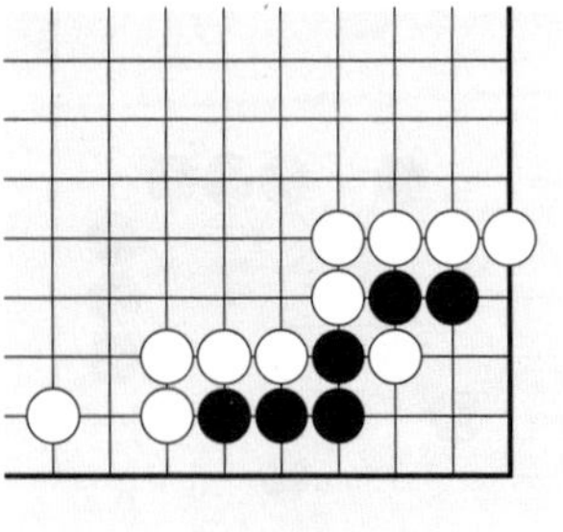

题 395

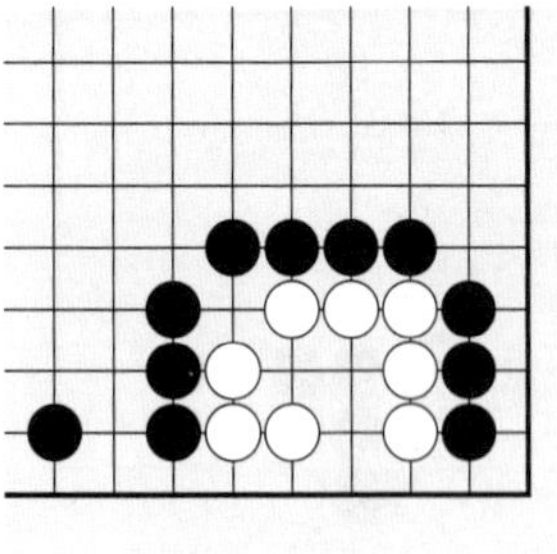

题 396

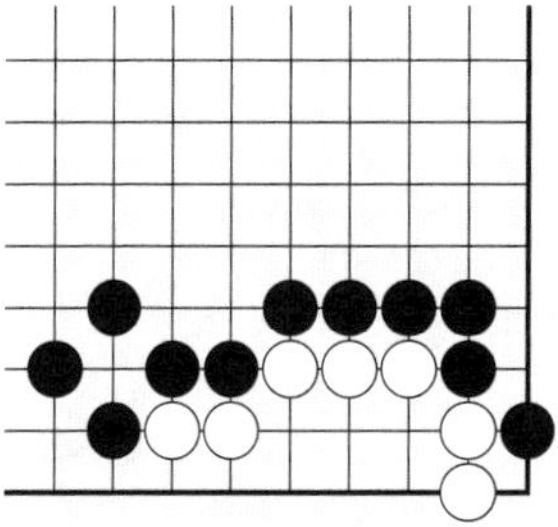

题 397

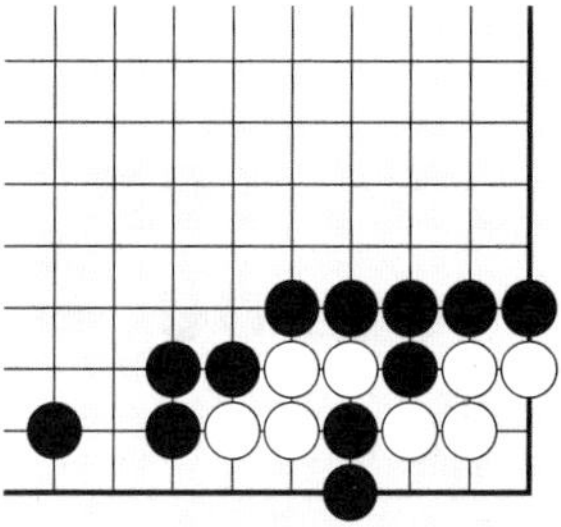

题 398

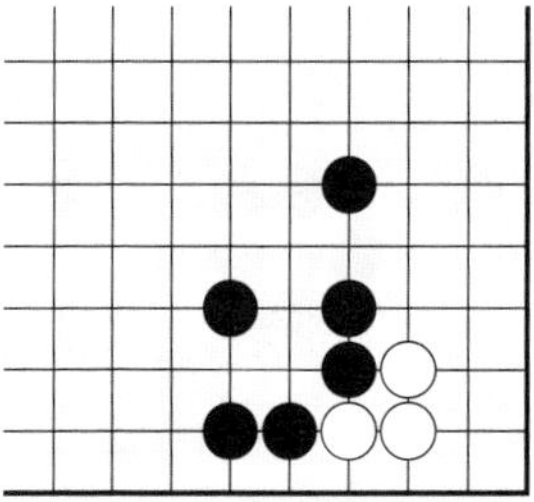

题 399

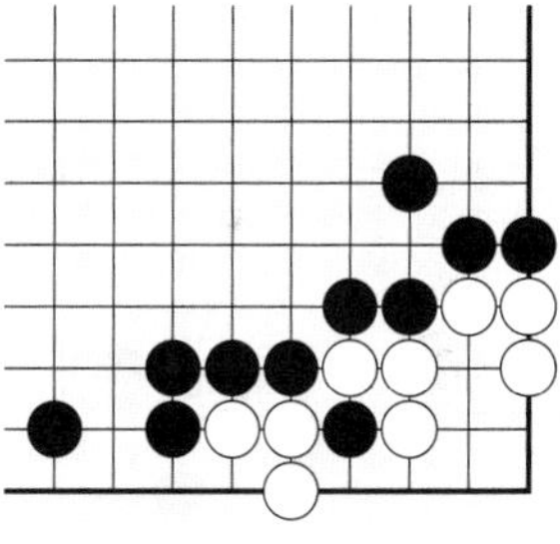

题 400

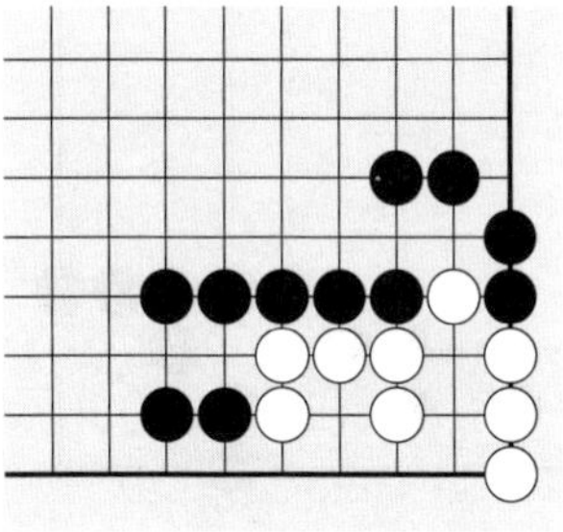

题 401

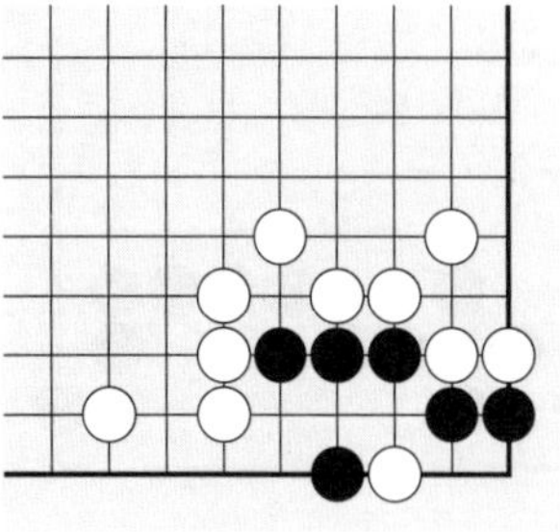

题 402

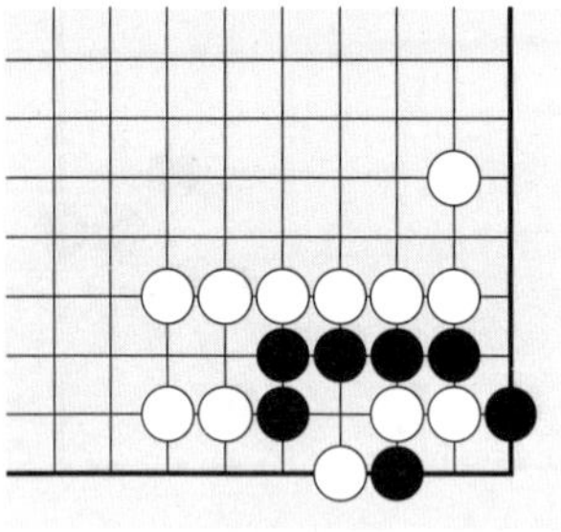

题 403

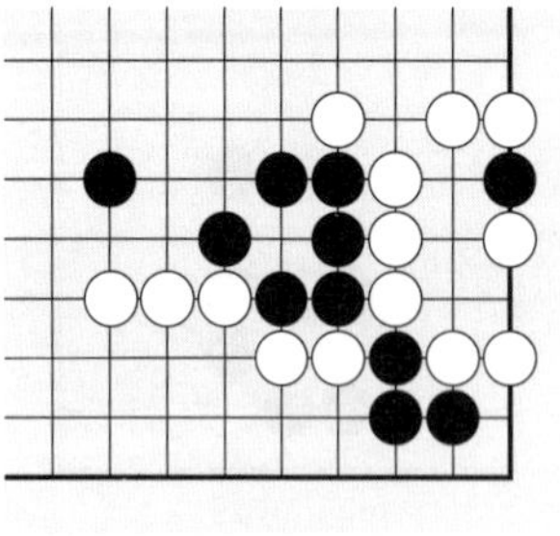

题 404

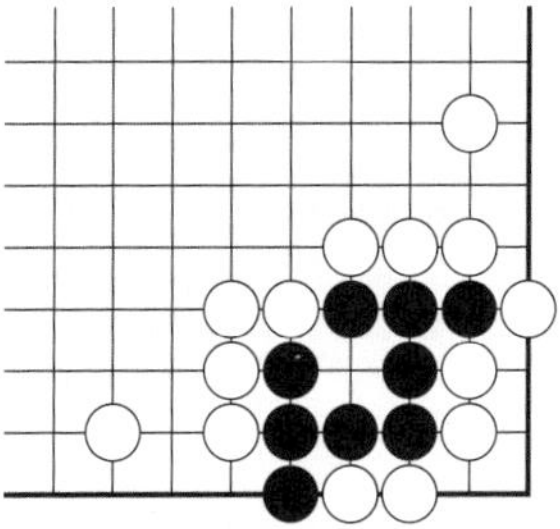

题 405

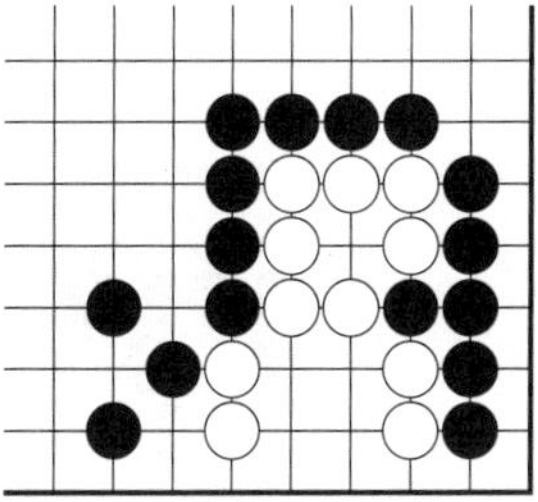

题 406

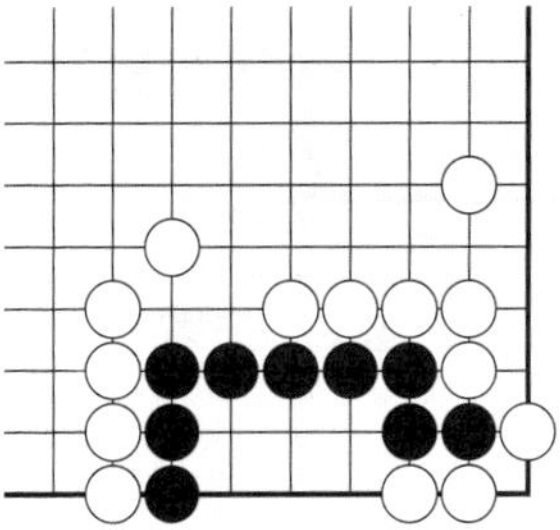

题 407

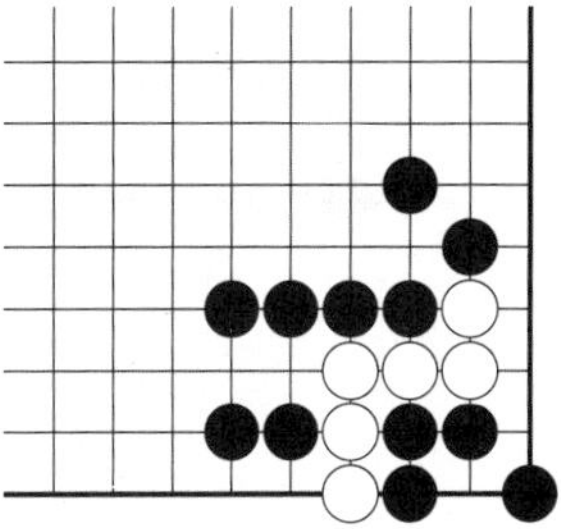

题 408

参考答案

25级～23级答案

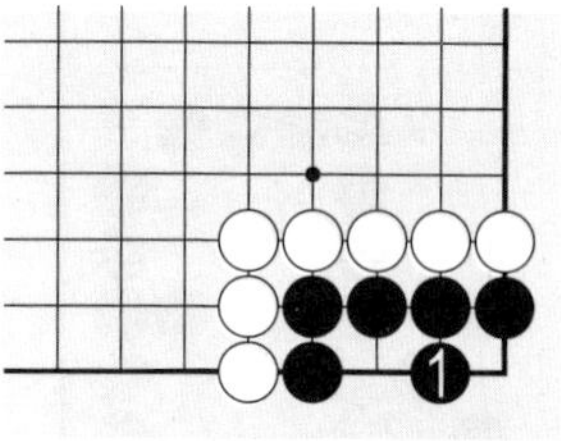

题1　正解

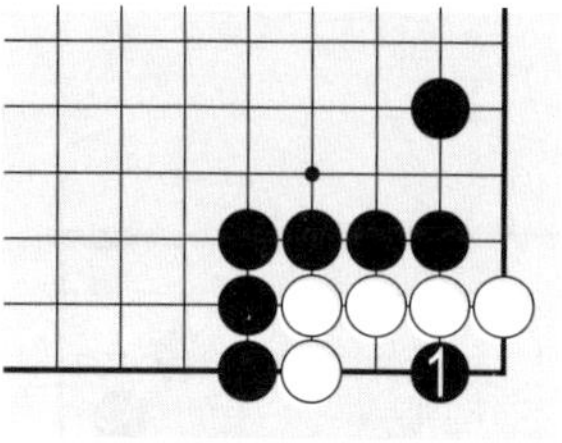

题2　正解

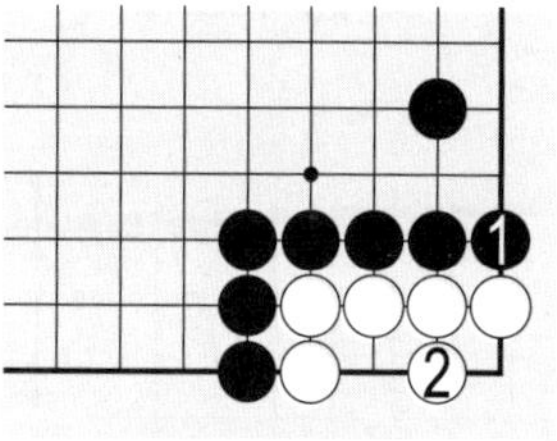

题2　失败

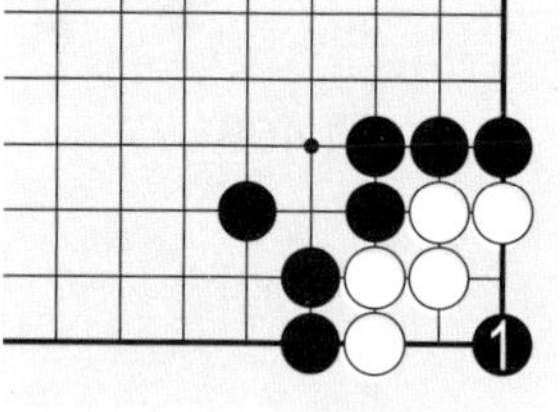

题3　正解

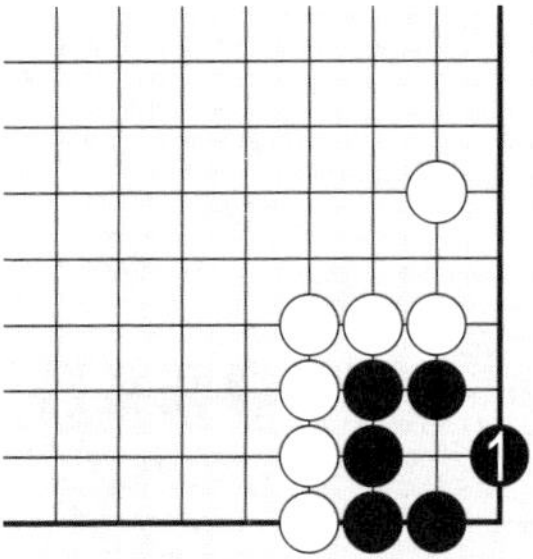

题 4　正解

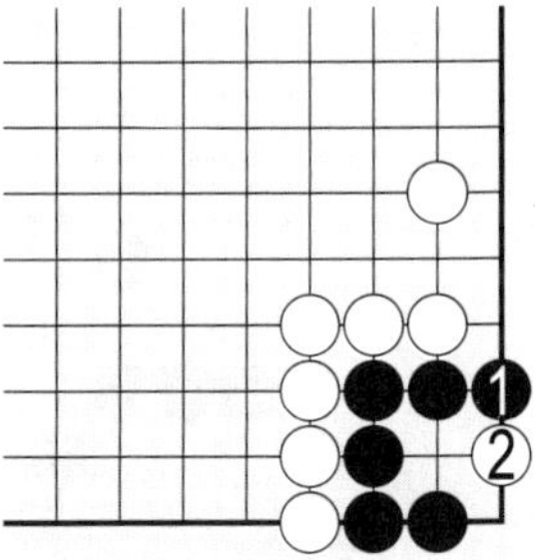

题 4　失败

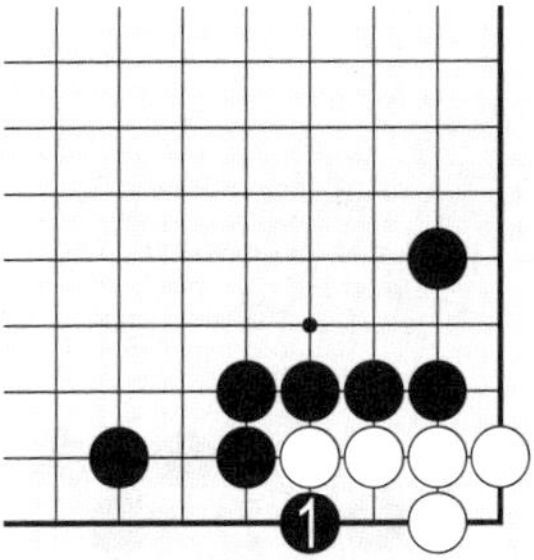

题 5　正解

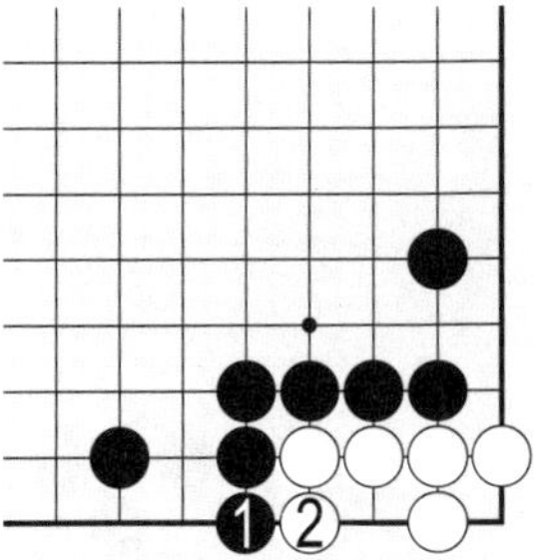

题 5　失败

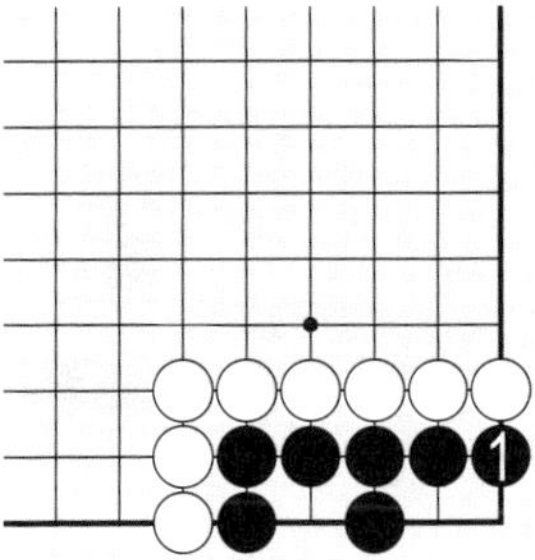

题 6　正解

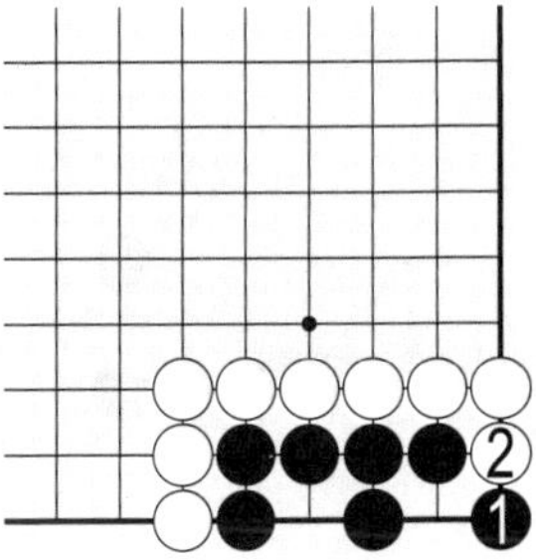

题 6　失败

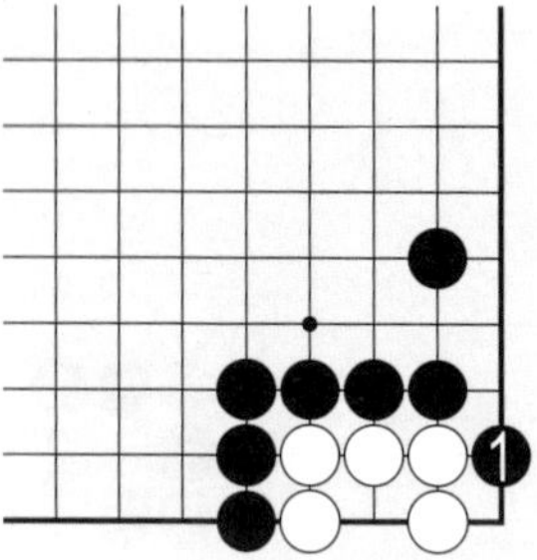

题 7　正解

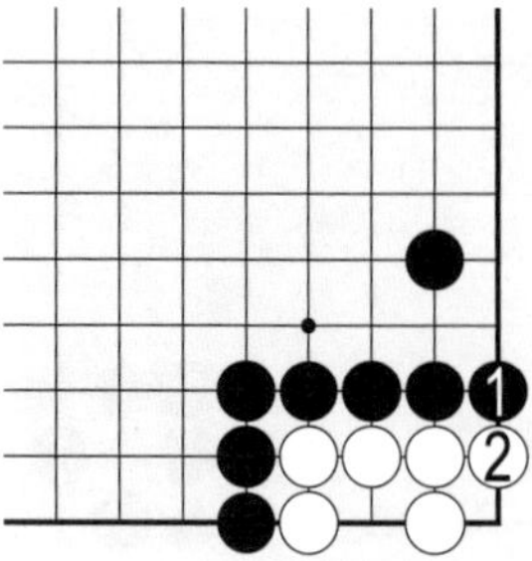

题 7　失败

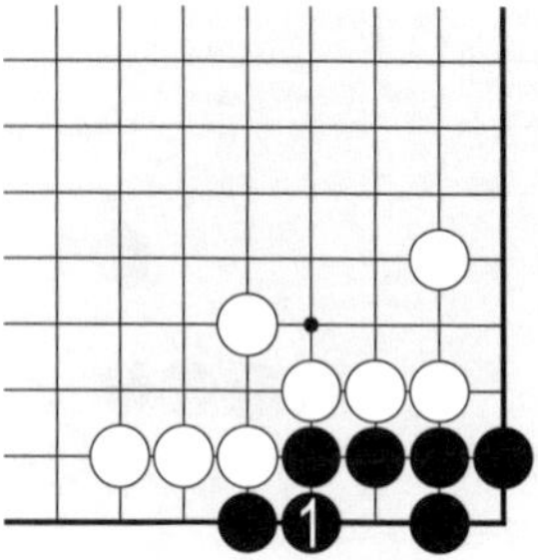

题 8　正解

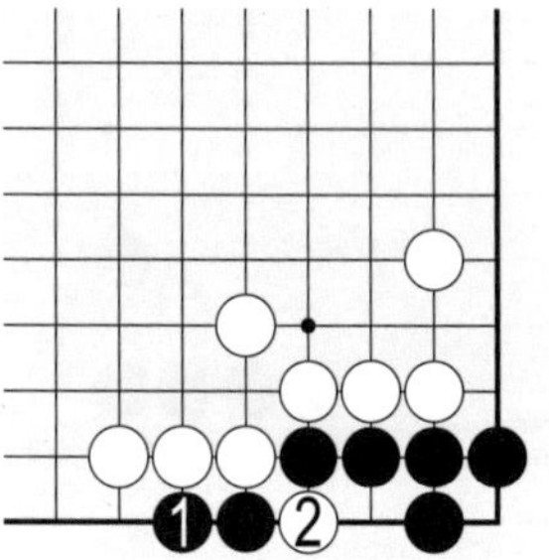

题 8　失败

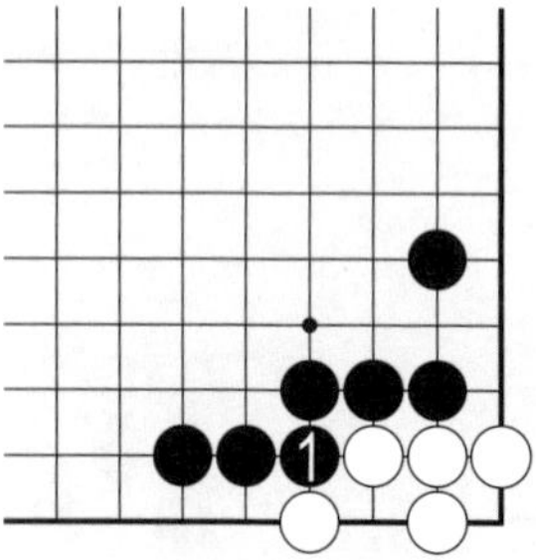

题 9　正解

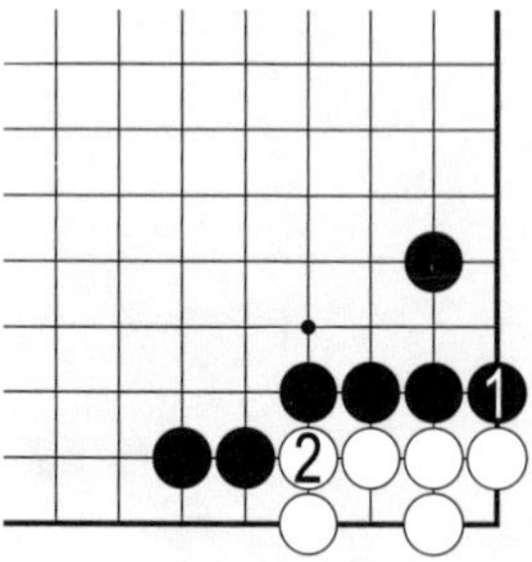

题 9　失败

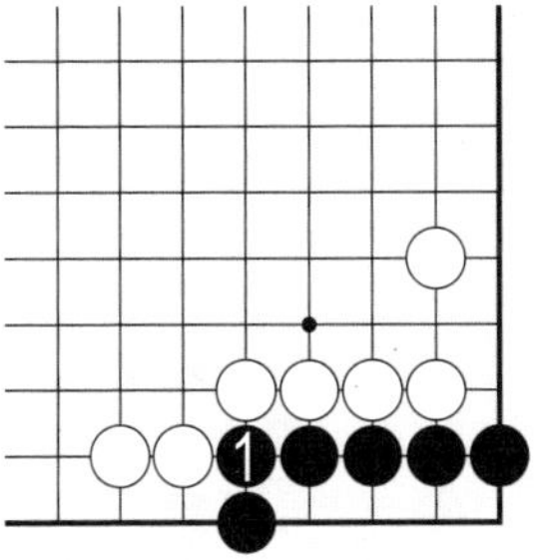

题 10　正解

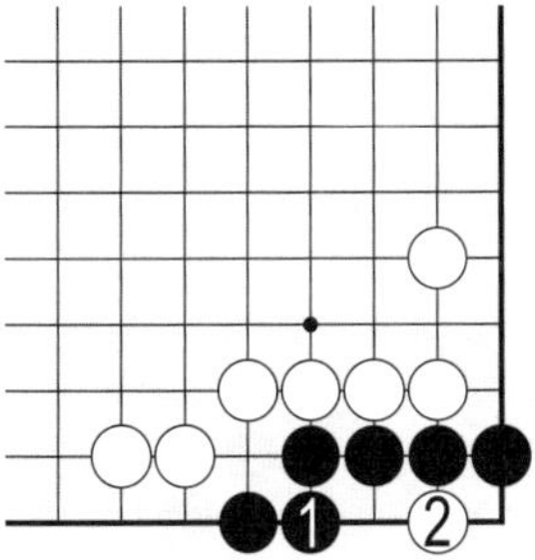

题 10　失败

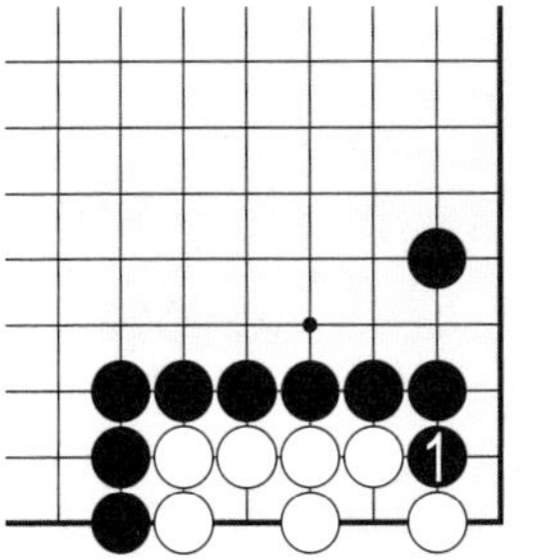

题 11　正解

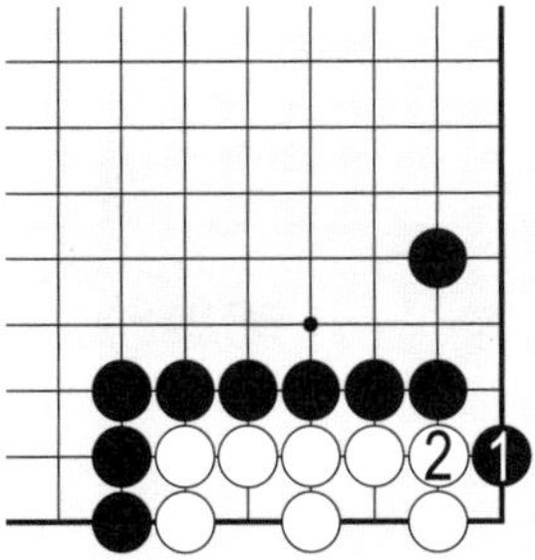

题 11　失败

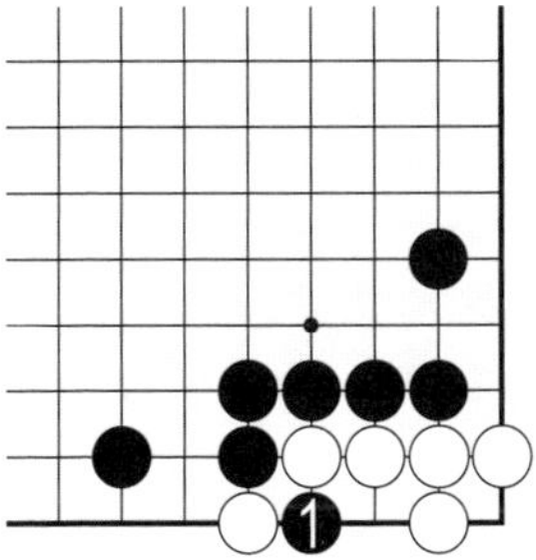

题 12　正解

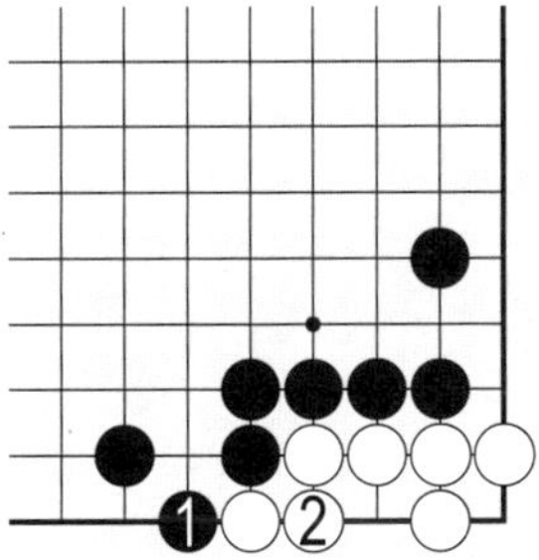

题 12　失败

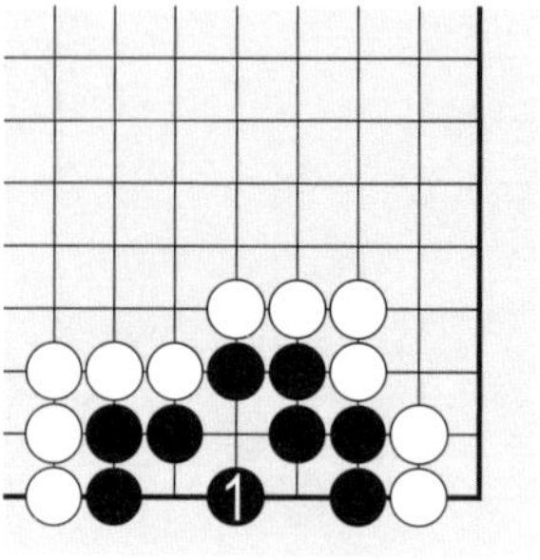

题 13　正解

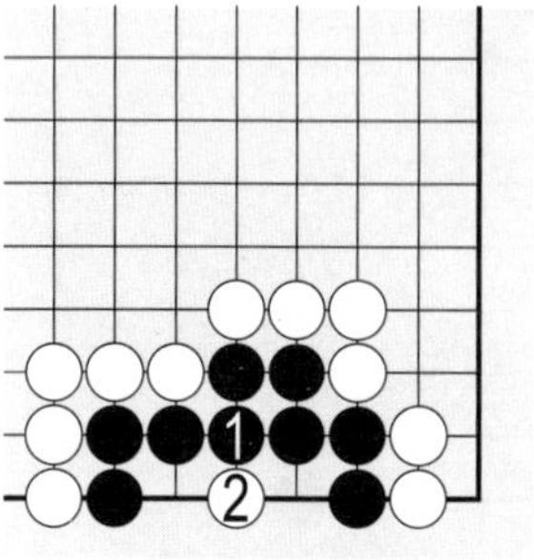

题 13　失败

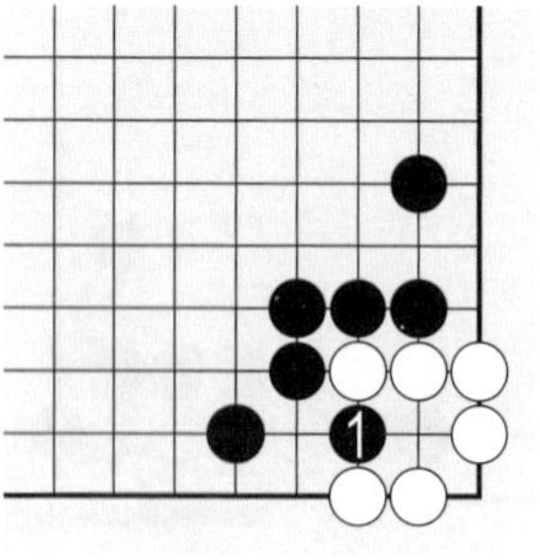

题 14　正解

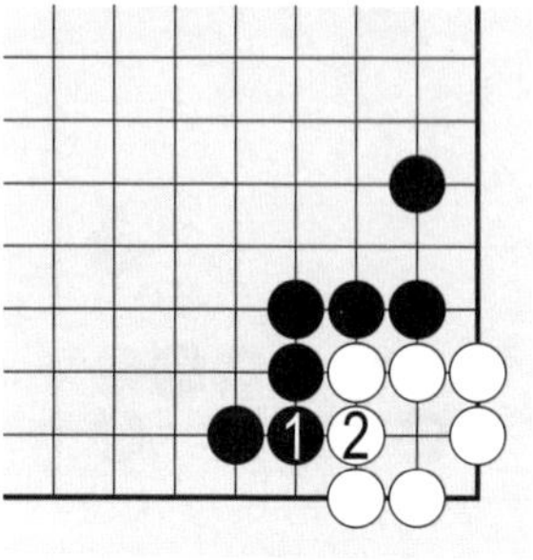

题 14　失败

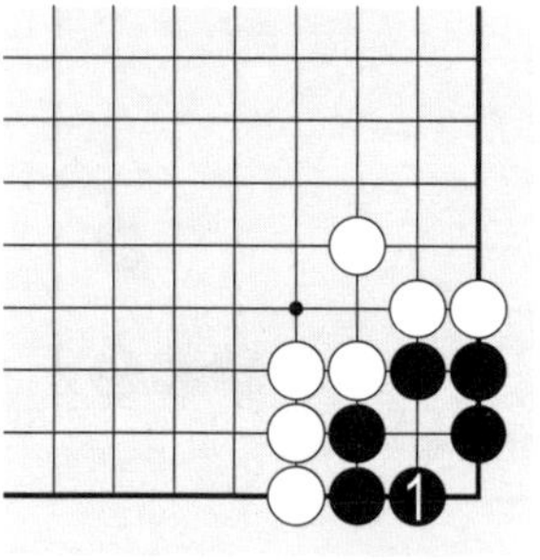

题 15　正解

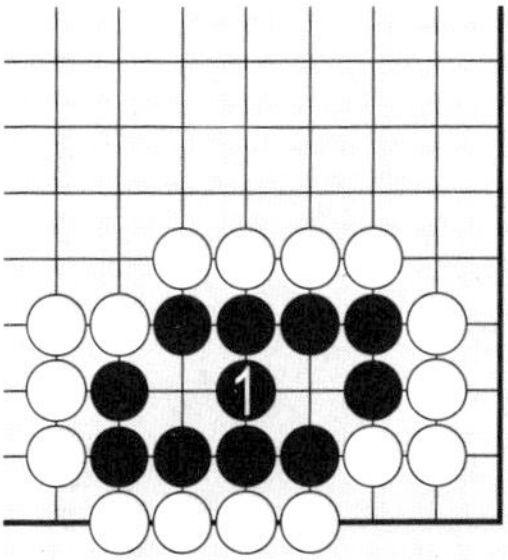

题 16　正解

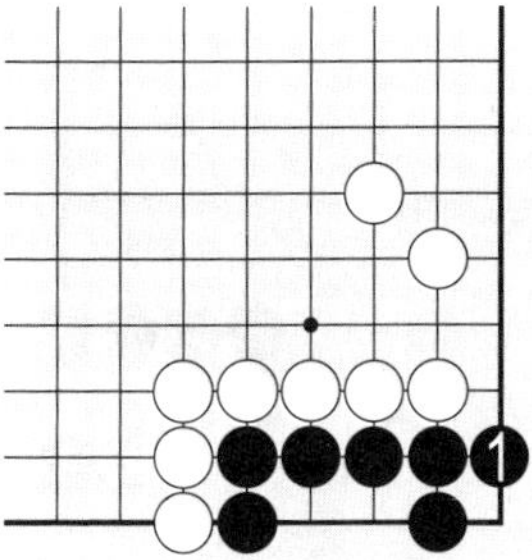

题 17　正解

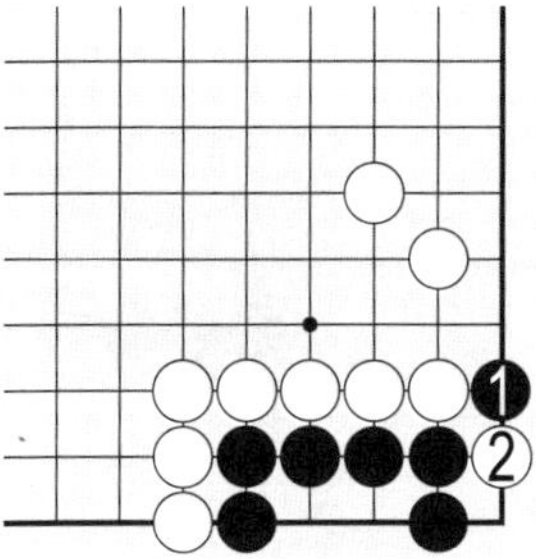

题 17　失败

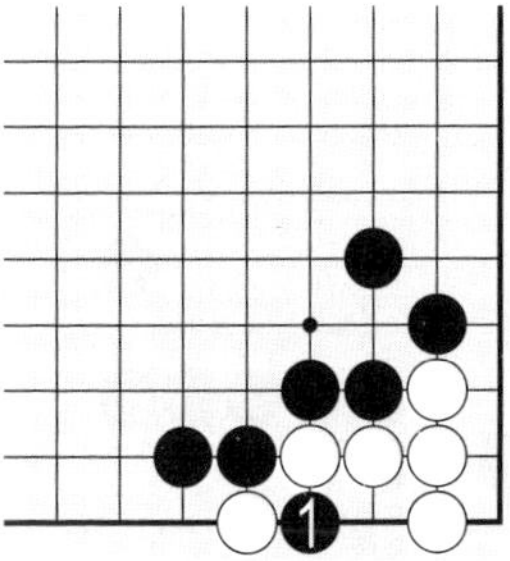

题 18　正解

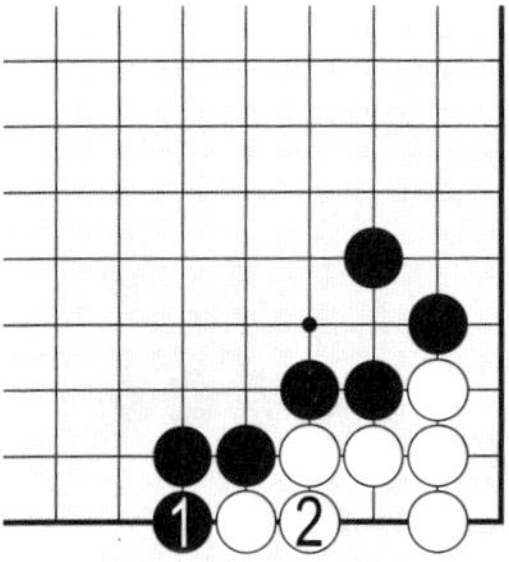

题 18　失败

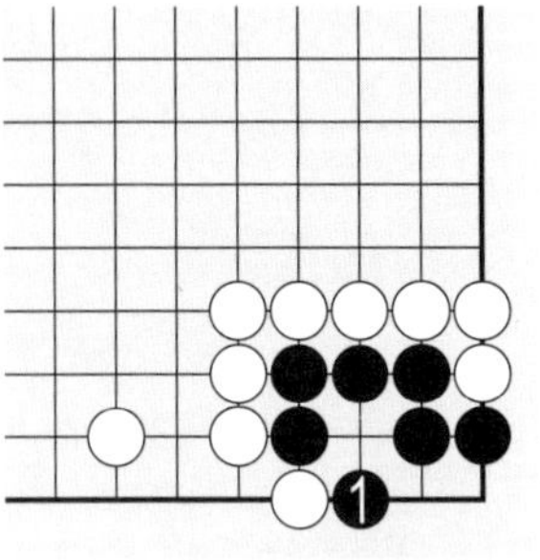

题 19　正解

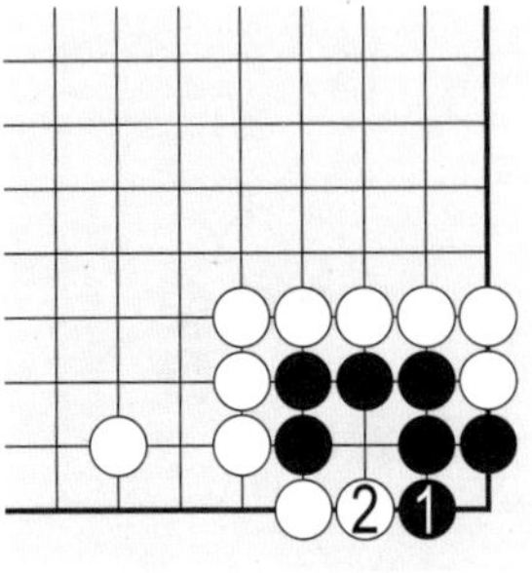

题 19　失败

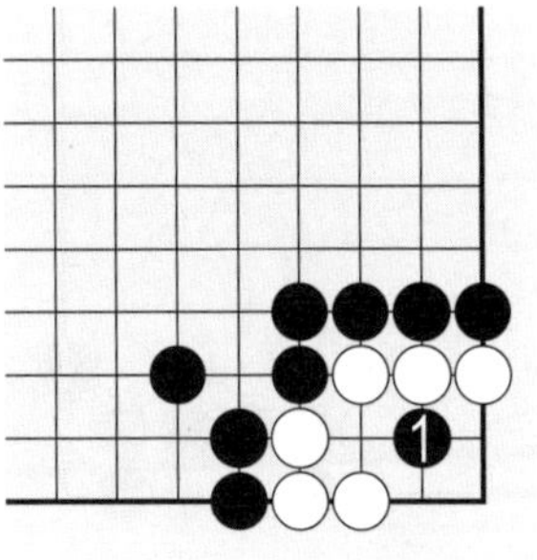

题 20　正解

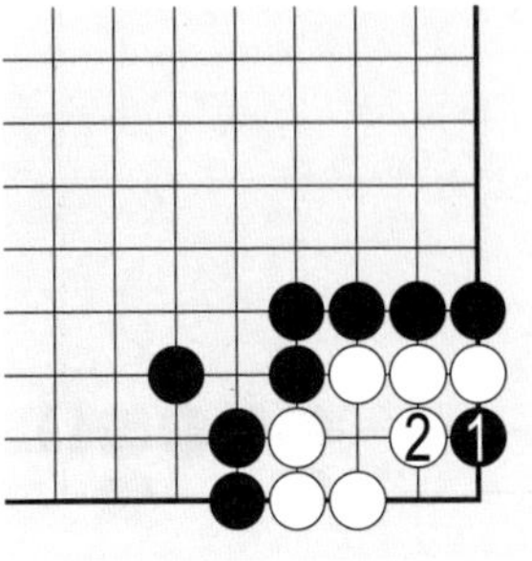

题 20　失败

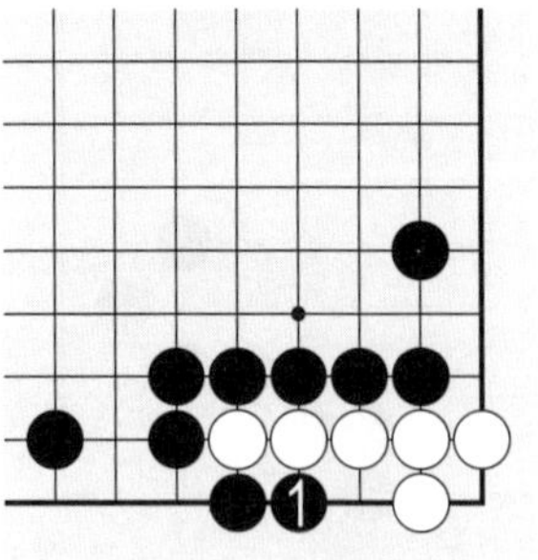

题 21　正解

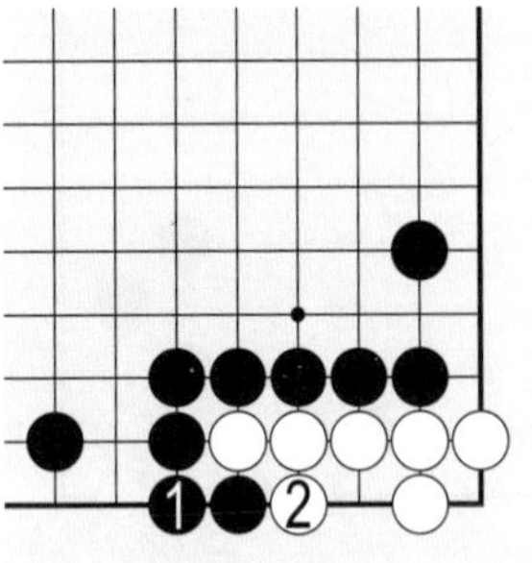

题 21　失败

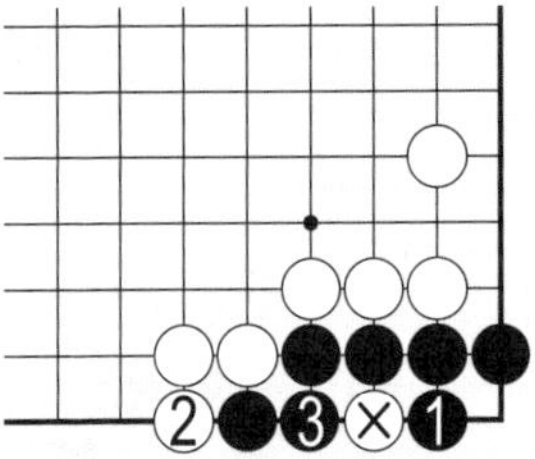

题 22　正解❶

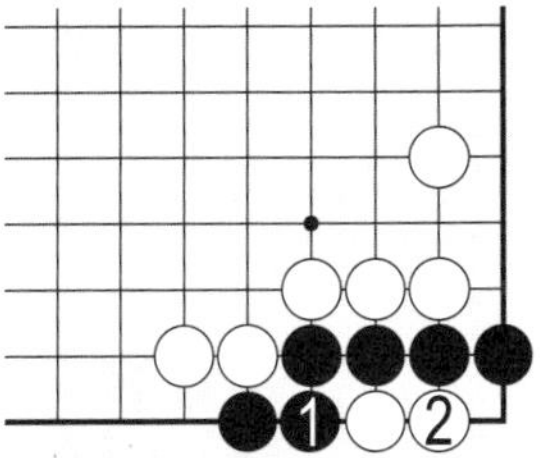

题 22　失败

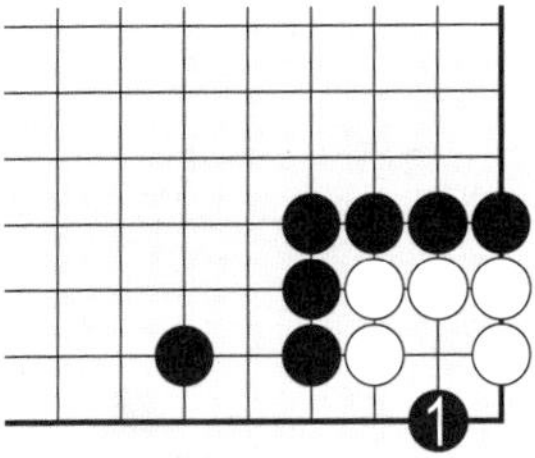

题 23　正解

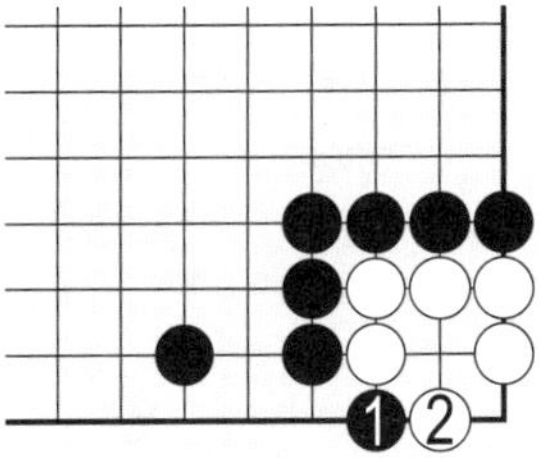

题 23　失败

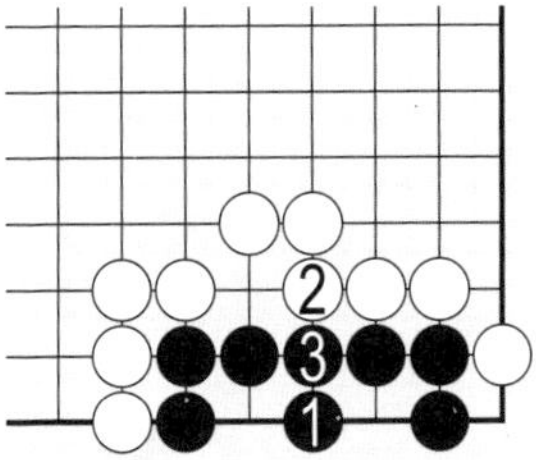

题 24　正解

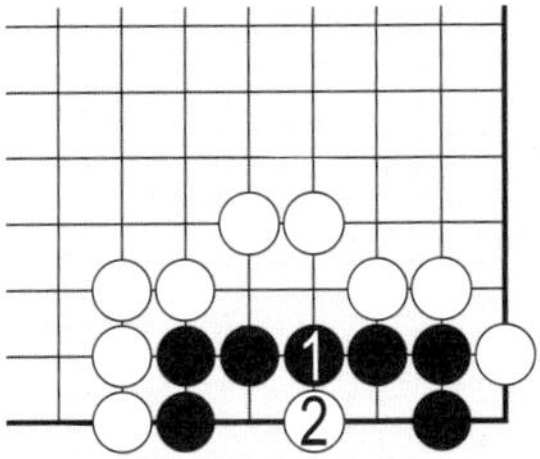

题 24　失败

---

❶　×为被提掉的棋子。

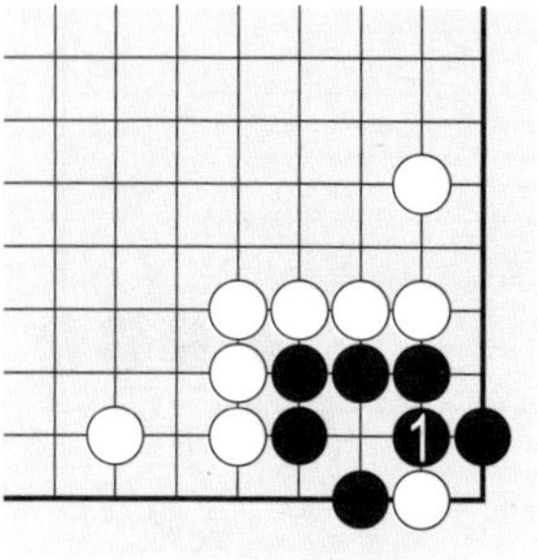

题 25　正解

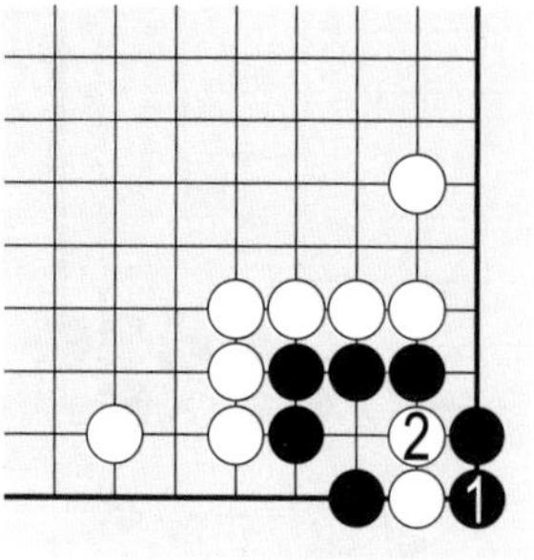

题 25　失败

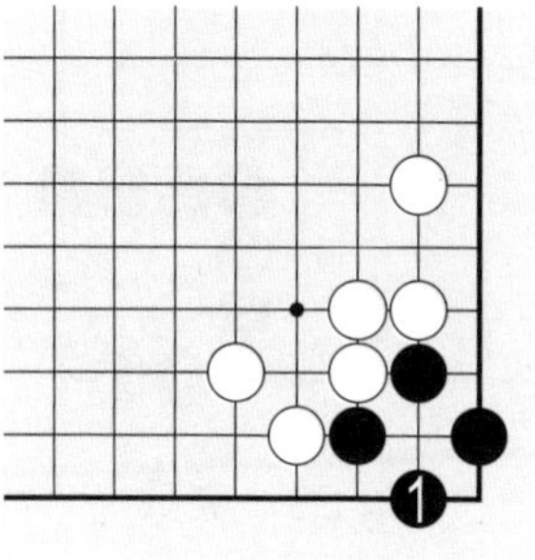

题 26　正解

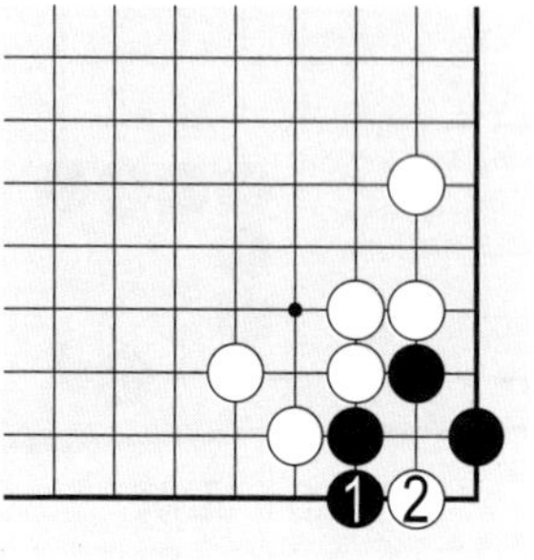

题 26　失败

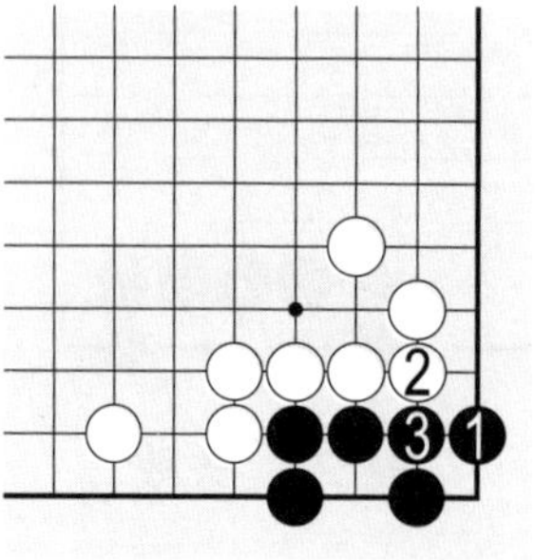

题 27　正解

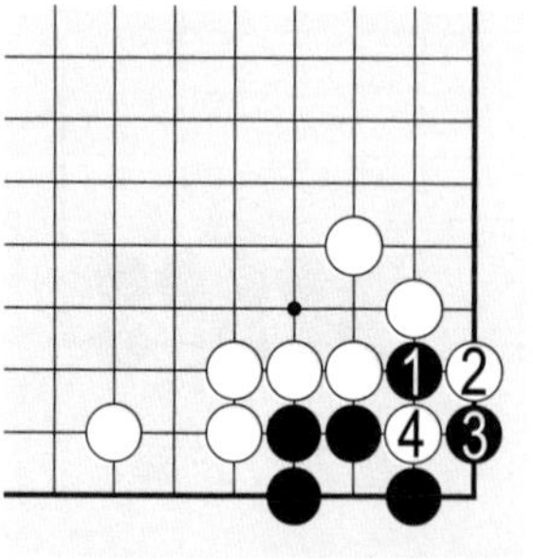

题 27　失败　打劫

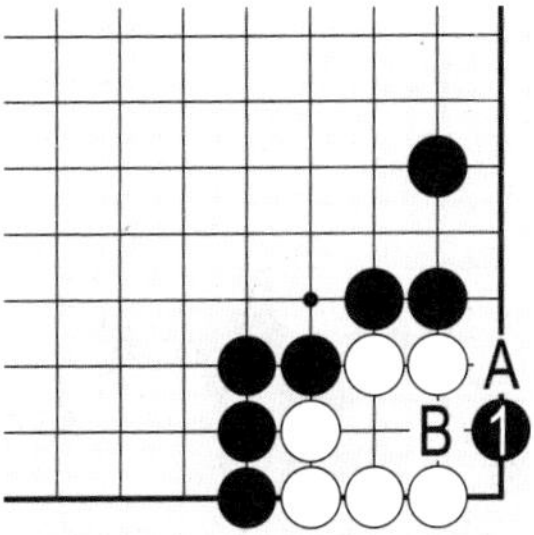

题 28　正解　A、B 见合[1]

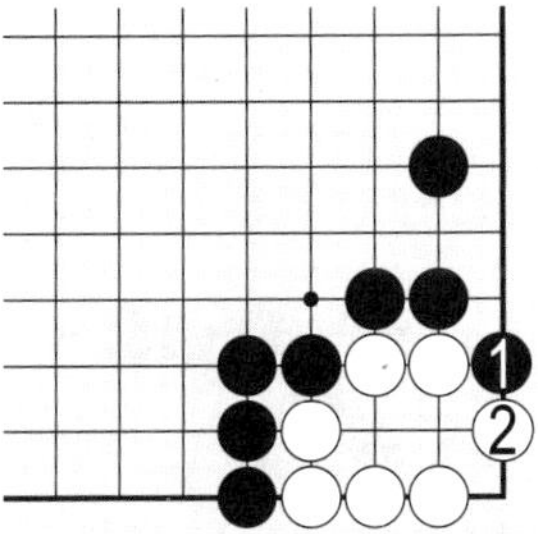

题 28　失败

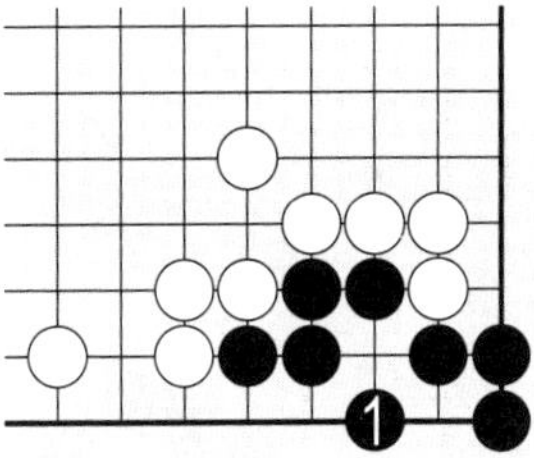

题 29　正解

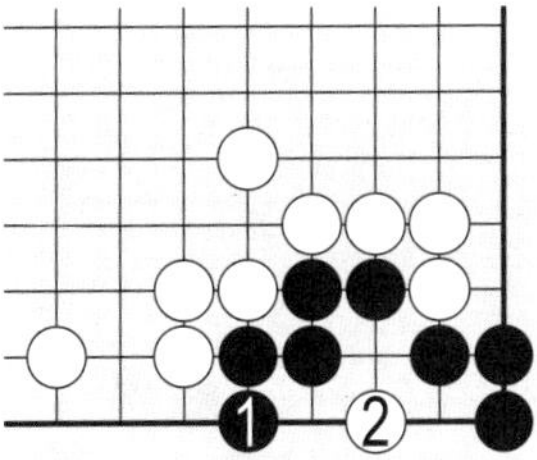

题 29　失败

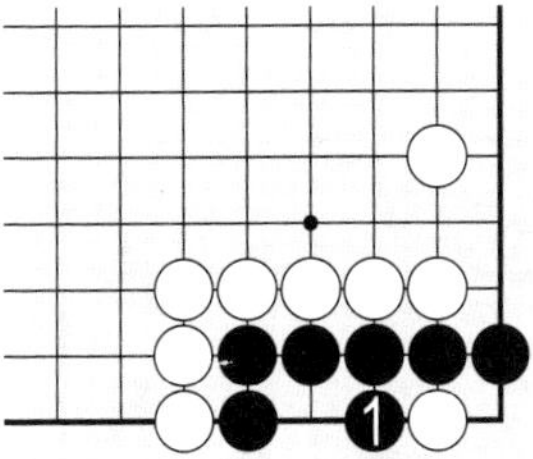

题 30　正解

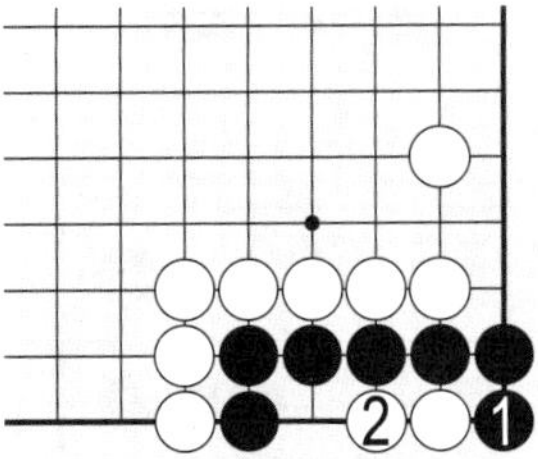

题 30　失败

---

❶　见合指一方占A位，另一方即可占B位。

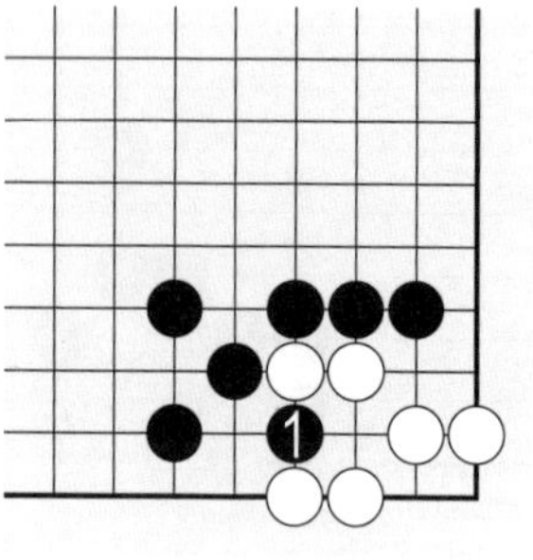

题 31　正解

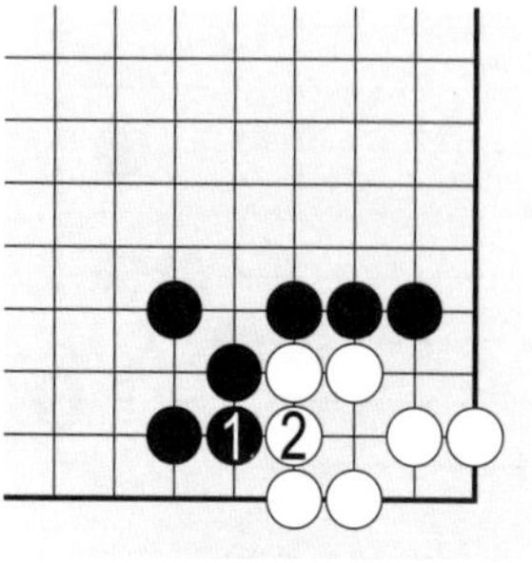

题 31　失败

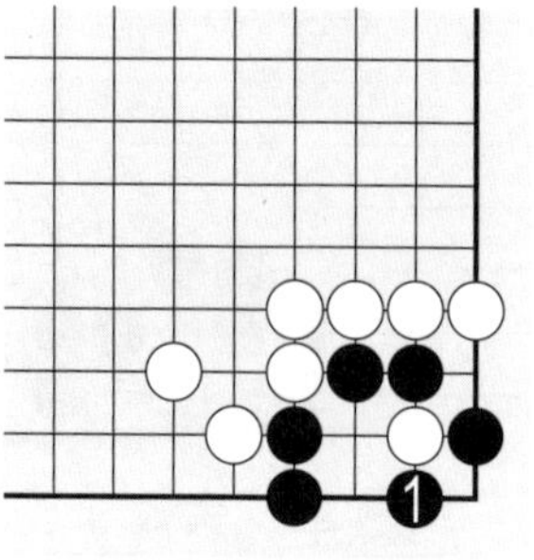

题 32　正解

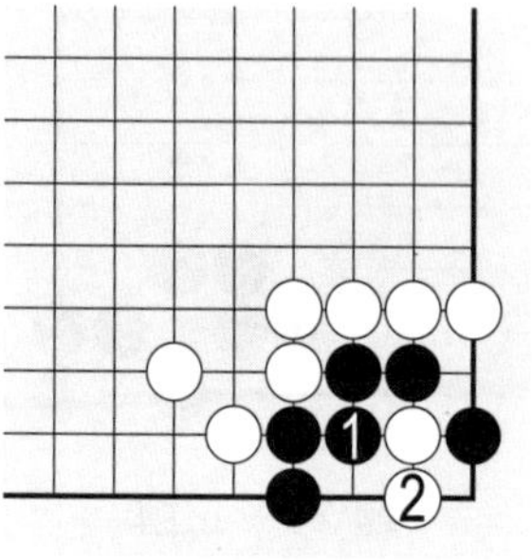

题 32　失败

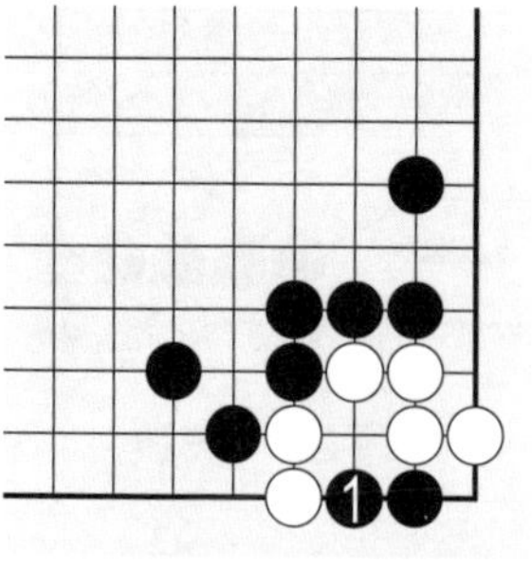

题 33　正解

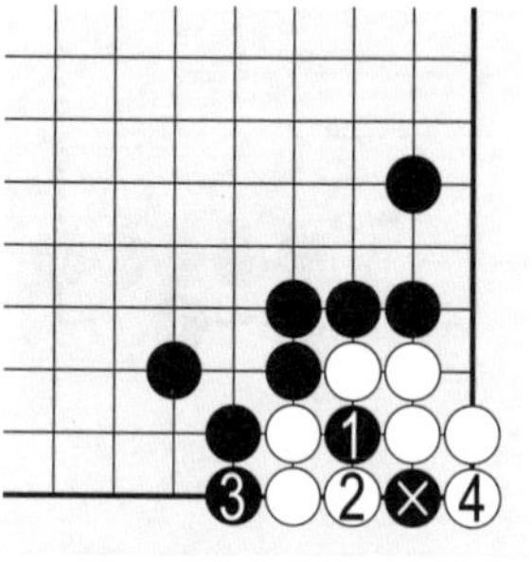

题 33　失败

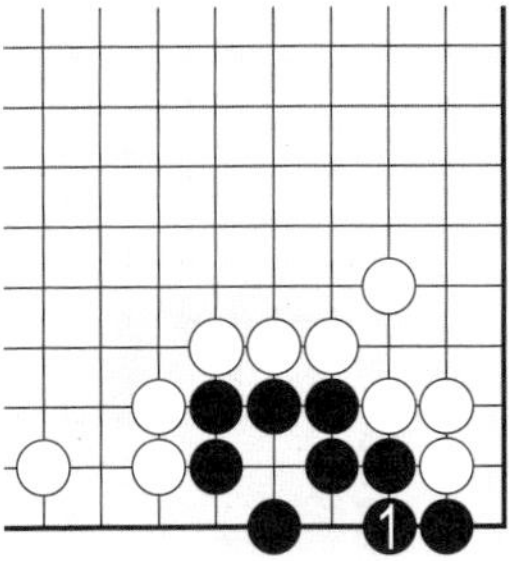

题 34　正解

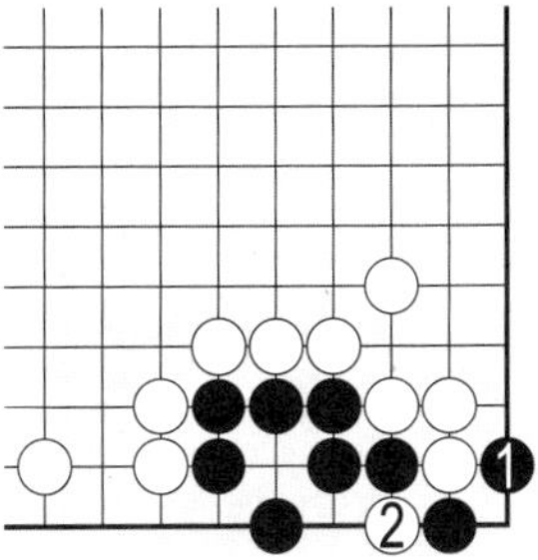

题 34　失败

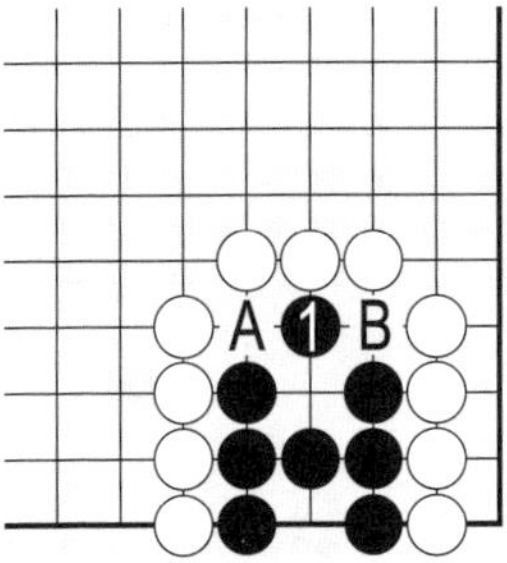

题 35　正解　A、B 见合

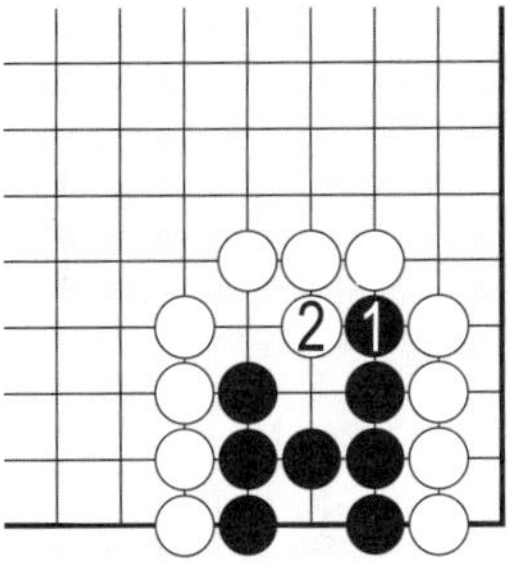

题 35　失败

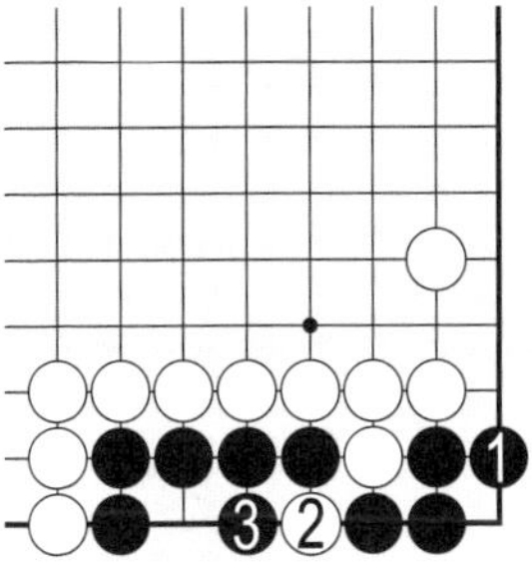

题 36　正解

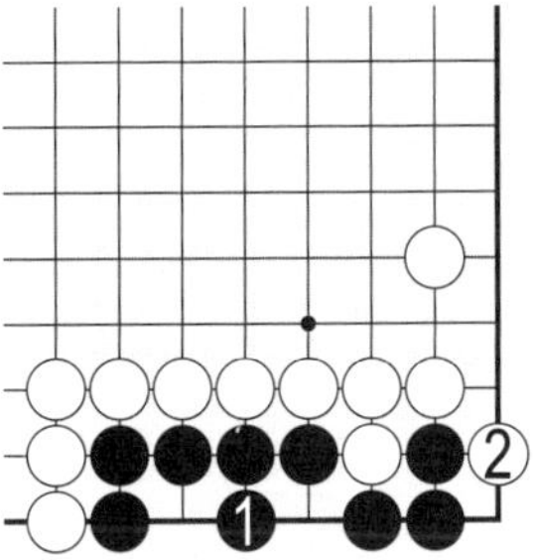

题 36　失败

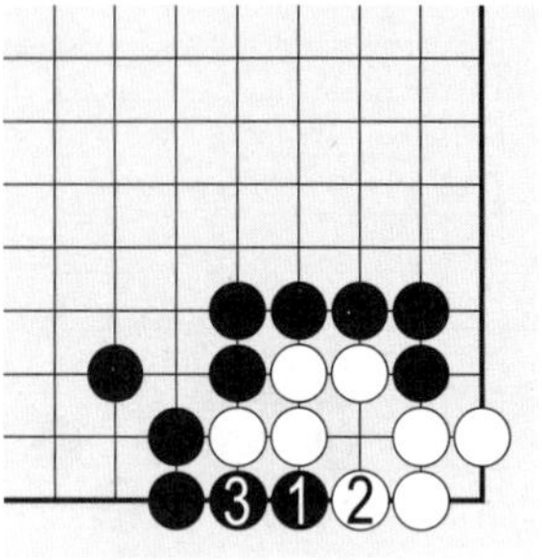

题 37　正解

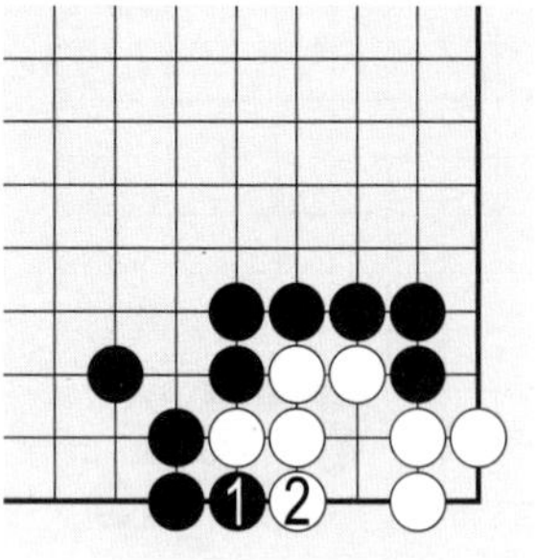

题 37　失败

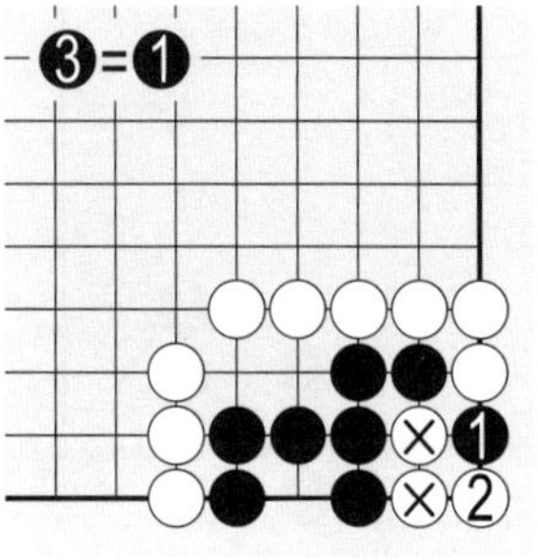

题 38　正解

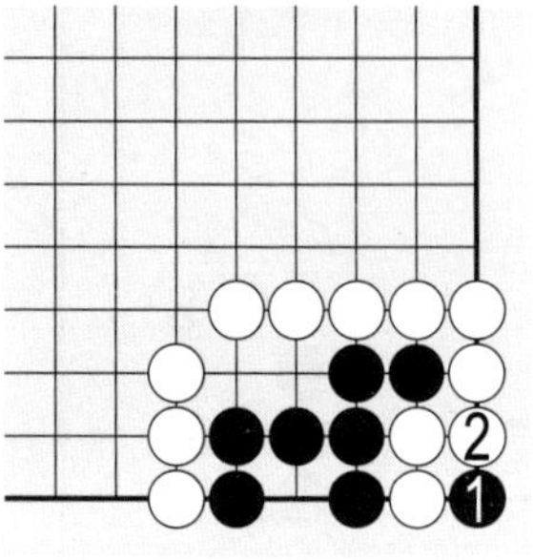

题 38　失败

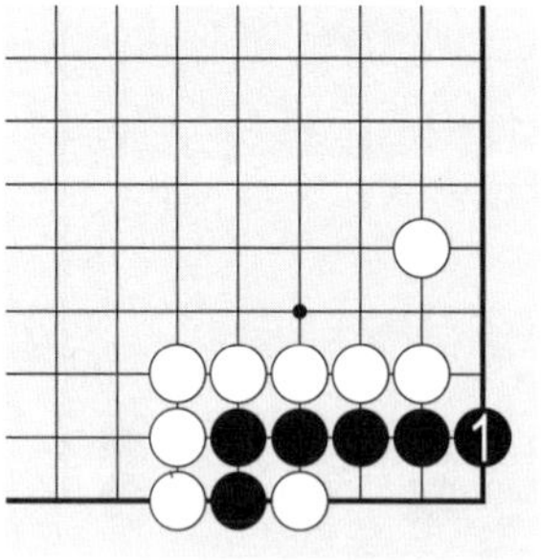

题 39　正解

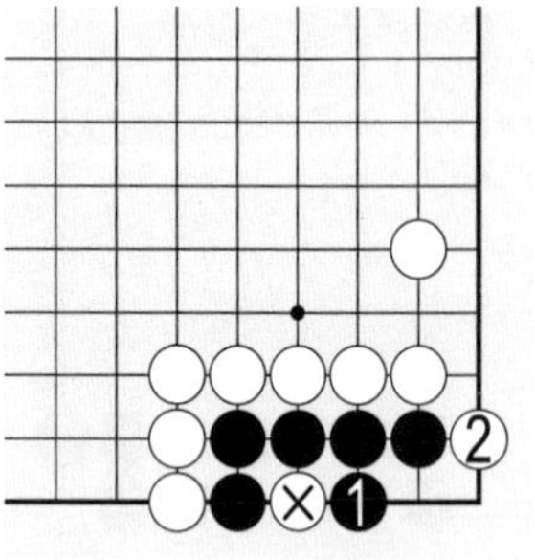

题 39　失败

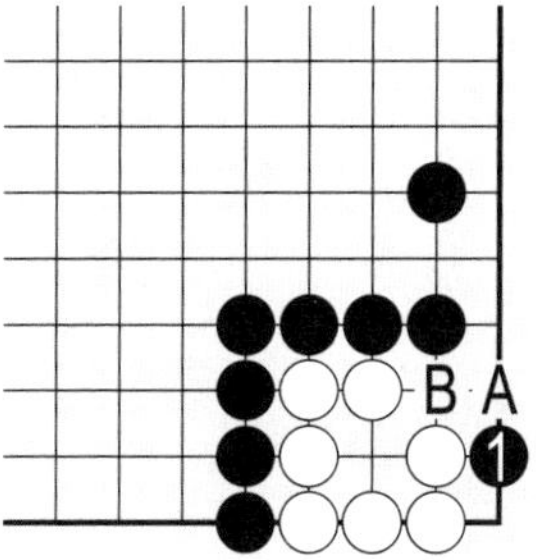

题 40　正解　A、B 见合

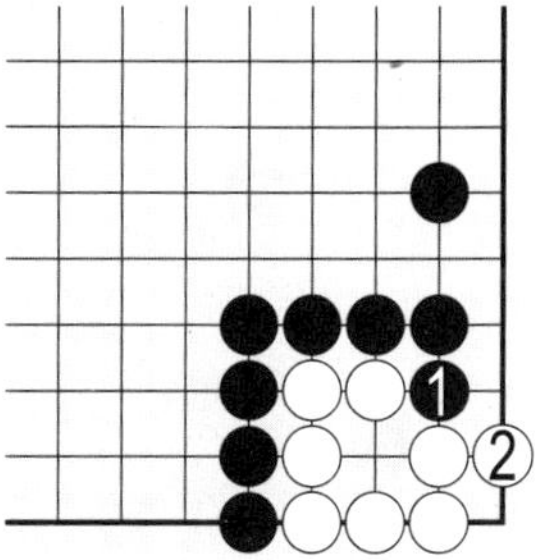

题 40　失败

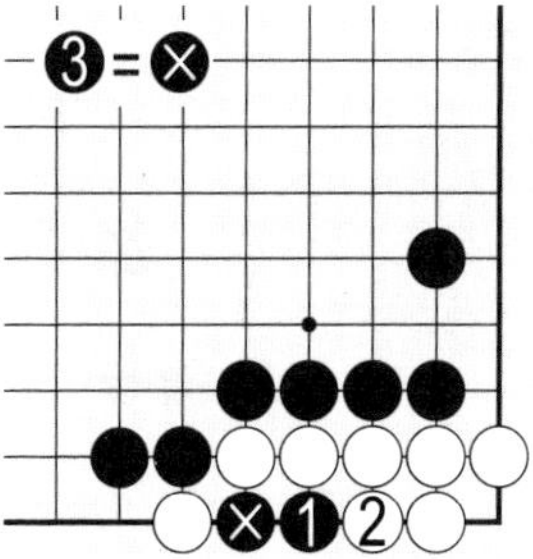

题 41　正解

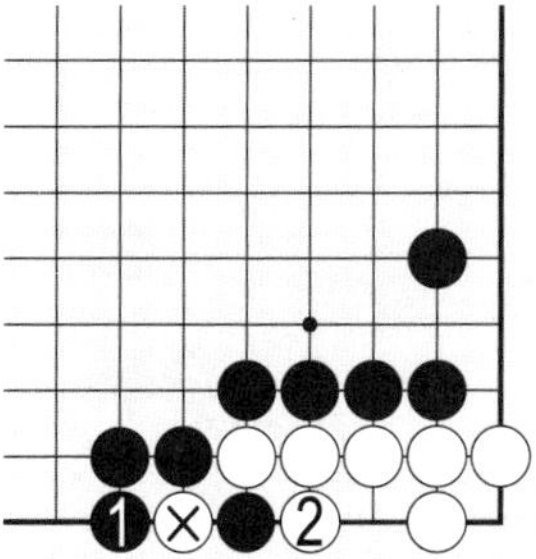

题 41　失败

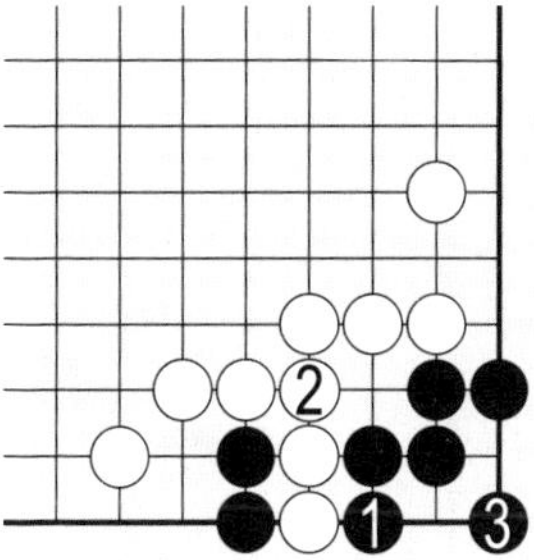

题 42　正解

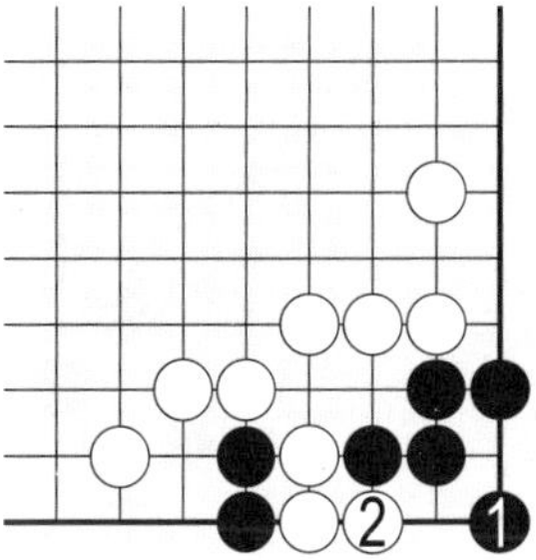

题 42　失败

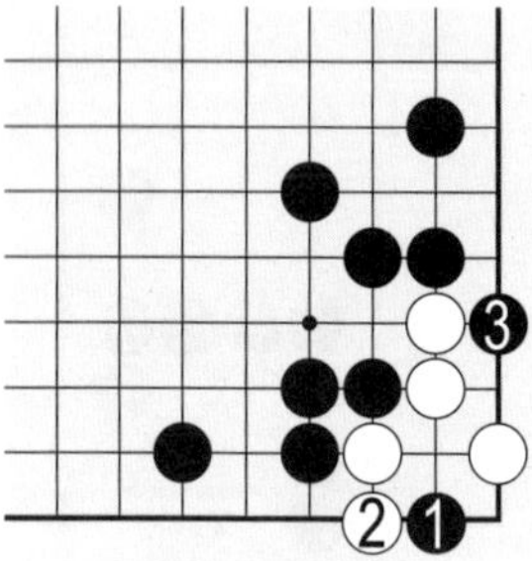

题 43　正解

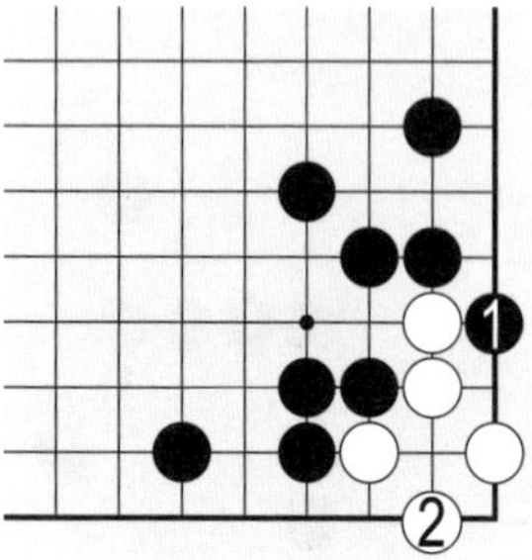

题 43　失败

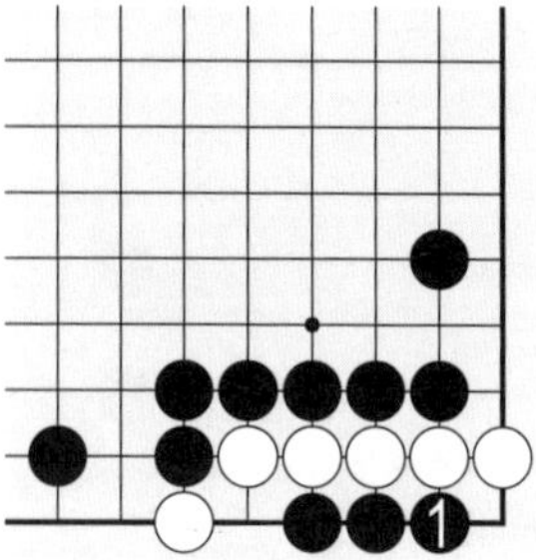

题 44　正解

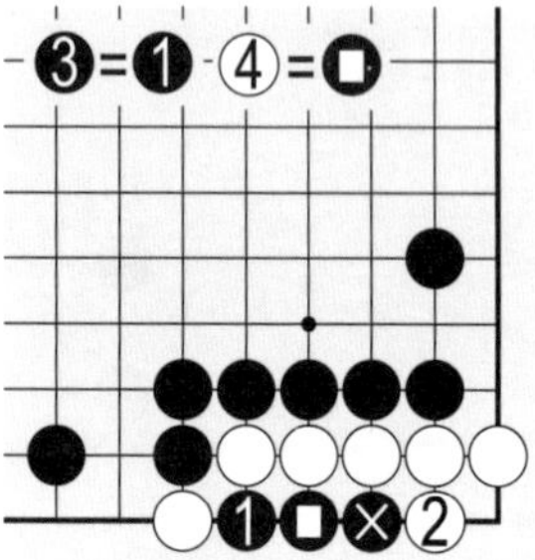

题 44　失败

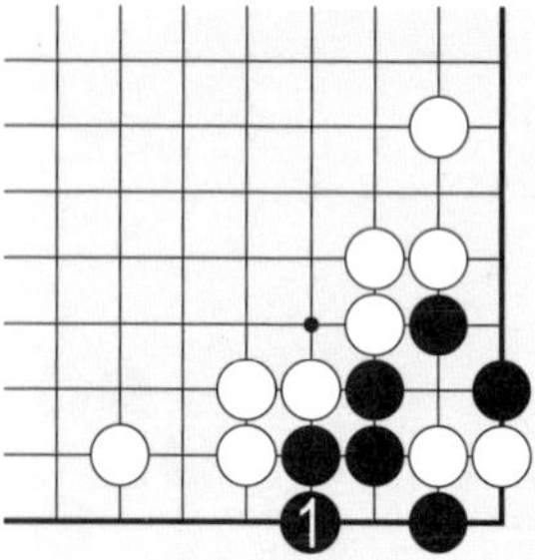

题 45　正解

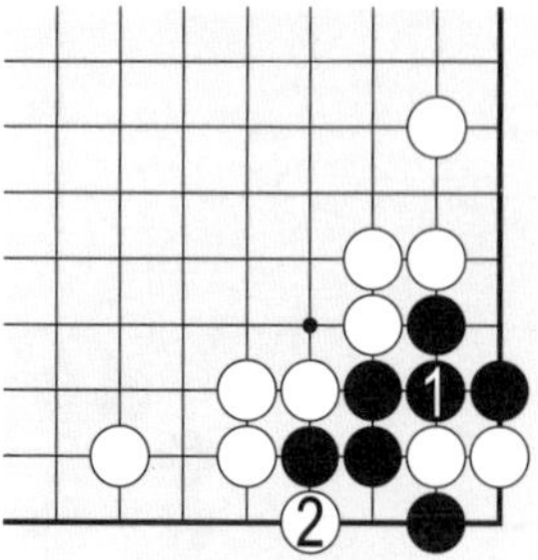

题 45　失败

22级～20级答案

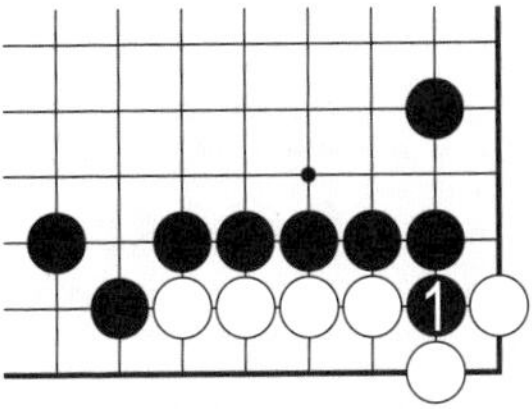

题46　正解

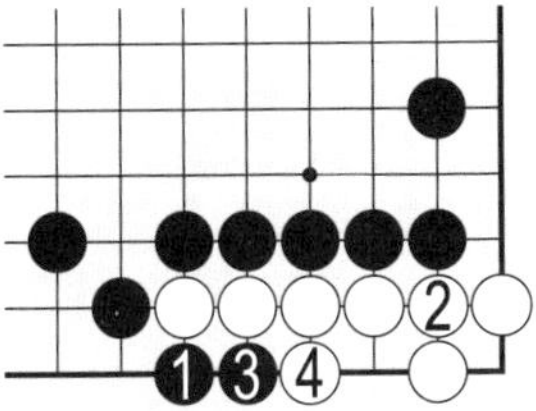

题46　失败

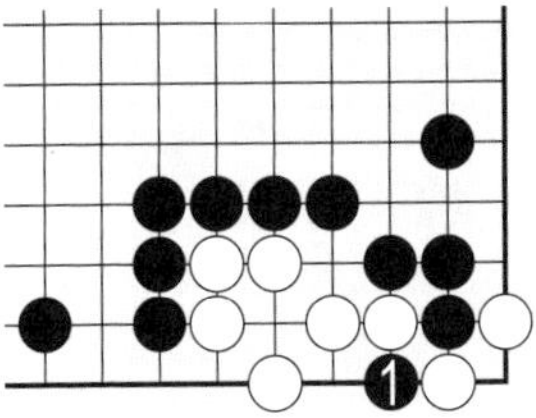

题47　正解

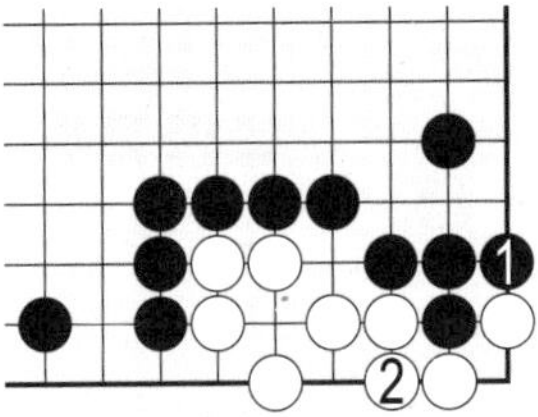

题47　失败

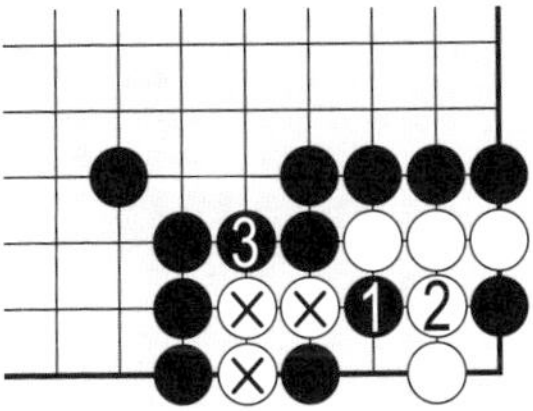

题48　正解

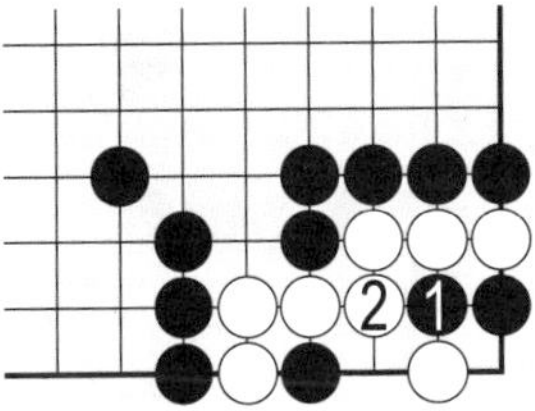

题48　失败

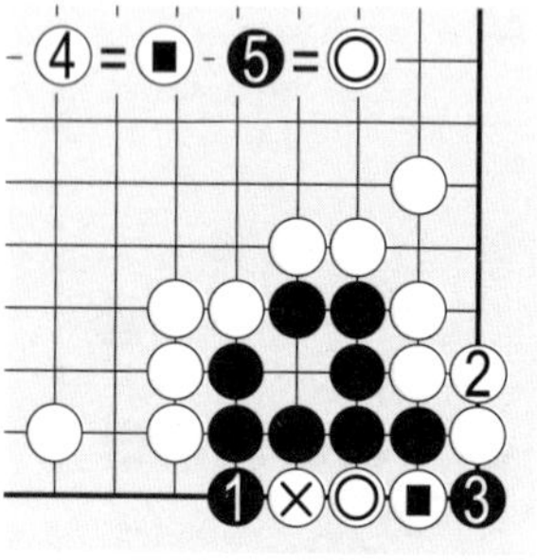

题 49　正解

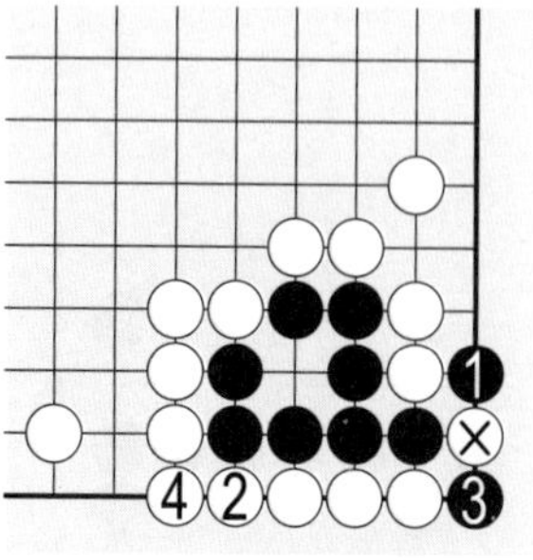

题 49　失败

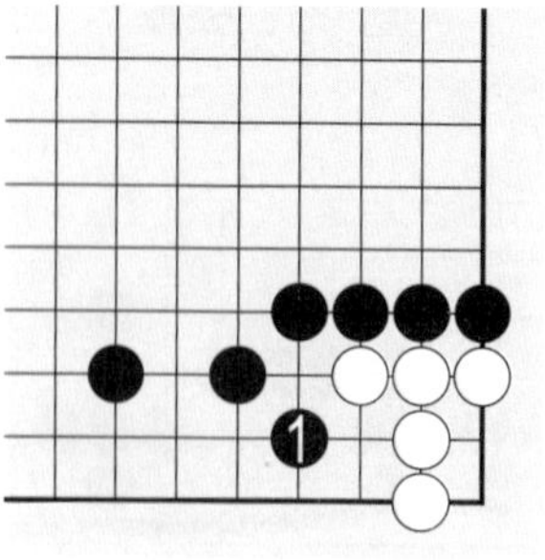

题 50　正解

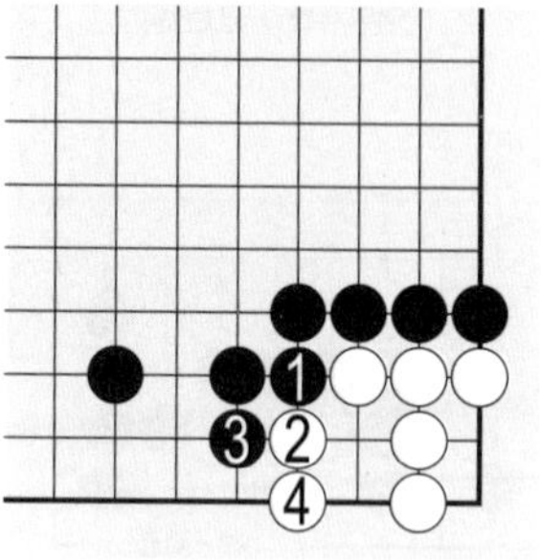

题 50　失败

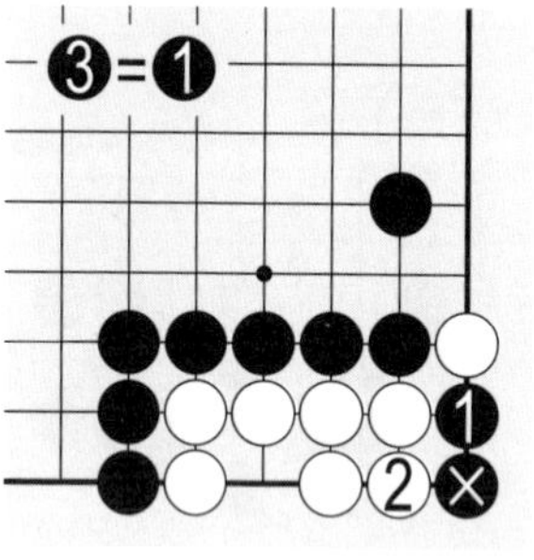

题 51　正解

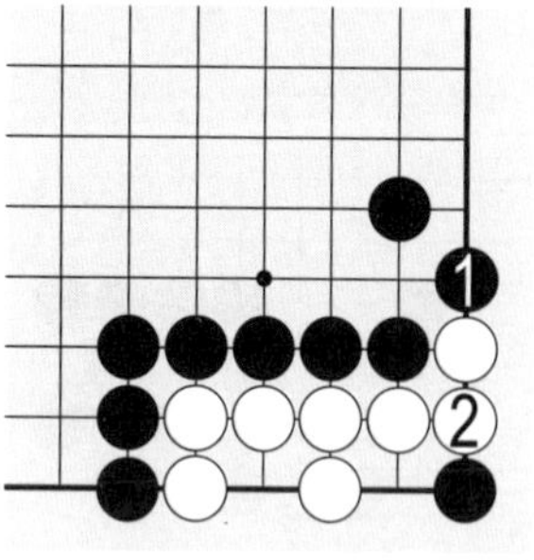

题 51　失败

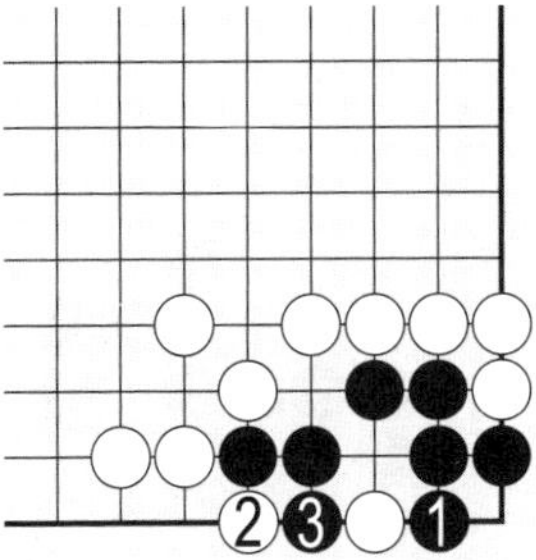

题 52　正解

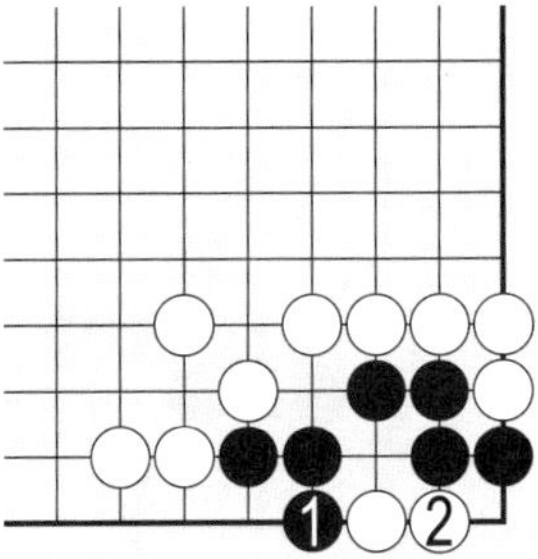

题 52　失败

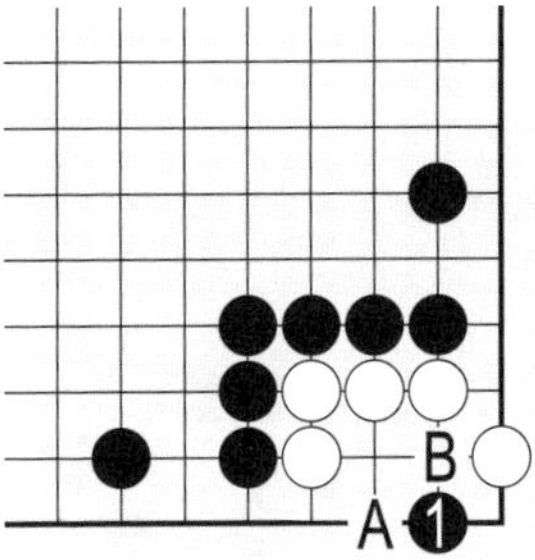

题 53　正解　A、B 见合

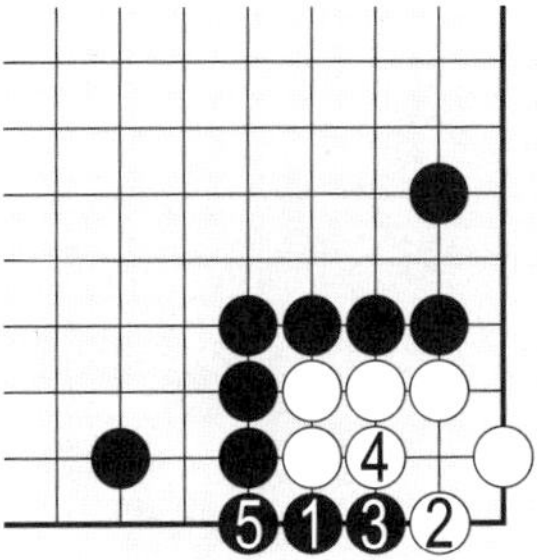

题 53　失败

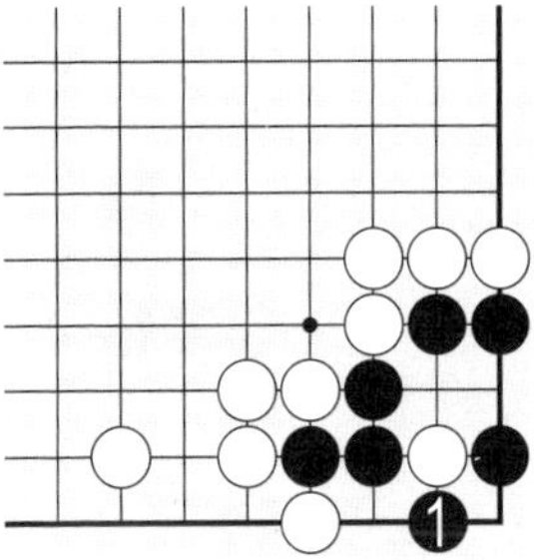

题 54　正解

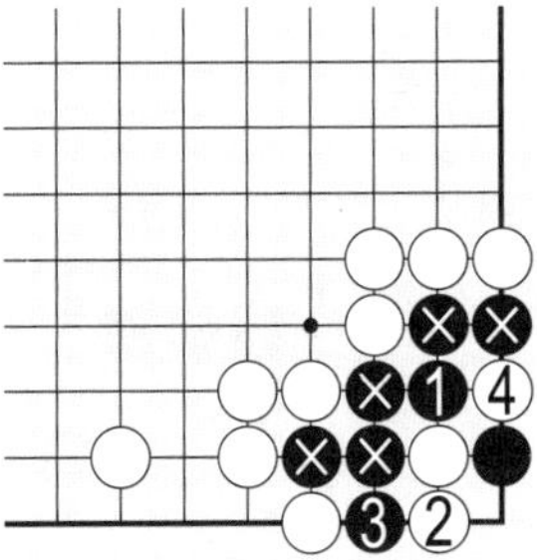

题 54　失败

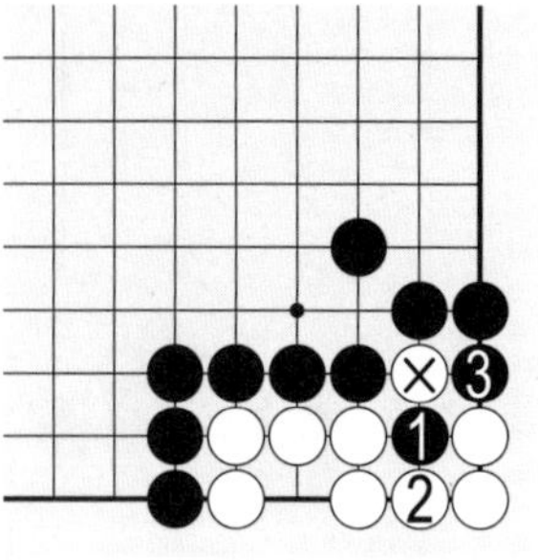

题 55　正解

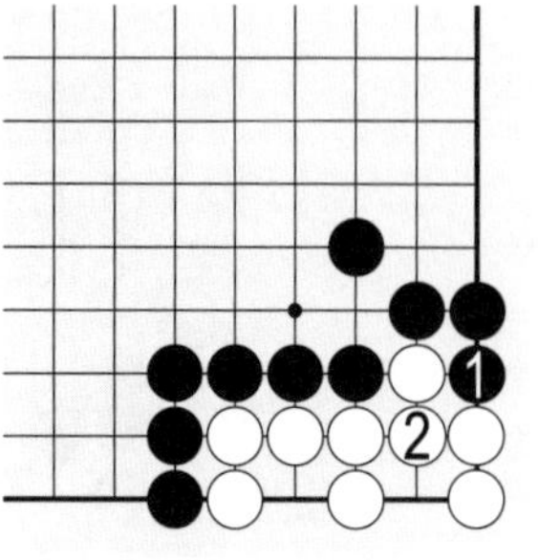

题 55　失败

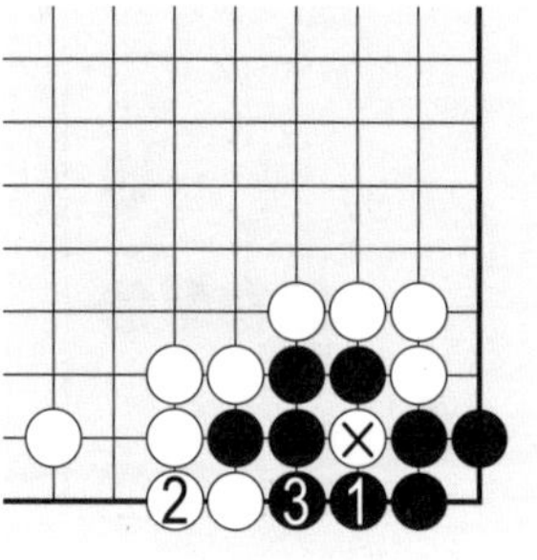

题 56　正解

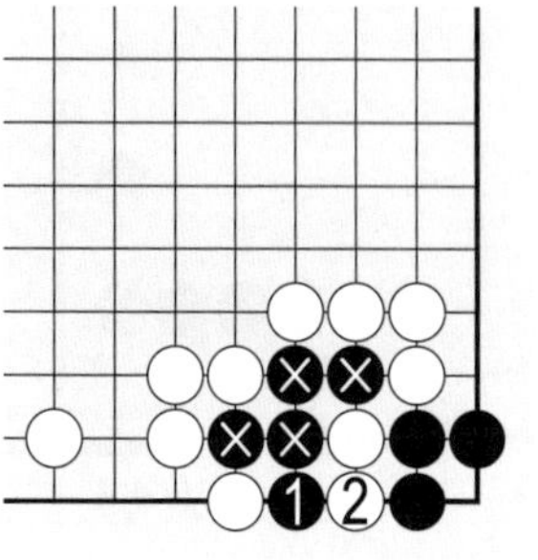

题 56　失败

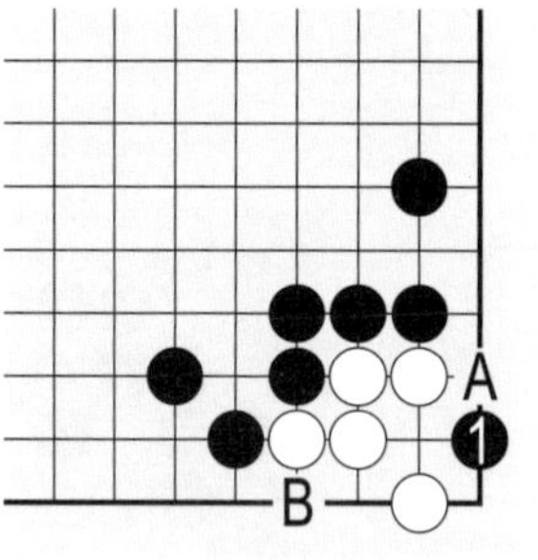

题 57　正解　A、B 见合

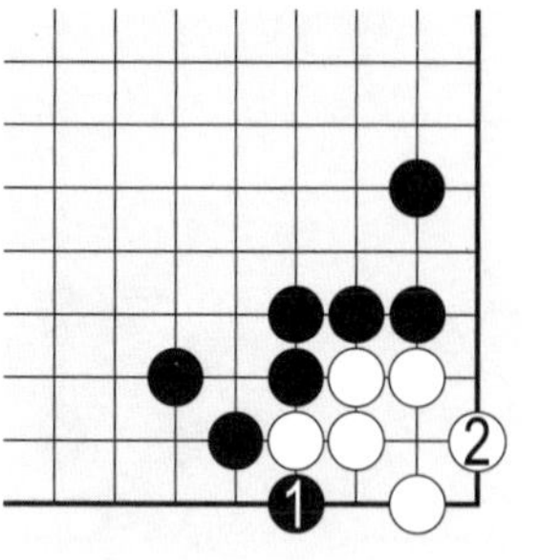

题 57　失败

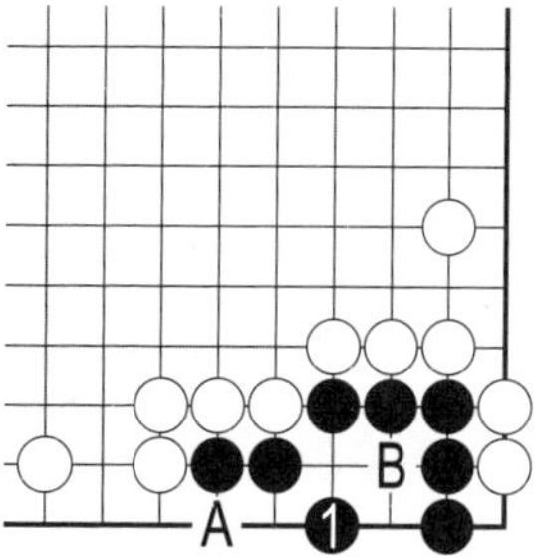

题 58　正解　A、B 见合

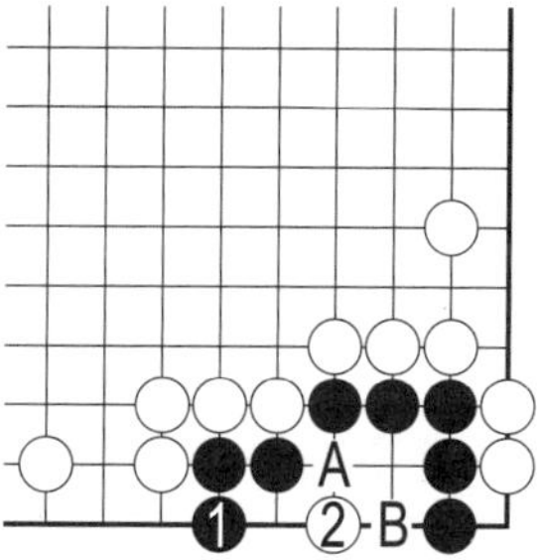

题 58　失败　A、B 见合

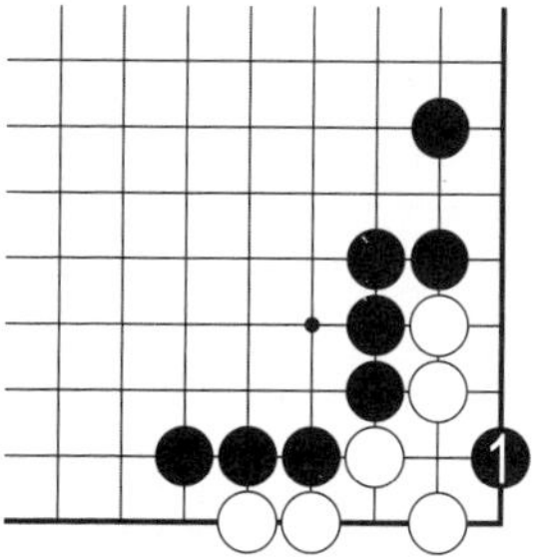

题 59　正解

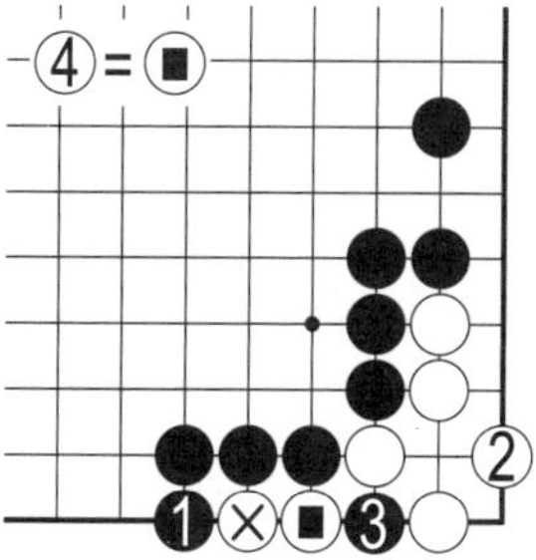

题 59　失败

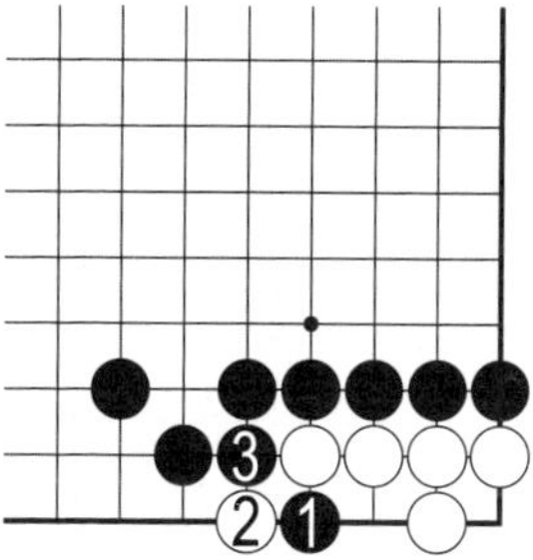

题 60　正解

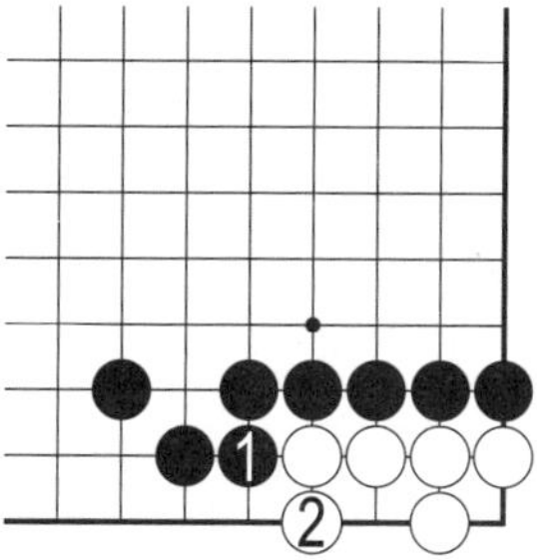

题 60　失败

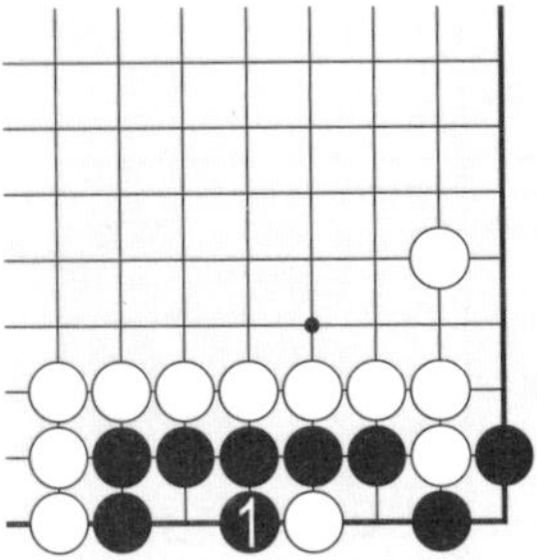

题 61　正解

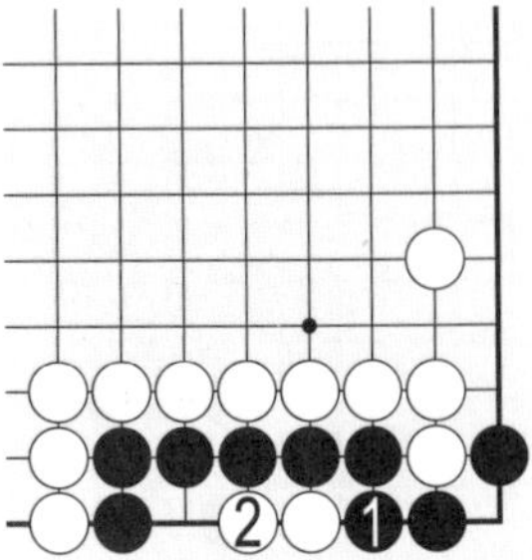

题 61　失败

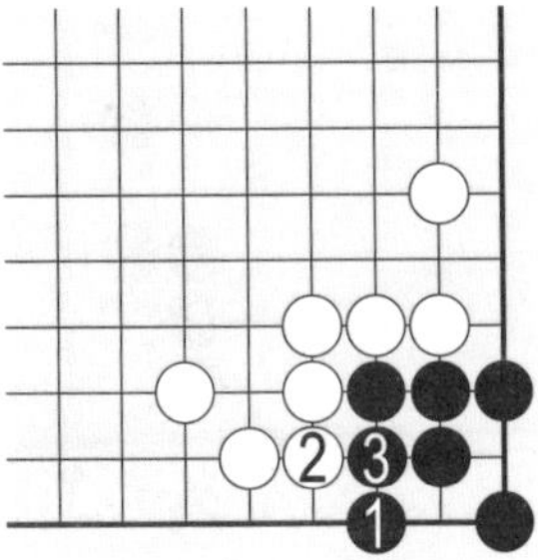

题 62　正确

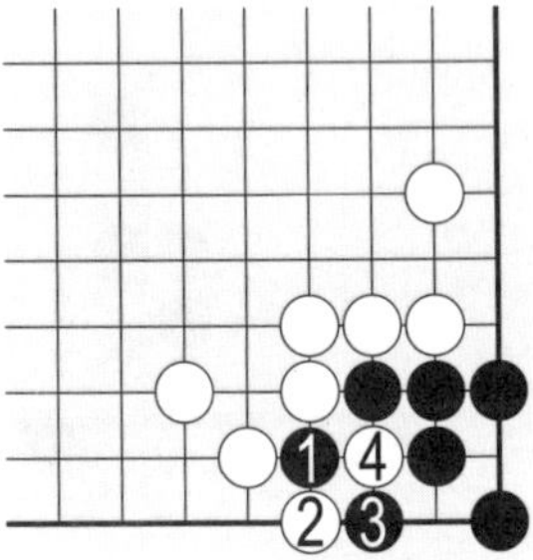

题 62　失败　打劫

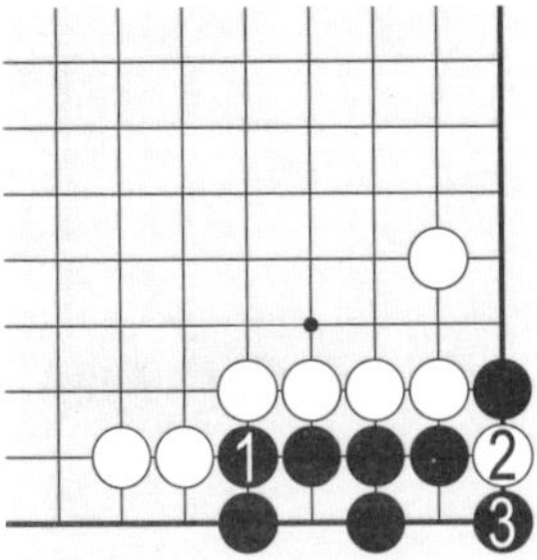

题 63　正解

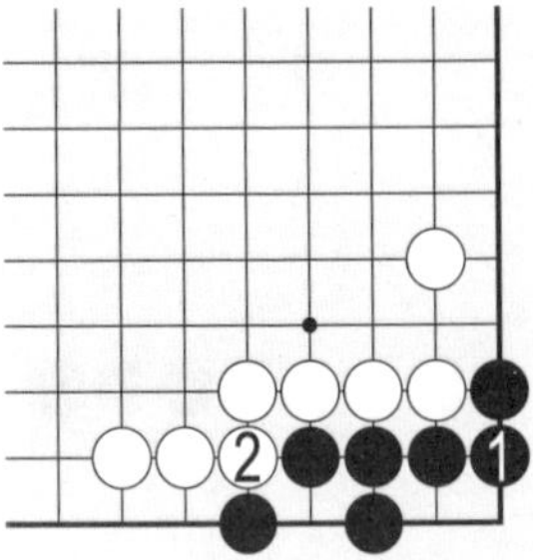

题 63　失败

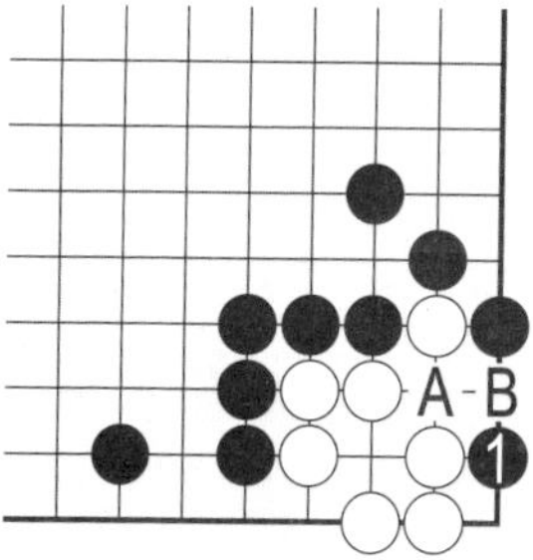

题 64　正解　A、B 见合

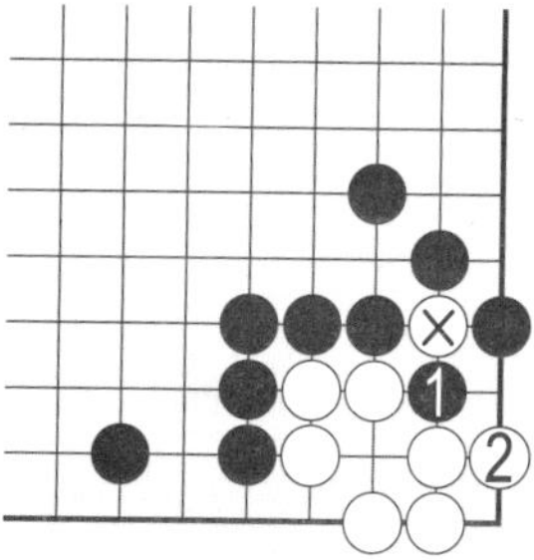

题 64　失败

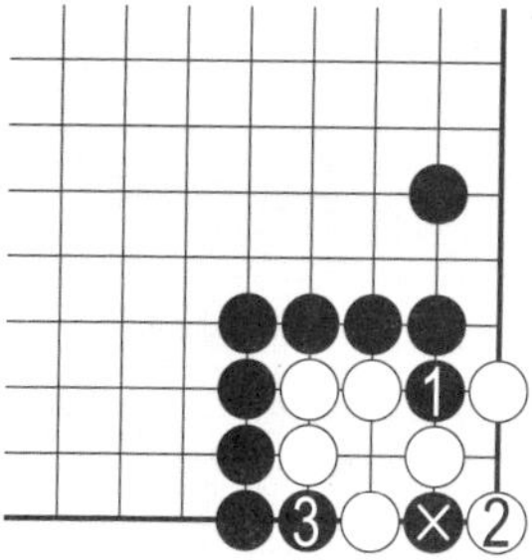

题 65　正解

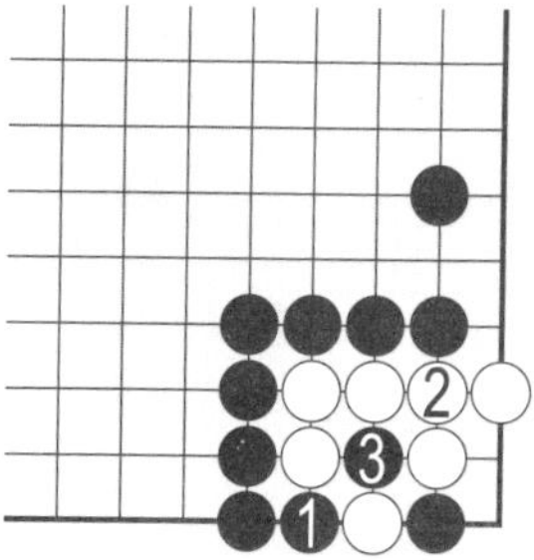

题 65　失败　打劫

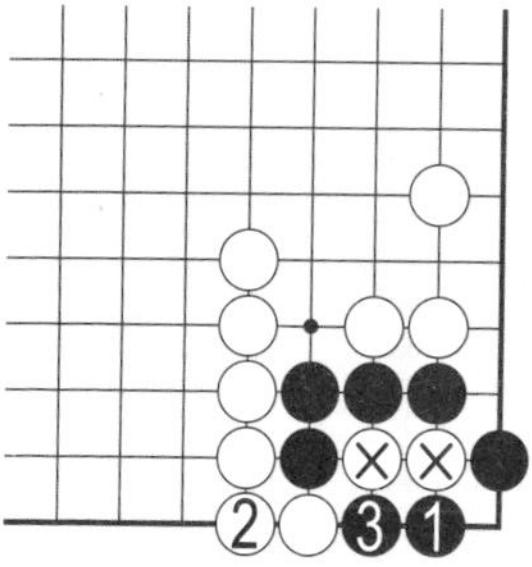

题 66　正解

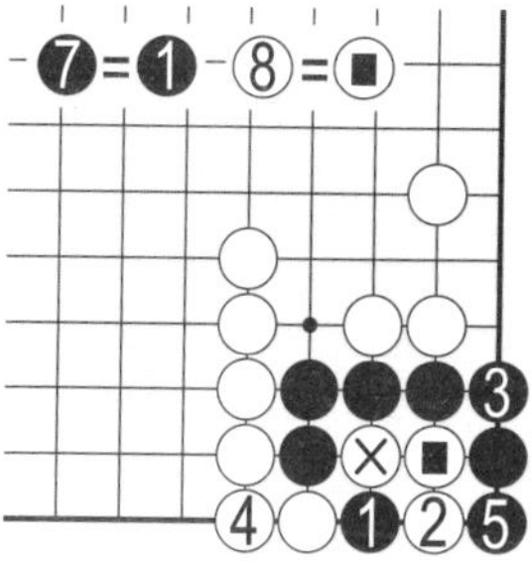

题 66　失败⑥脱先

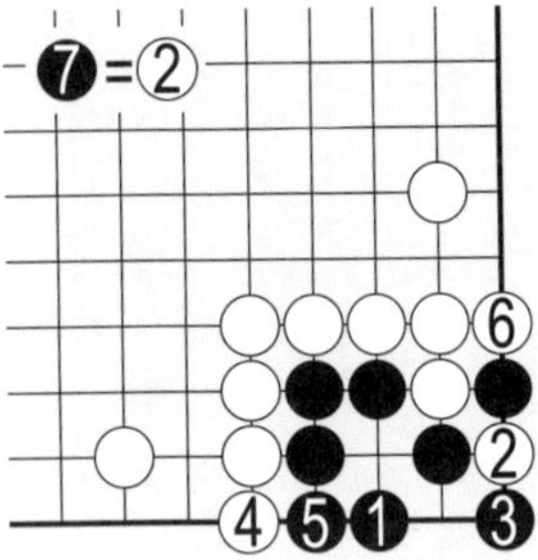

题 67　正解

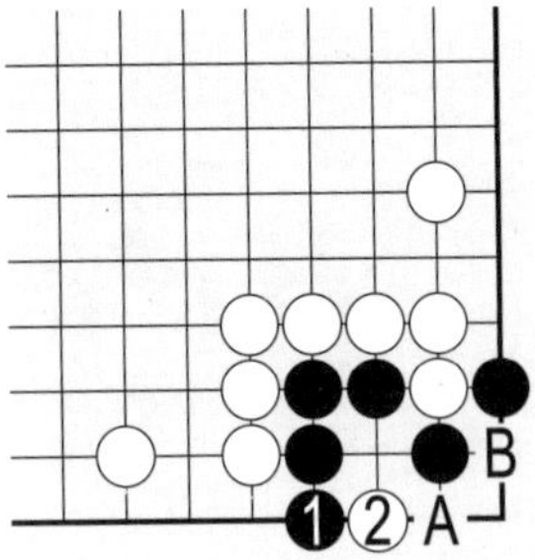

题 67　失败　A、B 见合

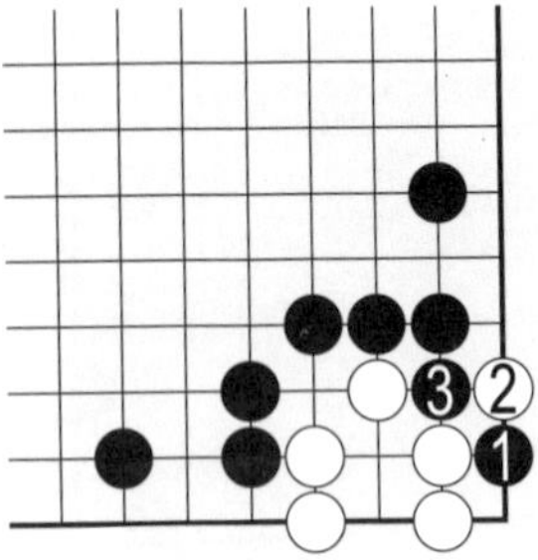

题 68　正解

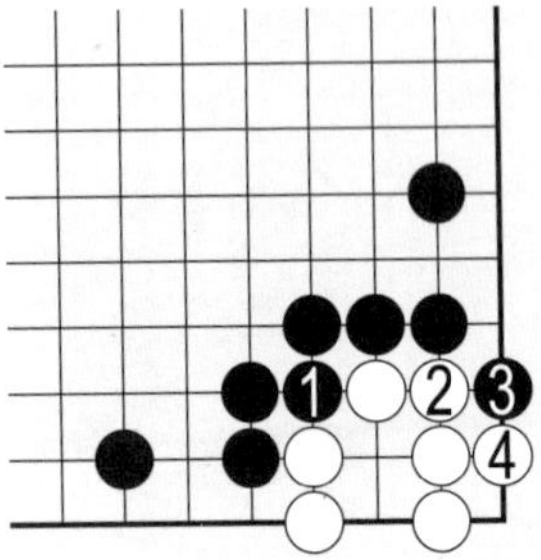

题 68　失败

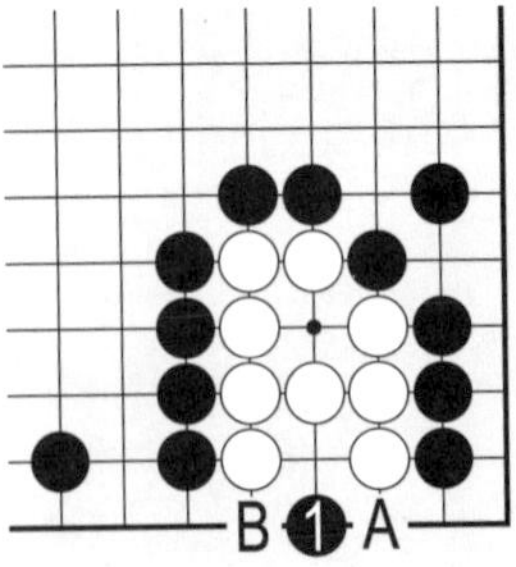

题 69　正解　A、B 见合

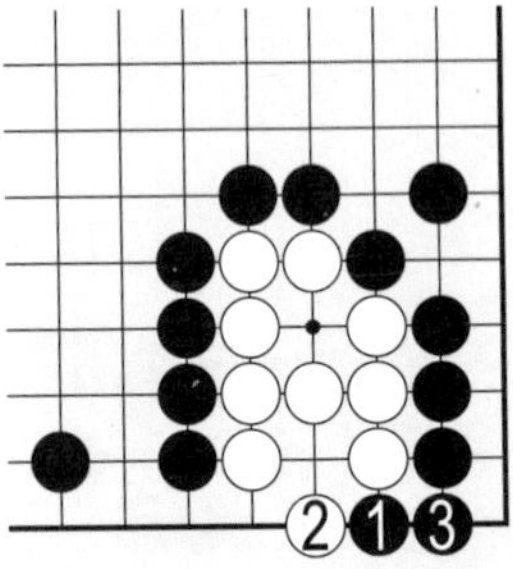

题 69　失败

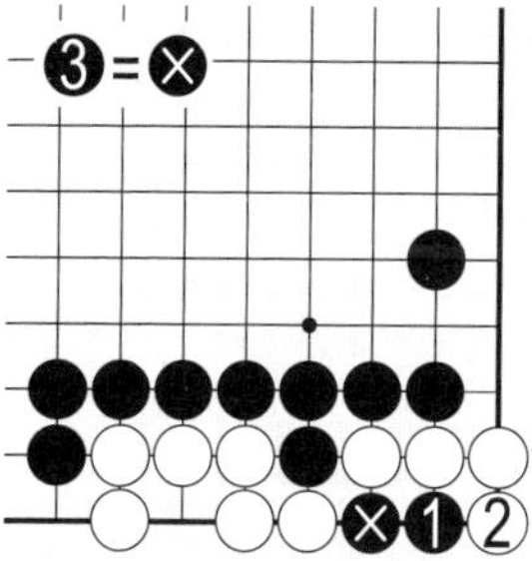

题 70　正解

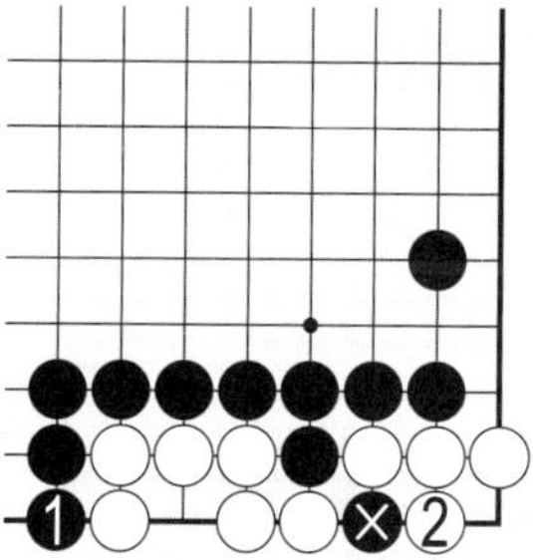

题 70　失败

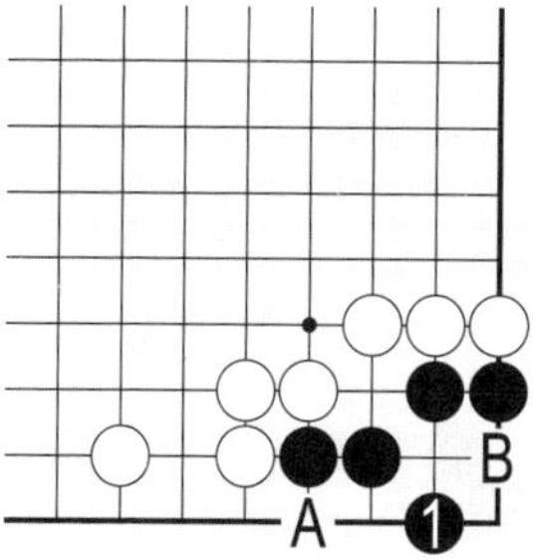

题 71　正解　A、B 见合

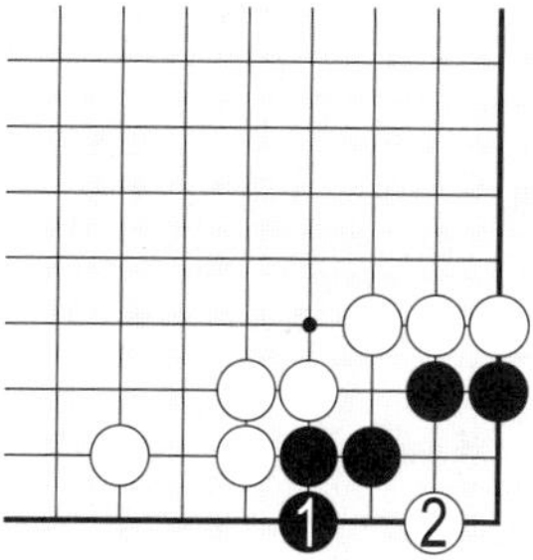

题 71　失败

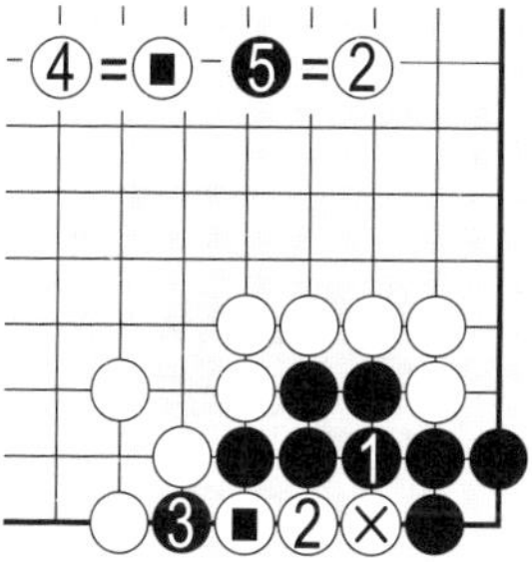

题 72　正解

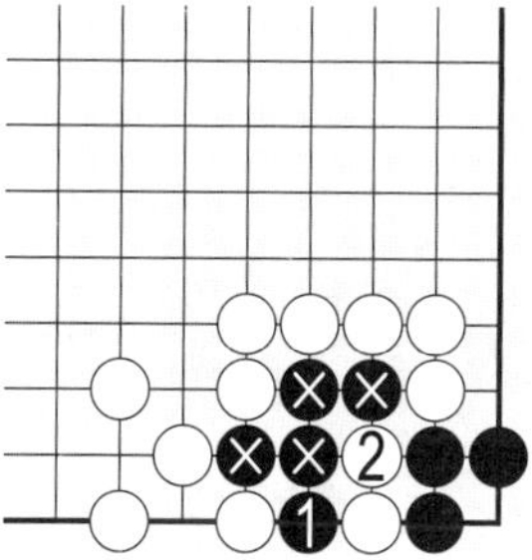

题 72　失败

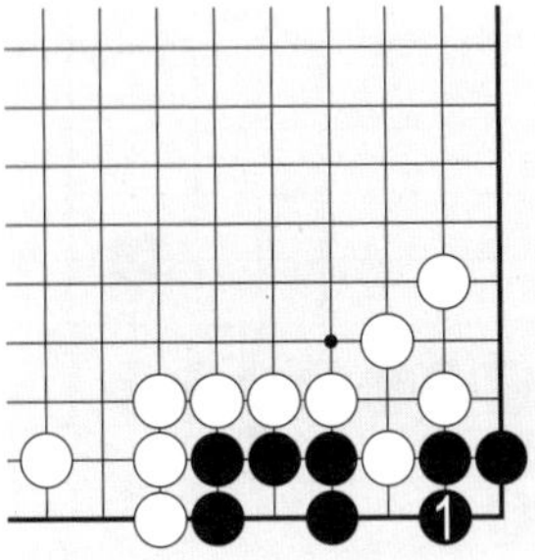

题 73　正解

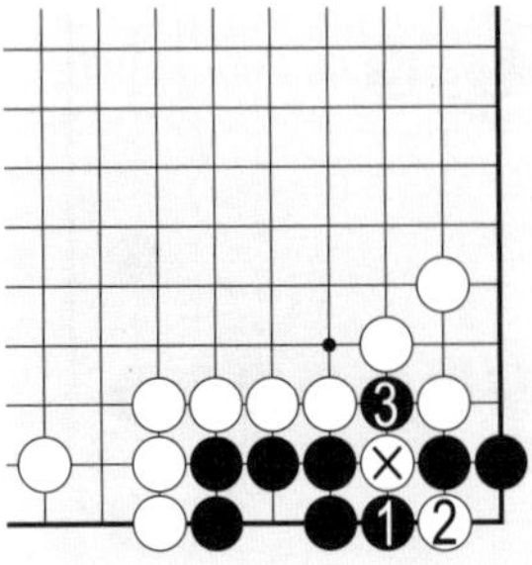

题 73　失败　打劫

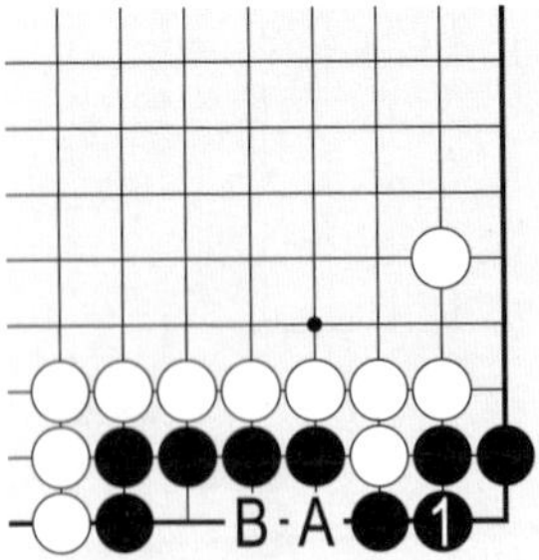

题 74　正解　A、B 见合

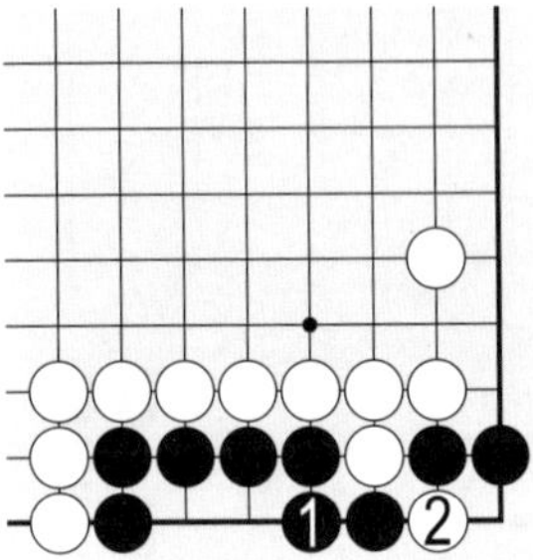

题 74　失败

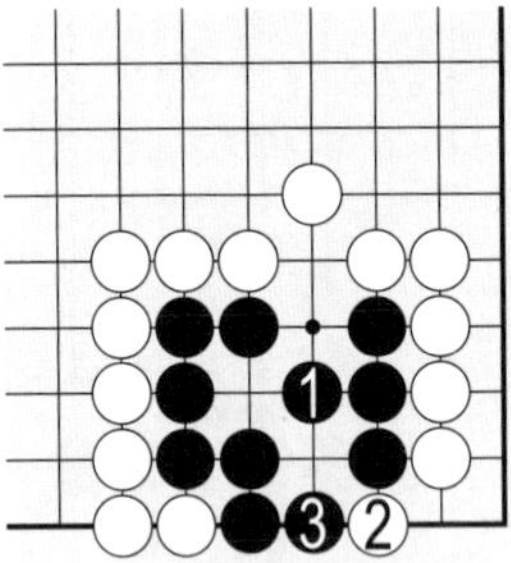

题 75　正解

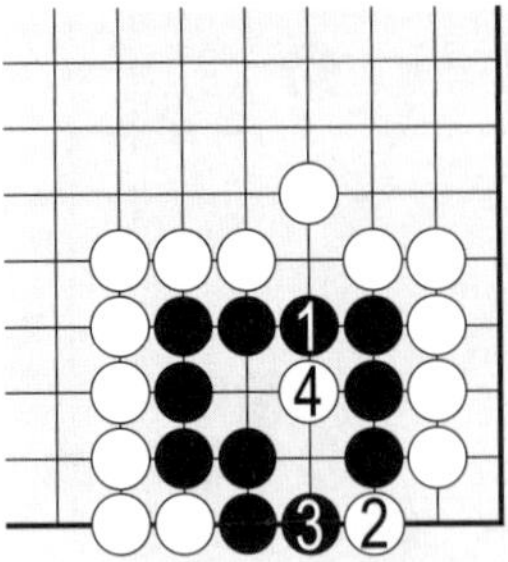

题 75　失败

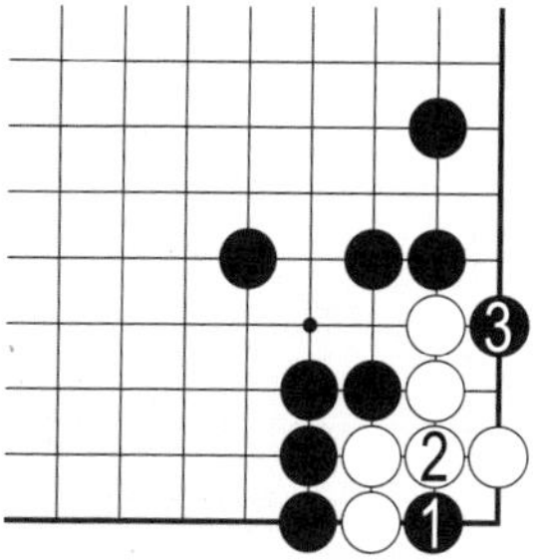

题 76　正解

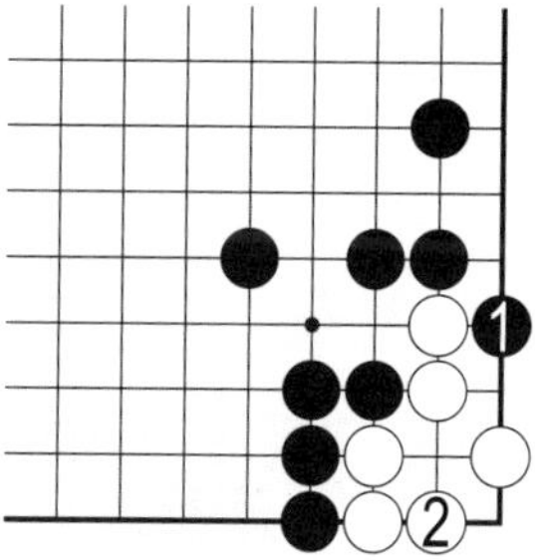

题 76　失败

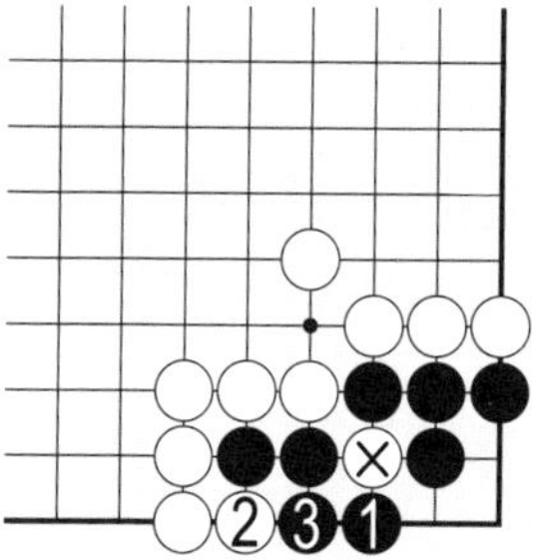

题 77　正解

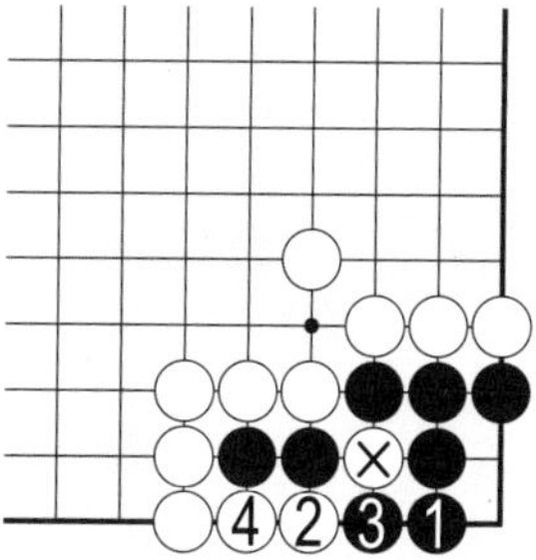

题 77　失败

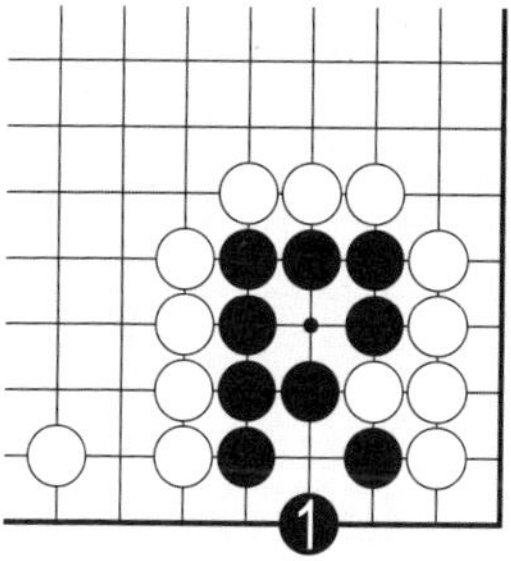

题 78　正解

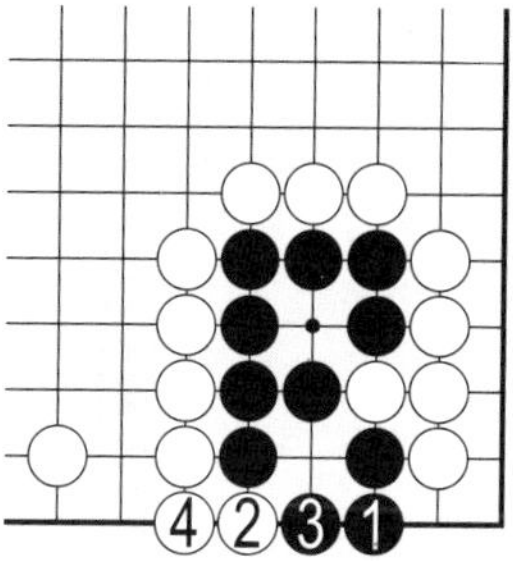

题 78　失败

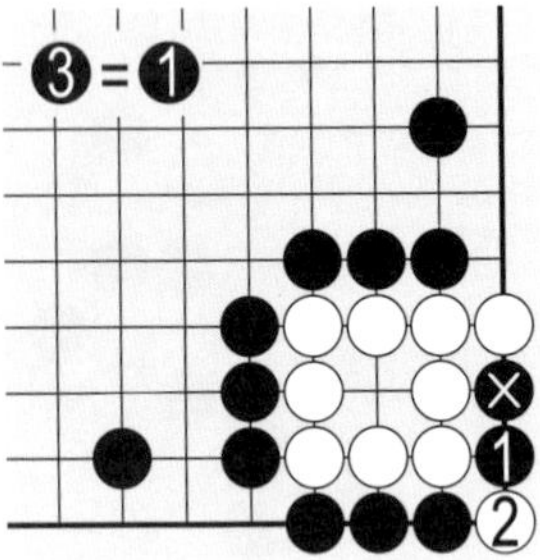

题 79　正解

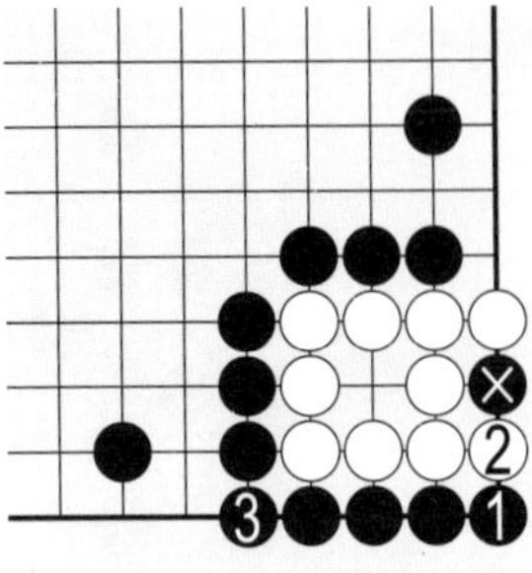

题 79　失败

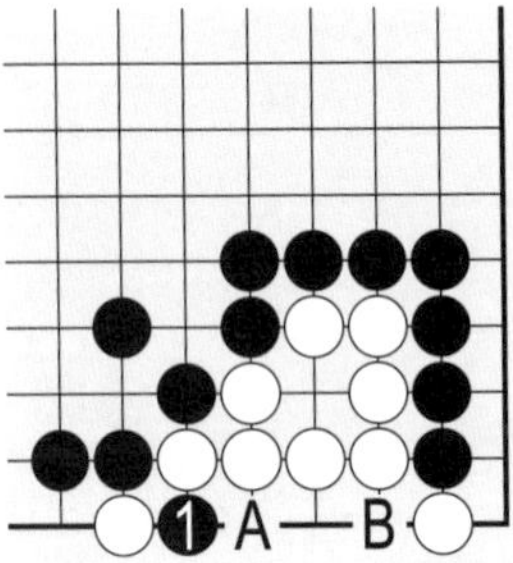

题 80　正解　A、B 见合

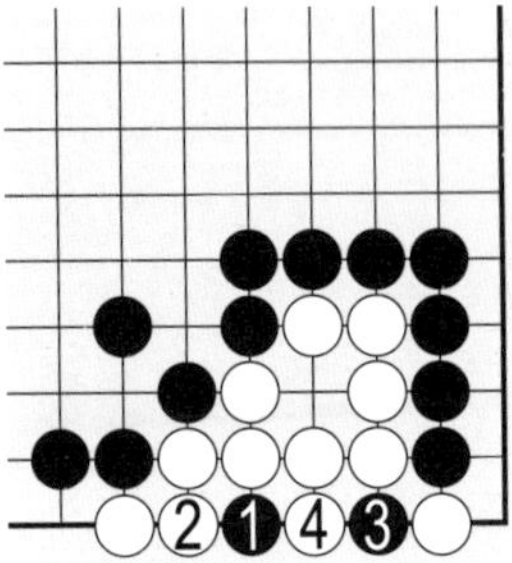

题 80　失败

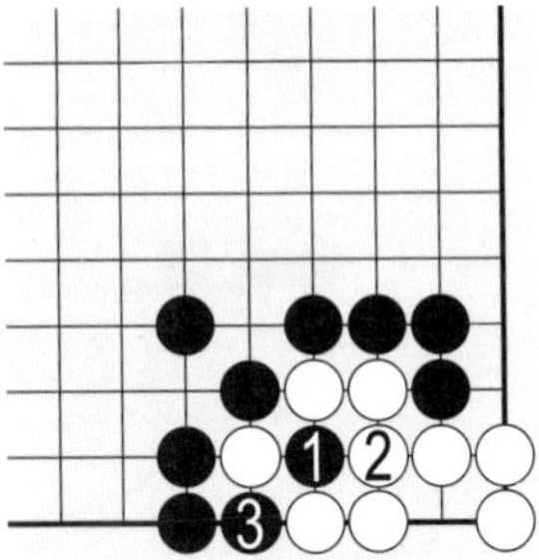

题 81　正解

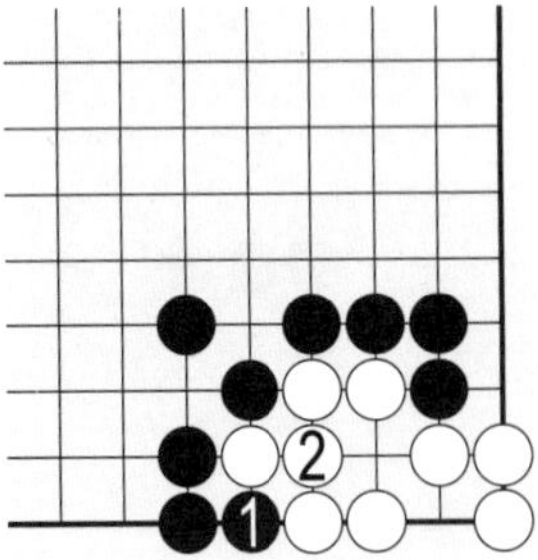

题 81　失败

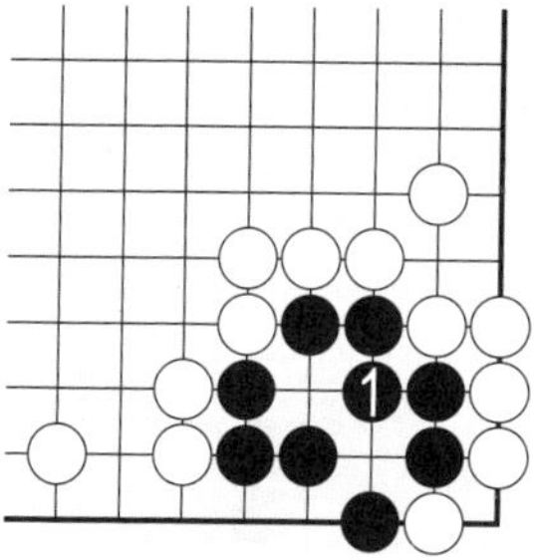

题 82　正解

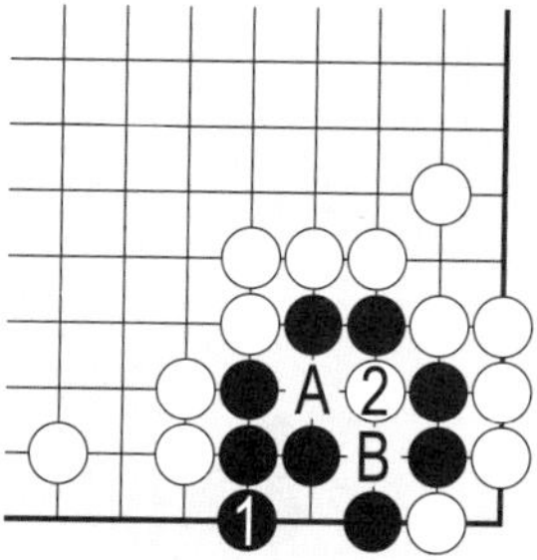

题 82　失败　A、B 见合

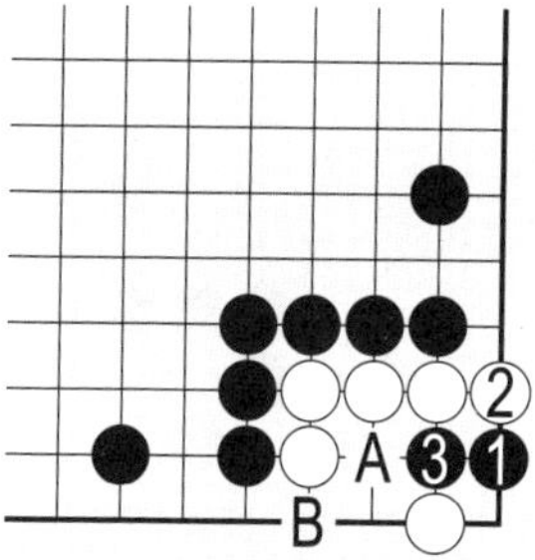

题 83　正解　A、B 见合

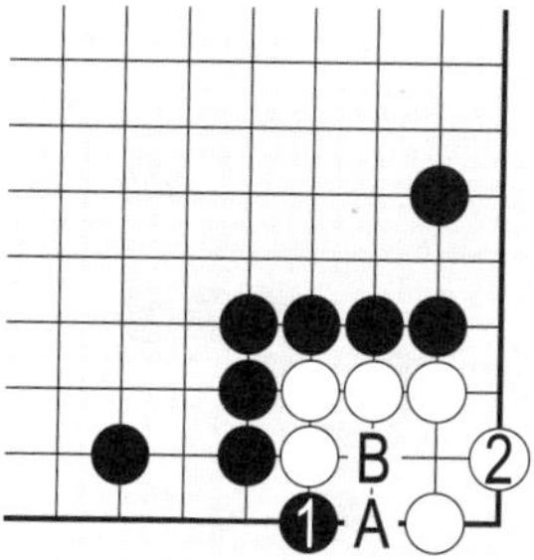

题 83　失败　A、B 见合

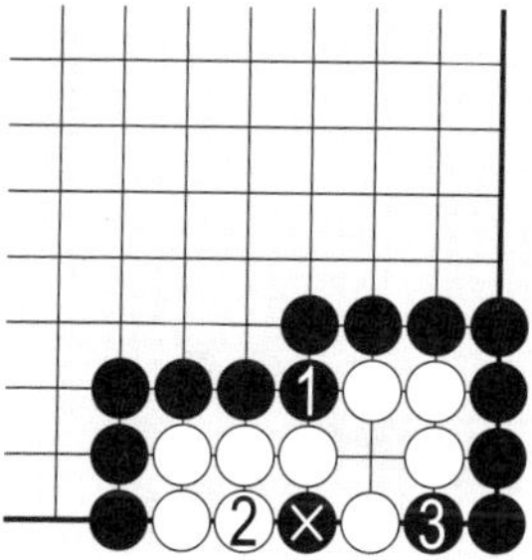

题 84　正解

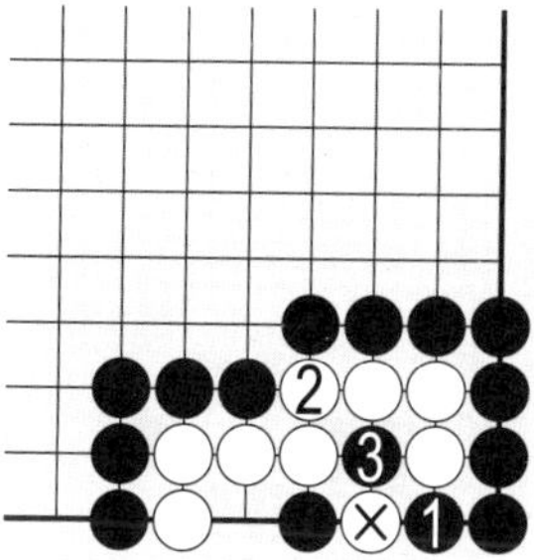

题 84　失败　打劫

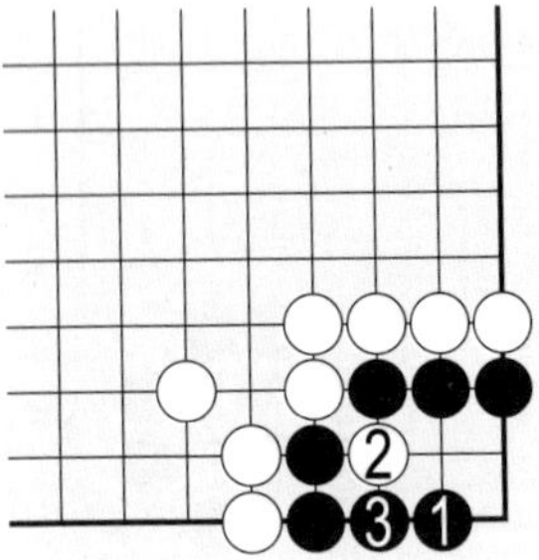

题 85　正解

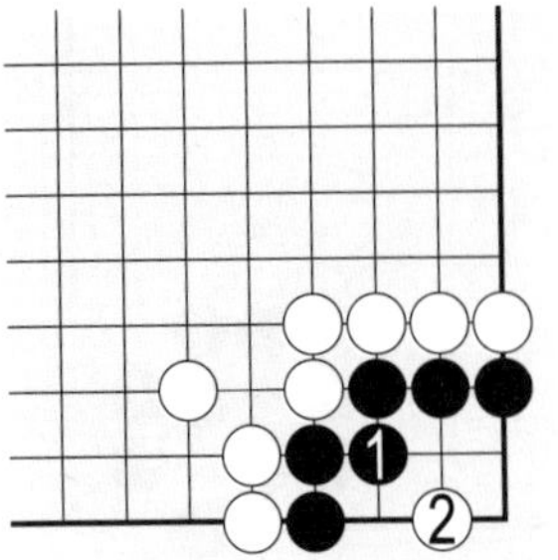

题 85　失败

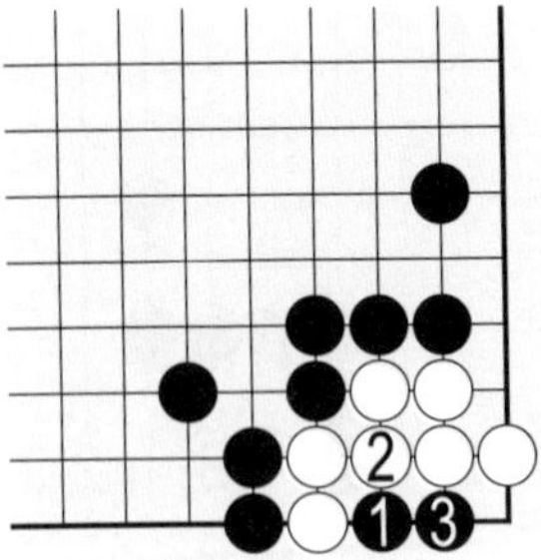

题 86　正解

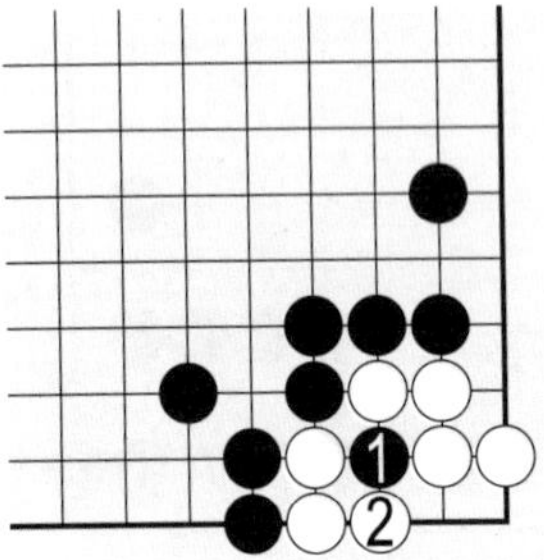

题 86　失败

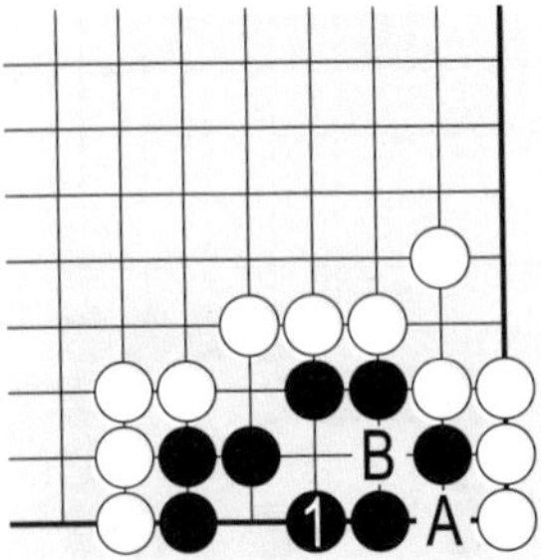

题 87　正解　A、B 见合

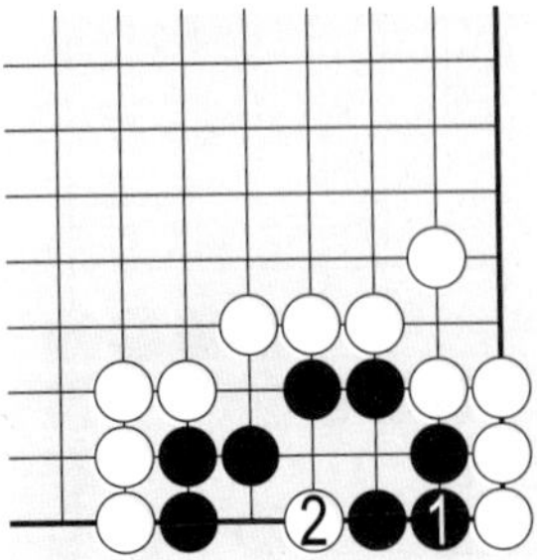

题 87　失败

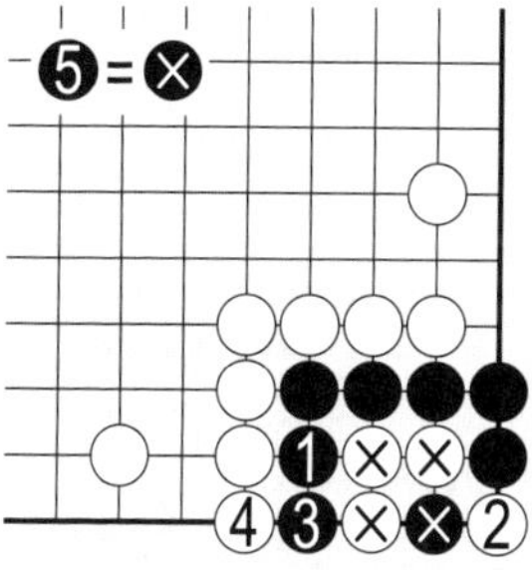

题 88　正解

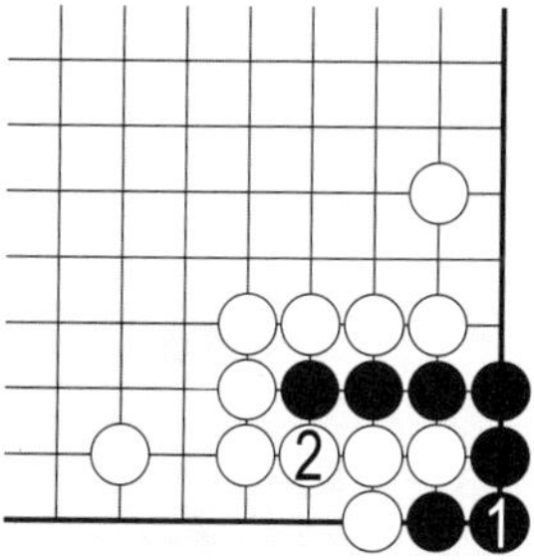

题 88　失败

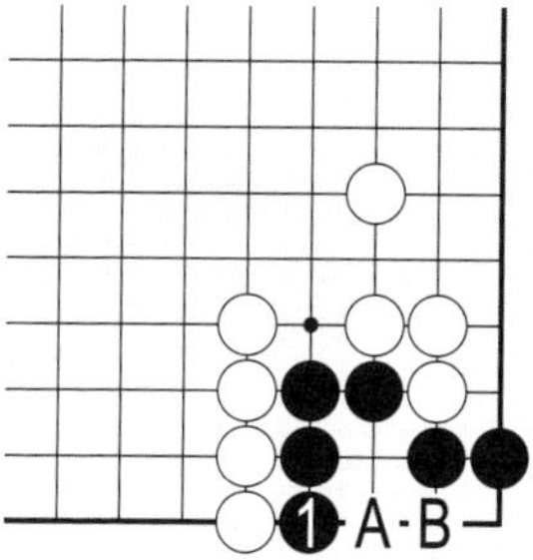

题 89　正解 A、B 见合

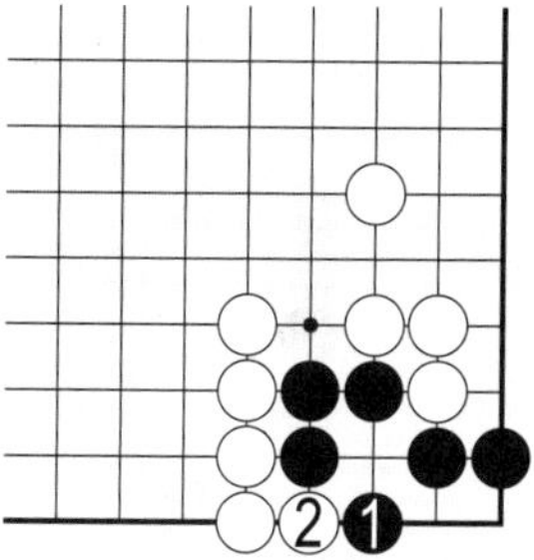

题 89　失败

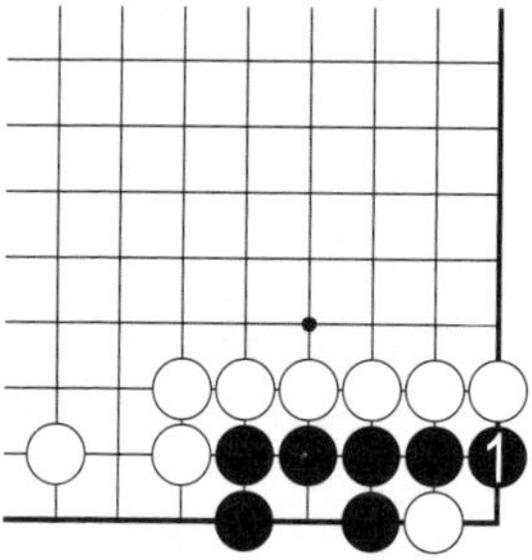

题 90　正解

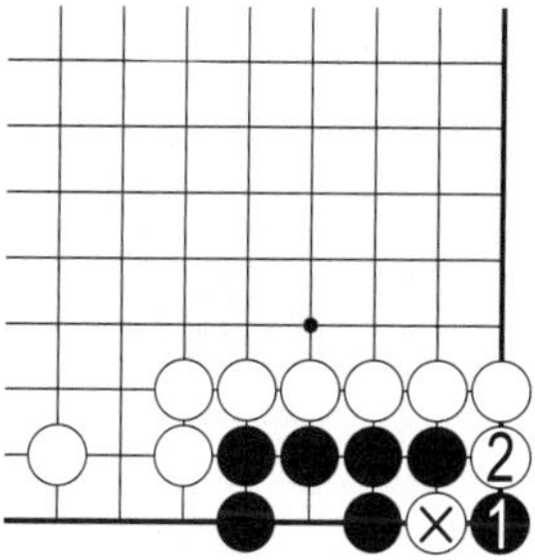

题 90　失败

19级～17级答案

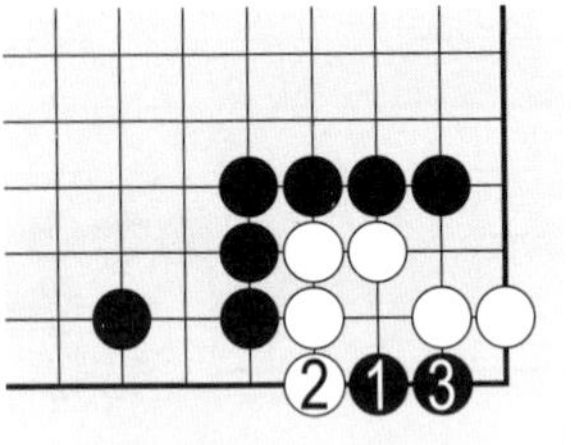

题 91　正解

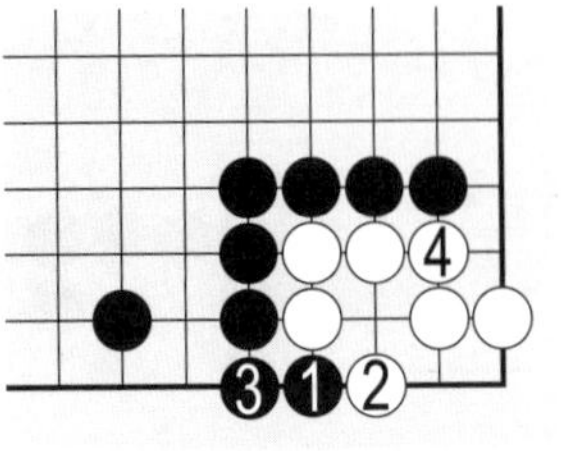

题 91　失败

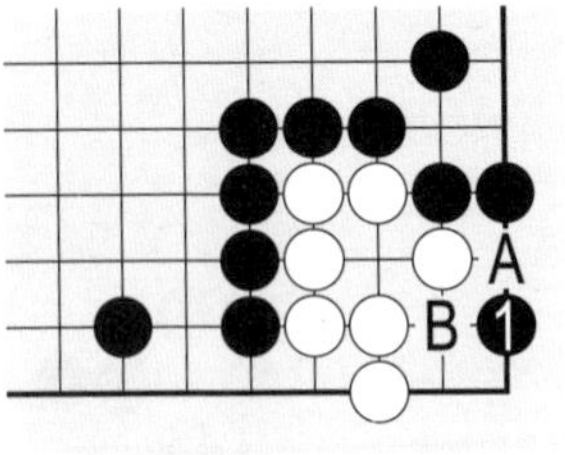

题 92　正解　A、B 见合

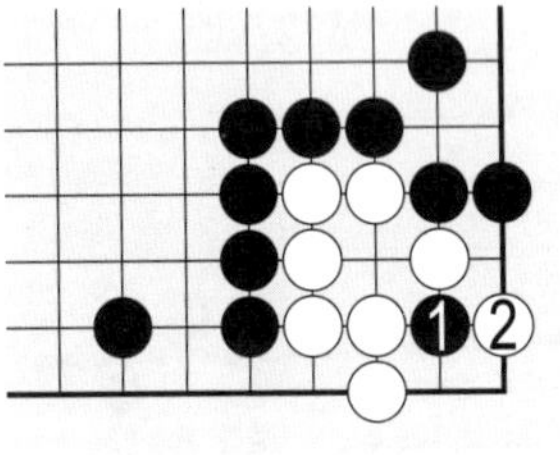

题 92　失败

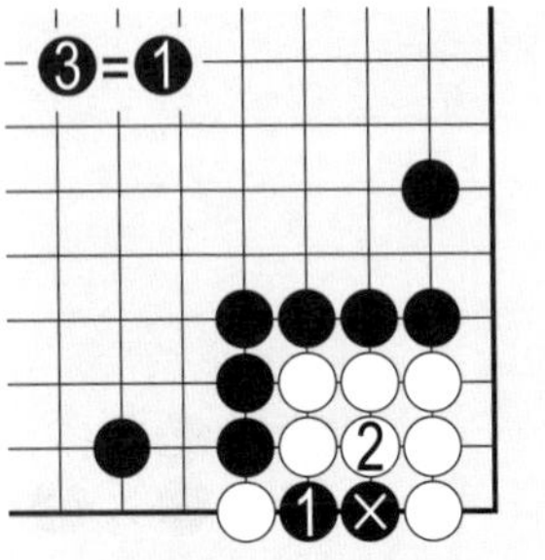

题 93　正解

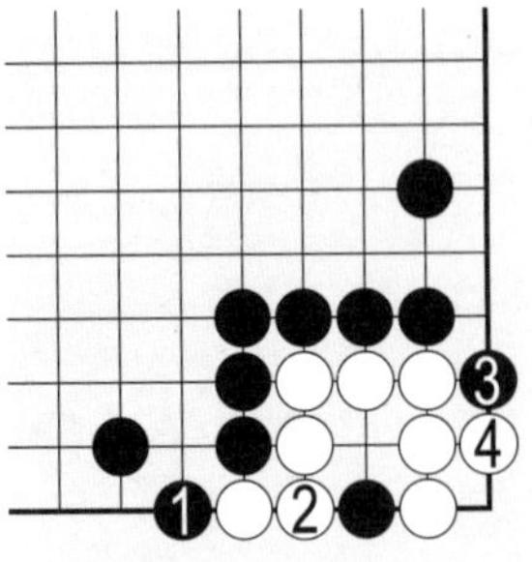

题 93　失败

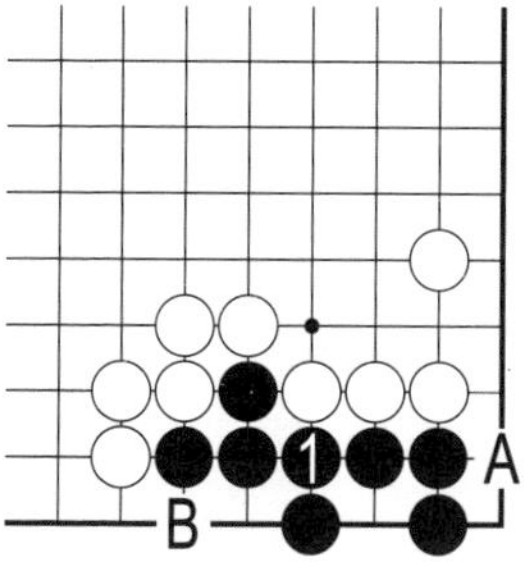

题 94　正解　A、B 见合

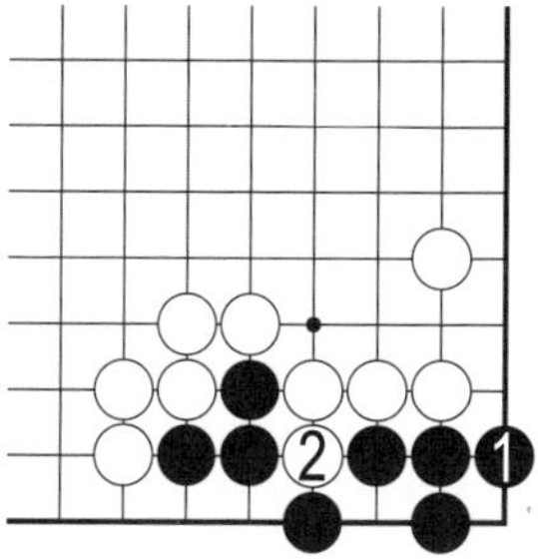

题 94　失败

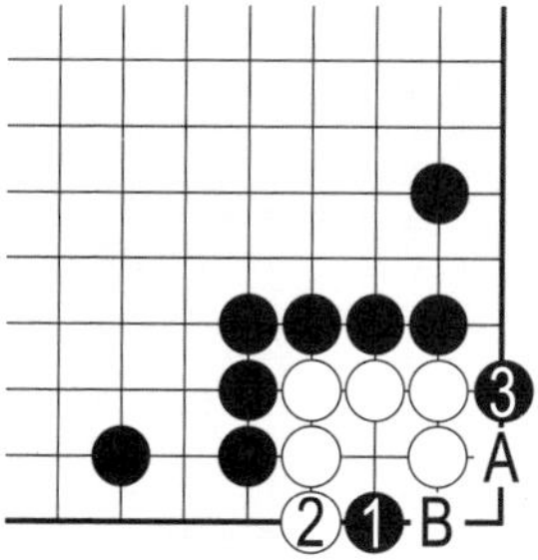

题 95　正解　A、B 见合

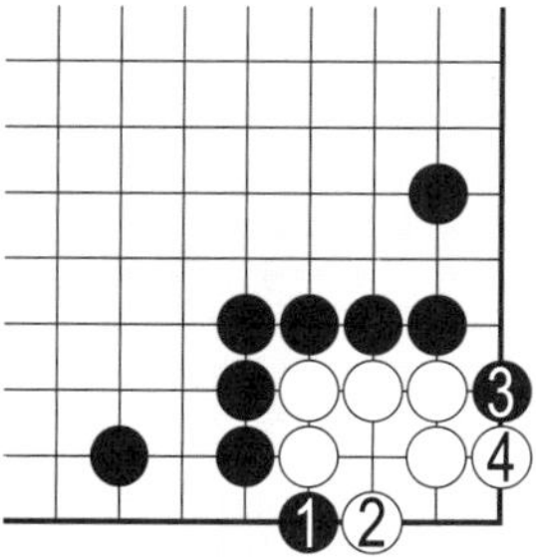

题 95　失败

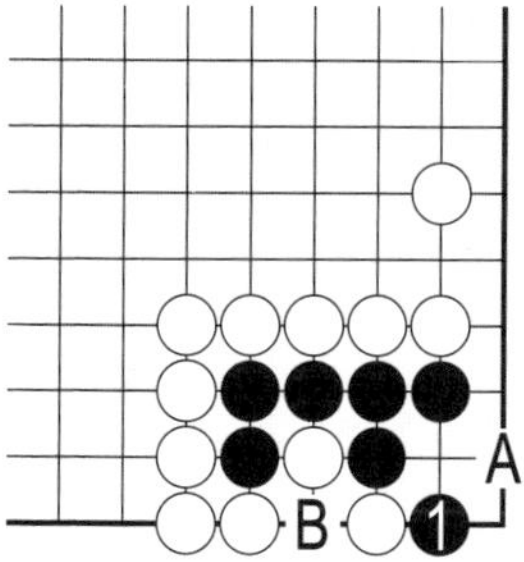

题 96　正解　A、B 见合

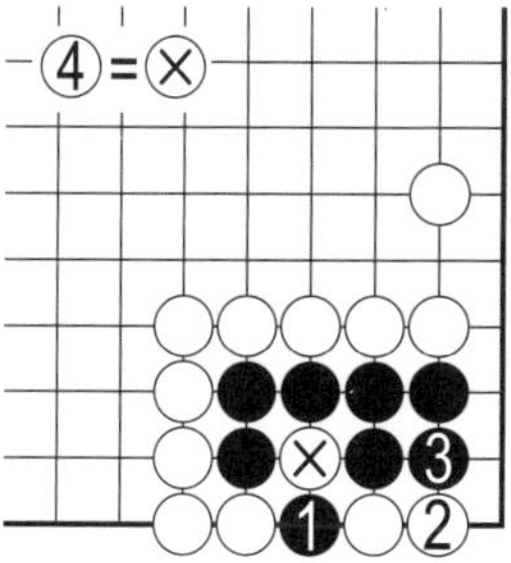

题 96　失败　打劫

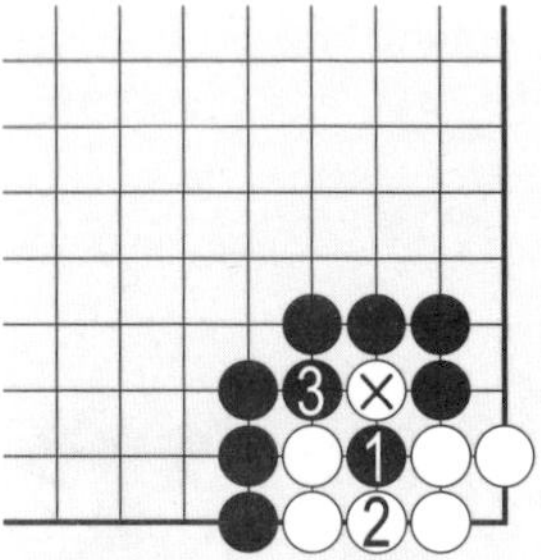

题 97　正解

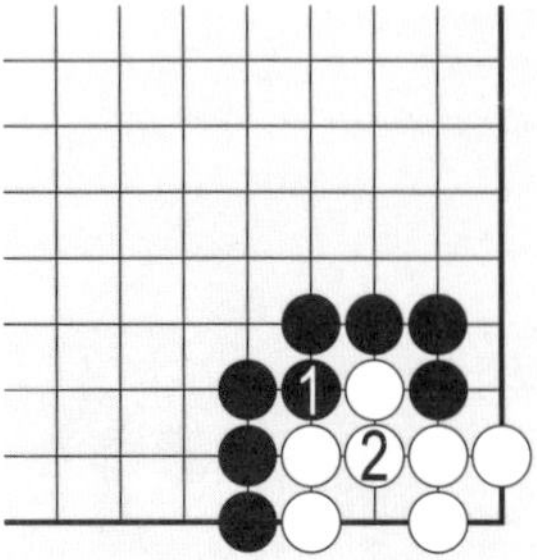

题 97　失败

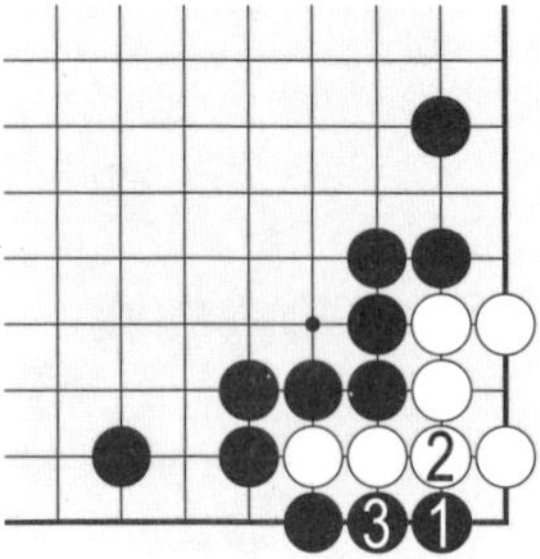

题 98　正解

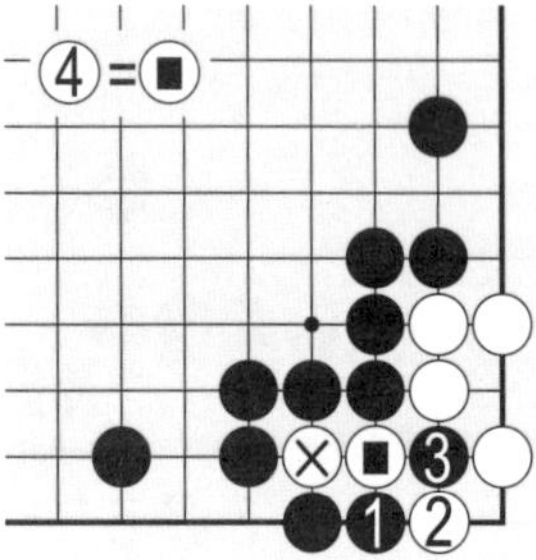

题 98　失败

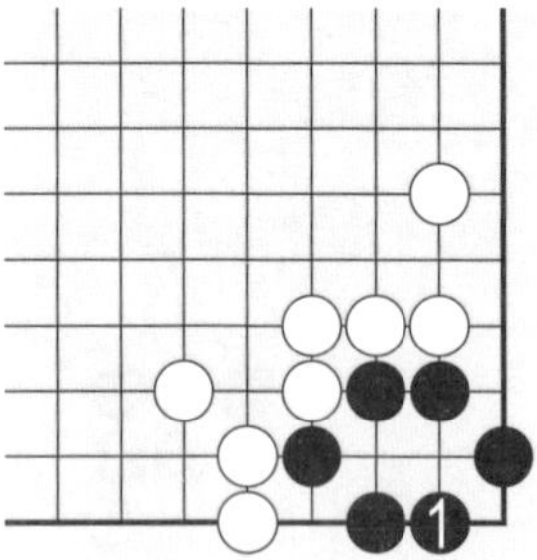

题 99　正解

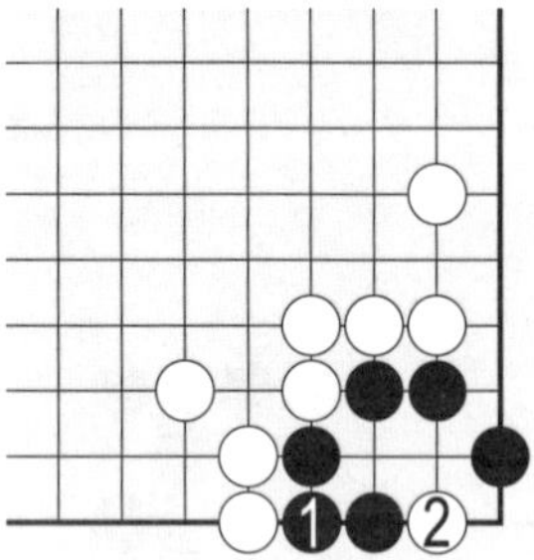

题 99　失败

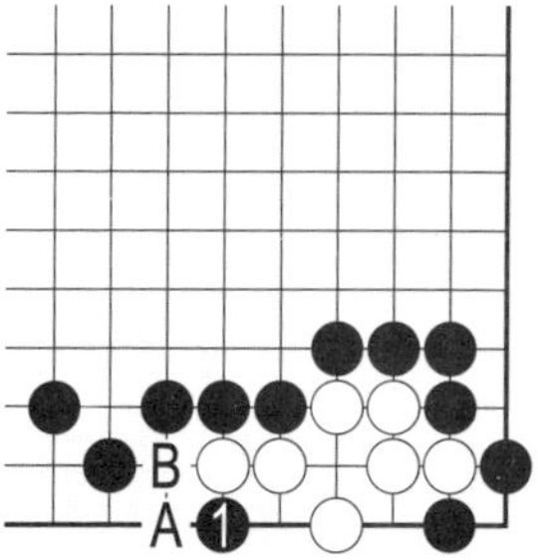

题 100　正解　A、B 见合

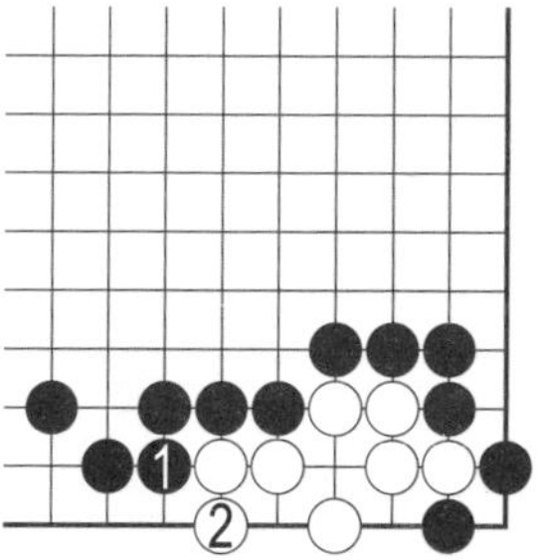

题 100　失败

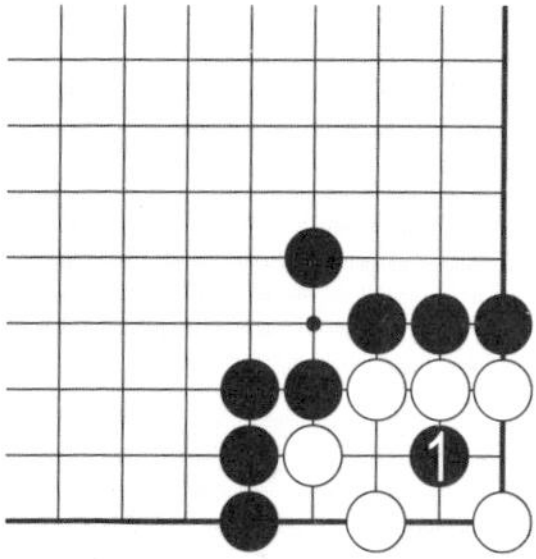

题 101　正解

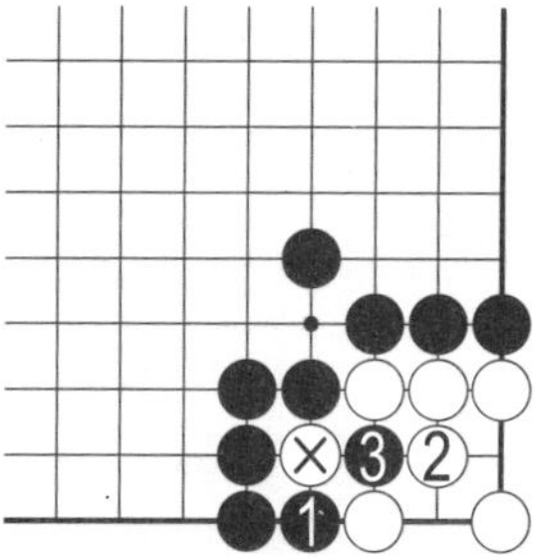

题 101　失败　打劫

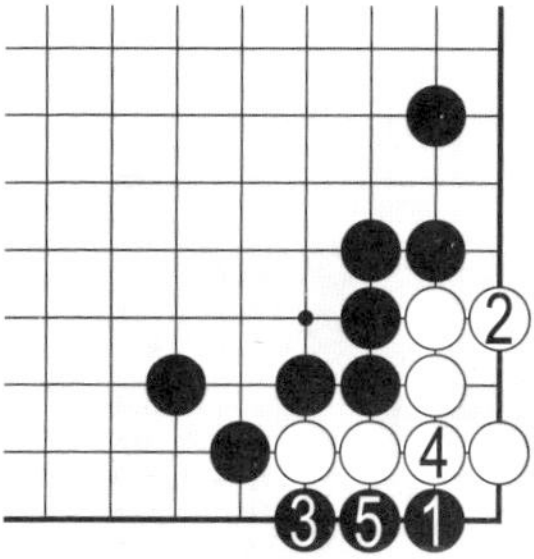

题 102　正解

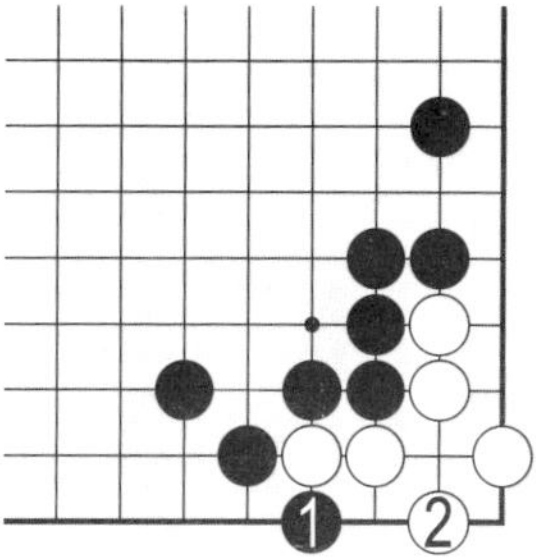

题 102　失败

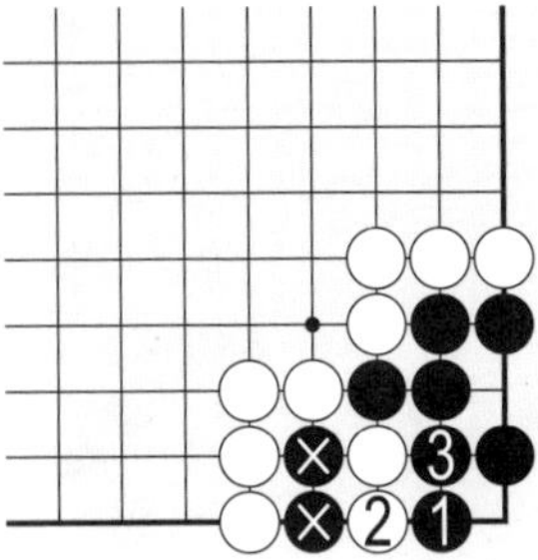

题 103　正解

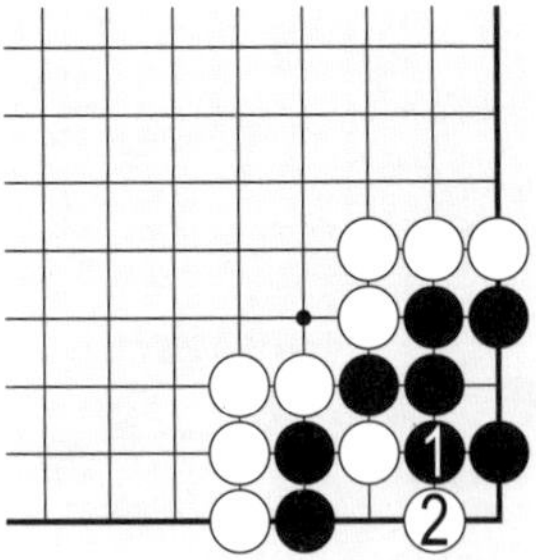

题 103　失败

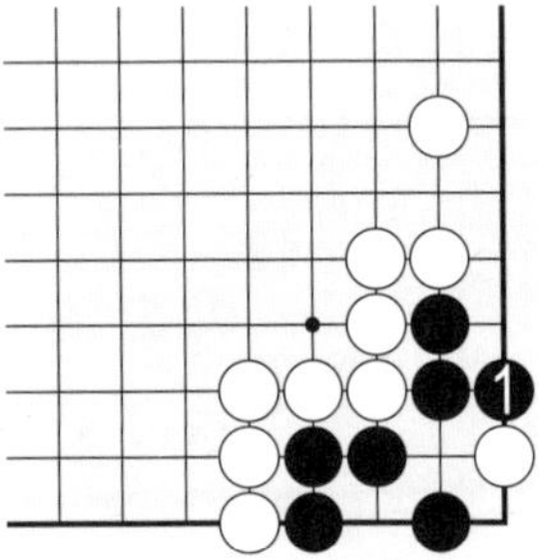

题 104　正解

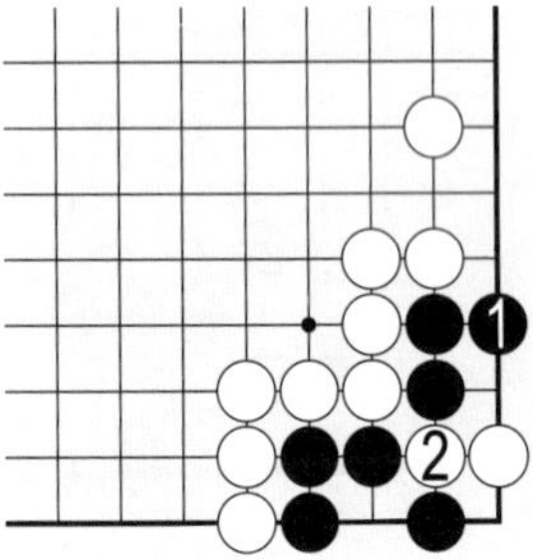

题 104　失败

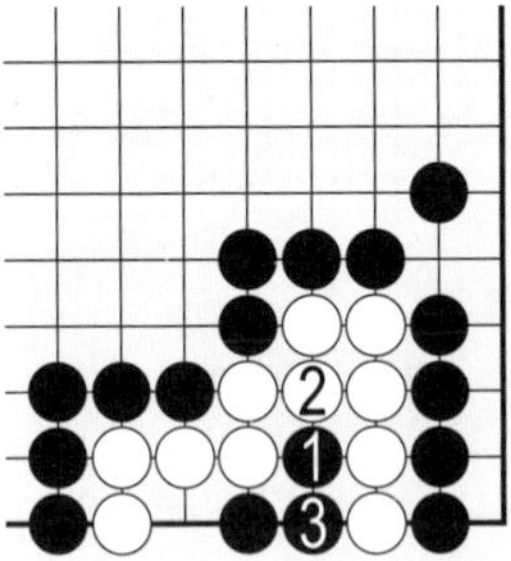

题 105　正解

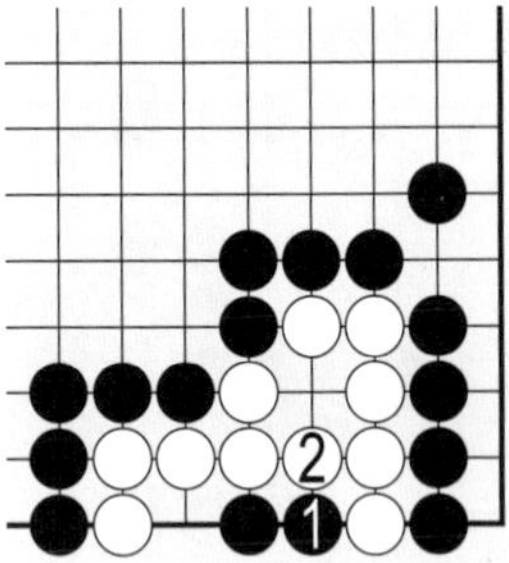

题 105　失败

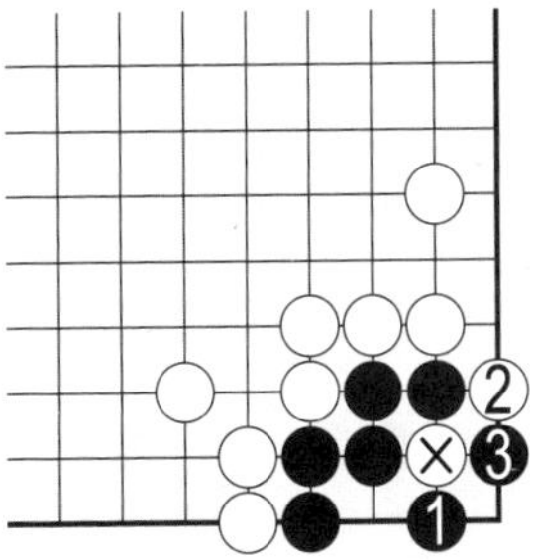

题 106　正解

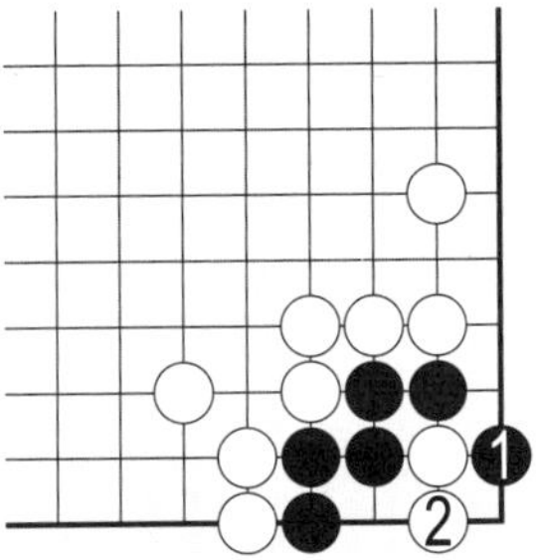

题 106　失败

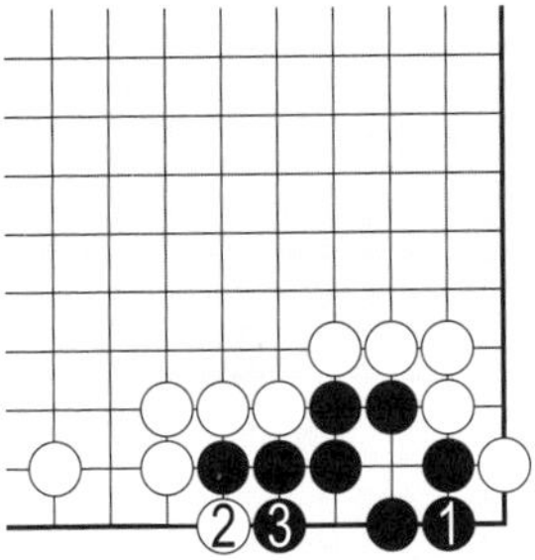

题 107　正解

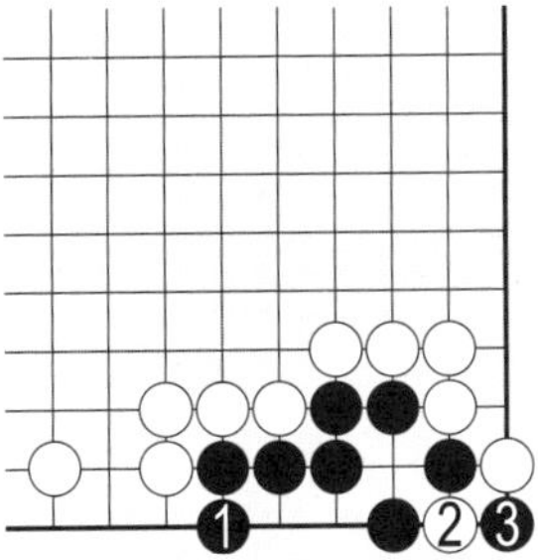

题 107　失败　打劫

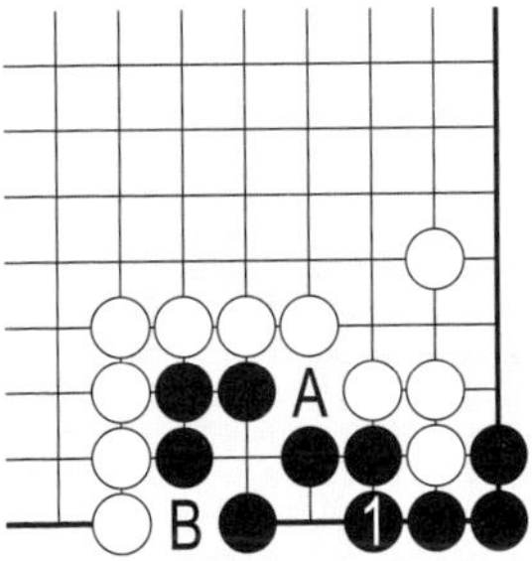

题 108　正解　A、B 见合

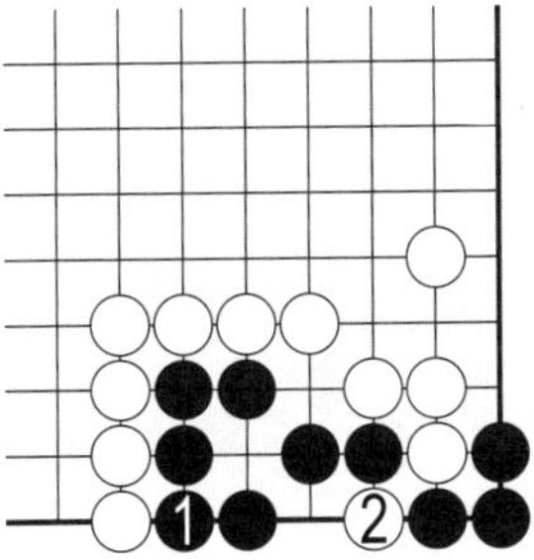

题 108　失败

19级～17级答案

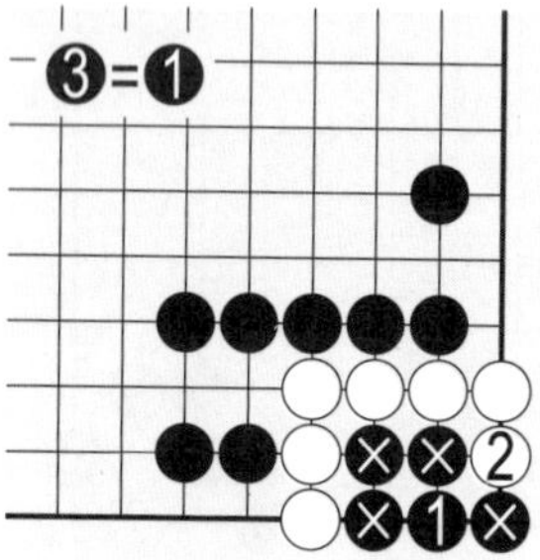

题 109　正解

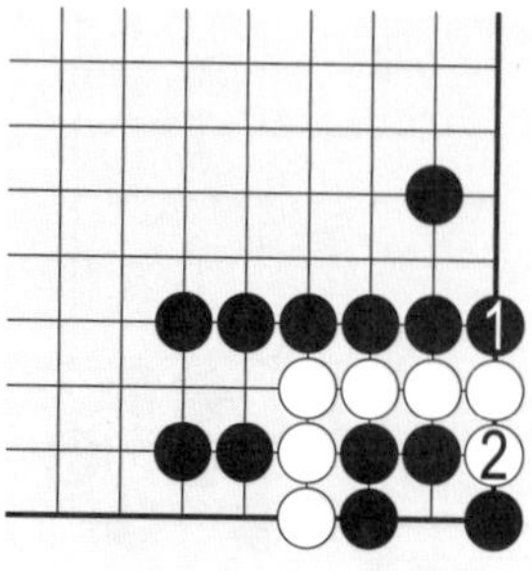

题 109　失败

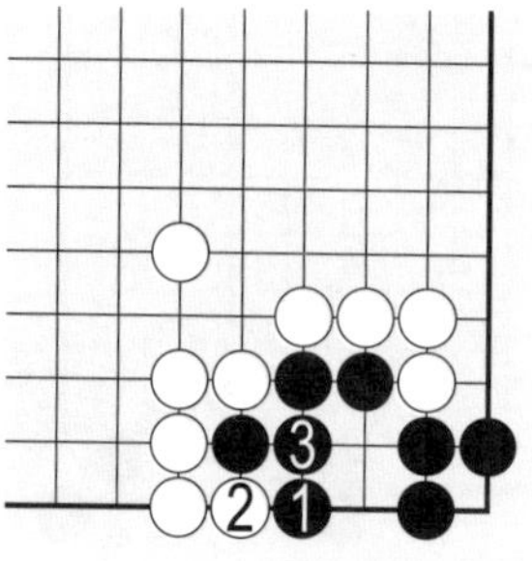

题 110　正解

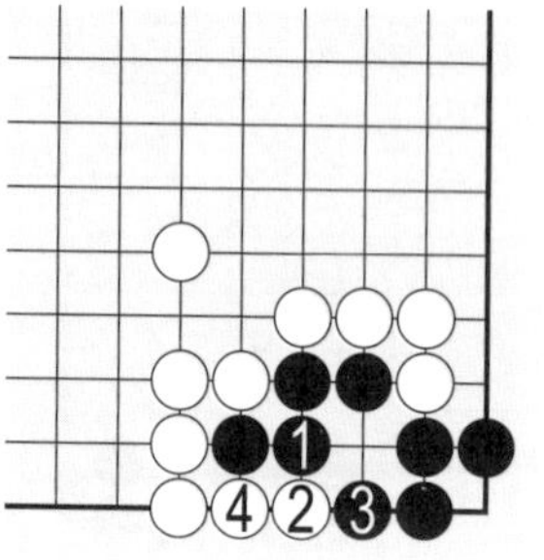

题 110　失败

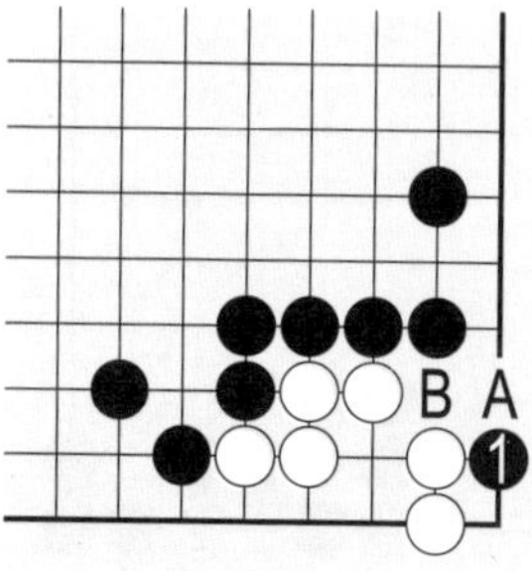

题 111　正解　A、B 见合

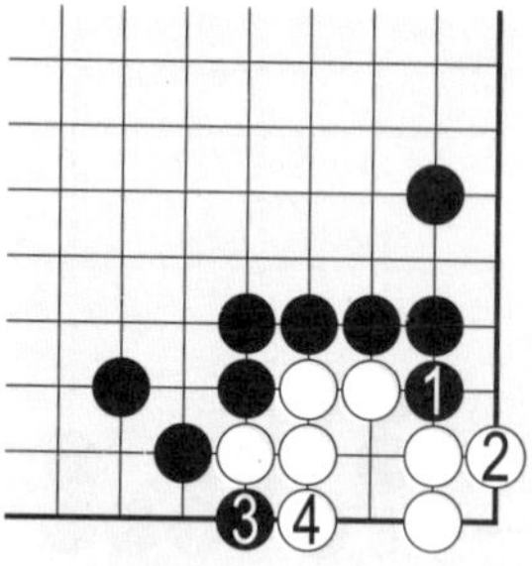

题 111　失败

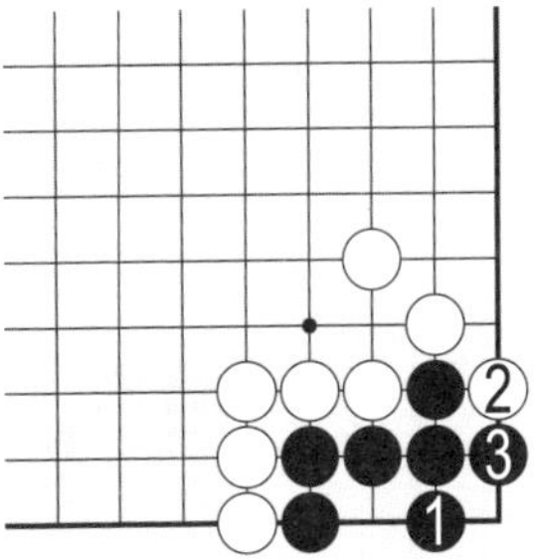

题 112　正解

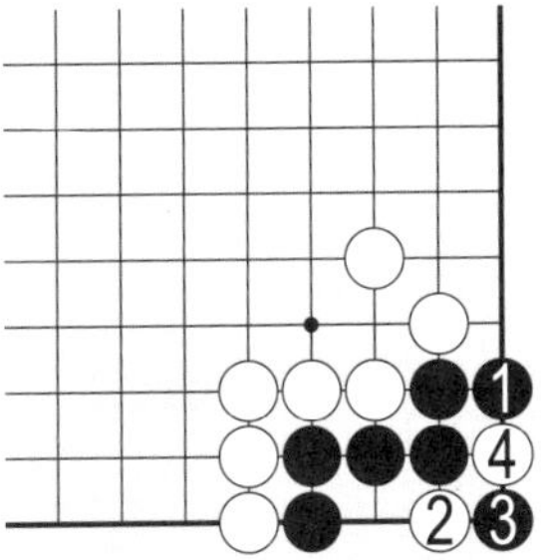

题 112　失败　打劫

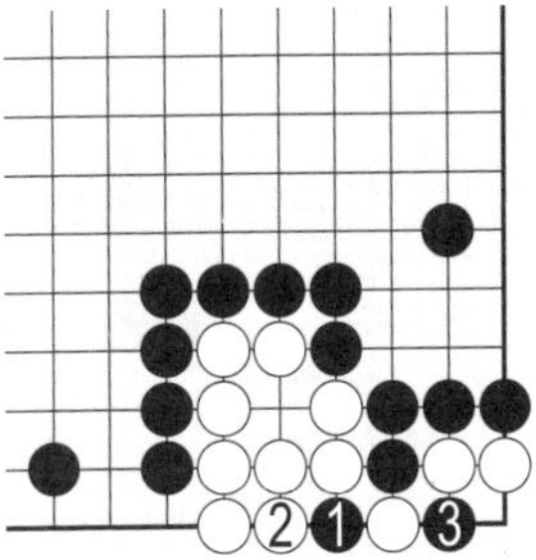

题 113　正解

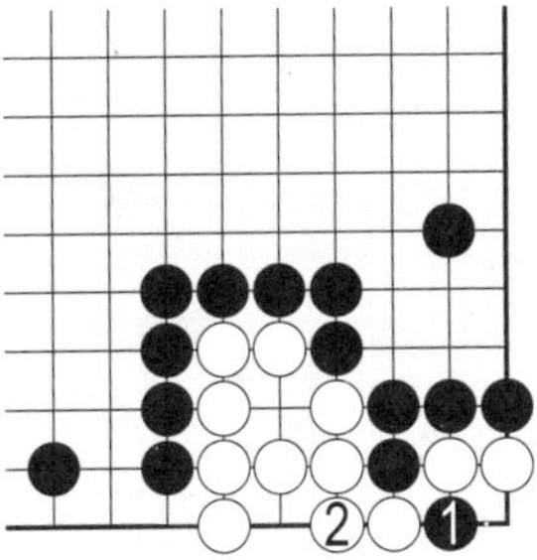

题 113　失败

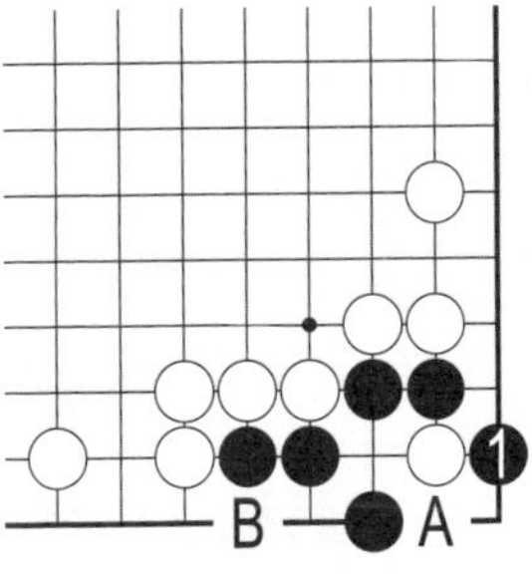

题 114　正解　A、B 见合

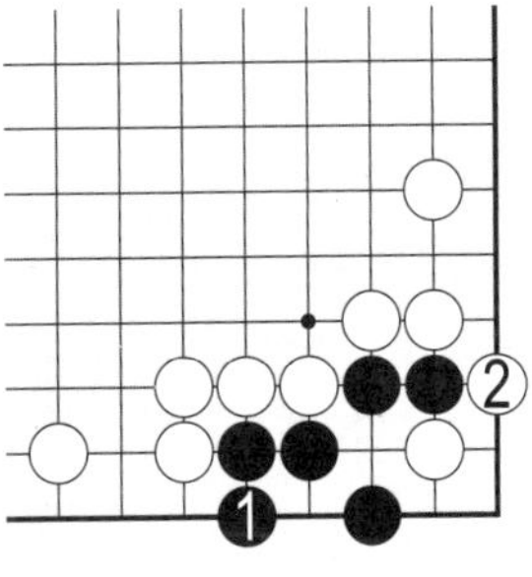

题 114　失败

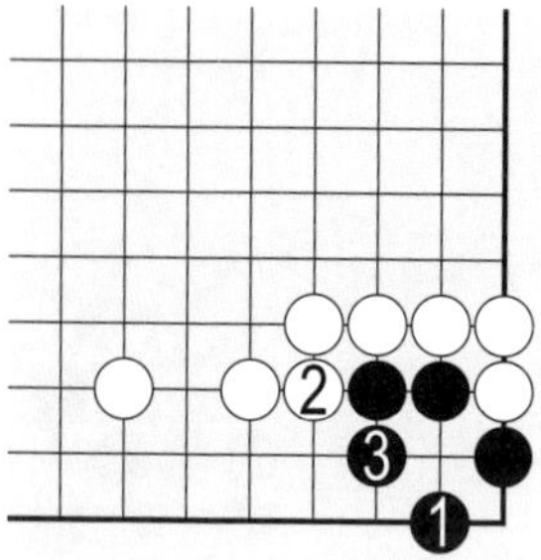

题 115　正解

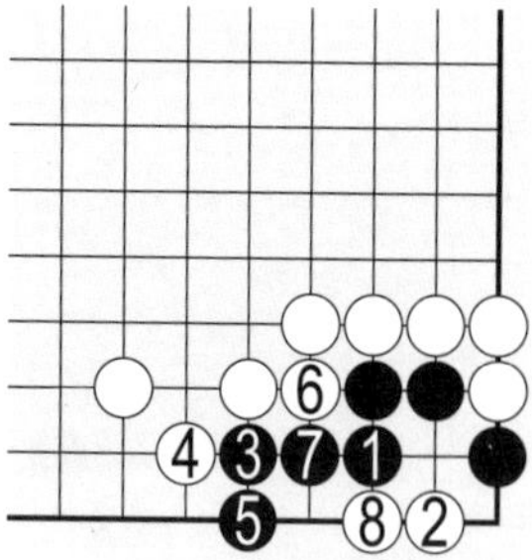

题 115　失败

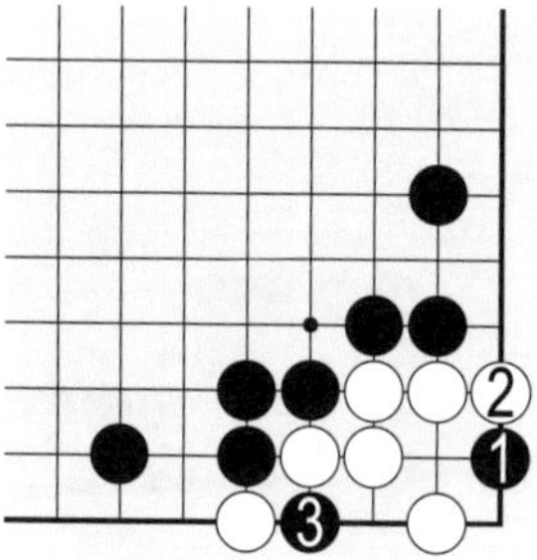

题 116　正解

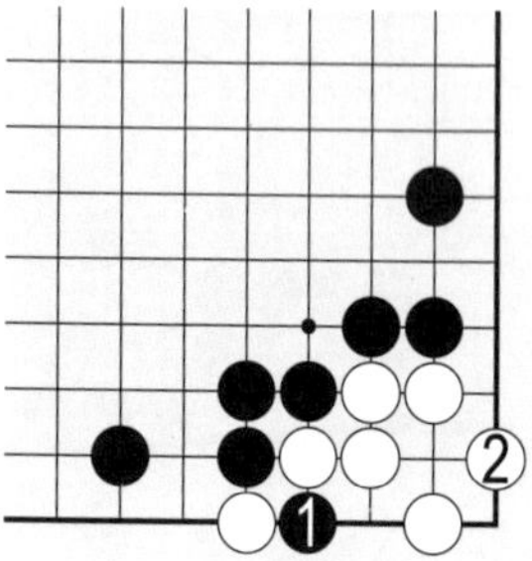

题 116　失败

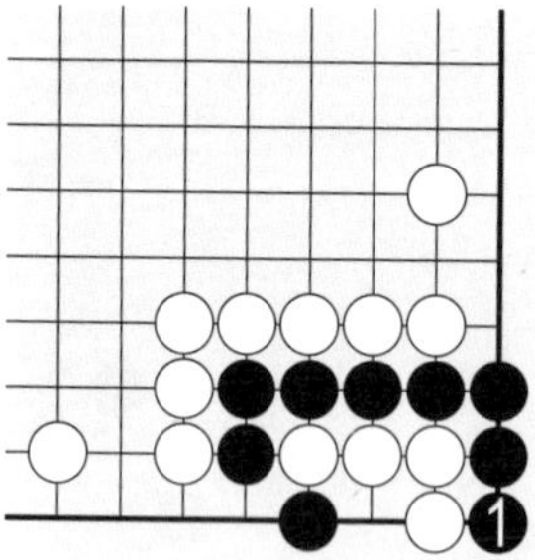

题 117　正解

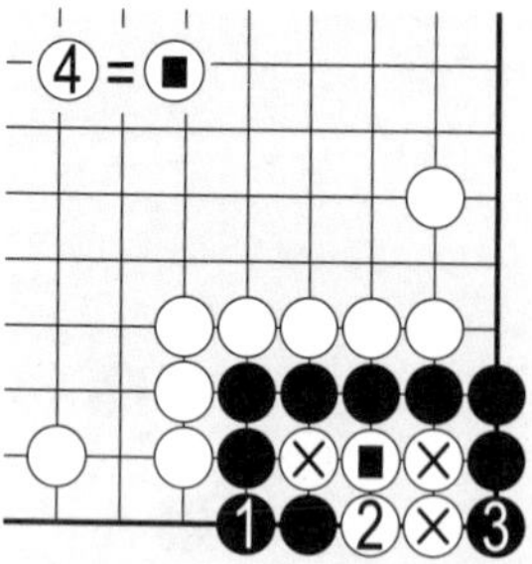

题 117　失败

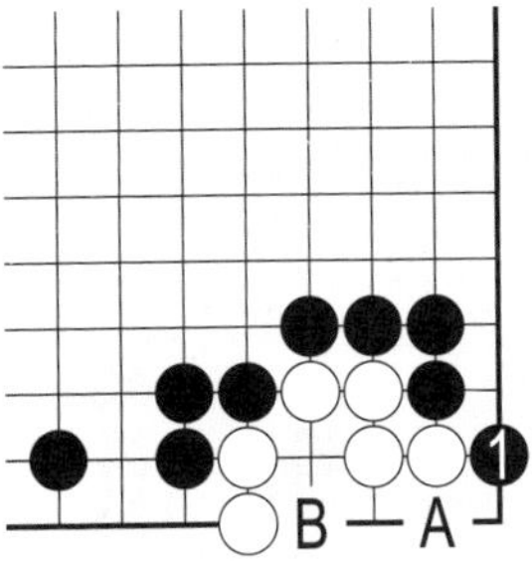

题 118　正解 A、B 见合

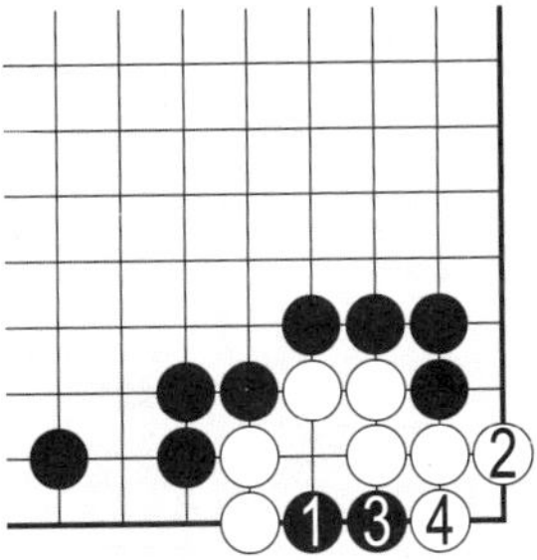

题 118　失败

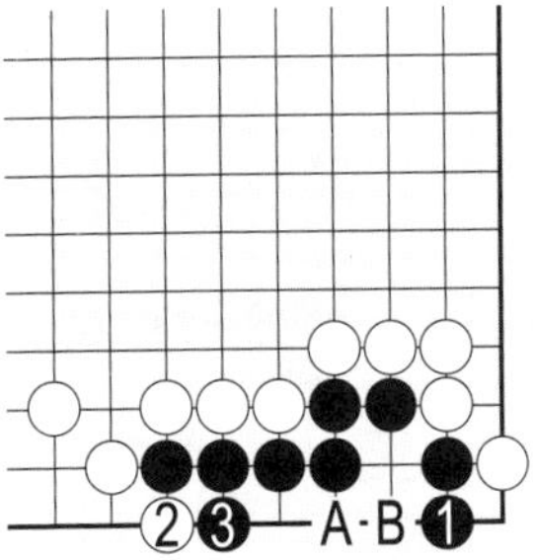

题 119　正解 A、B 见合

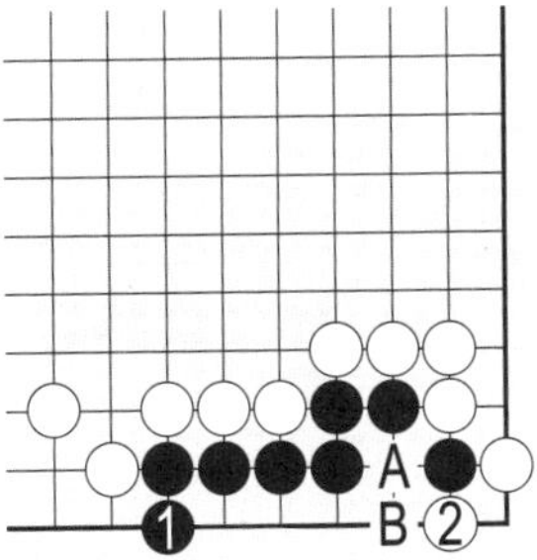

题 119　失败 A、B 见合

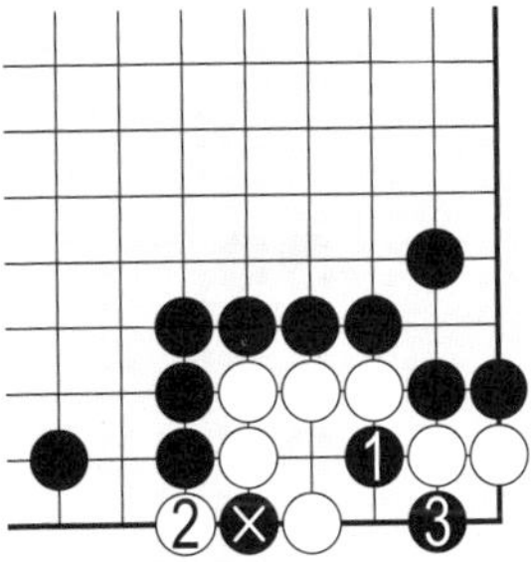

题 120　正解

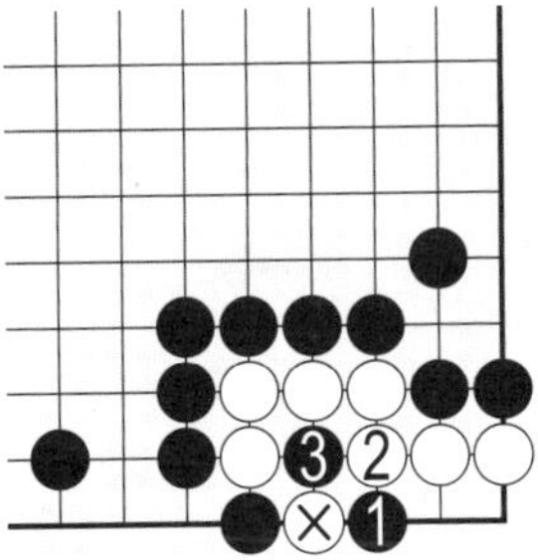

题 120　失败 打劫

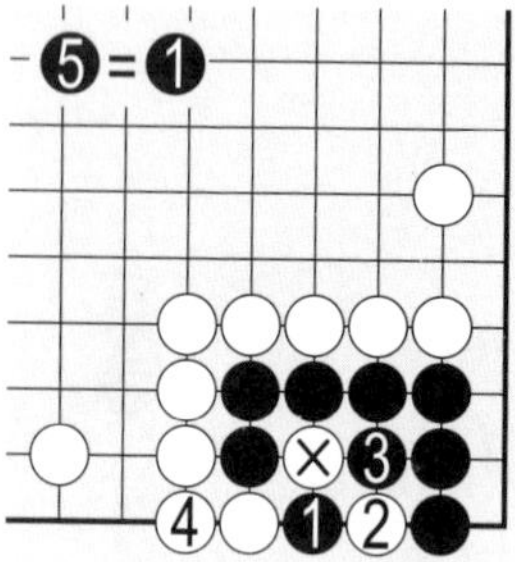

题 121　正解

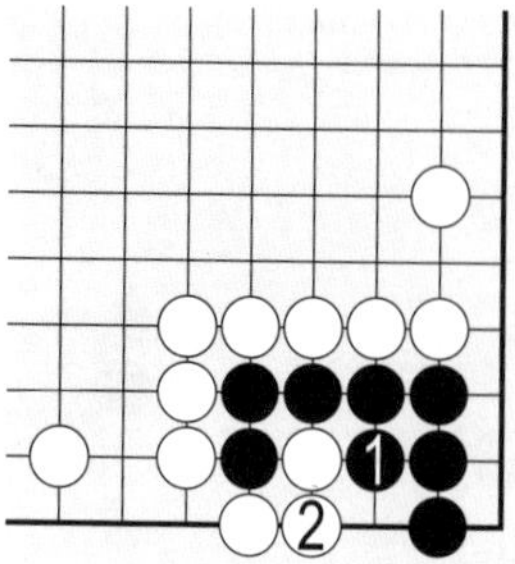
题 121　失败

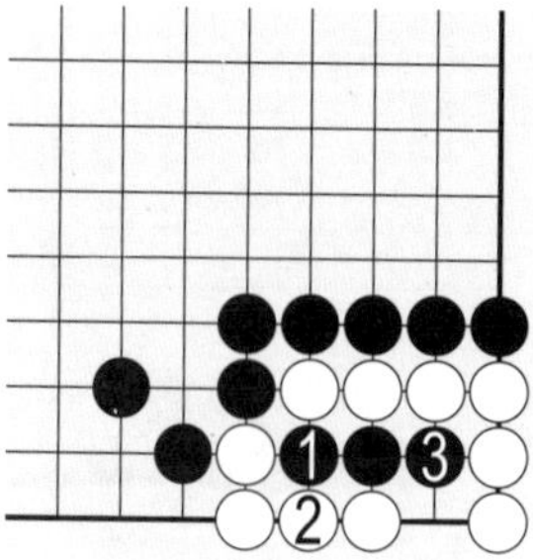
题 122　正解

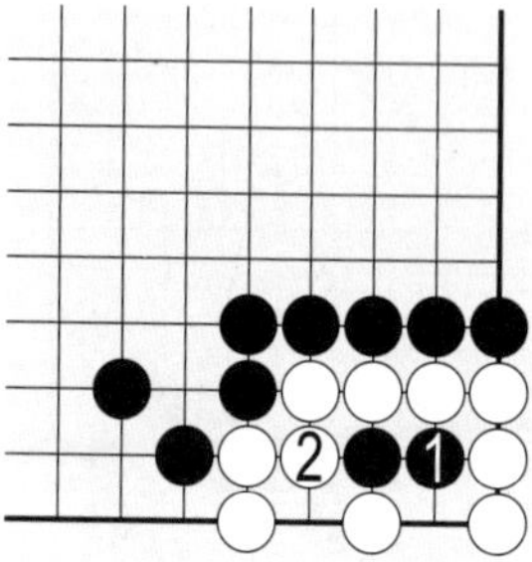
题 122　失败

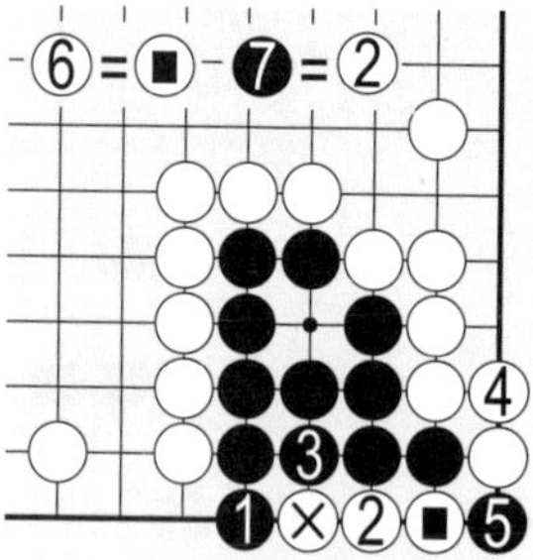

题 123　正解

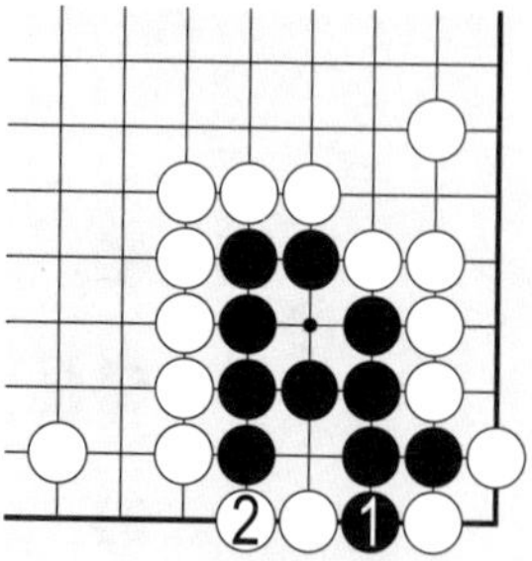
题 123　失败

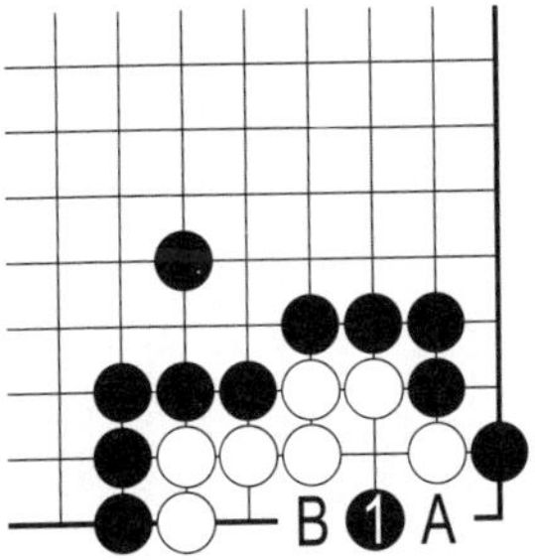

题 124　正解　A、B 见合

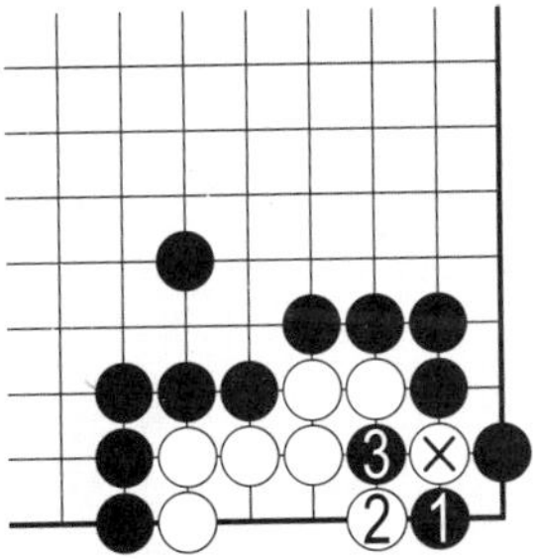

题 124　失败　打劫

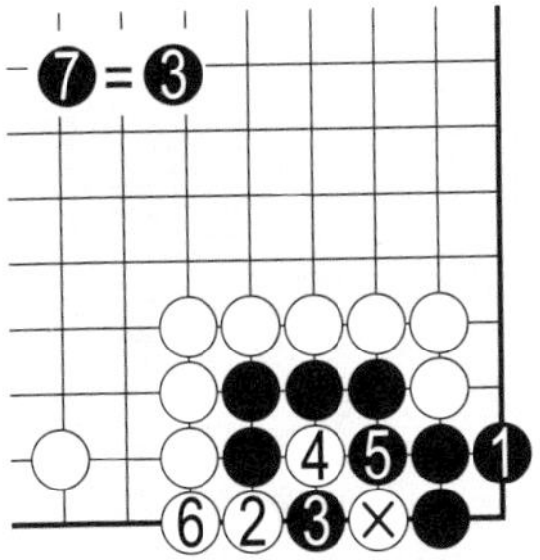

题 125　正解

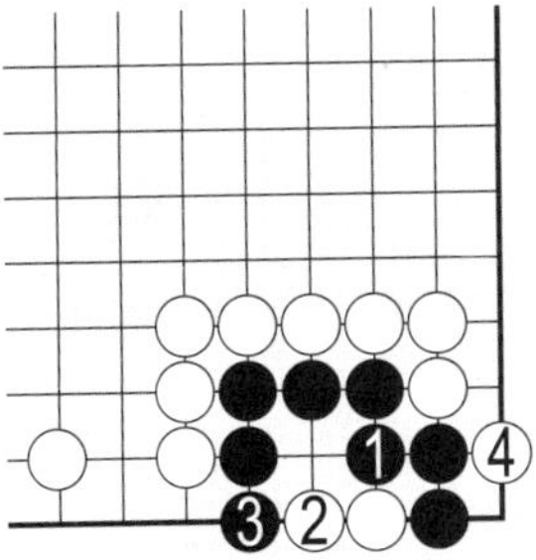

题 125　失败

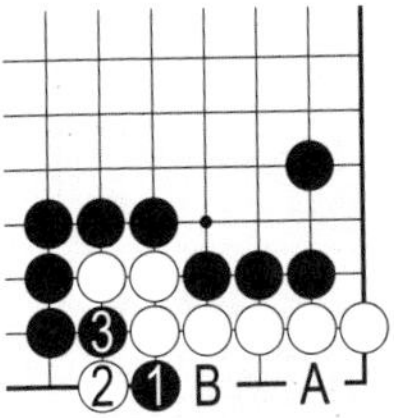

题 126　正解 1
A、B 见合

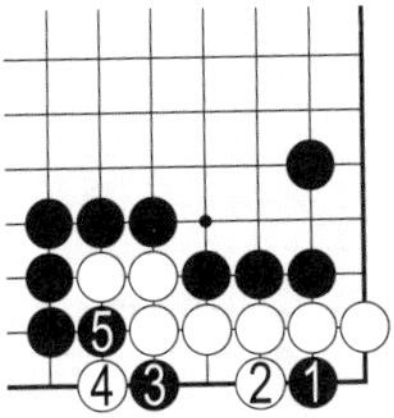

题 126　正解 2

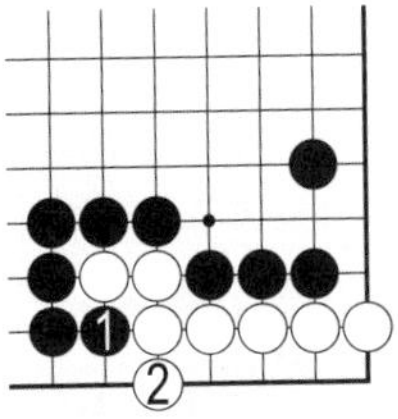

题 126　失败

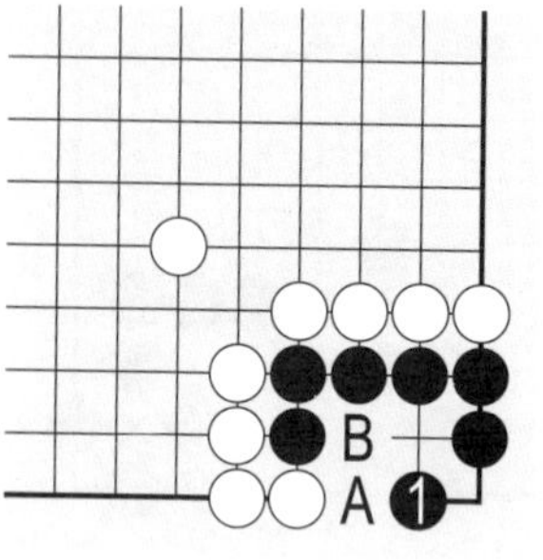

题 127　正解　A、B 见合

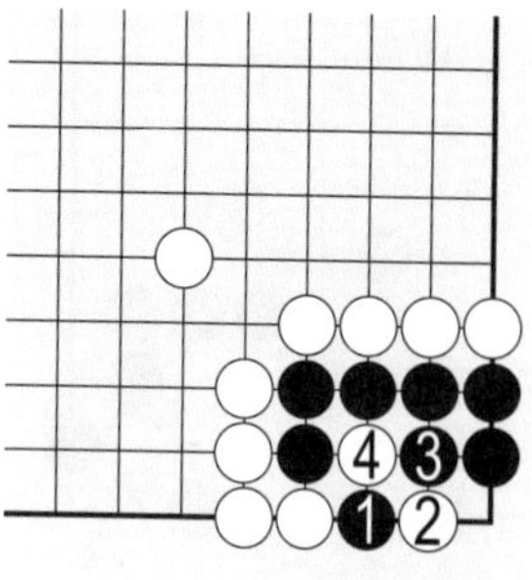

题 127　失败　打劫

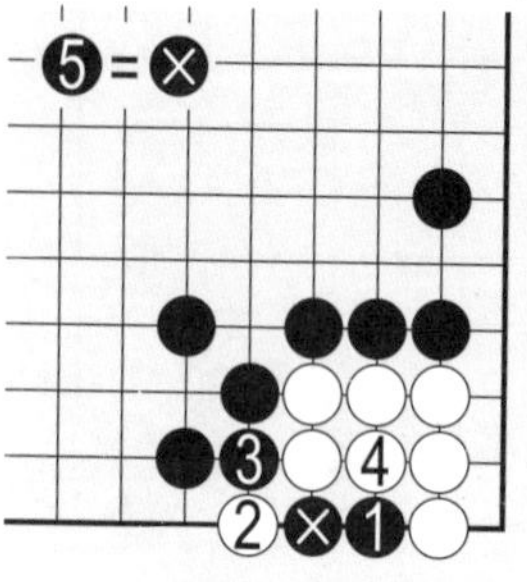

题 128　正解

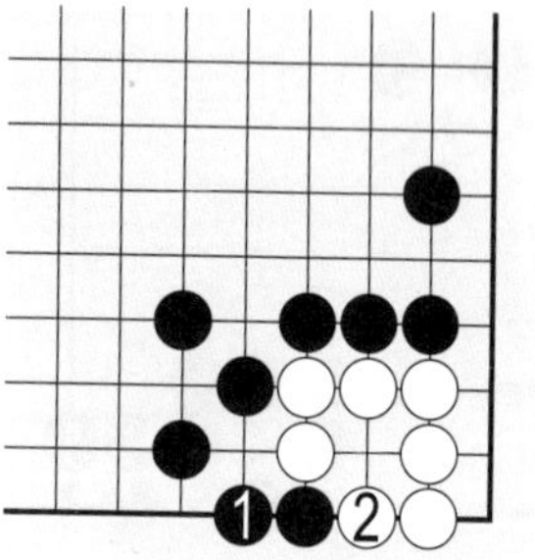

题 128　失败

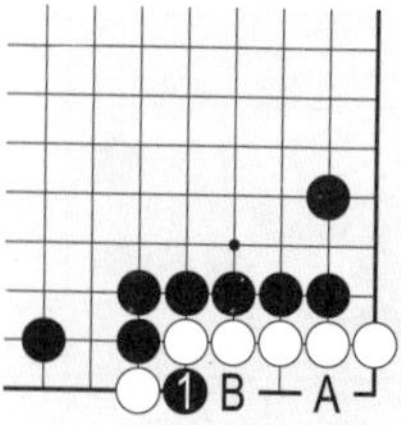

题 129　正解 1
A、B 见合

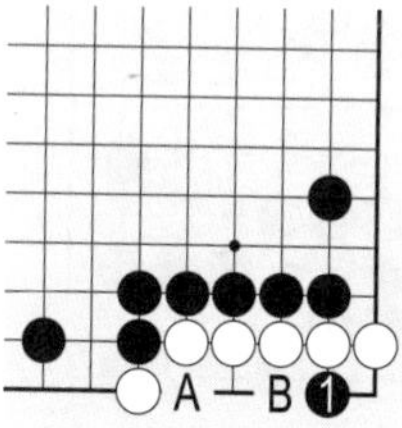

题 129　正解 2
A、B 见合

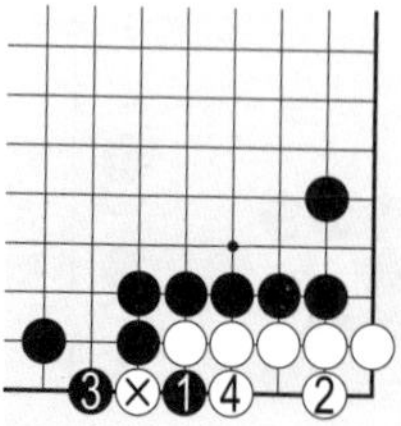

题 129　失败

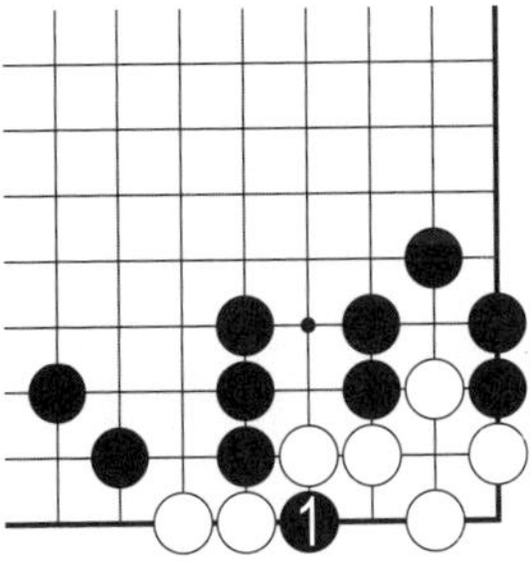

题 130　正解

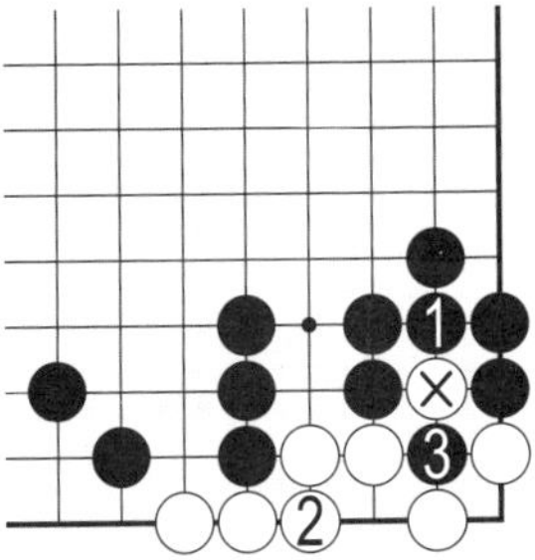

题 130　失败　打劫

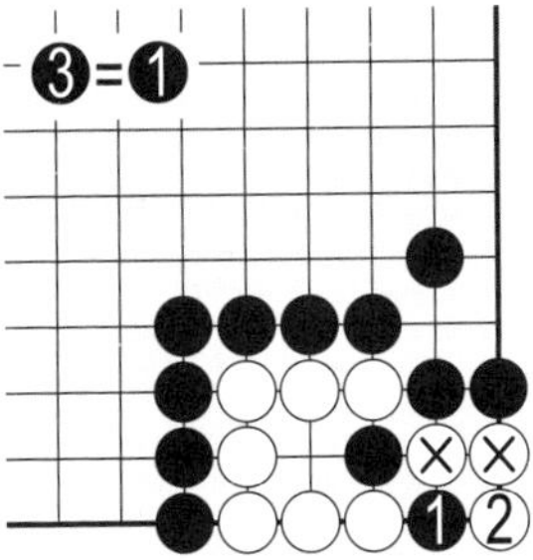

题 131　正解

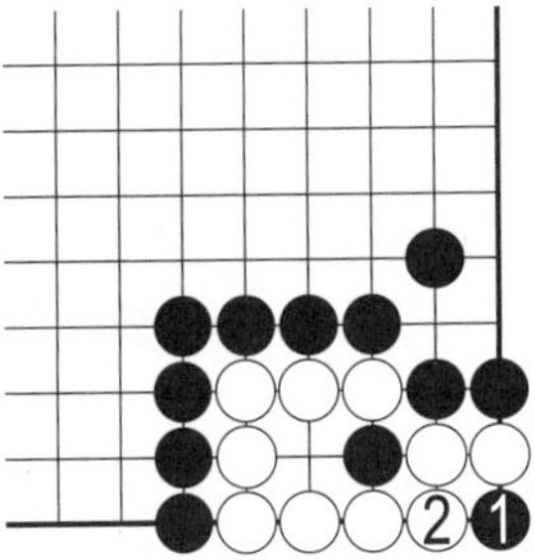

题 131　失败

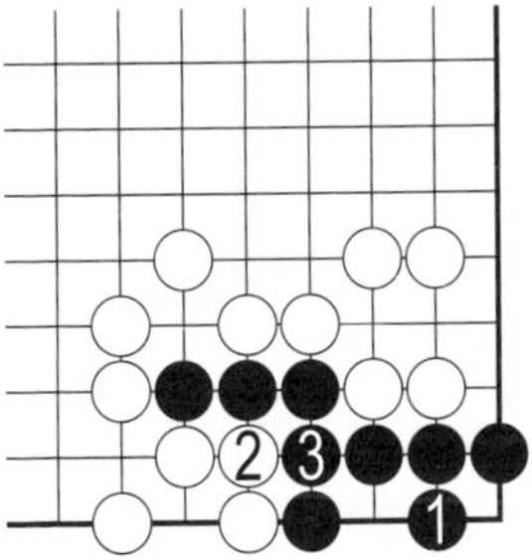

题 132　正解

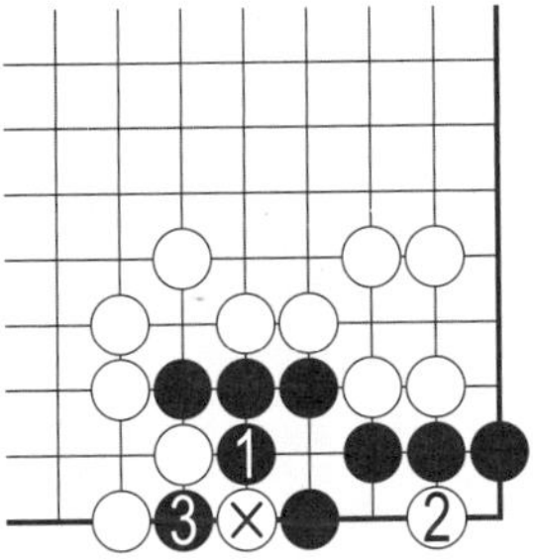

题 132　失败　打劫

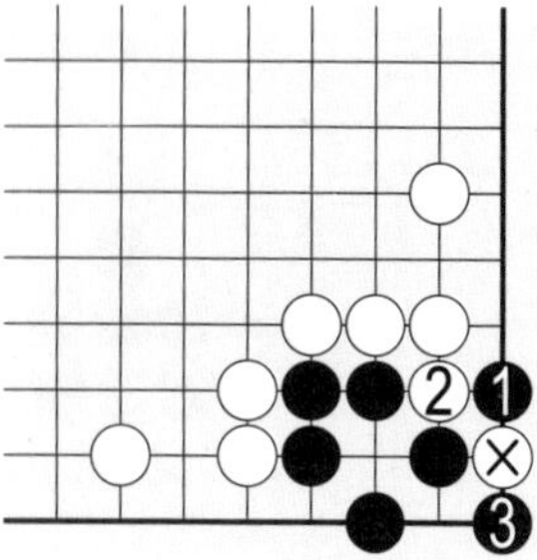

题 133　正解

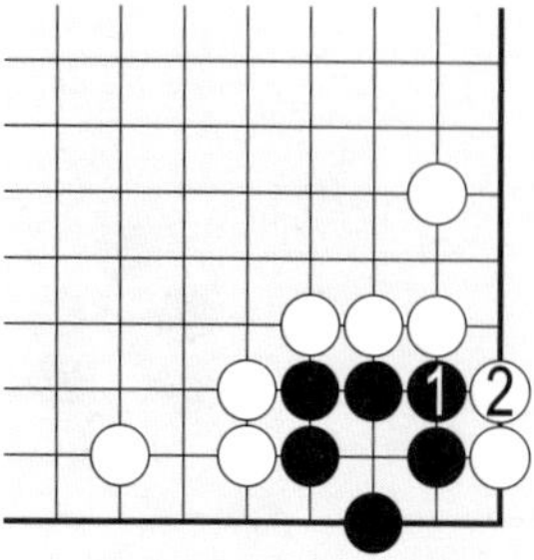

题 133　失败

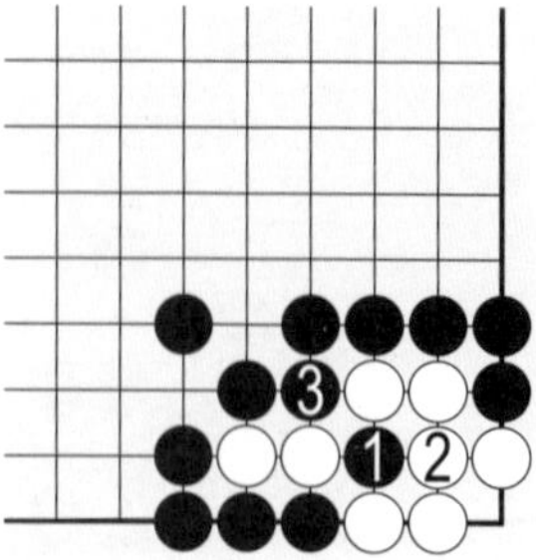

题 134　正解

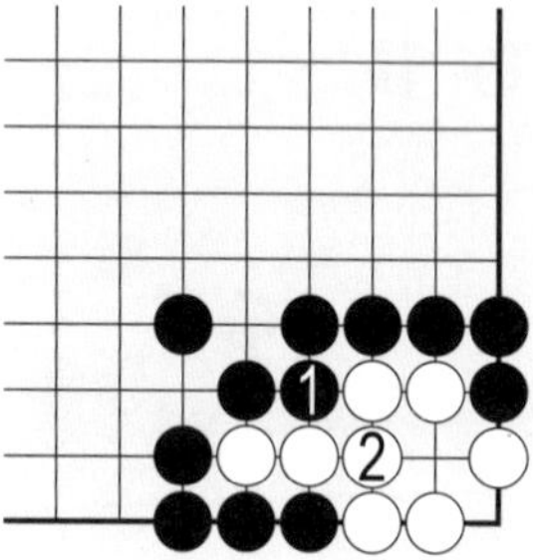

题 134　失败

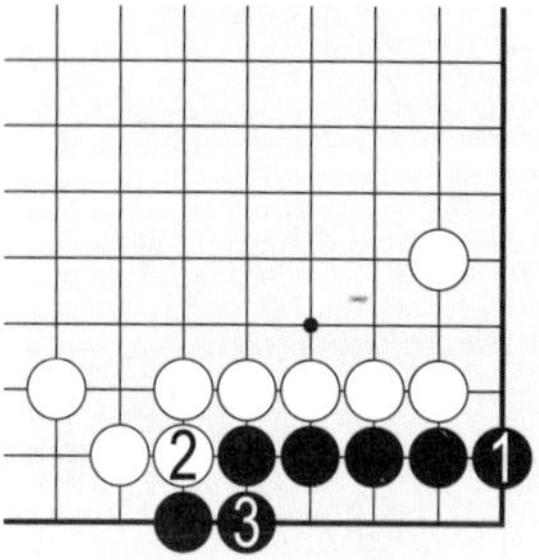

题 135　正解

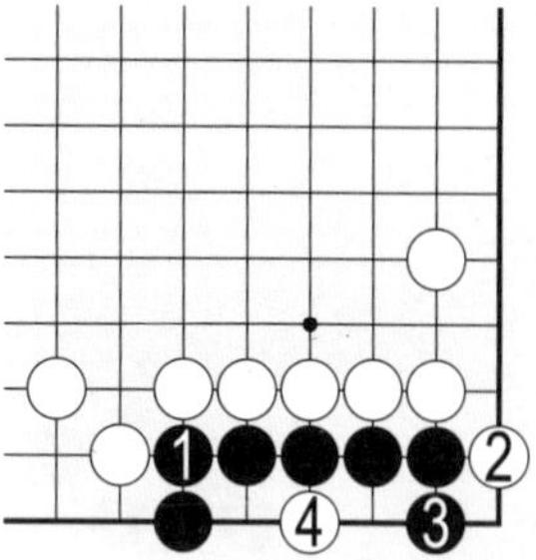

题 135　失败

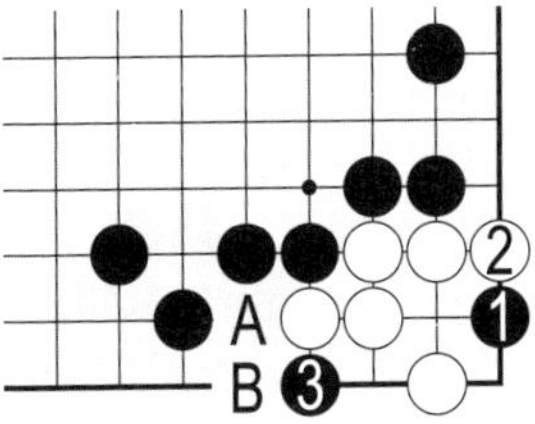

题 136　正解　A、B 见合

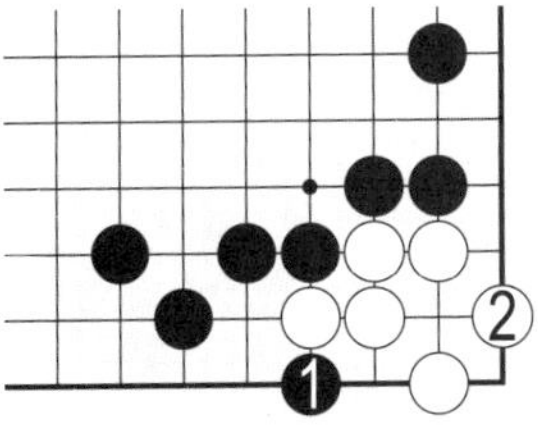

题 136　失败

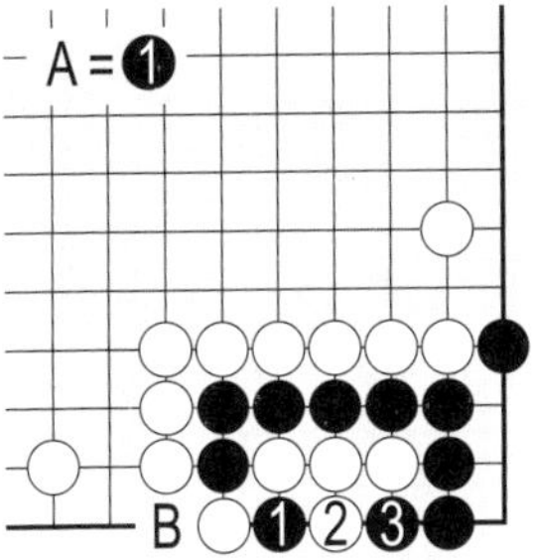

题 137　正解　A、B 见合

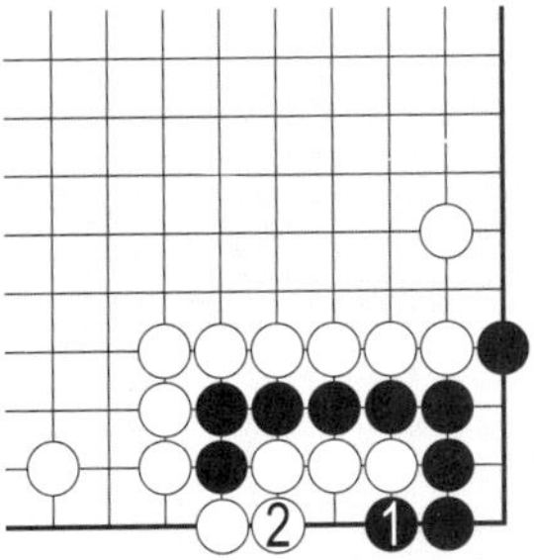

题 137　失败

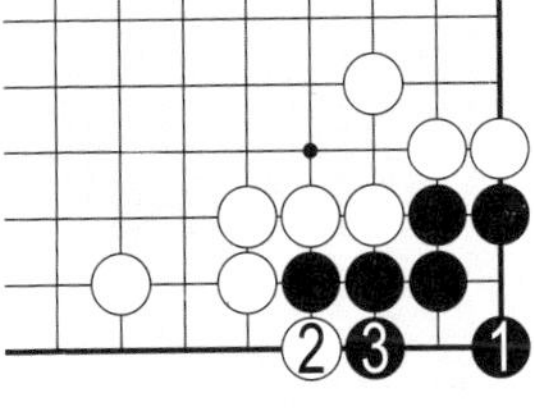

题 138　正解

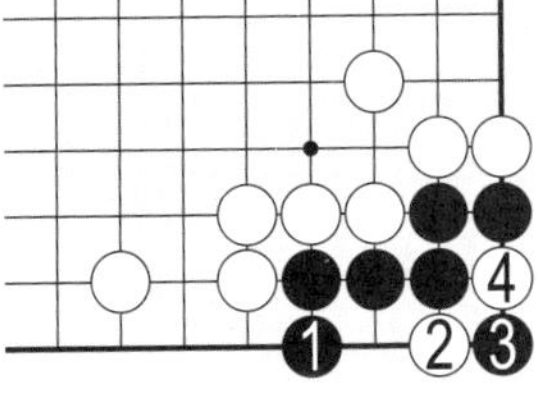

题 138　失败　打劫

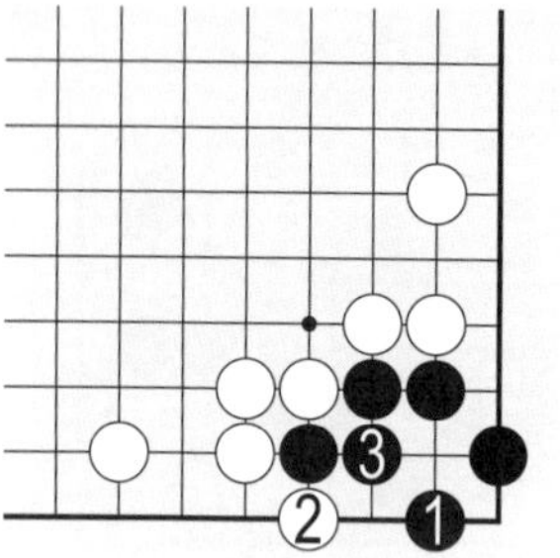

题 139　正解

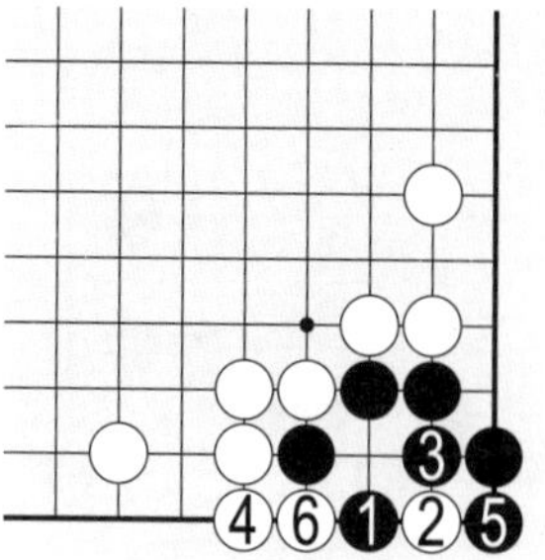

题 139　失败

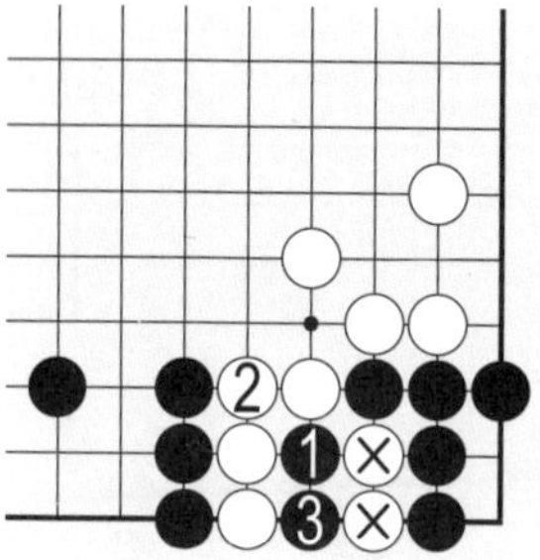

题 140　正解

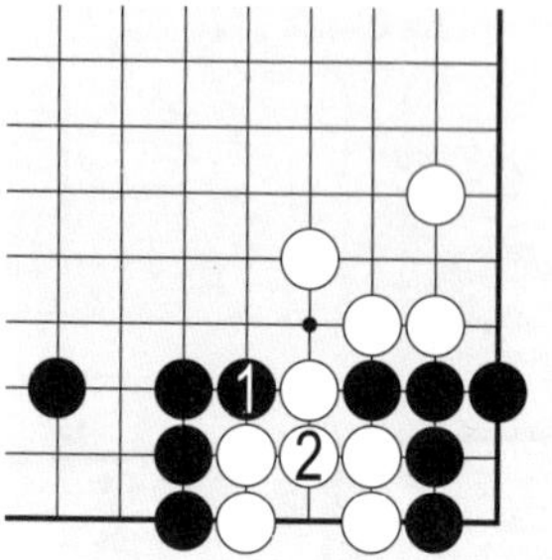

题 140　失败

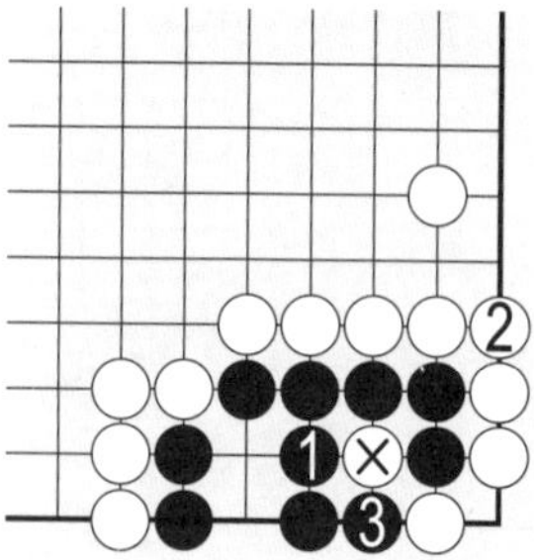

题 141　正解

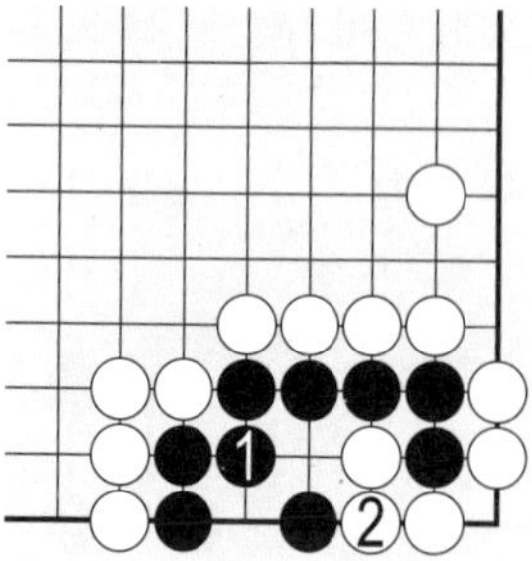

题 141　失败

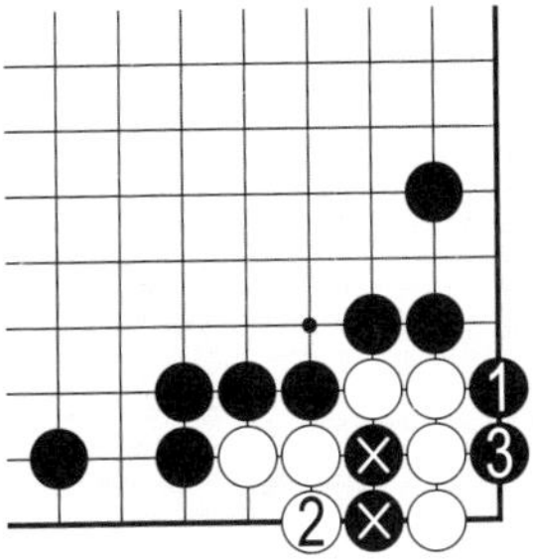

题 142　正解

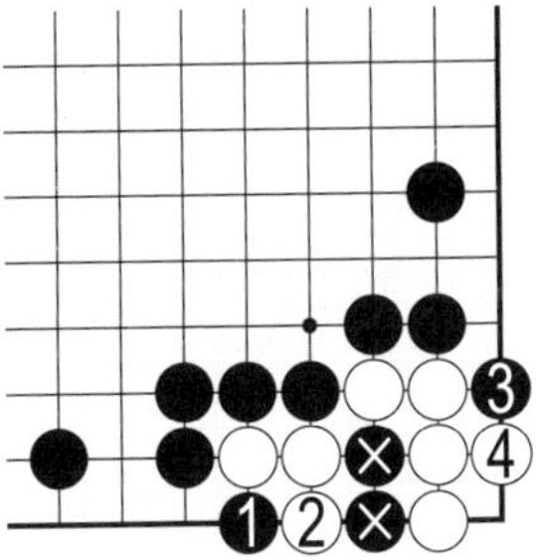

题 142　失败

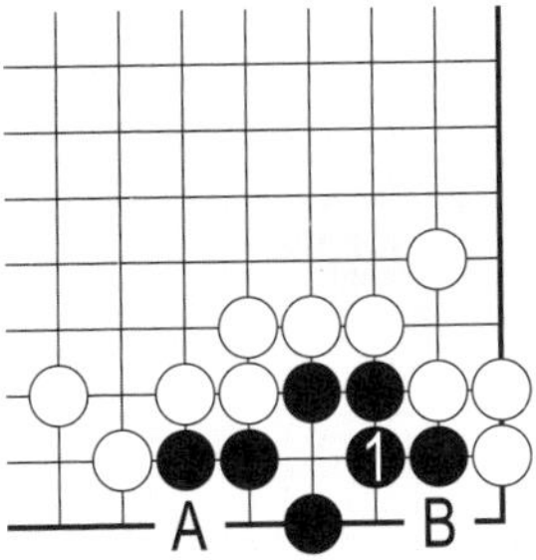

题 143　正解　A、B 见合

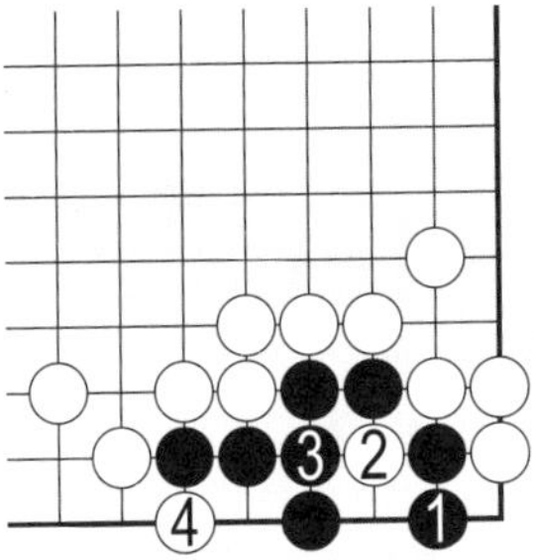

题 143　失败

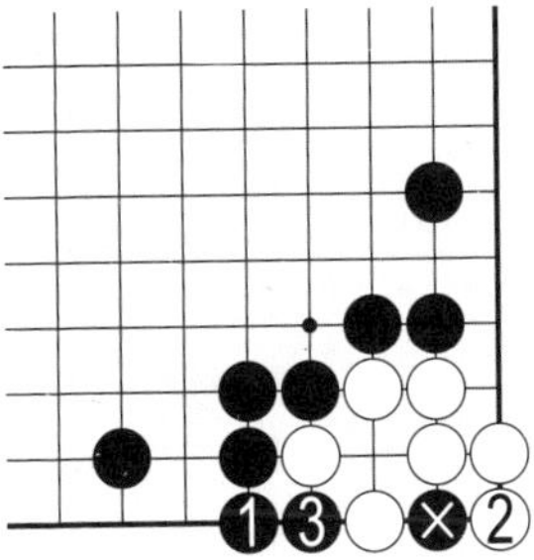

题 144　正解

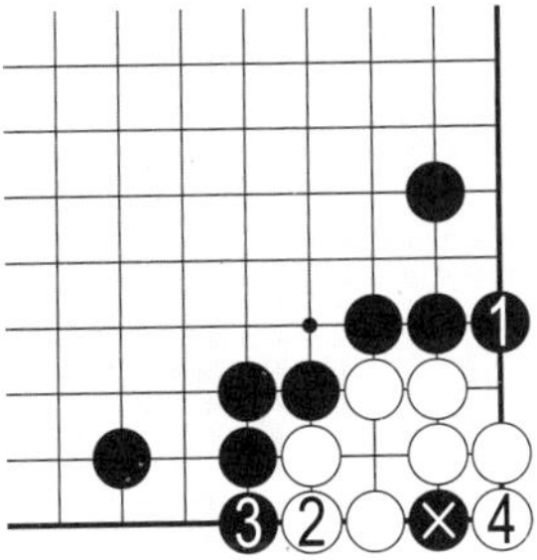

题 144　失败

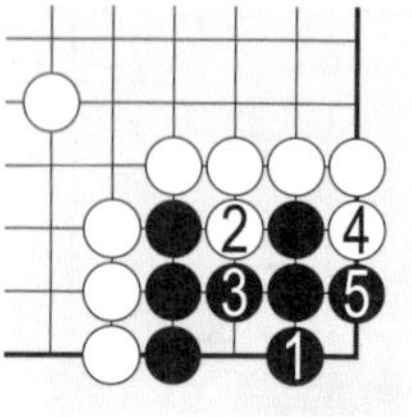

题 145　正解

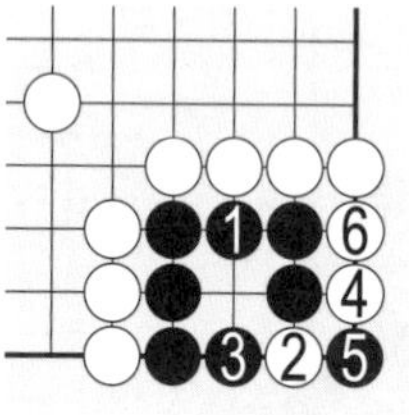

题145　失败 1

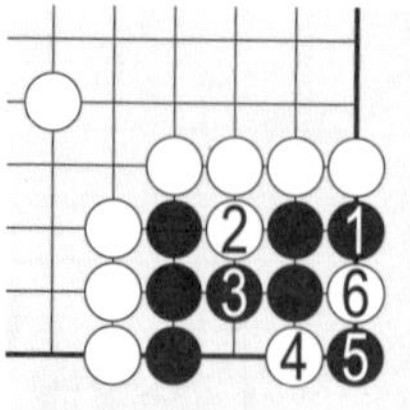

题145　失败 2 打劫

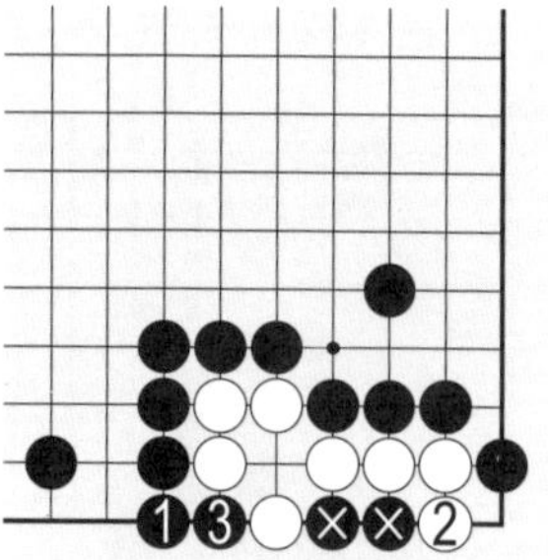

题 146　正解

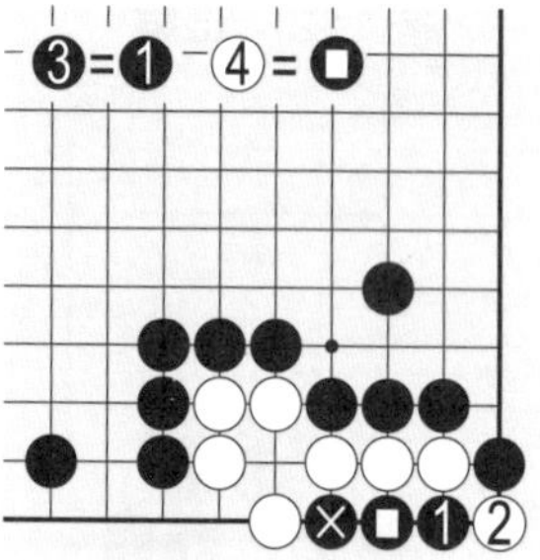

题 146　失败

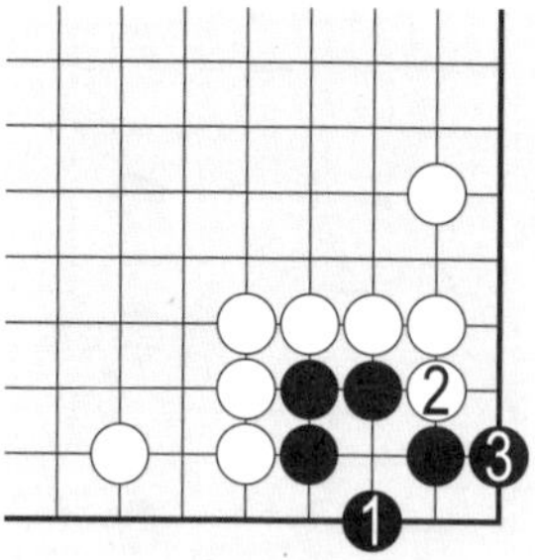

题 147　正解

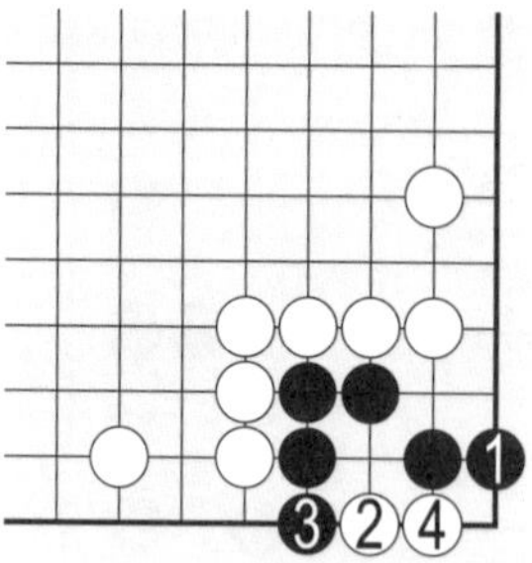

题 147　失败

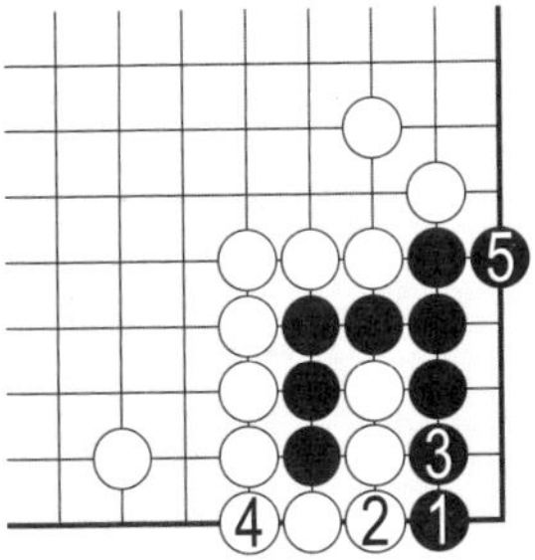

题 148　正解

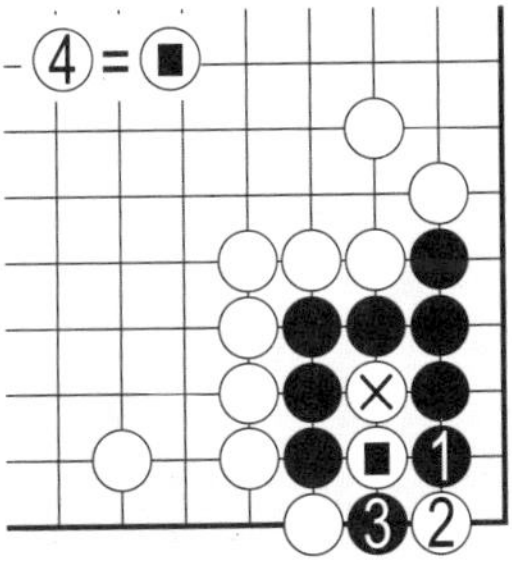

题 148　失败

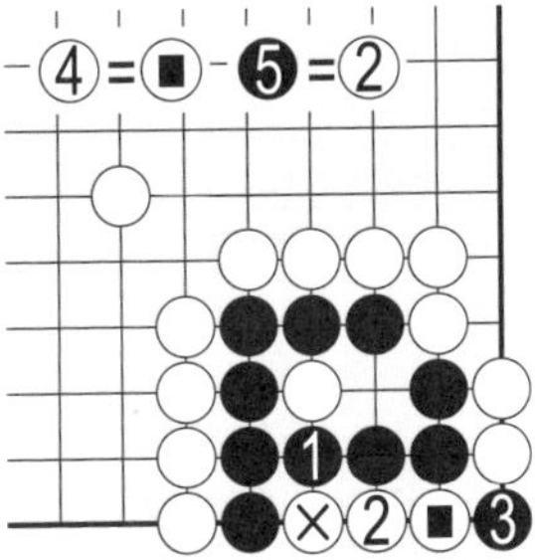

题 149　正解

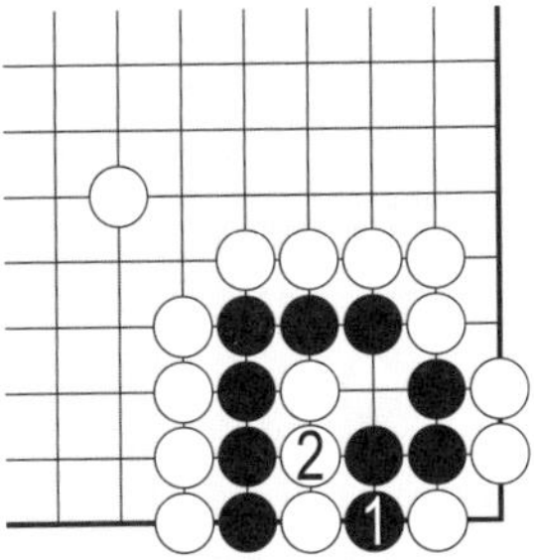

题 149　失败

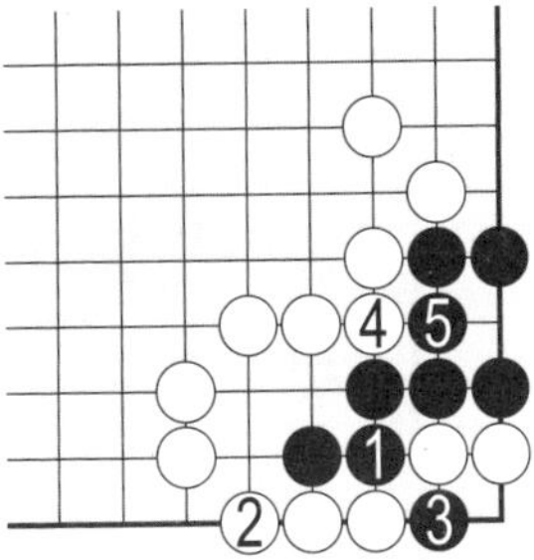

题 150　正解

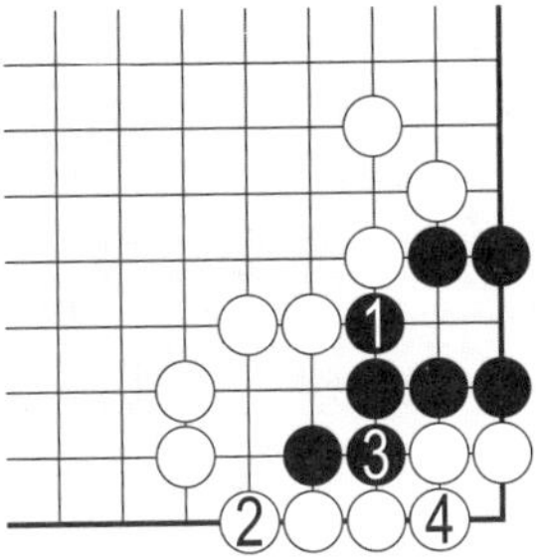

题 150　失败

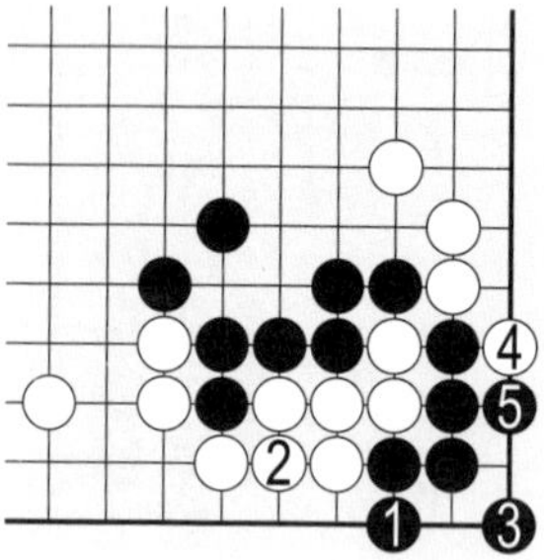

题 151　正解

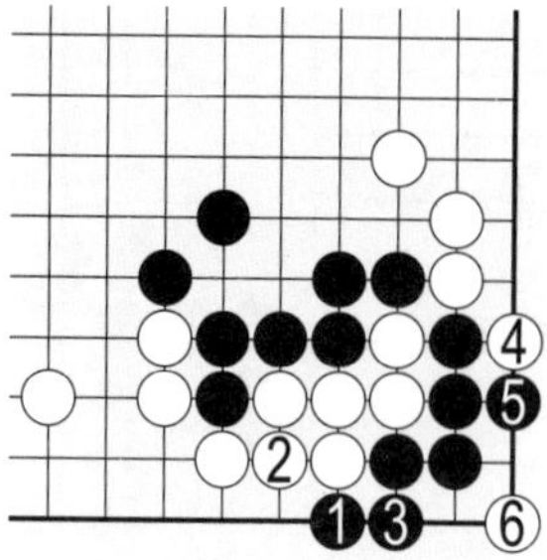

题 151　失败

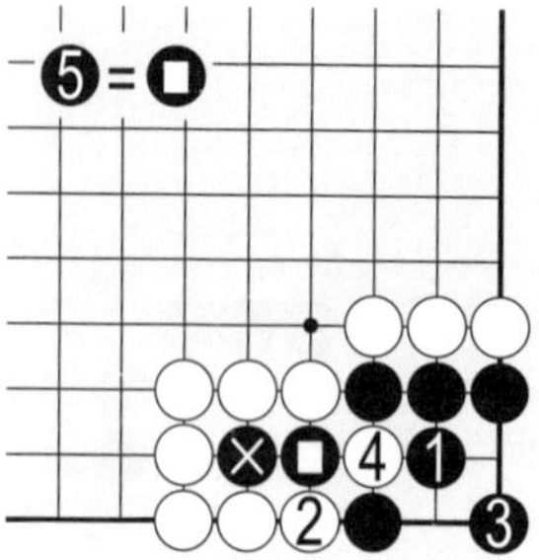

题 152　正解

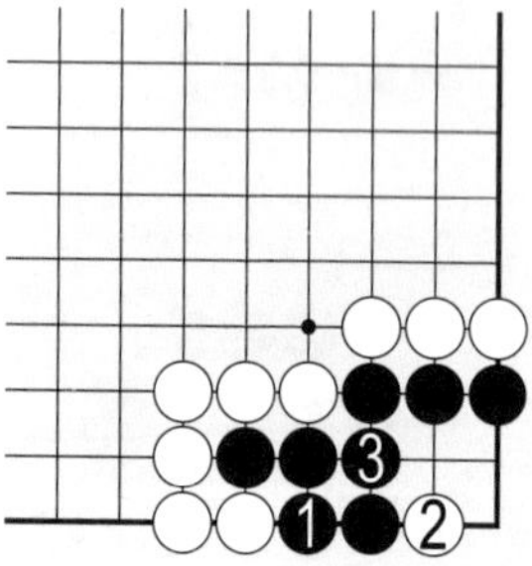

题 152　失败

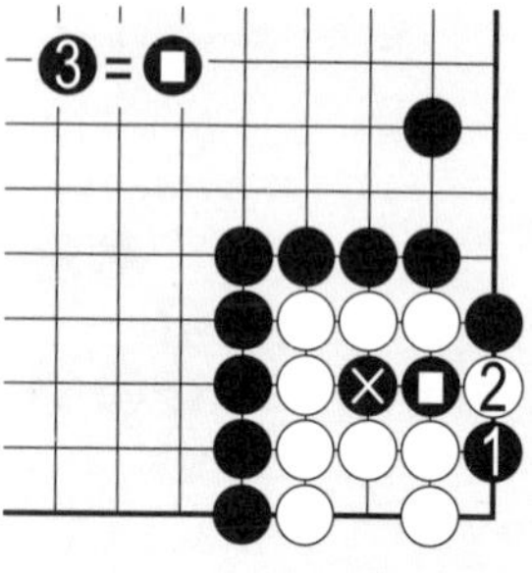

题 153　正解

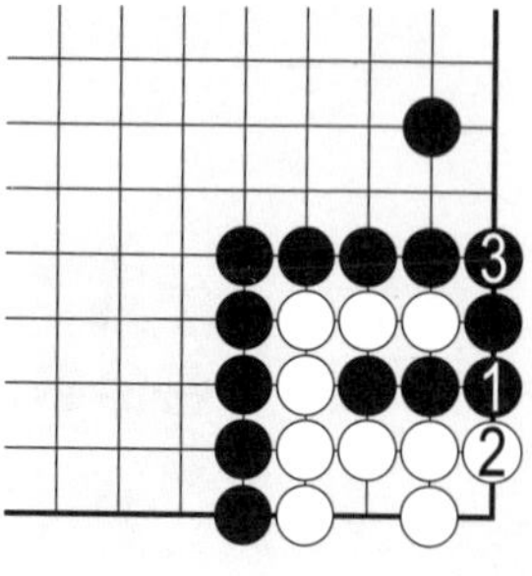

题 153　失败

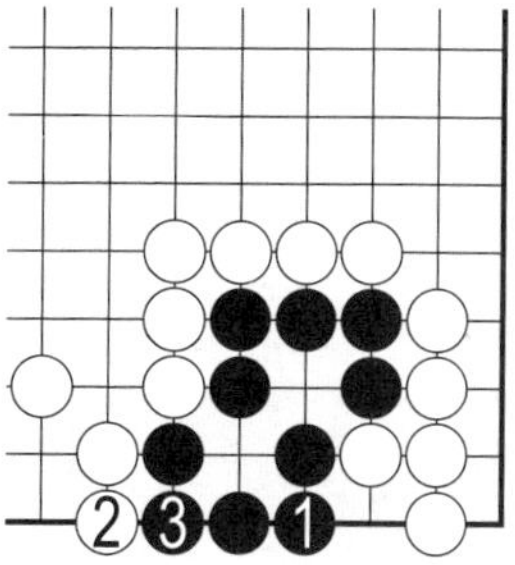

题 154　正解

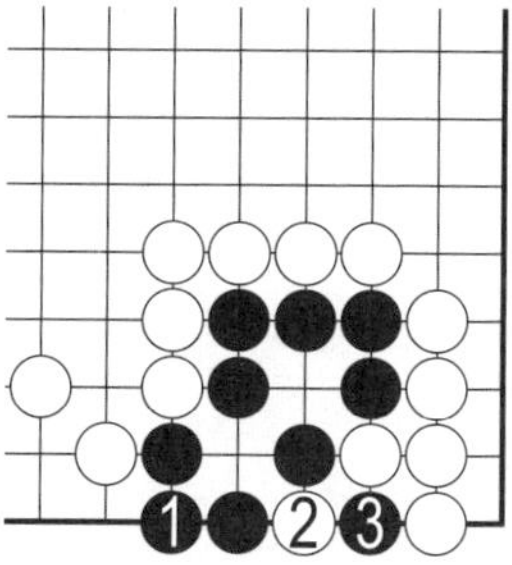

题 154　失败 打劫

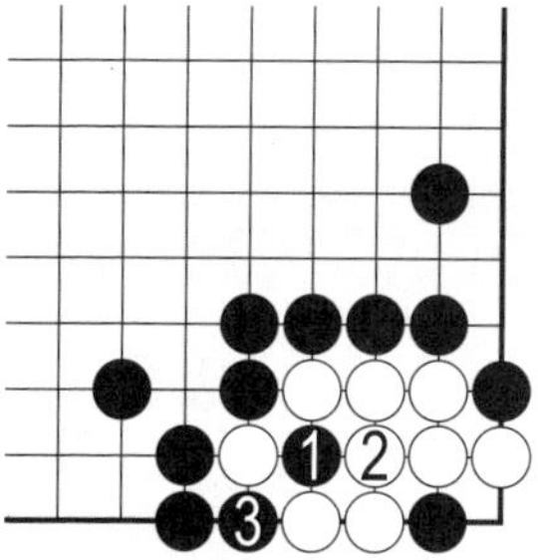

题 155　正解

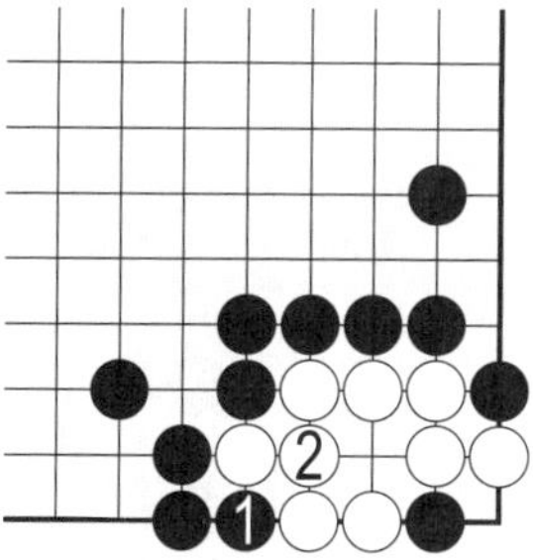

题 155　失败

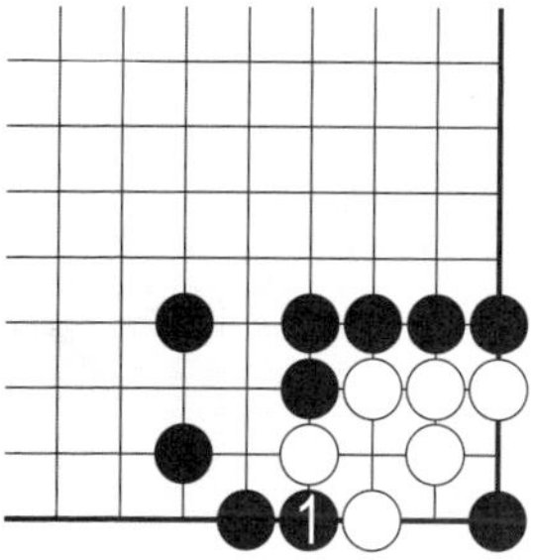

题 156　正解

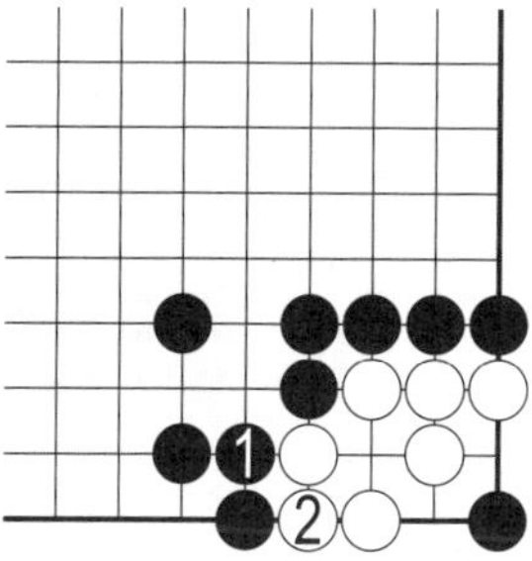

题 156　失败

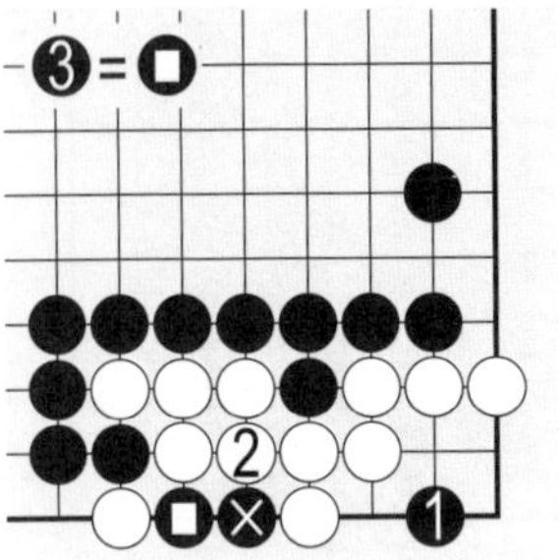

题 157　正解

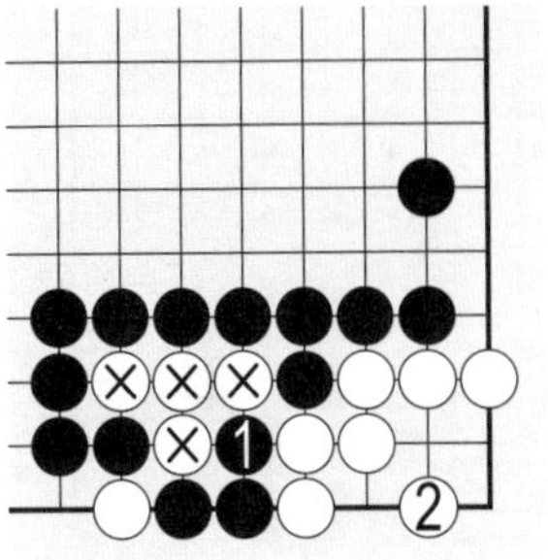

题 157　失败

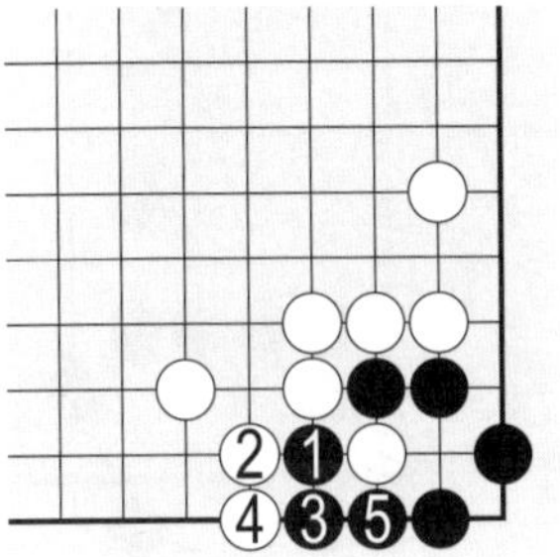

题 158　正解

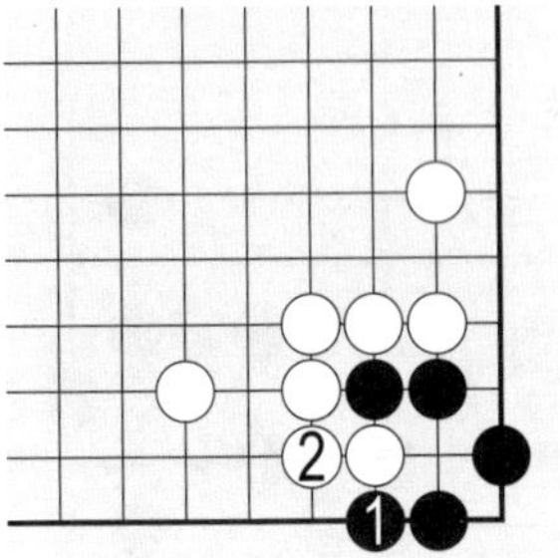

题 158　失败

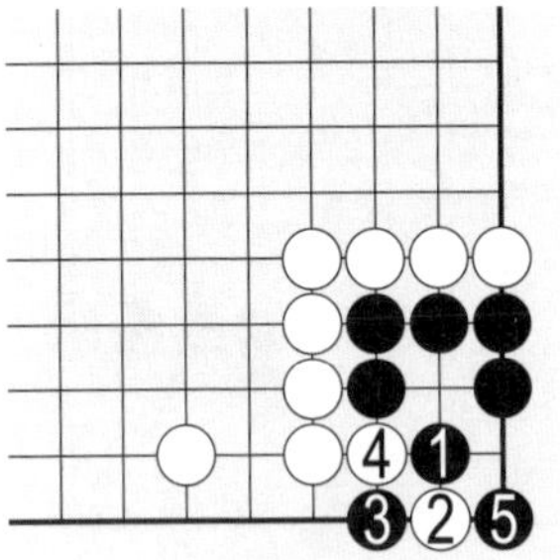

题 159　正解

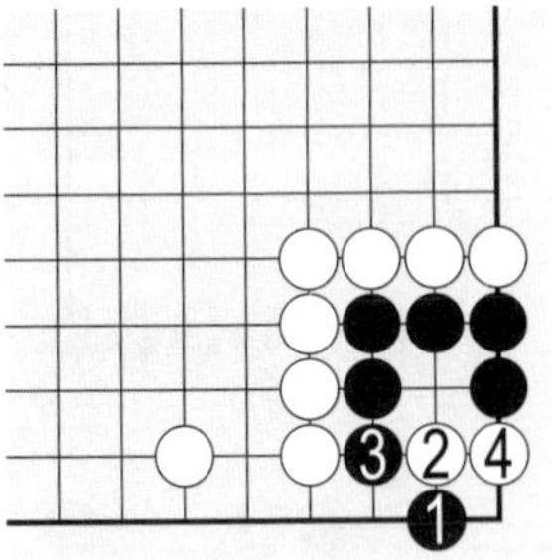

题 159　失败

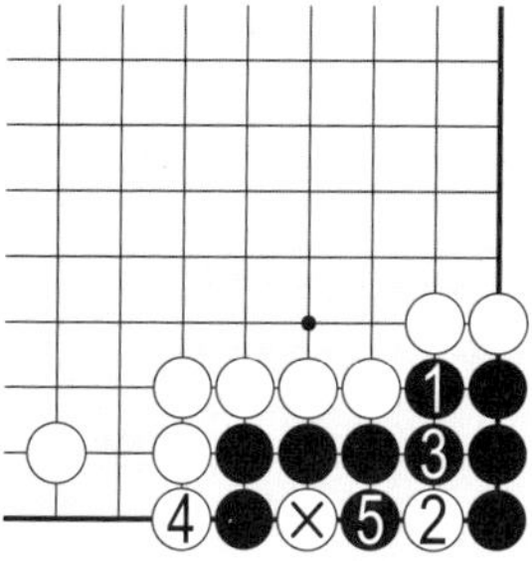

题 160　正解

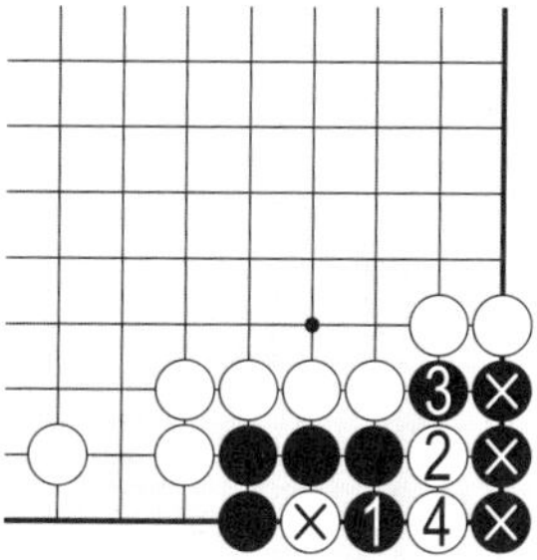

题 160　失败

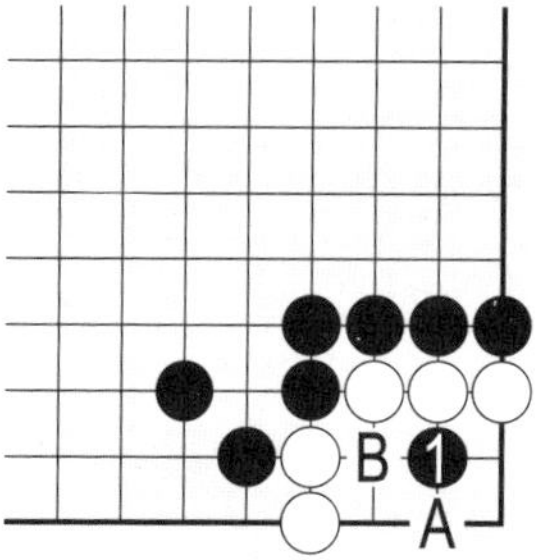

题 161　正解　A、B 见合

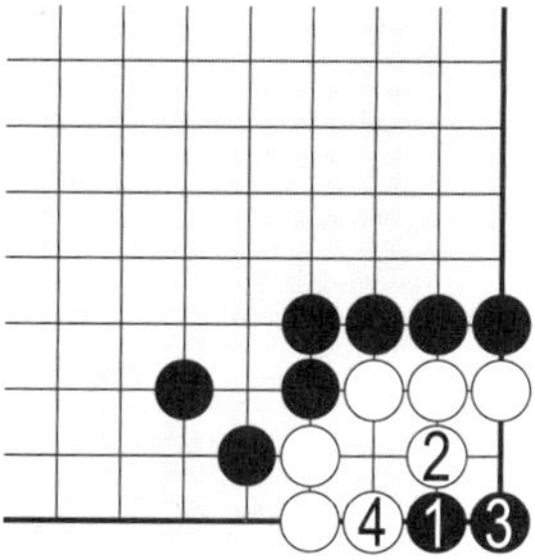

题 161　失败

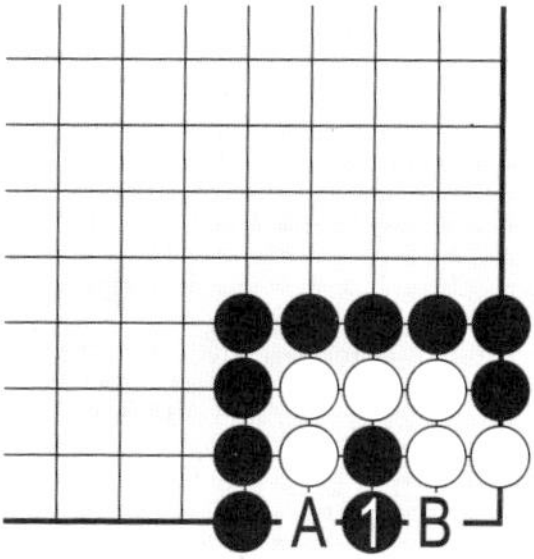

题 162　正解　A、B 见合

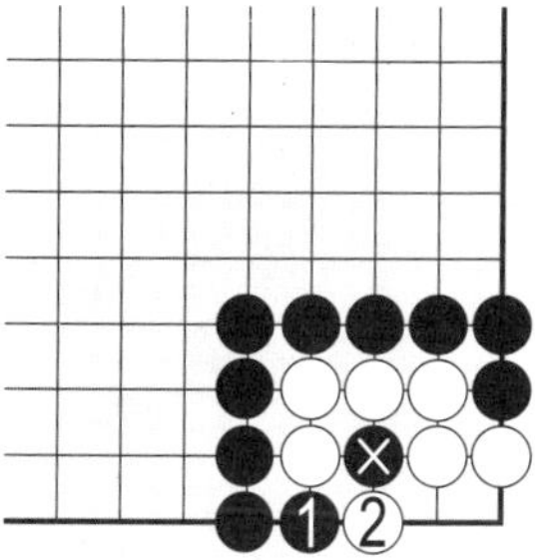

题 162　失败

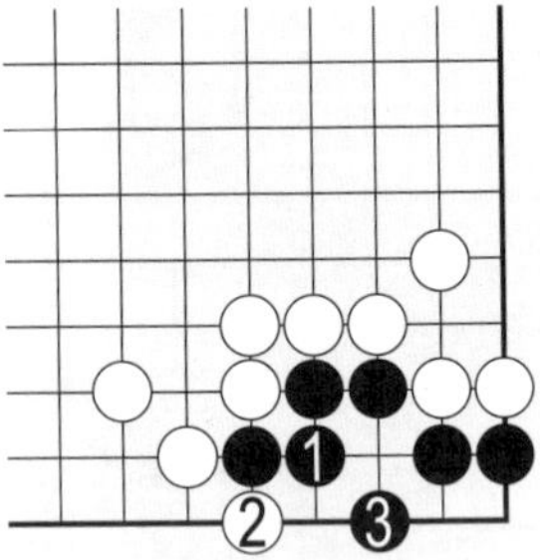

题 163　正解

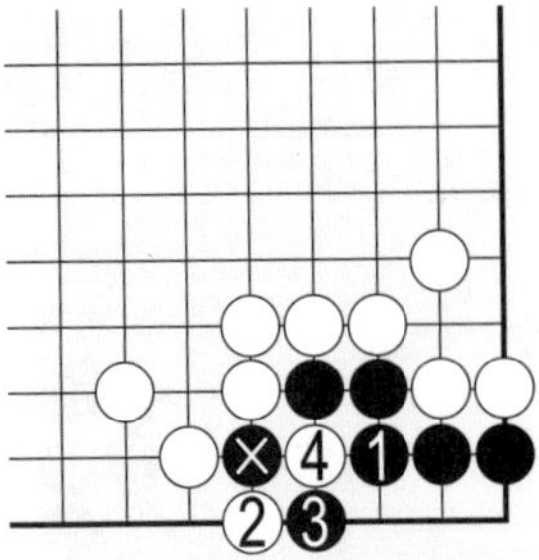

题 163　失败　打劫

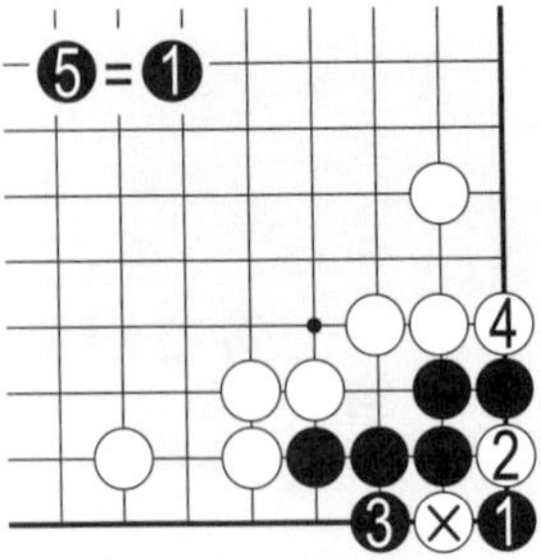

题 164　正解

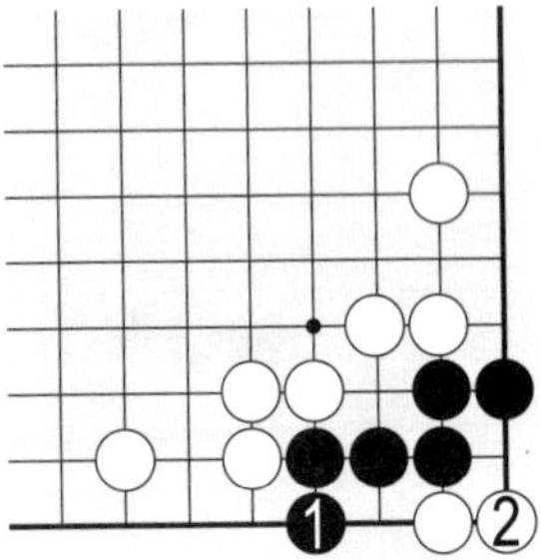

题 164　失败

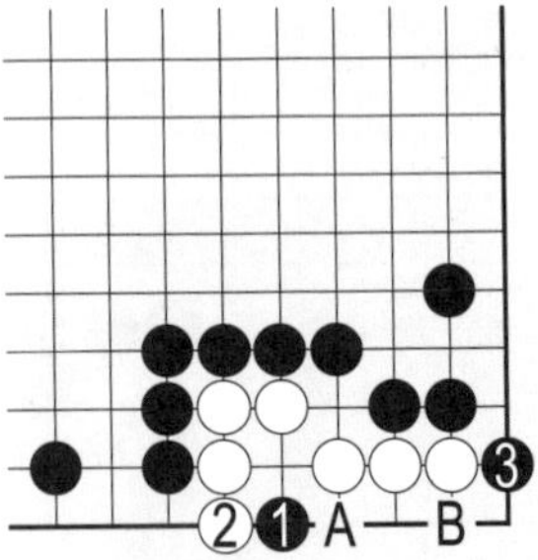

题 165　正解　A、B 见合

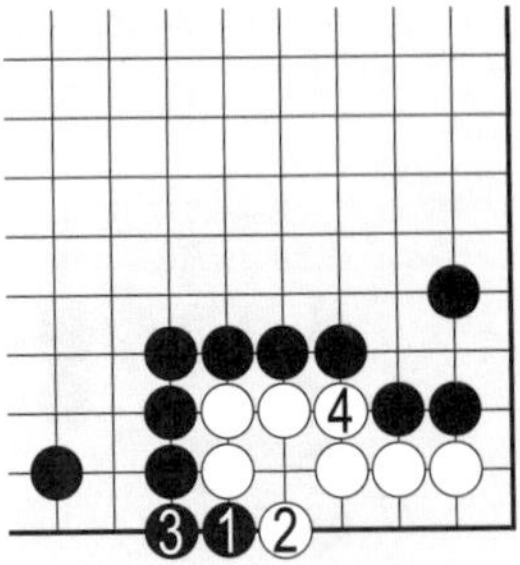

题 165　失败

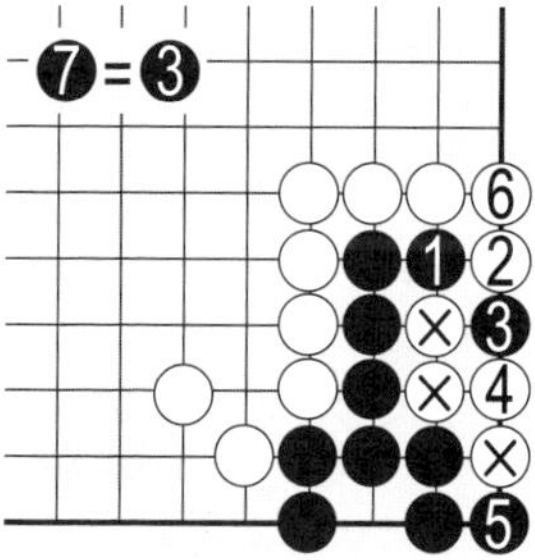

题 166　正解

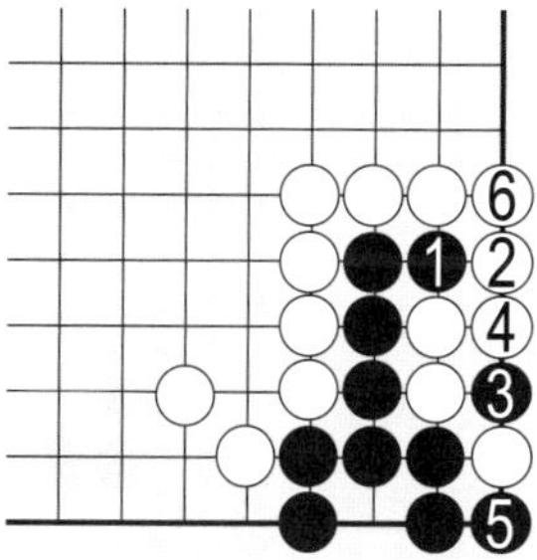

题 166　失败

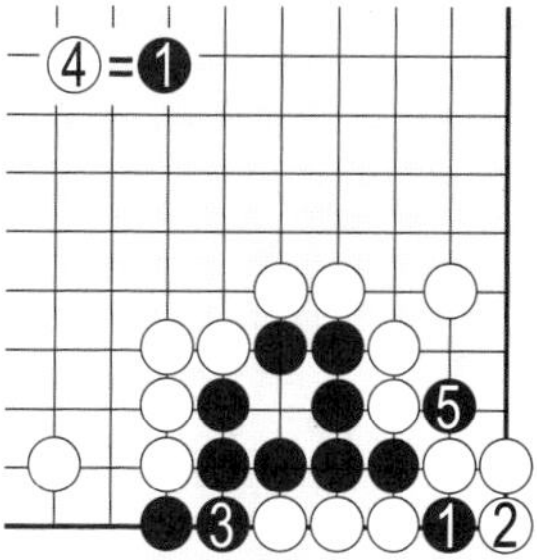

题 167　正解

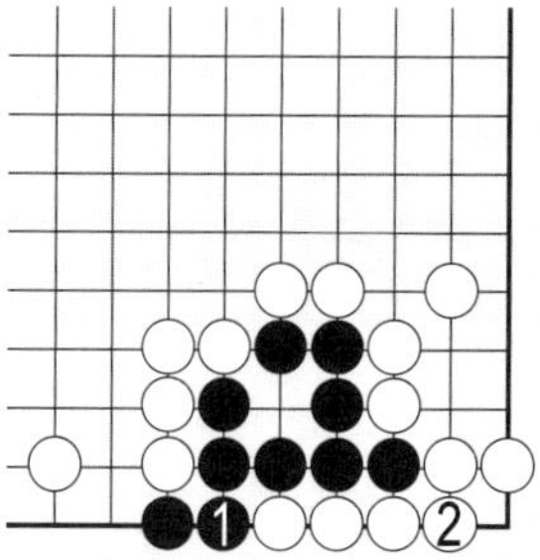

题 167　失败

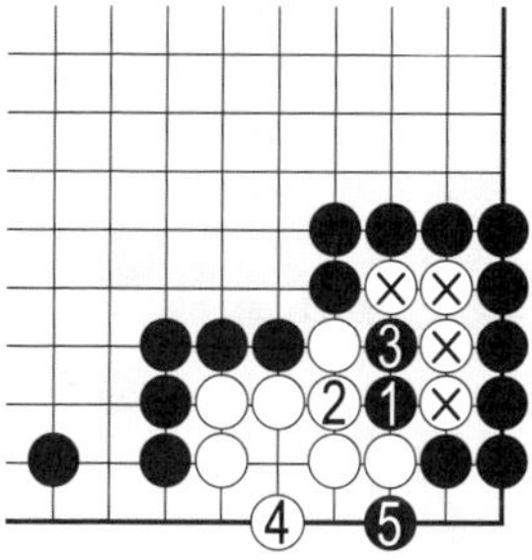

题 168　正解

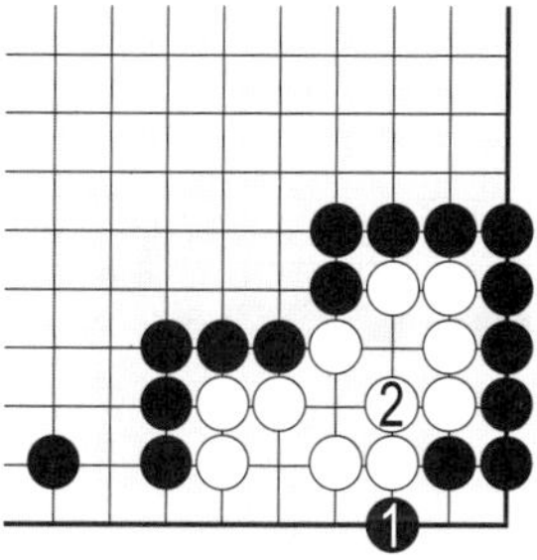

题 168　失败

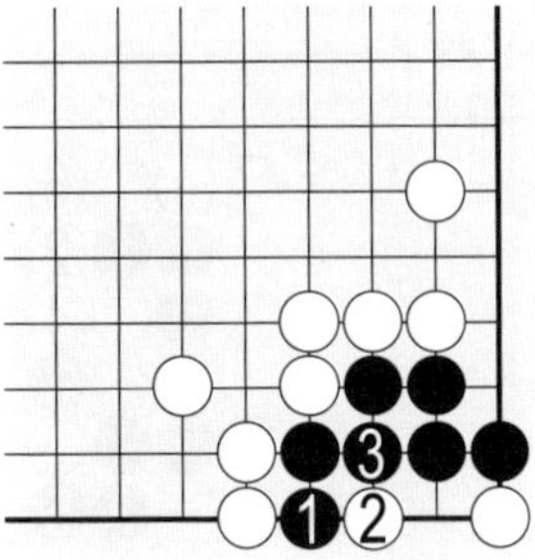

题 169　正解

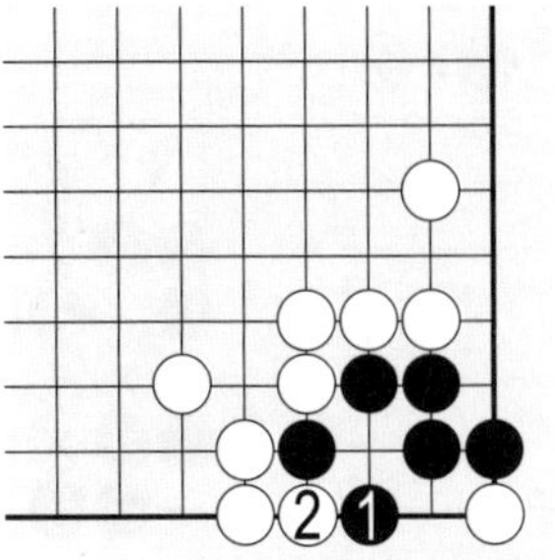

题 169　失败

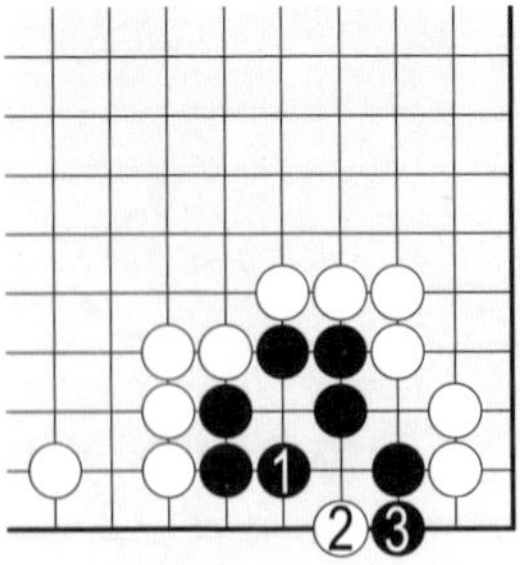

题 170　正解

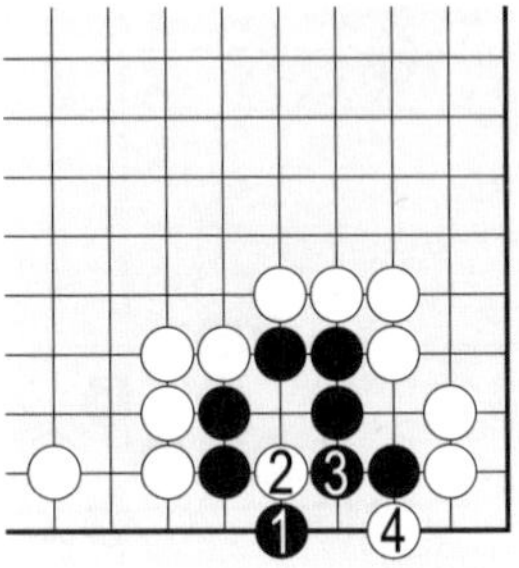

题 170　失败

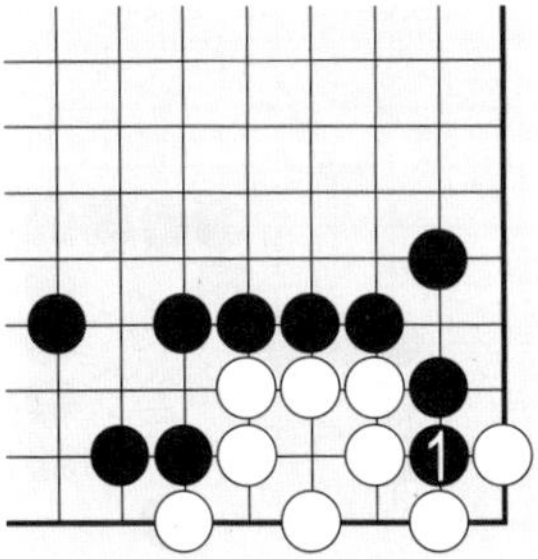

题 171　正解

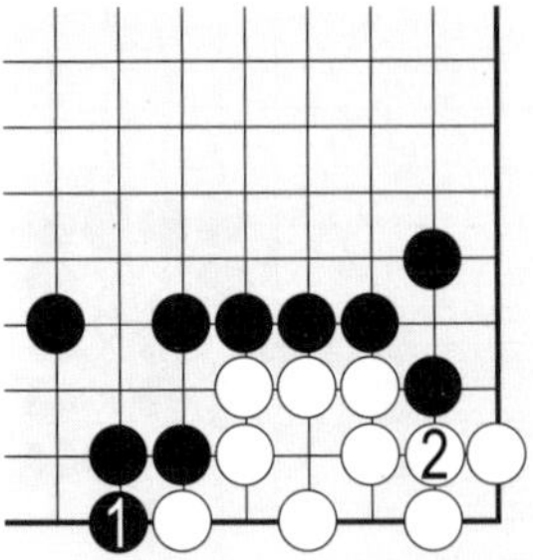

题 171　失败

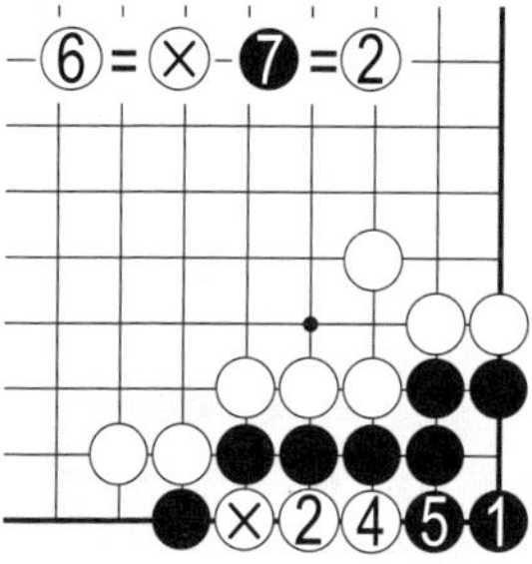

题 172　正解　❸脱先

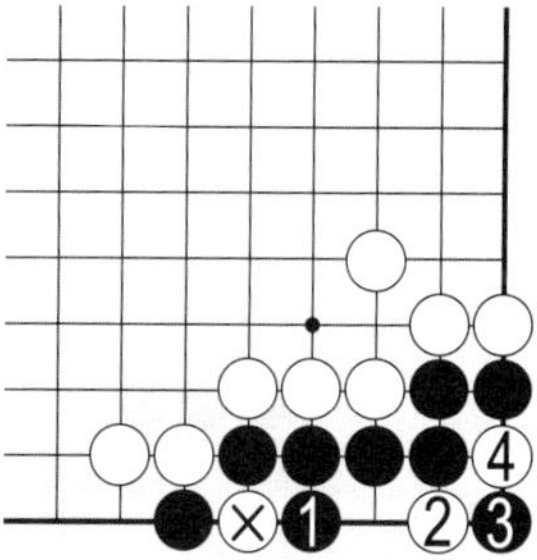

题 172　失败　打劫

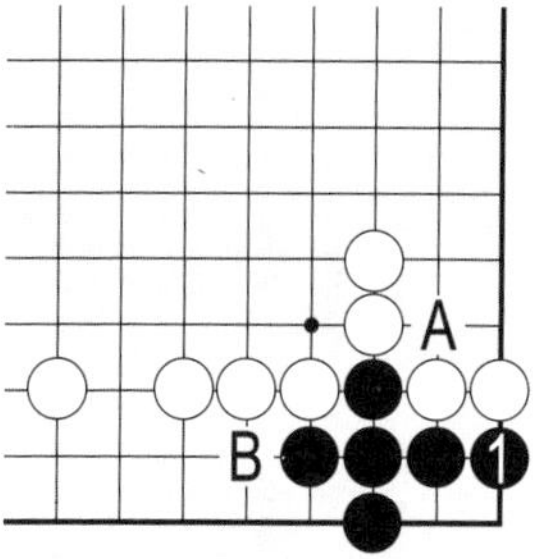

题 173　正解　A、B 见合

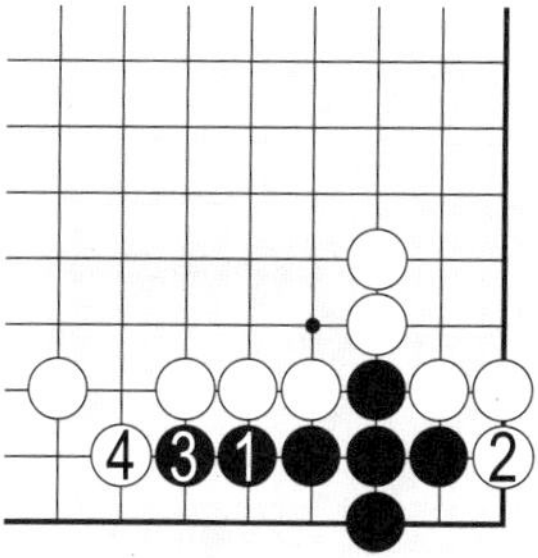

题 173　失败

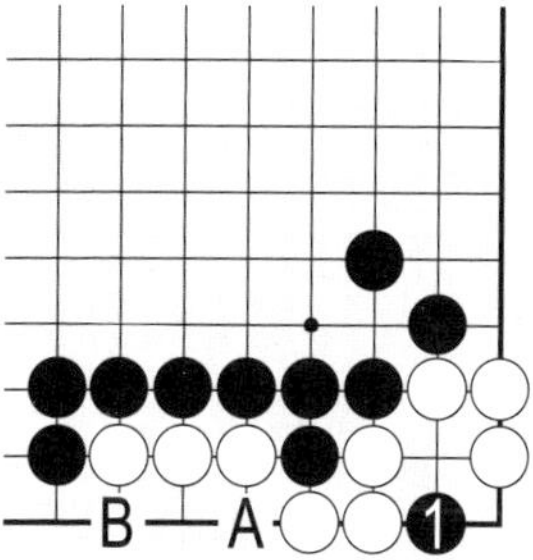

题 174　正解　A、B 见合

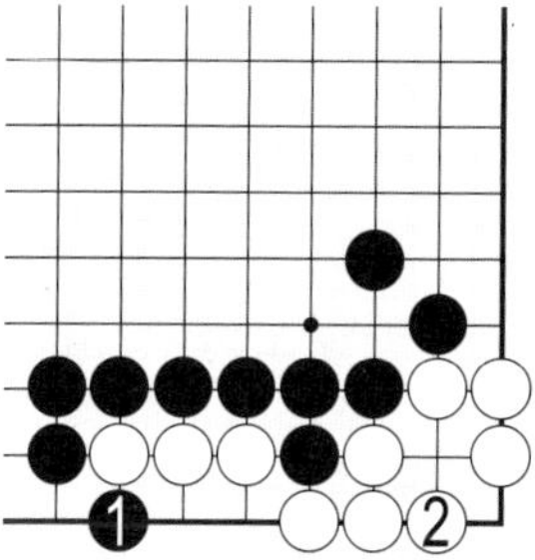

题 174　失败

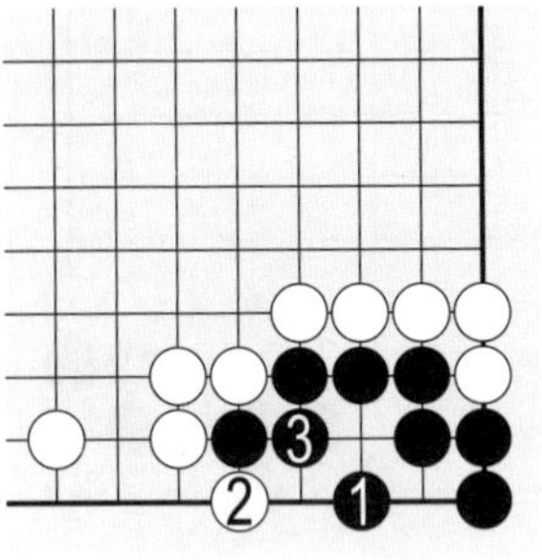

题 175　正解

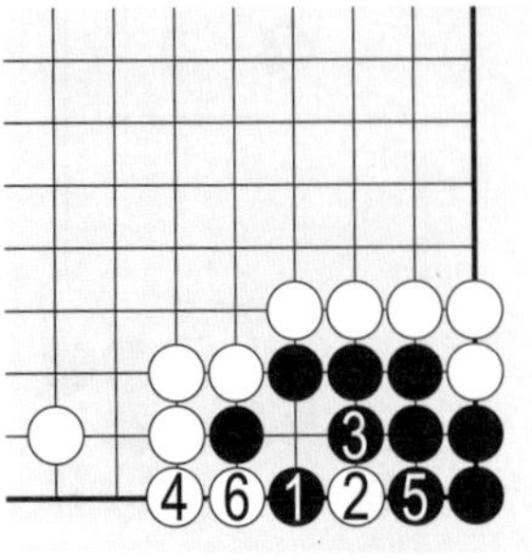

题 175　失败

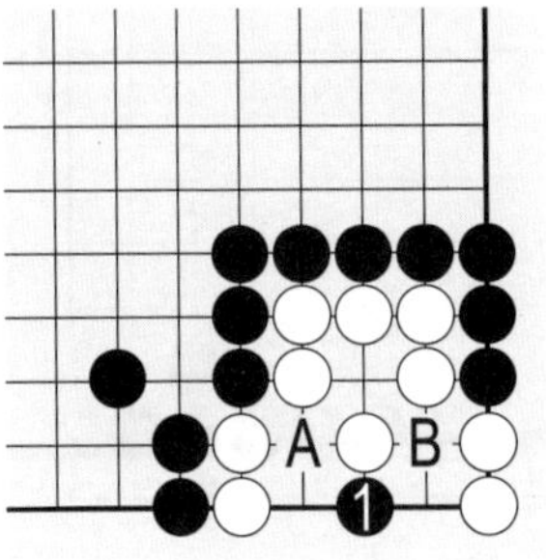

题 176　正解　A、B 见合

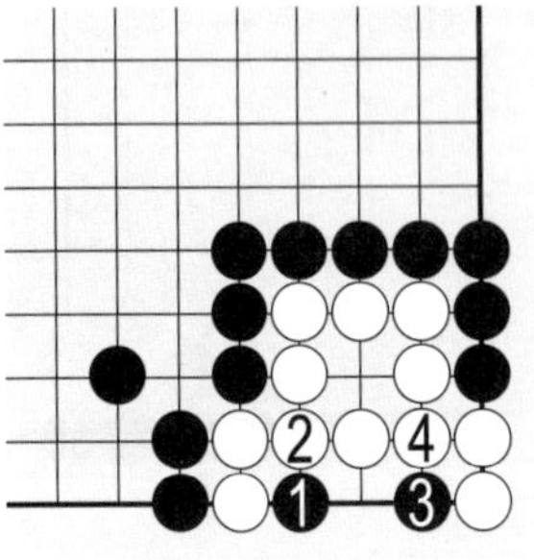

题 176　失败

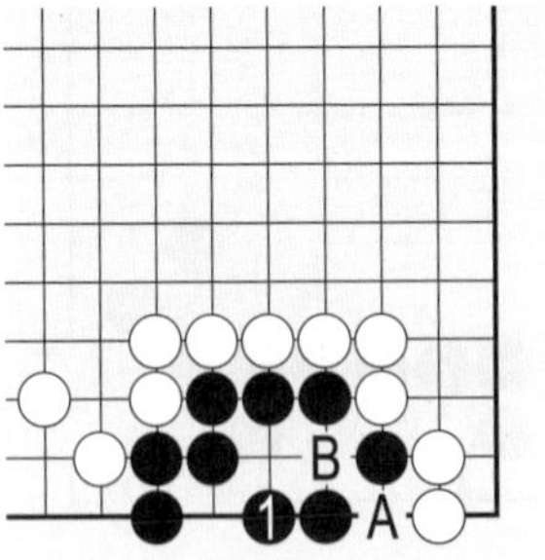

题 177　正解　A、B 见合

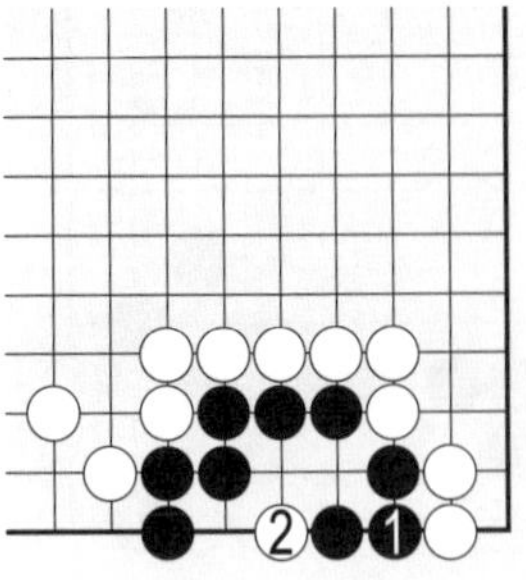

题 177　失败

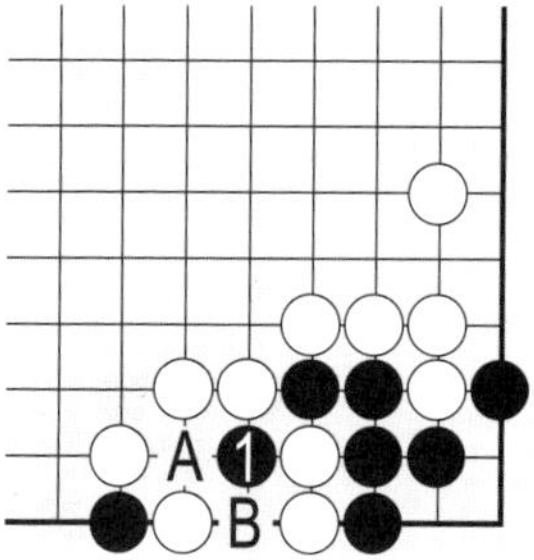

题 178 正解 A、B 见合

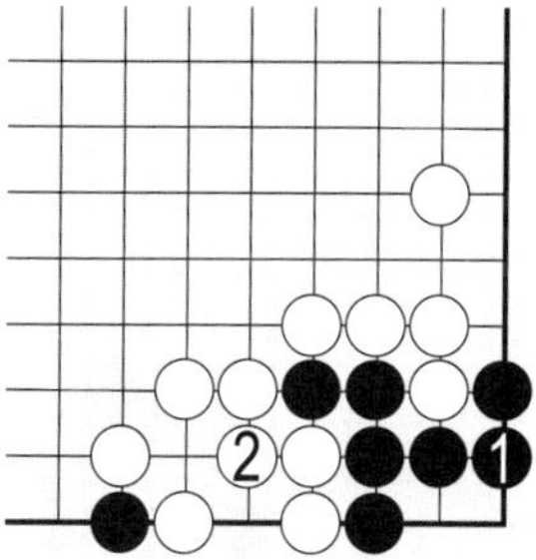

题 178 失败

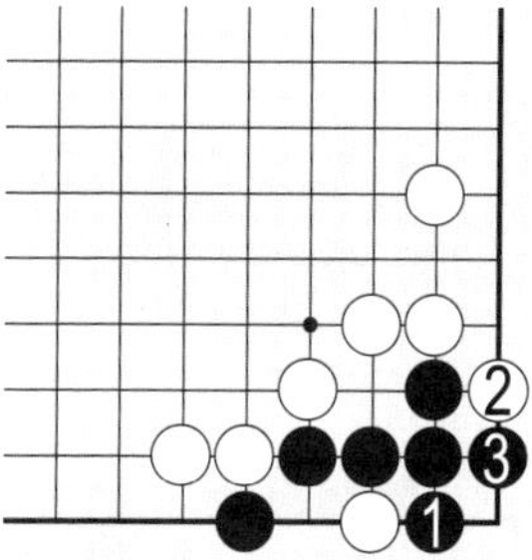

题 179 正解

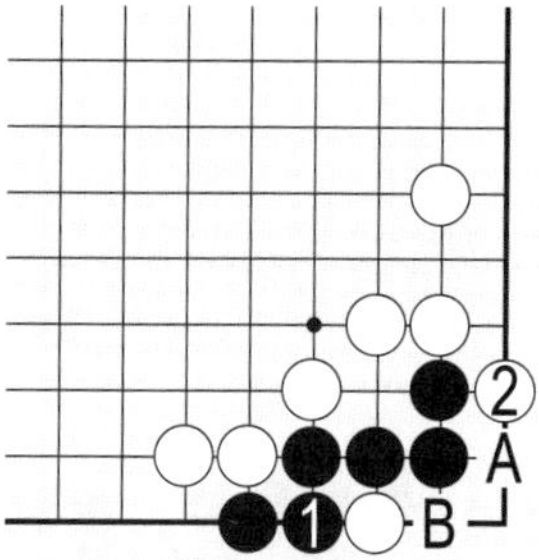

题 179 失败 A、B 见合

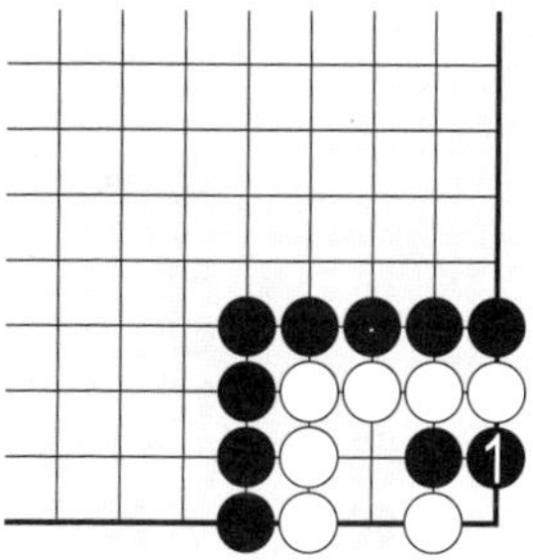

题 180 正解

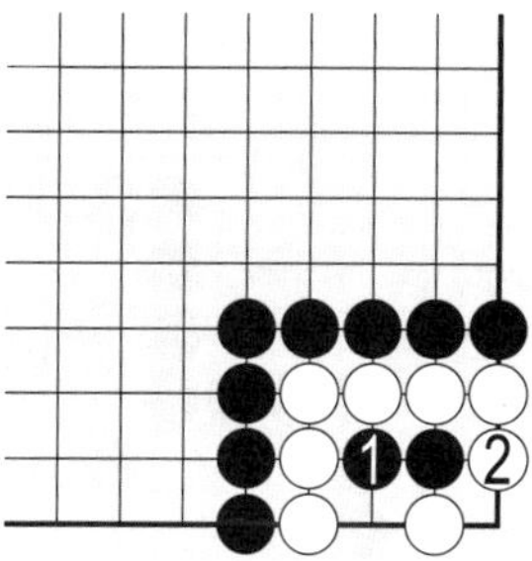

题 180 失败

13级～11级答案

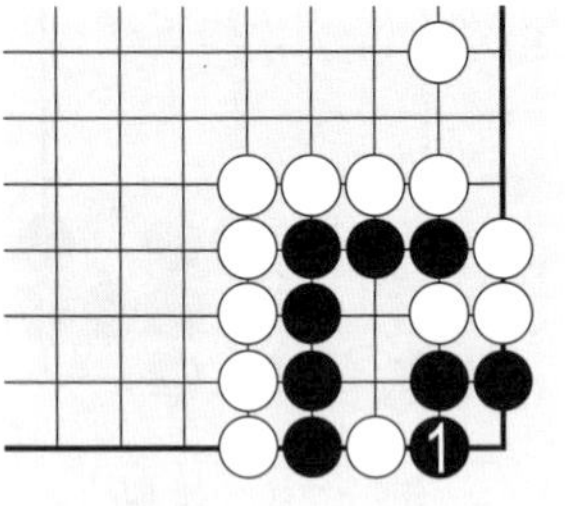

题 181　正解

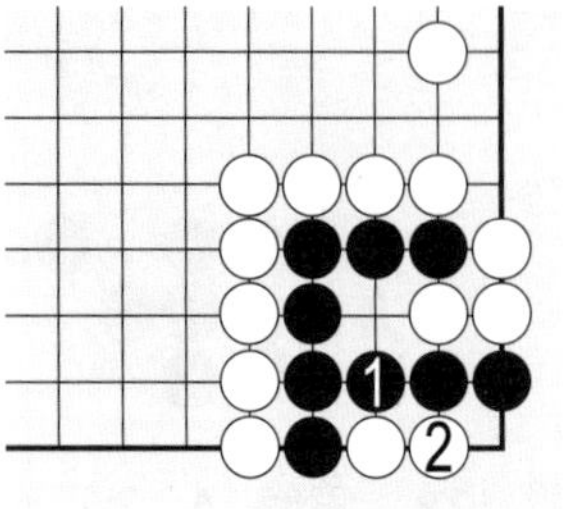

题 181　失败

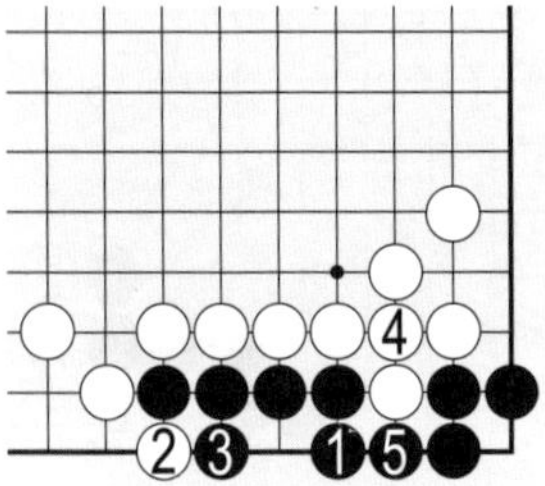

题 182　正解

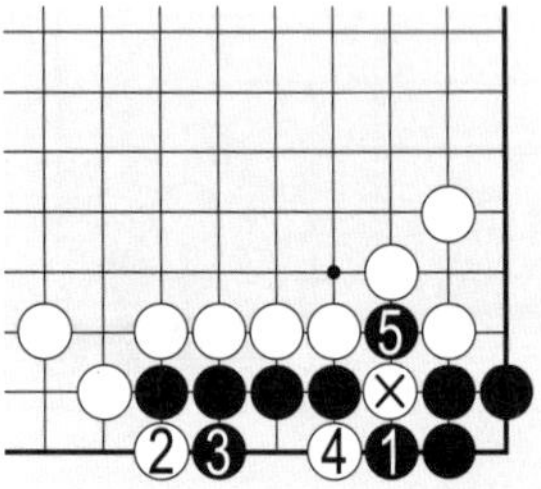

题 182　失败　打劫

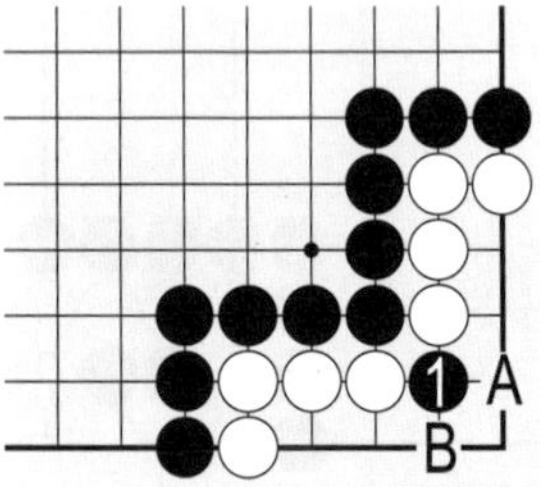

题 183　正解　A、B 见合

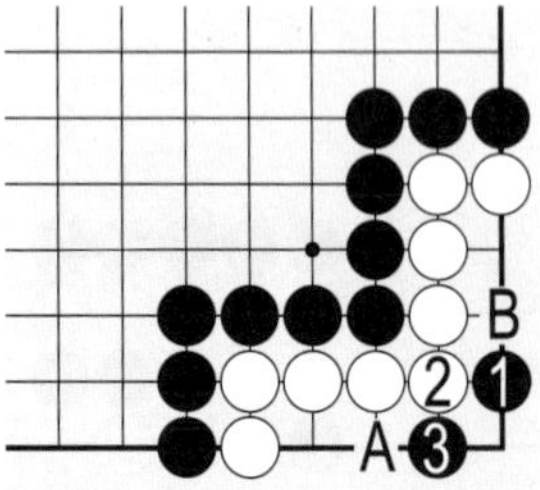

题 183　失败　A、B 见合

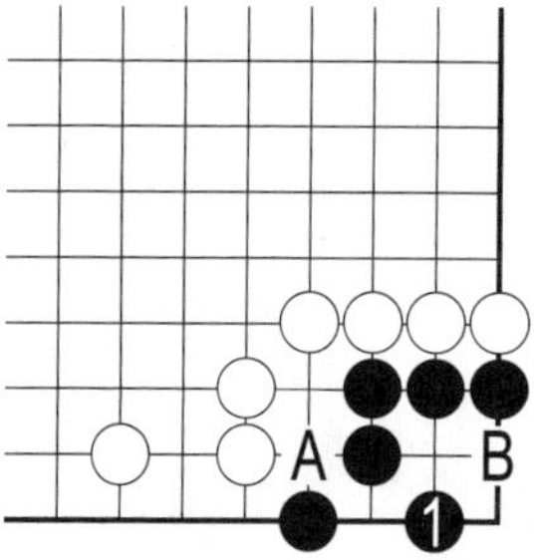

题 184　正解　A、B 见合

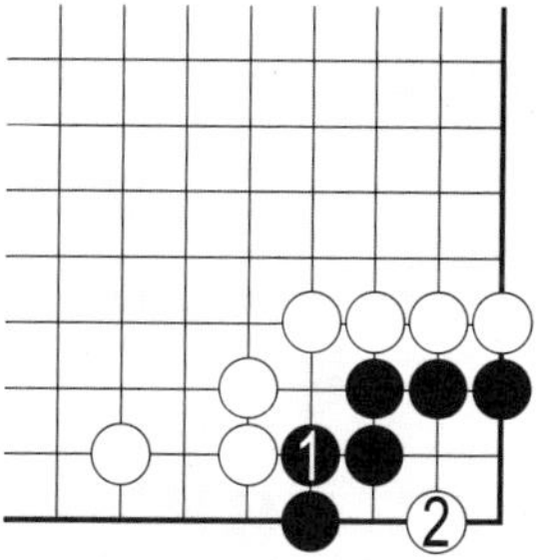
题 184　失败

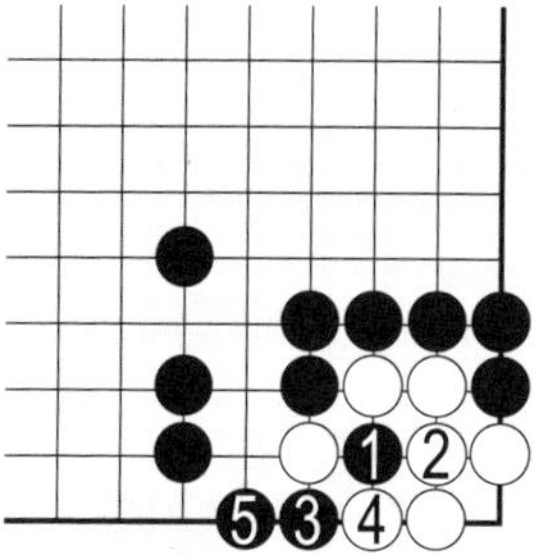
题 185　正解

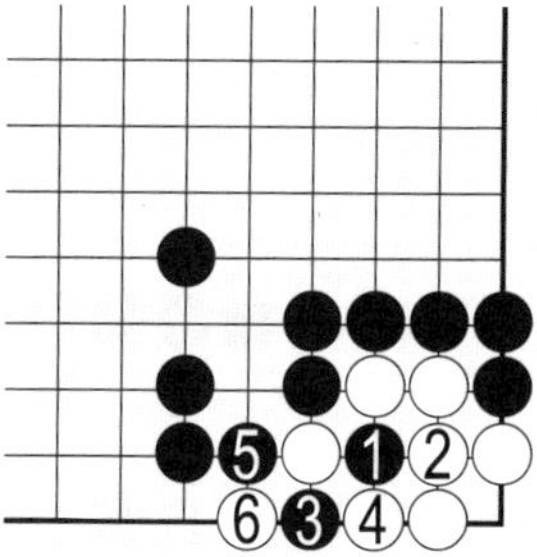
题 185　失败

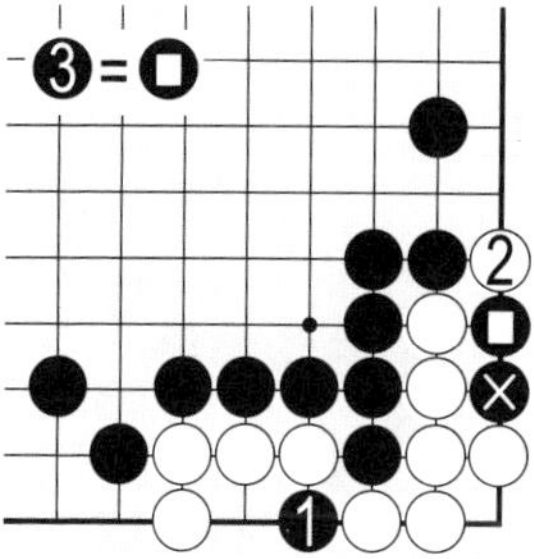

题 186　正解

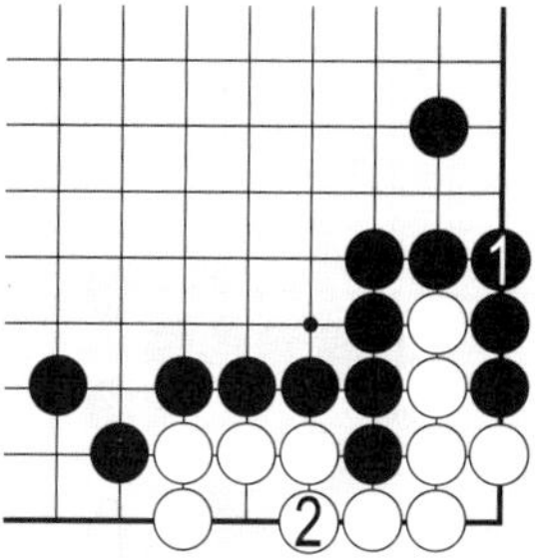
题 186　失败

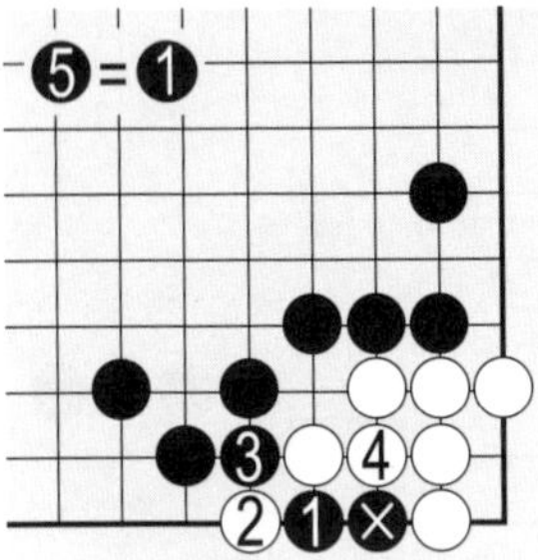

题 187　正解

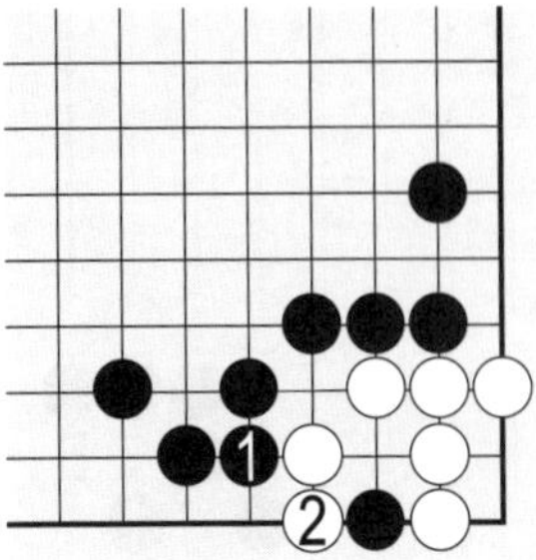

题 187　失败

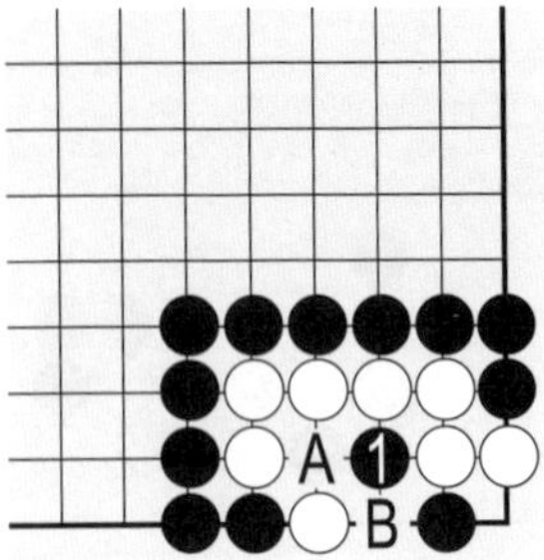

题 188　正解　A、B 见合

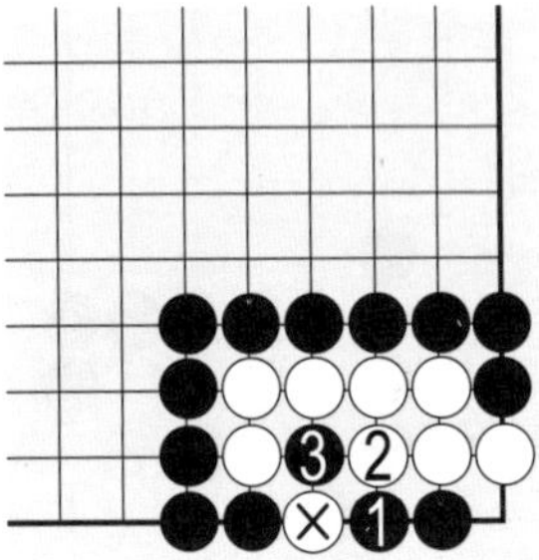

题 188　失败　打劫

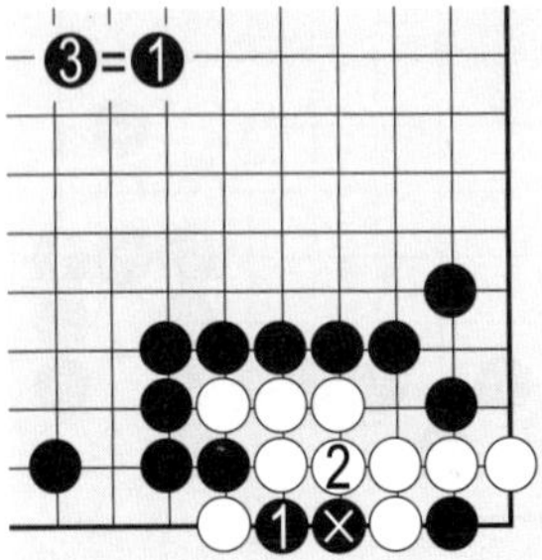

题 189　正解

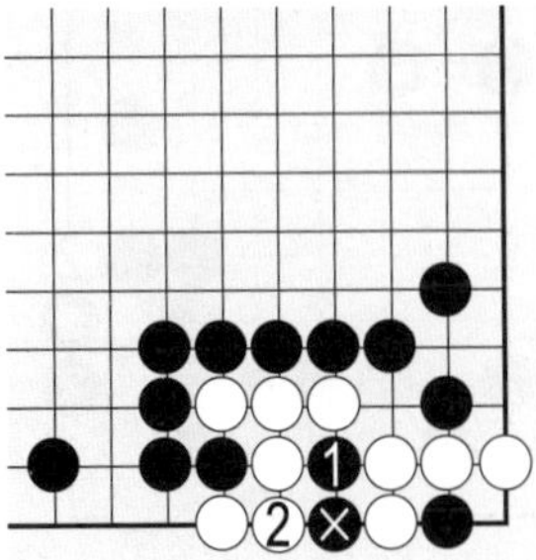

题 189　失败

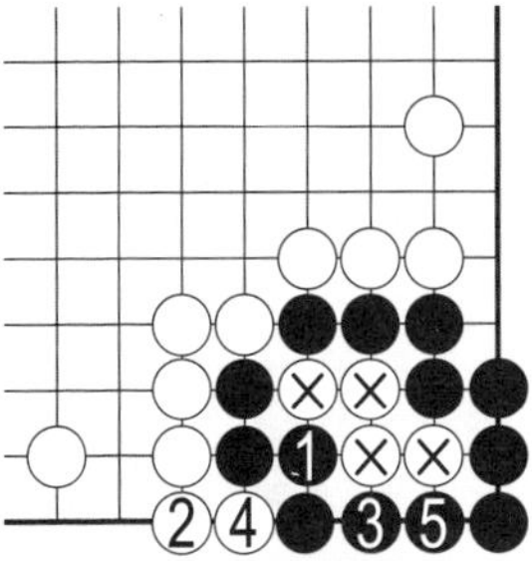

题 190　正解

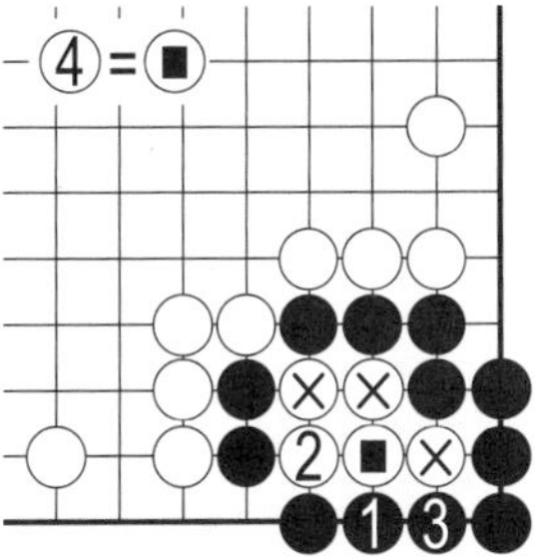

题 190　失败

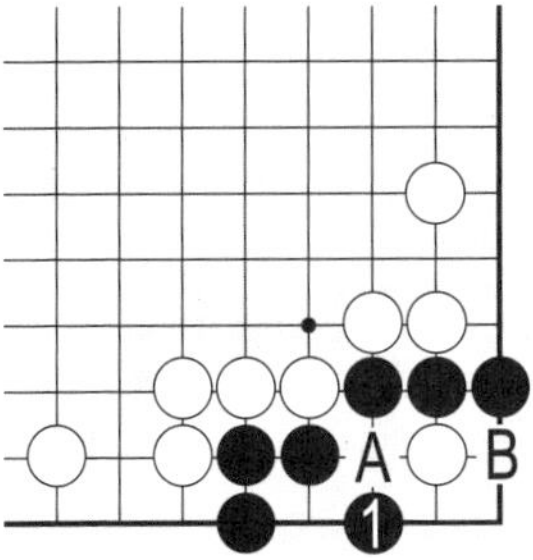

题 191　正解 A、B 见合

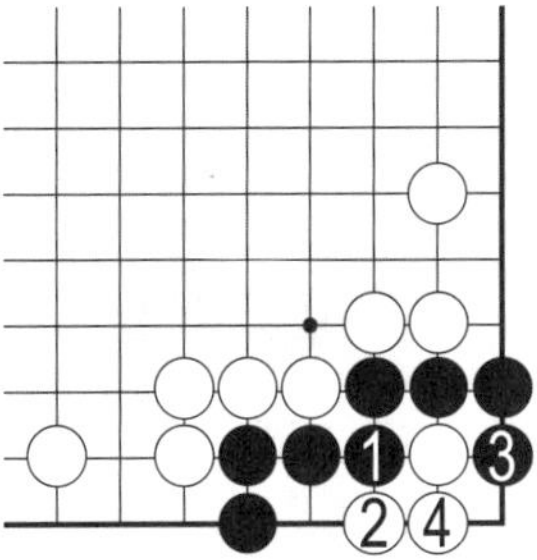

题 191　失败

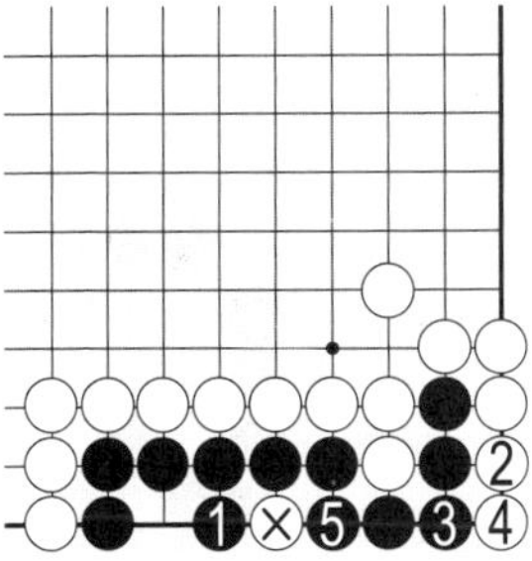

题 192　正解

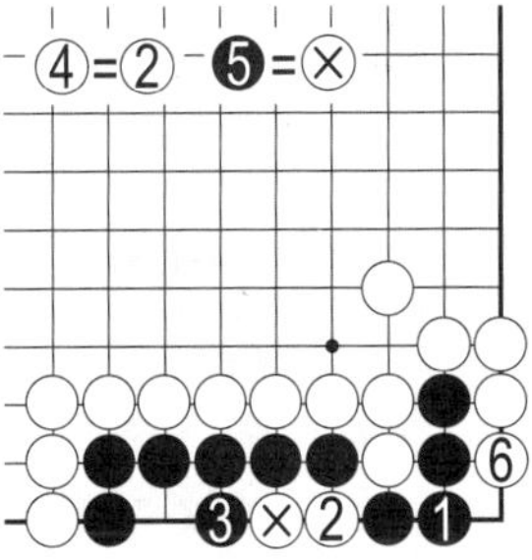

题 192　失败

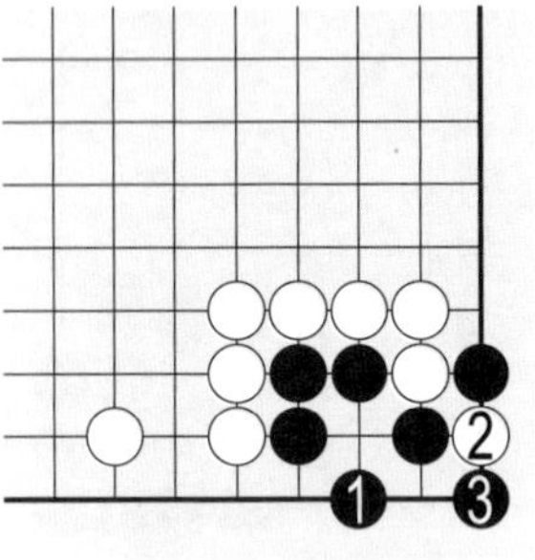

题 193　正解

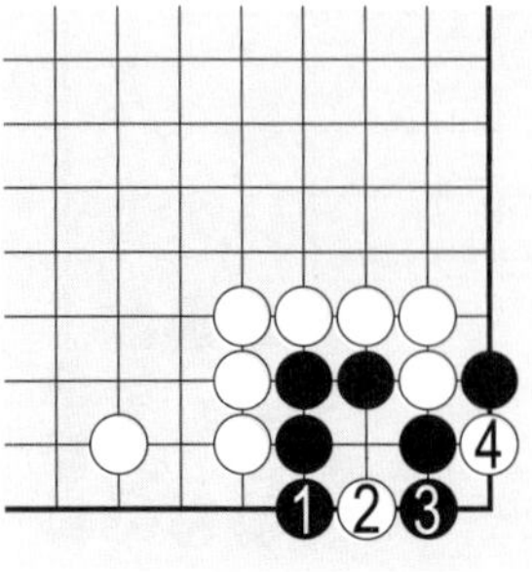

题 193　失败

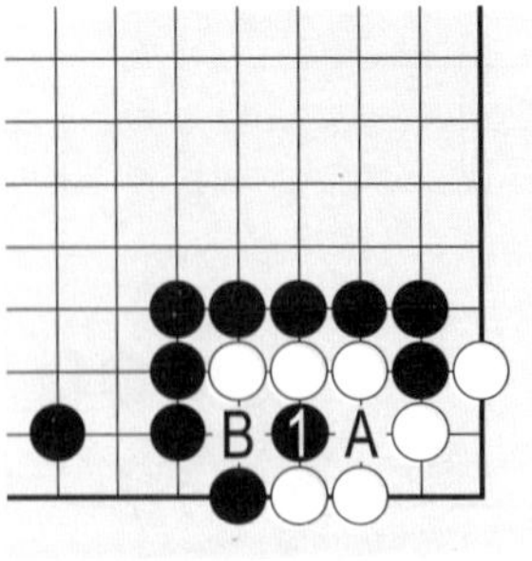

题 194　正解　A、B 见合

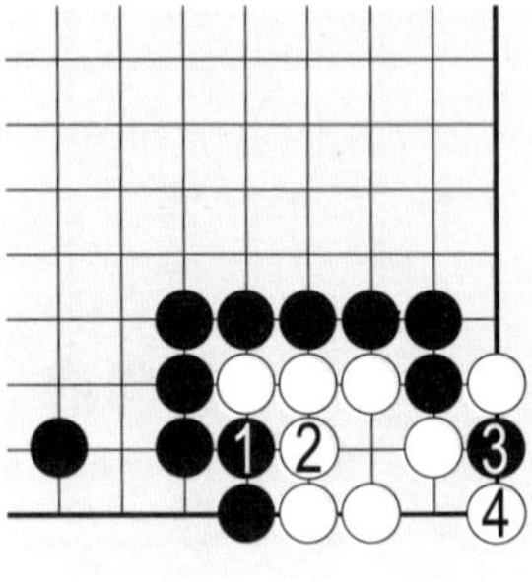

题 194　失败

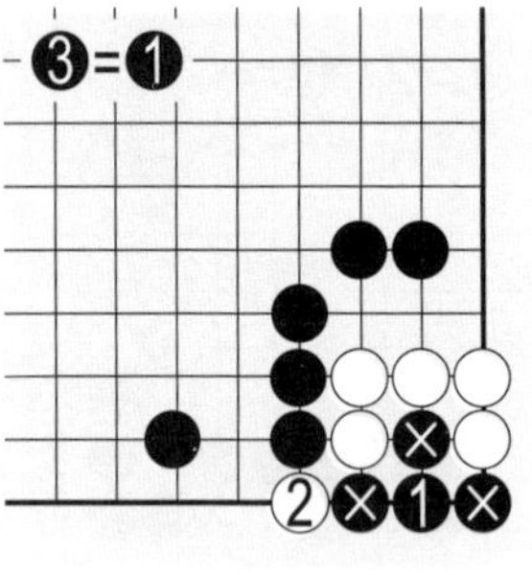

题 195　正解

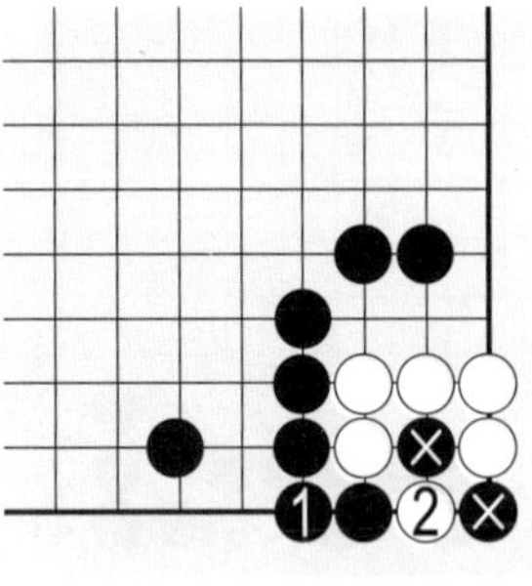

题 195　失败

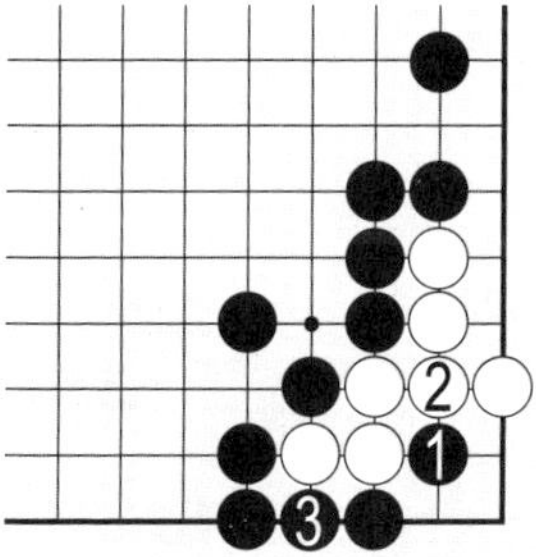

题 196　正解

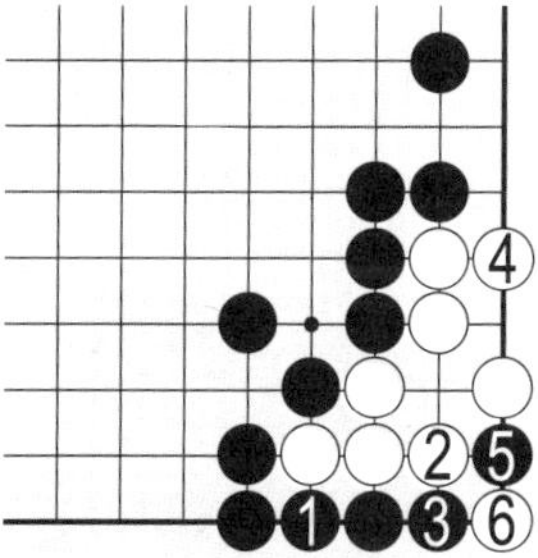

题 196　失败　打劫

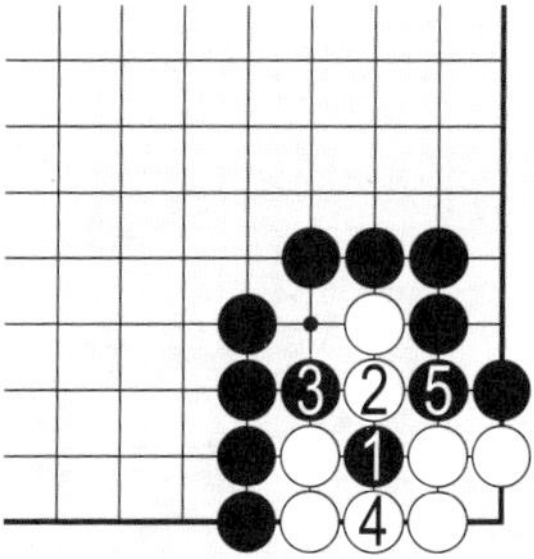

题 197　正解

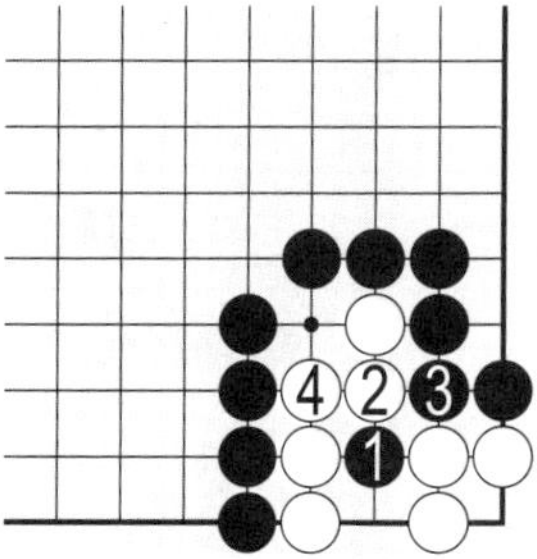

题 197　失败

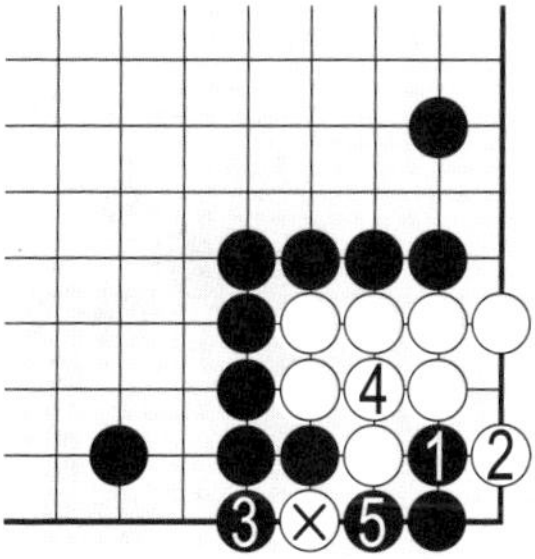

题 198　正解

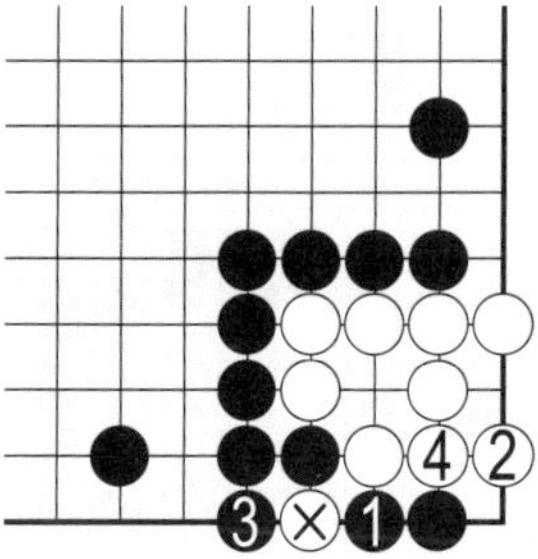

题 198　失败

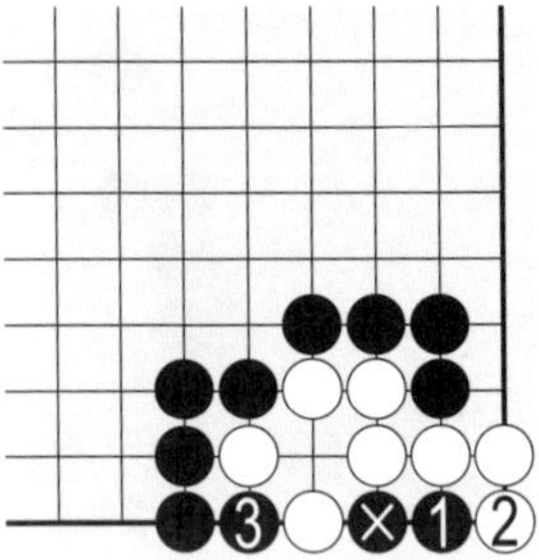

题 199　正解

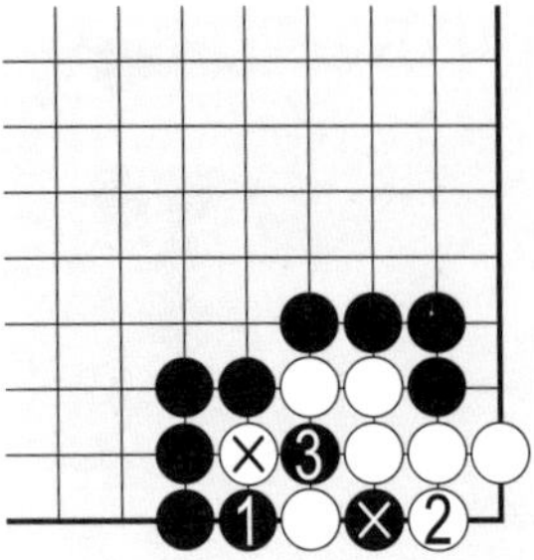

题 199　失败　打劫

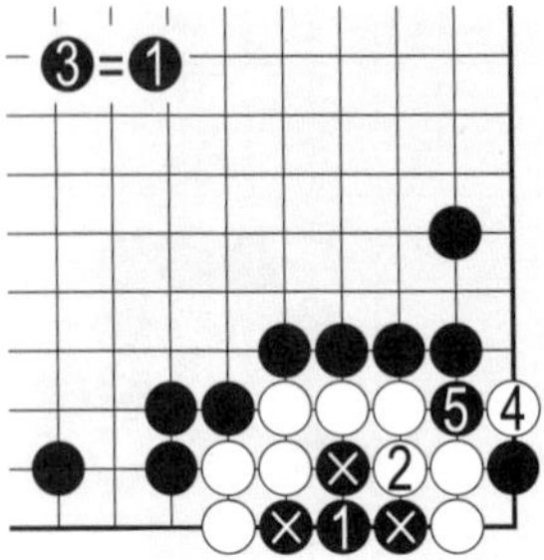

题 200　正解

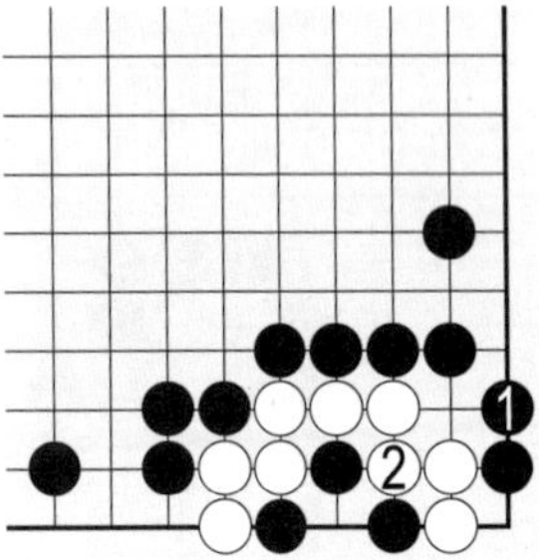

题 200　失败

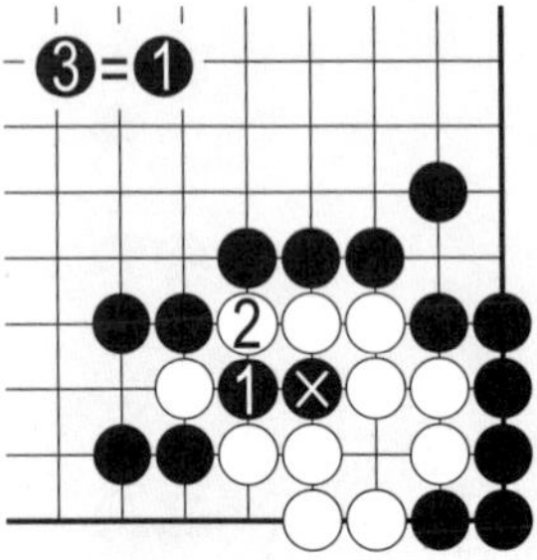

题 201　正解

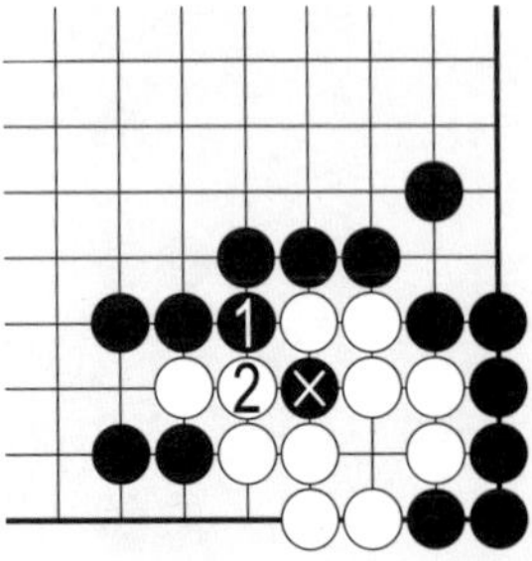

题 201　失败

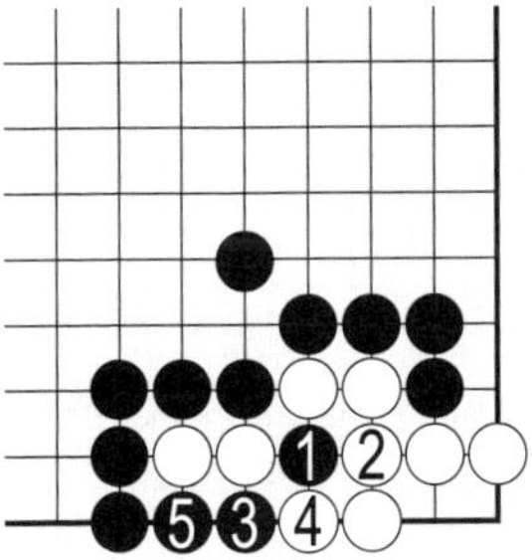

题 202　正解

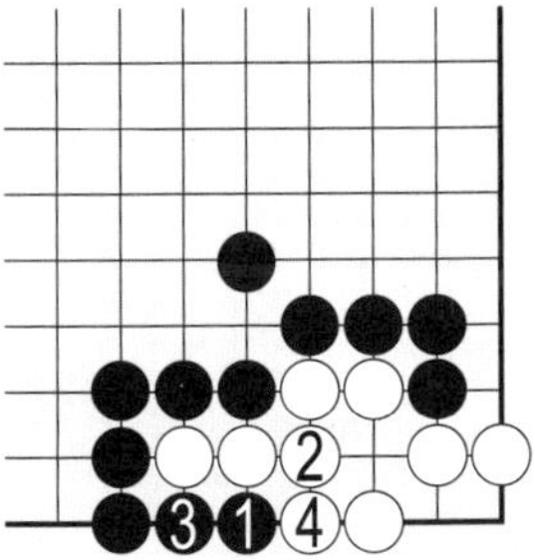

题 202　失败

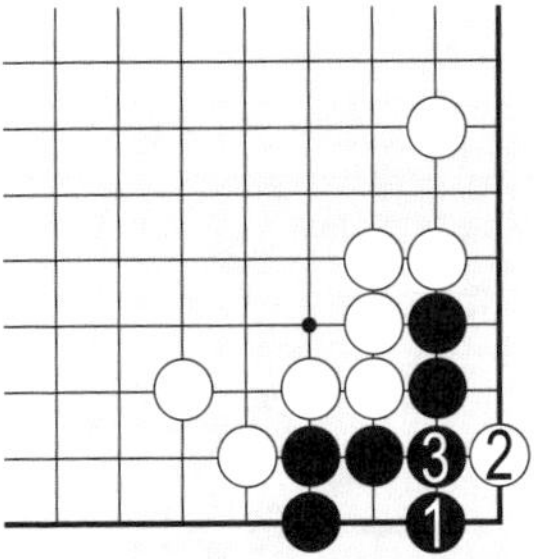

题 203　正解

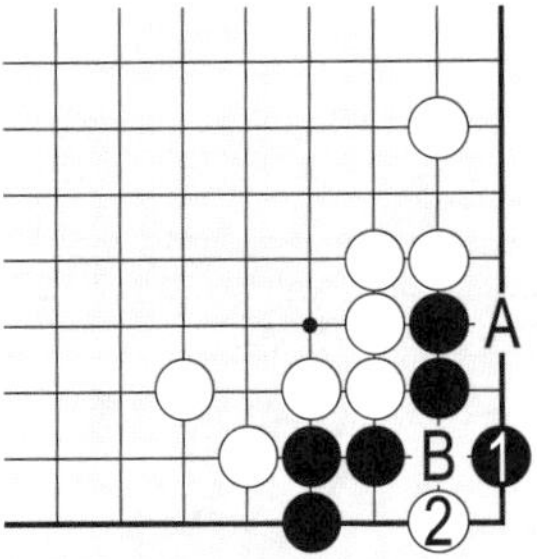

题 203　失败 A、B 见合

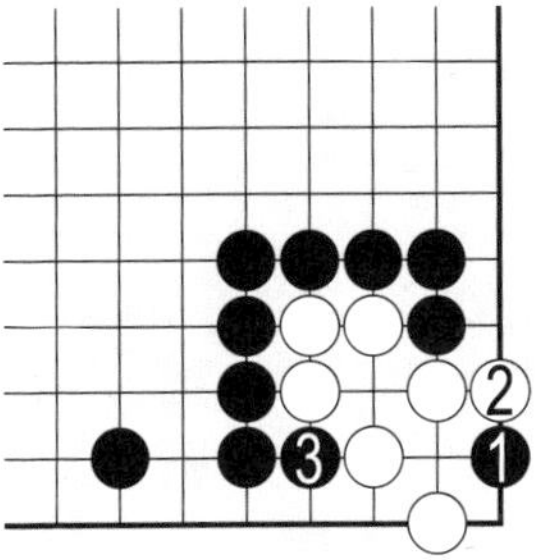

题 204　正解

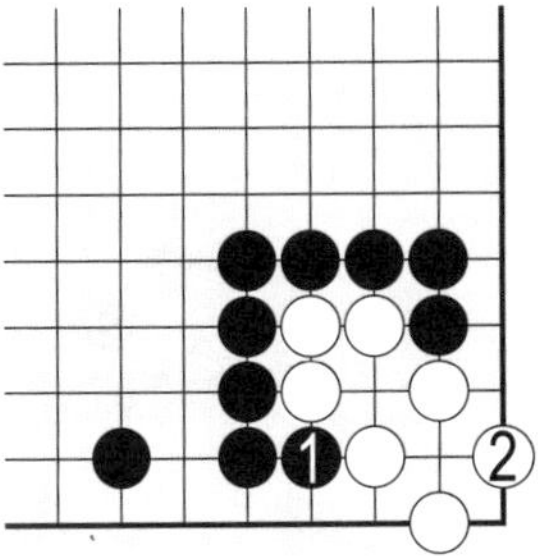

题 204　失败

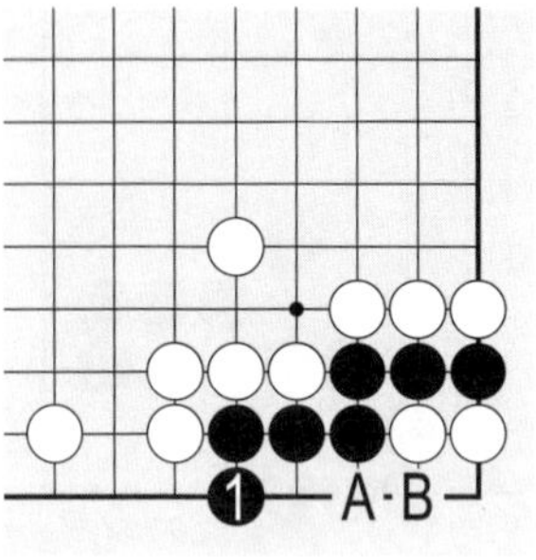

题 205　正解　A、B 见合

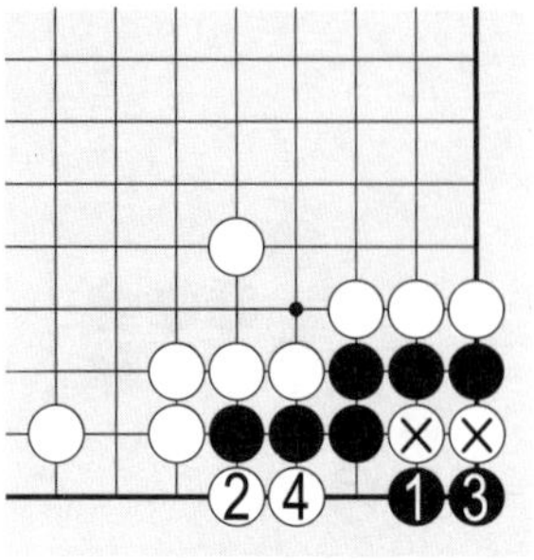

题 205　失败

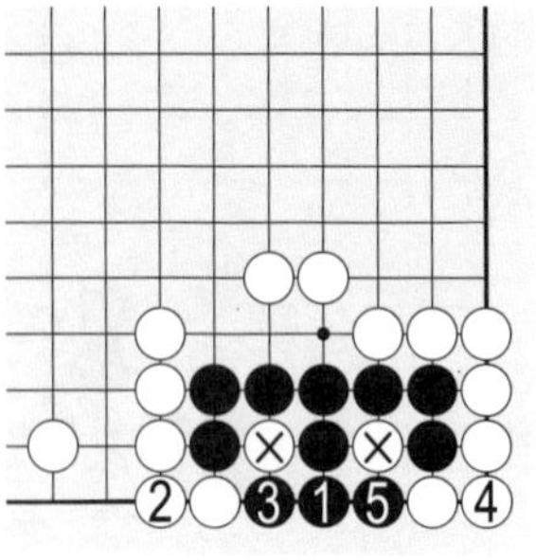

题 206　正解

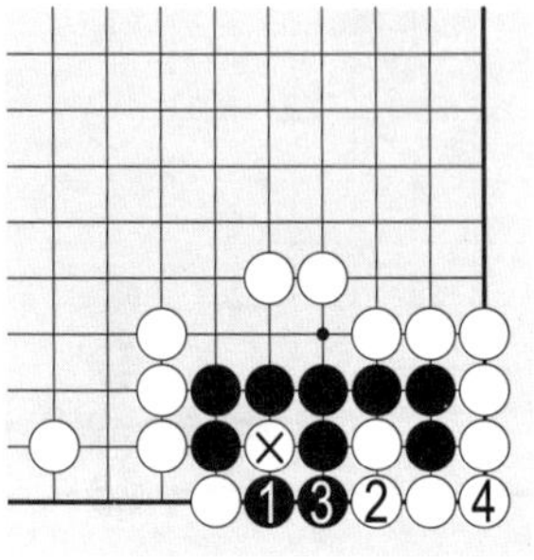

题 206　失败

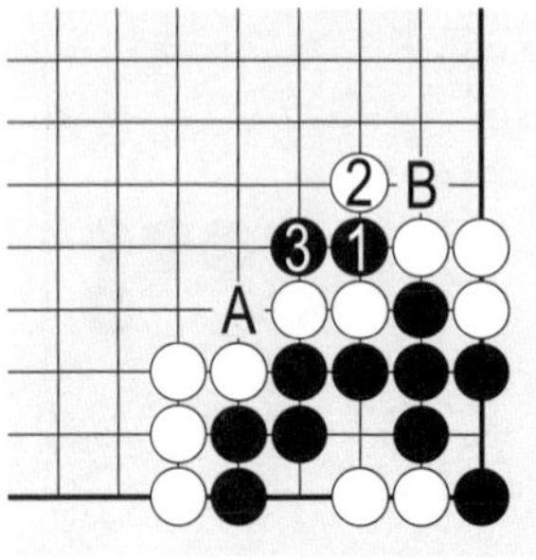

题 207　正解　A、B 见合

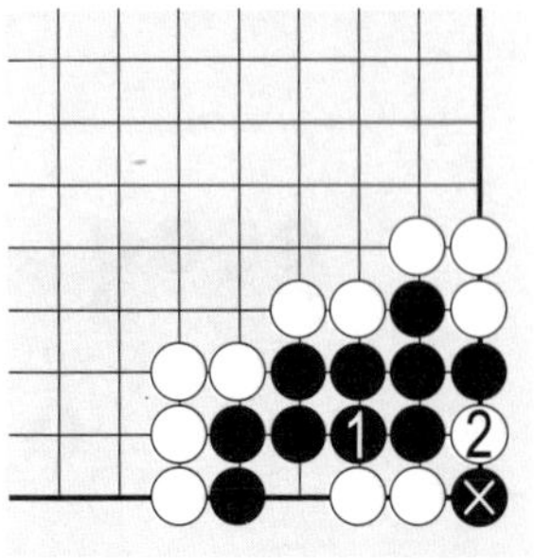

题 207　失败　打劫

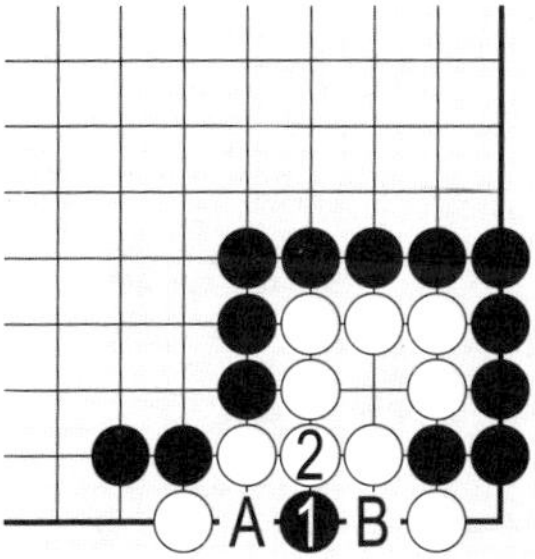

题 208　正解　A、B 见合

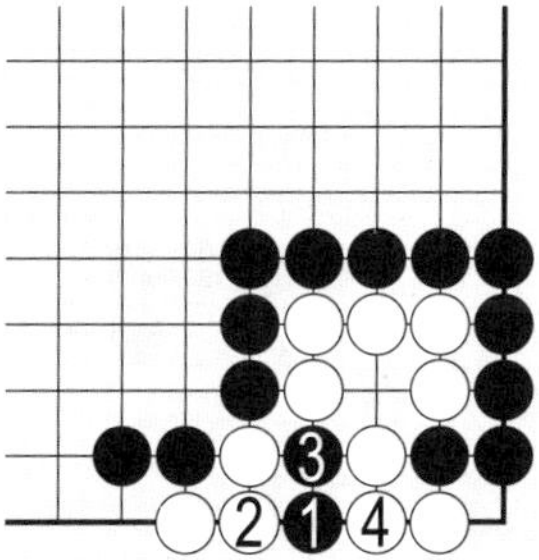

题 208　失败

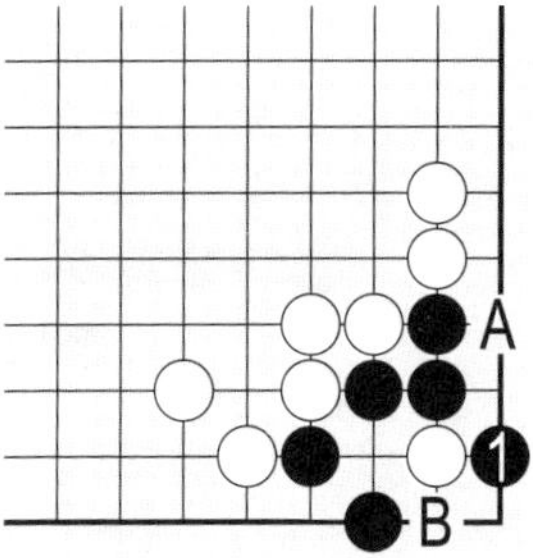

题 209　正解　A、B 见合

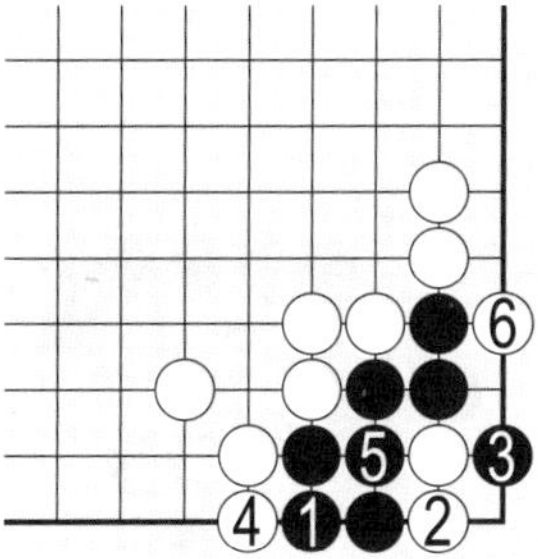

题 209　失败

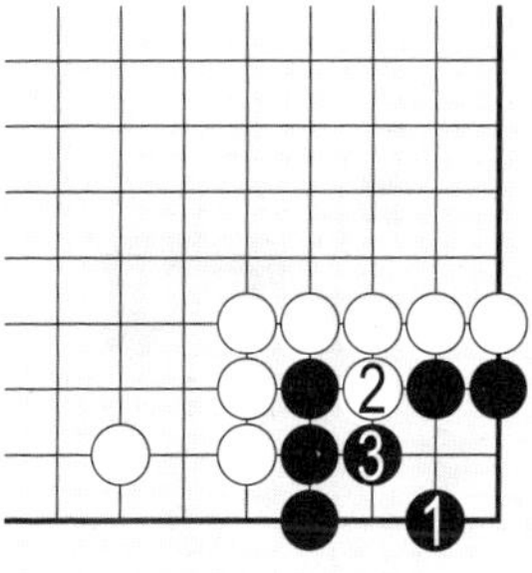

题 210　正解

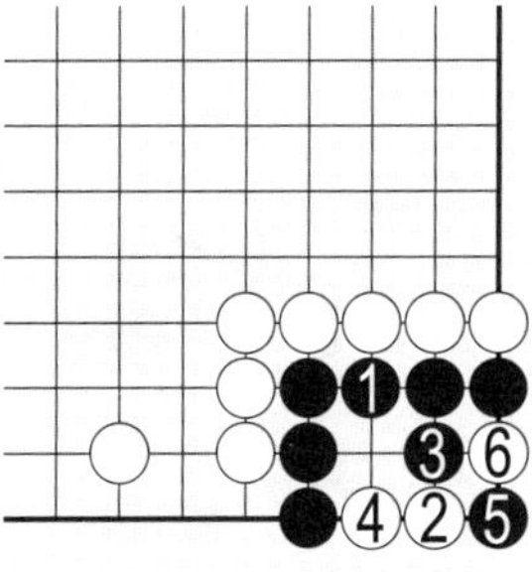

题 210　失败　打劫

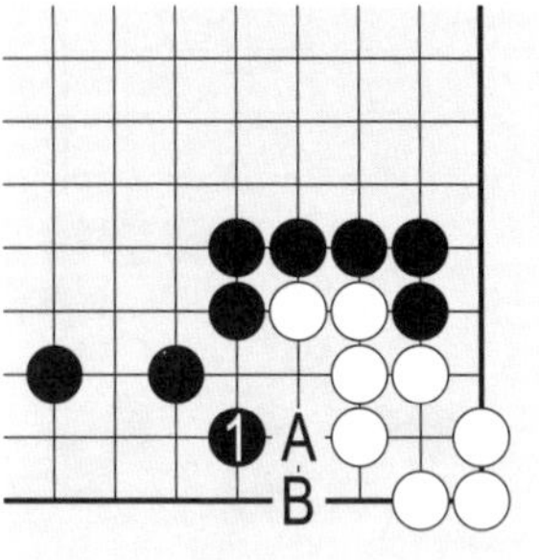

题 211　正解　A、B 见合

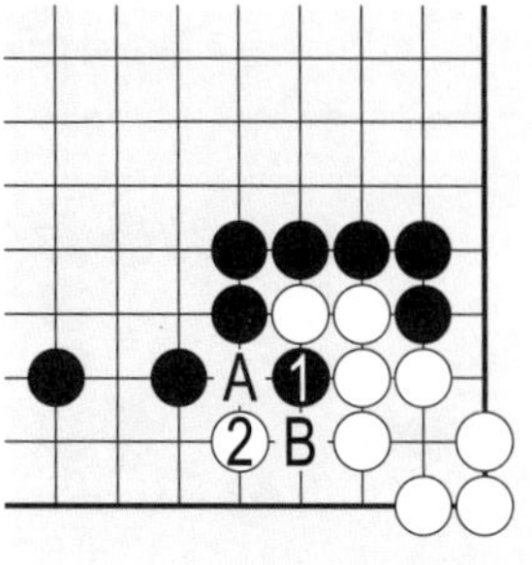

题 211　失败　A、B 见合

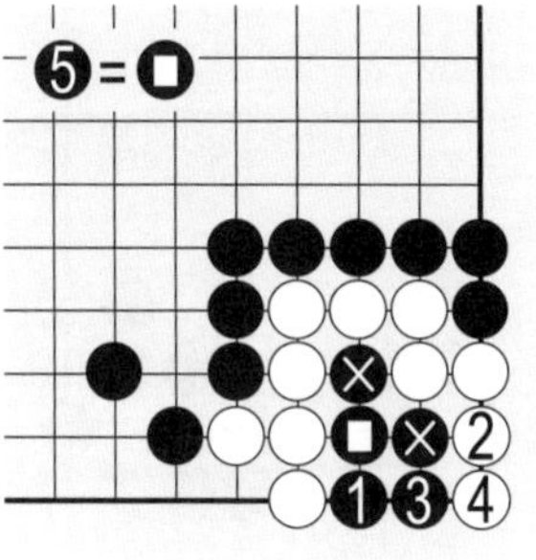

题 212　正解

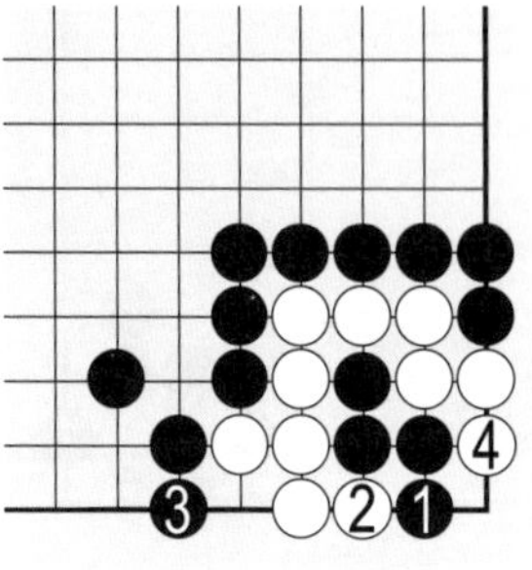

题 212　失败

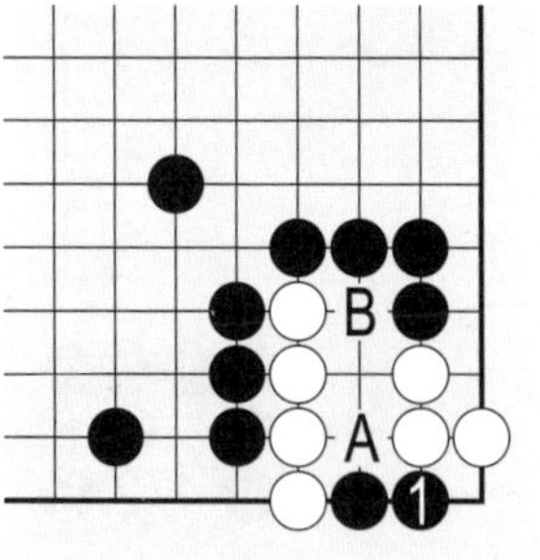

题 213　正解　A、B 见合

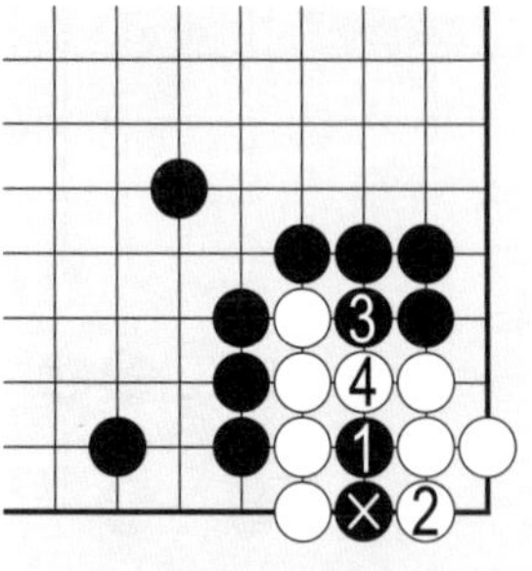

题 213　失败

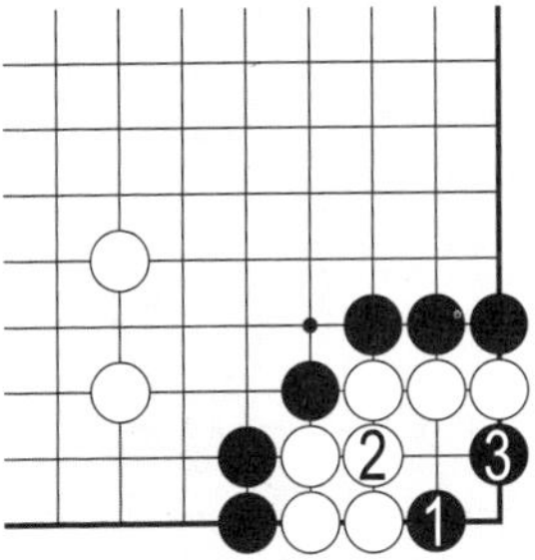

题 214　正解

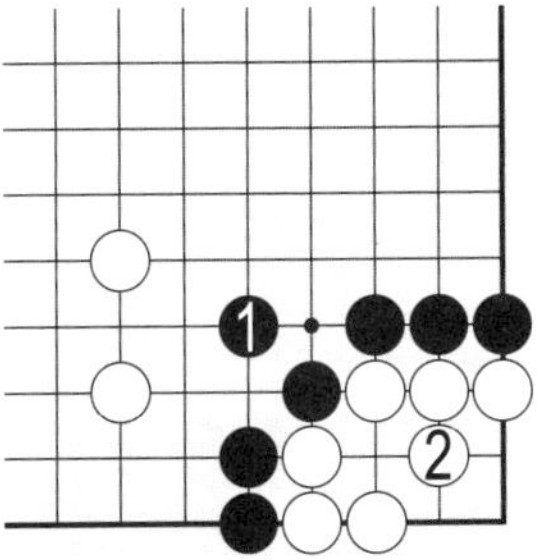

题 214　失败

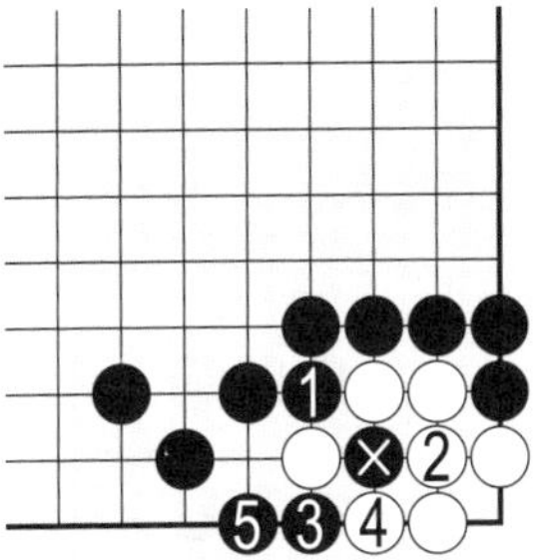

题 215　正解

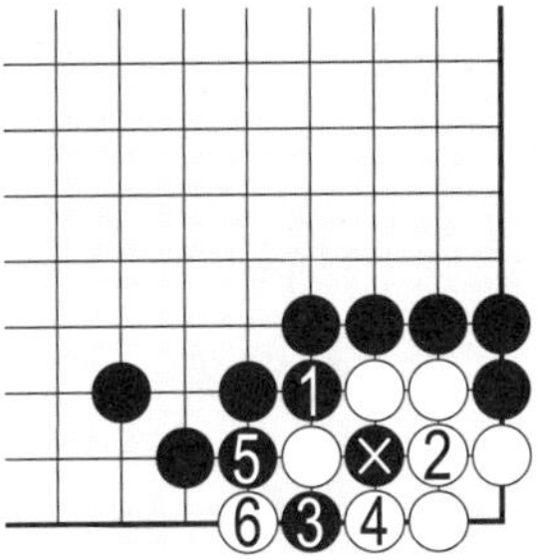

题 215　失败

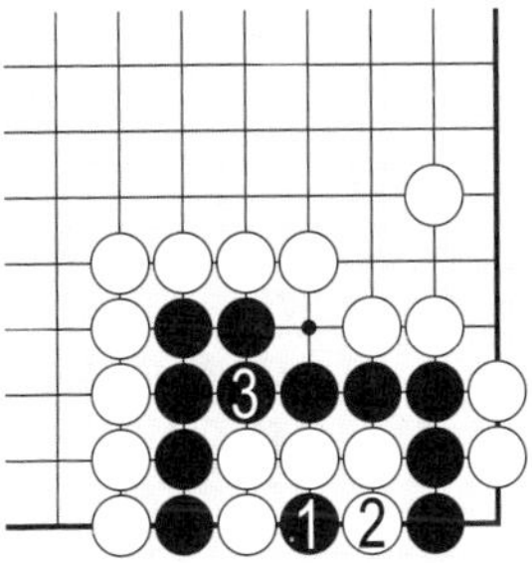

题 216　正解

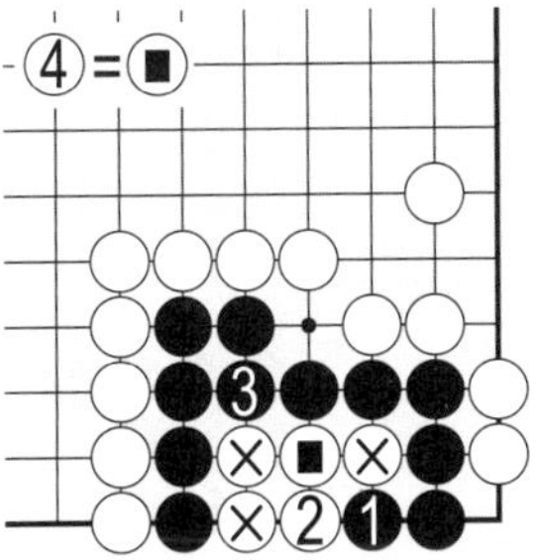

题 216　失败

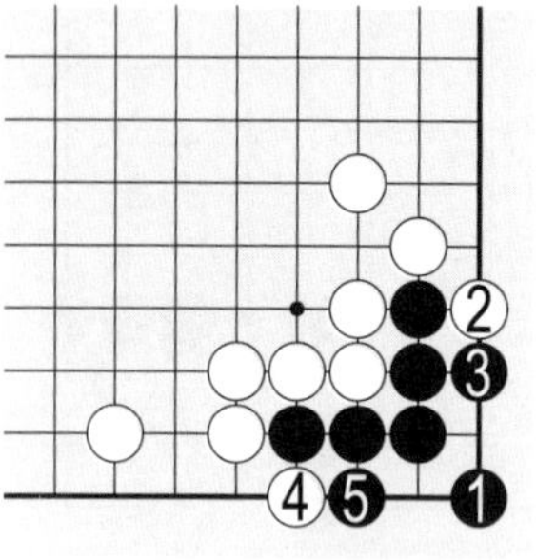

题 217　正解

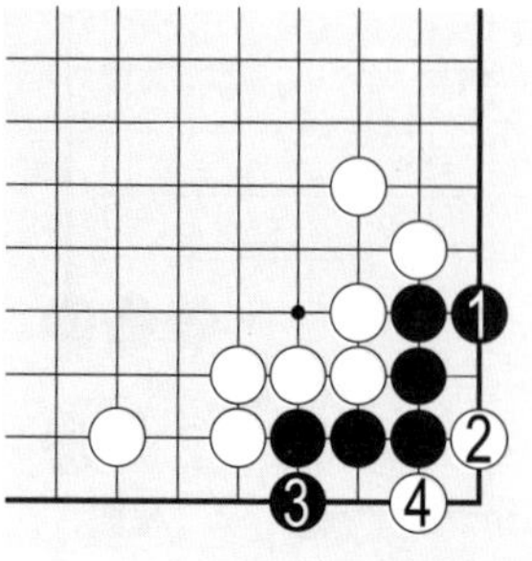

题 217　失败　盘角曲四

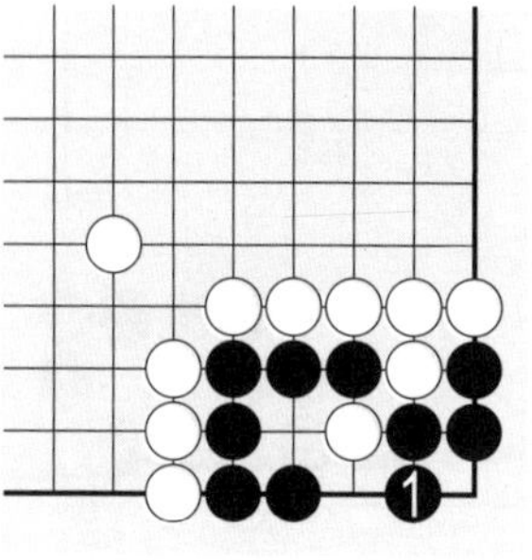

题 218　正解

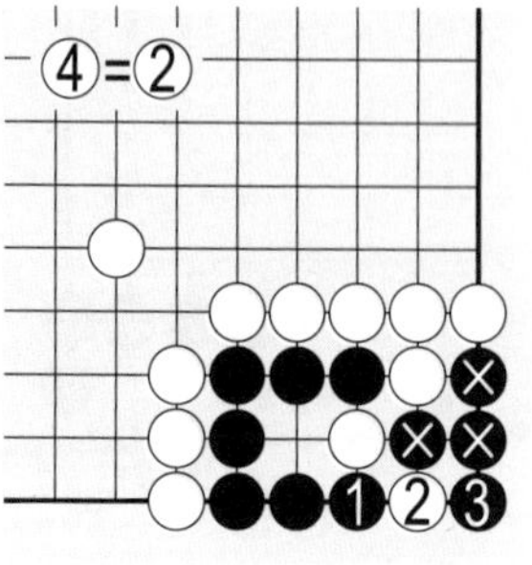

题 218　失败

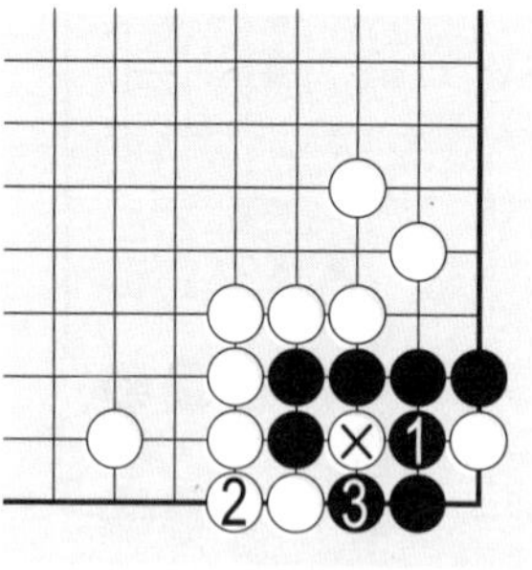

题 219　正解

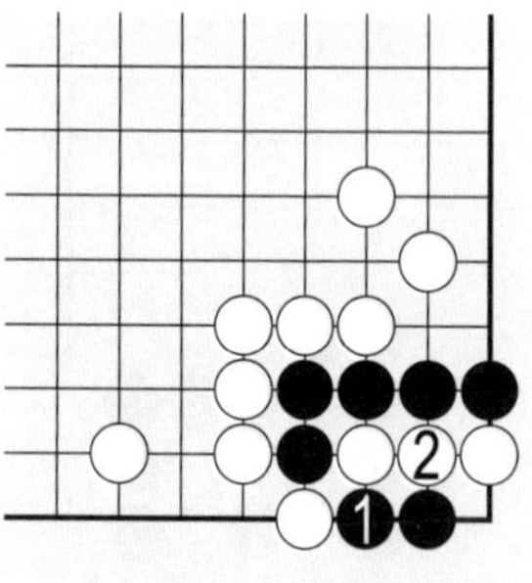

题 219　失败

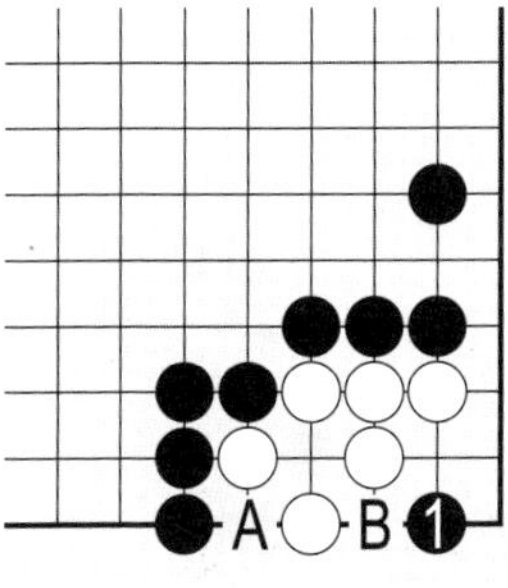

题 220　正解　A、B 见合

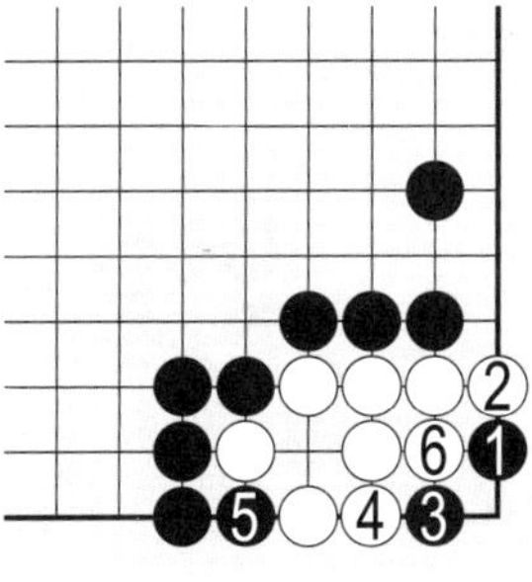

题 220　失败

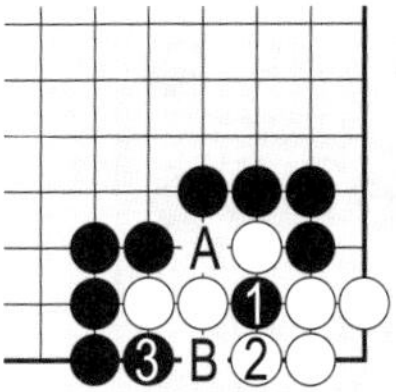

题 221　正解
A、B 见合

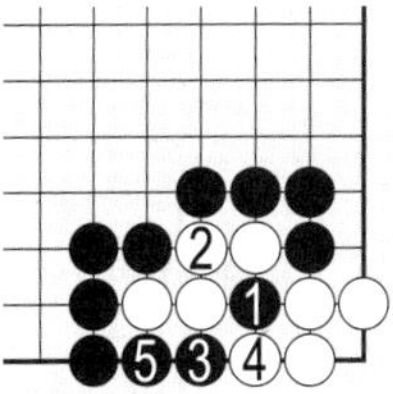

题 221　变化

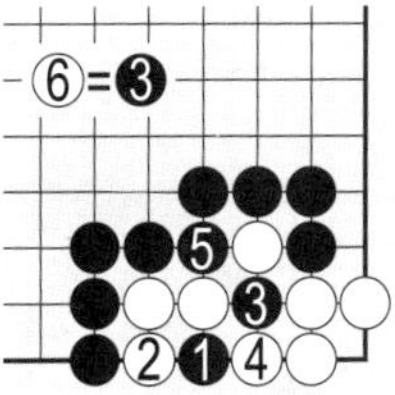

题 221　失败

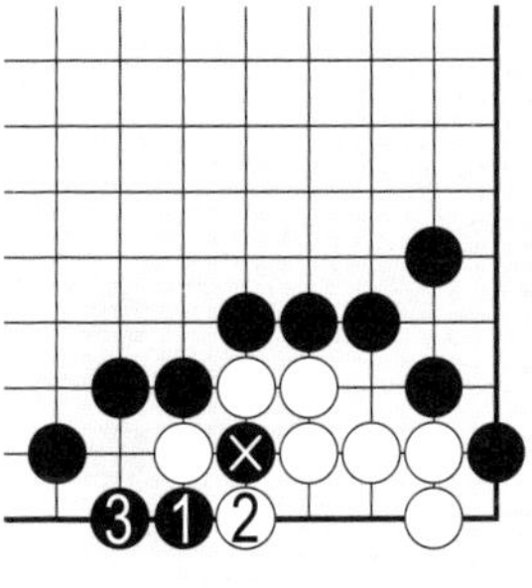

题 222　正解

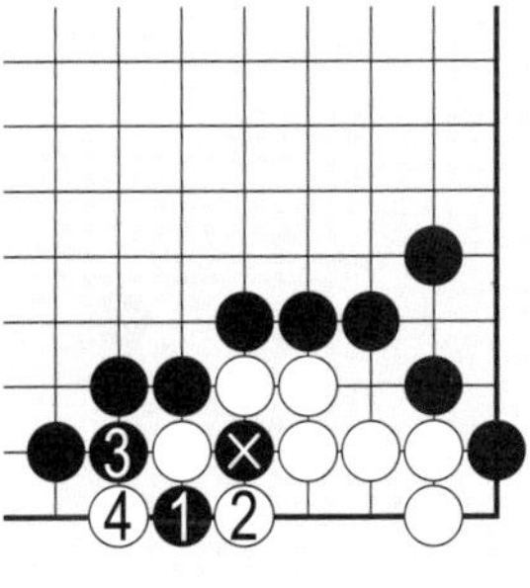

题 222　失败

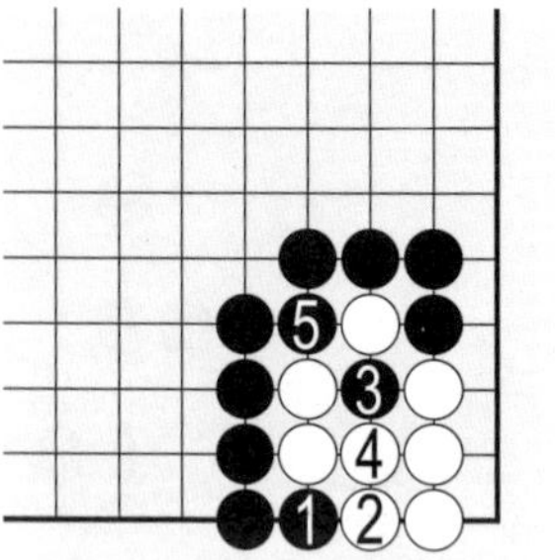

题 223　正解

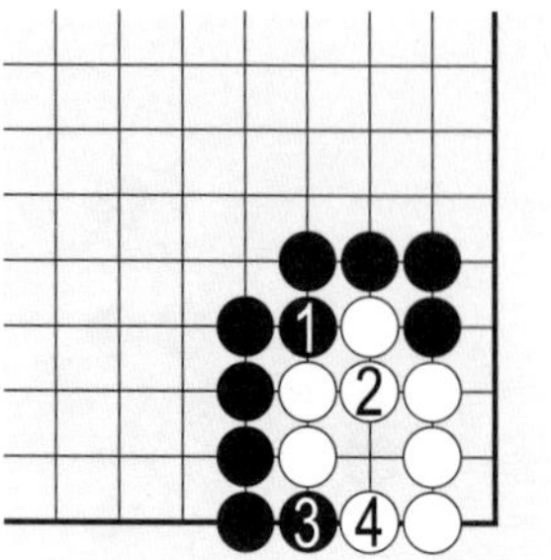

题 223　失败

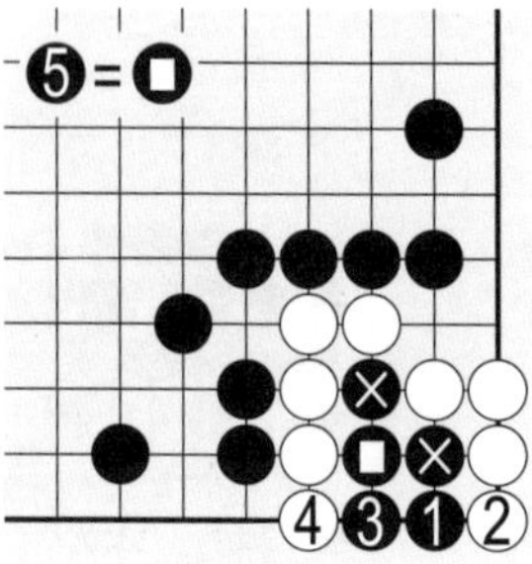

题 224　正解

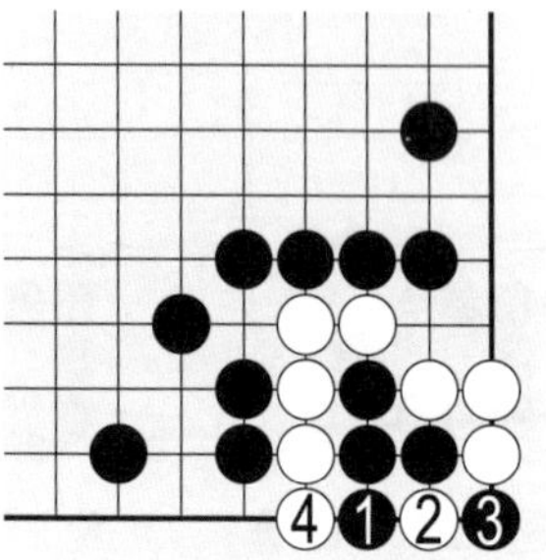

题 224　失败

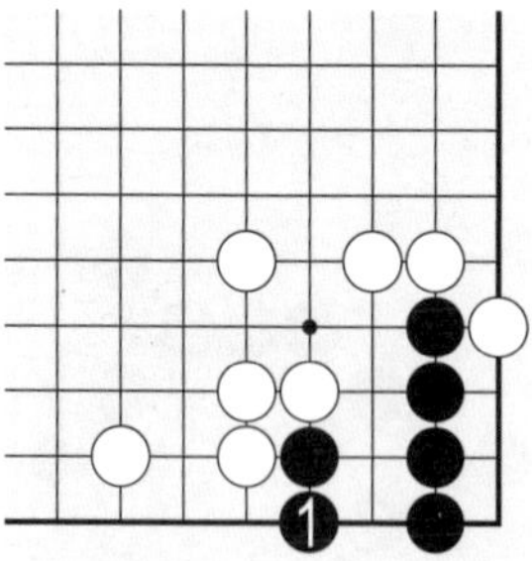

题 225　正解

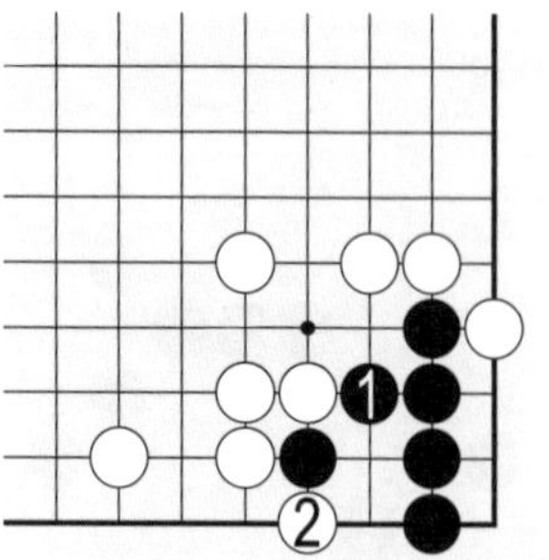

题 225　失败

10级～ 8级答案

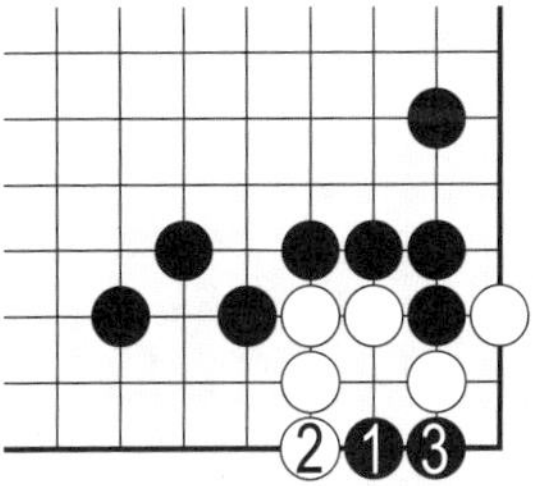

题 226　正解

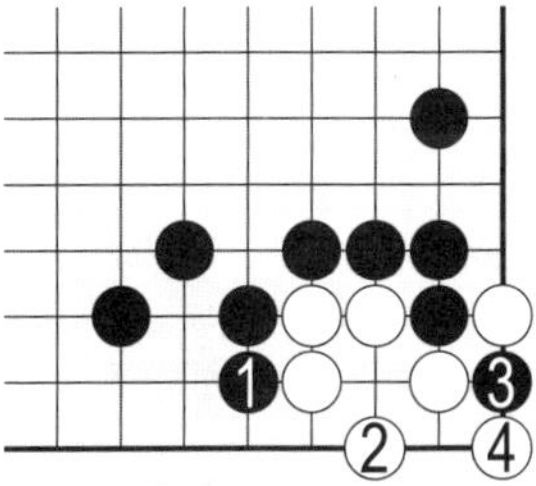

题 226　失败

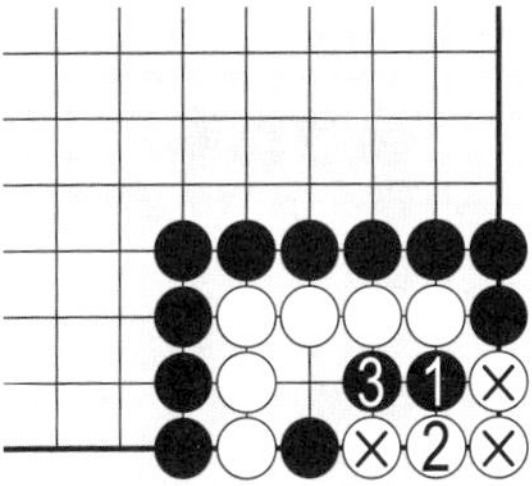

题 227　正解

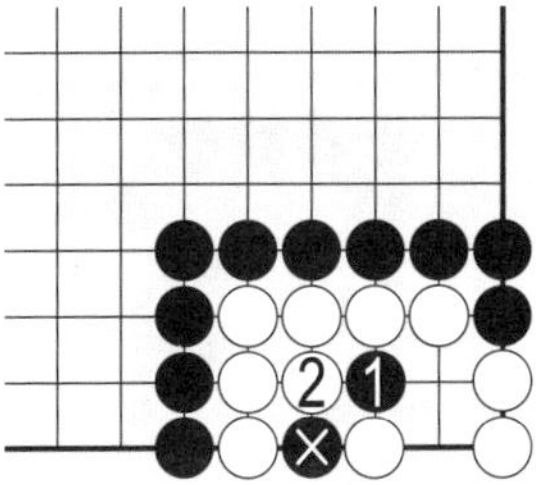

题 227　失败

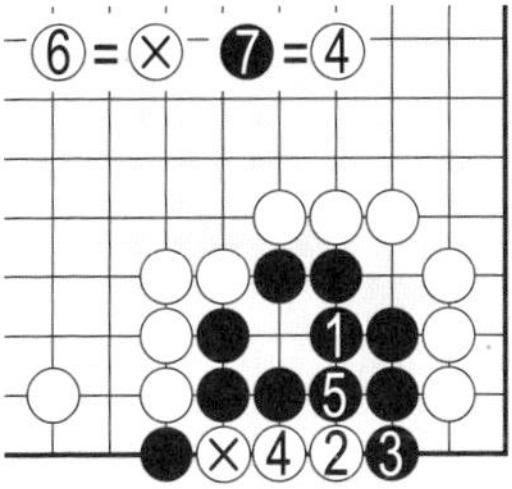

题 228　正解

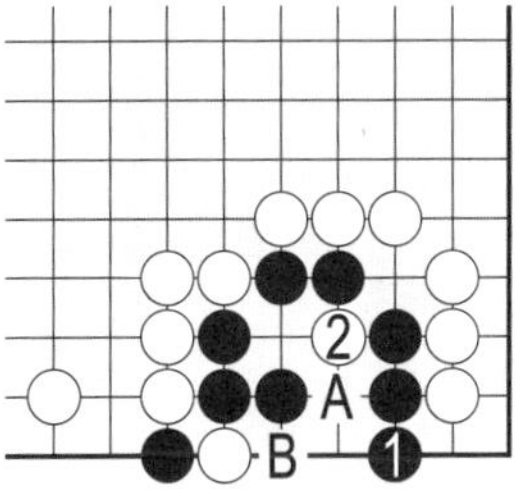

题 228　失败　A、B 见合

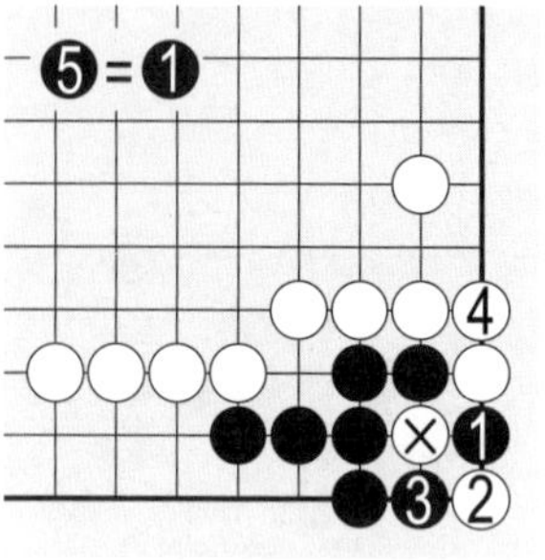

题 229　正解

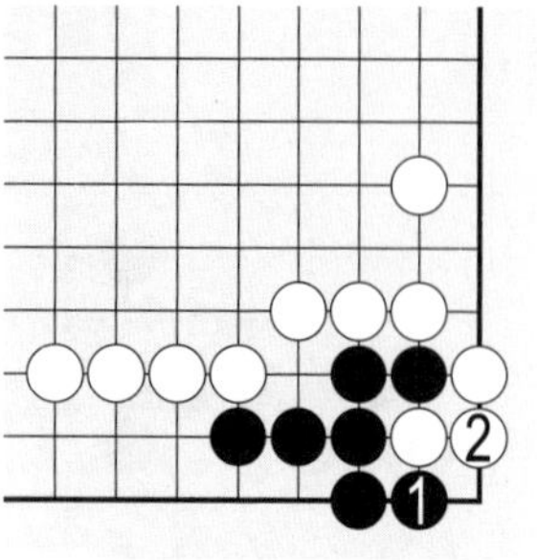

题 229　失败

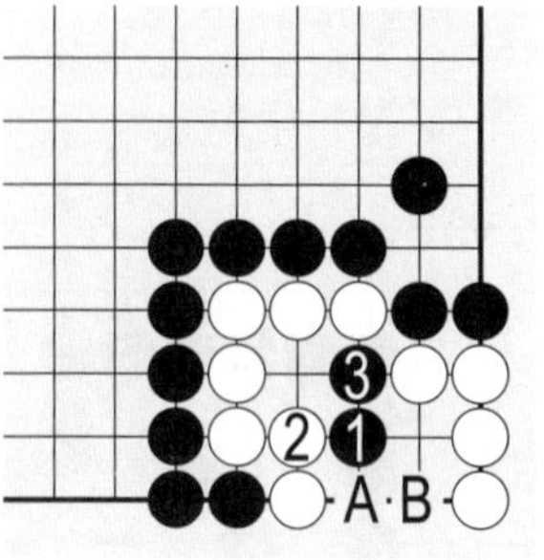

题 230　正解　A、B 见合

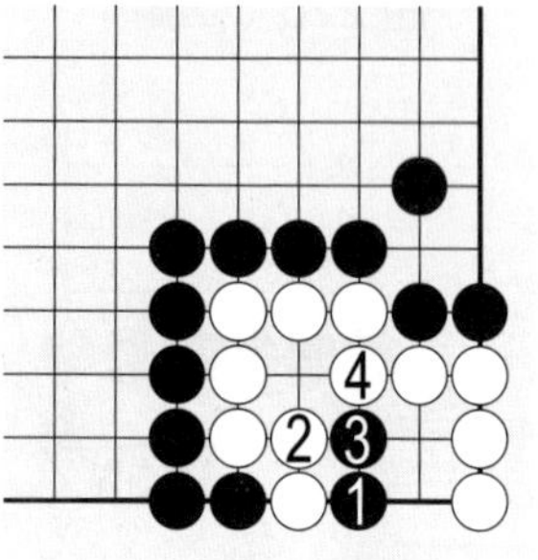

题 230　失败

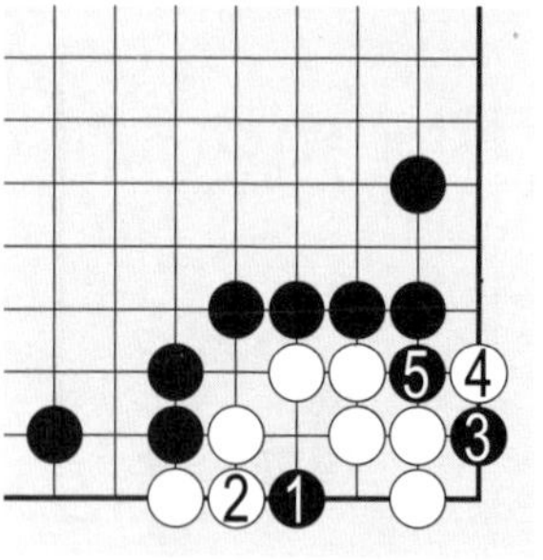

题 231　正解

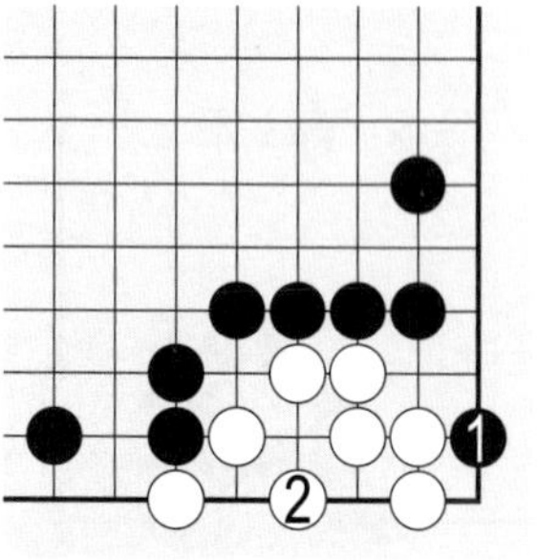

题 231　失败

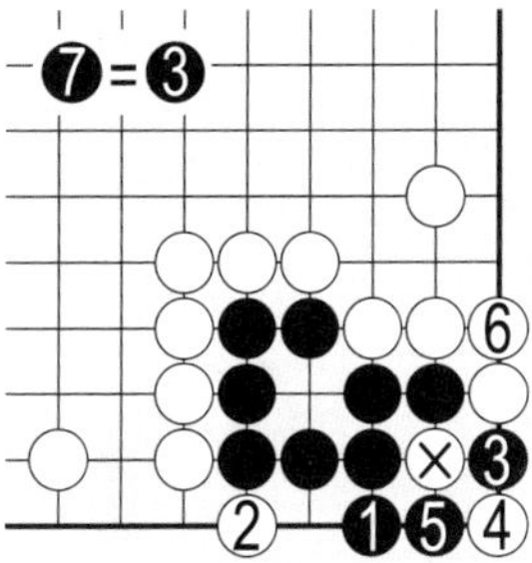

题 232　正解

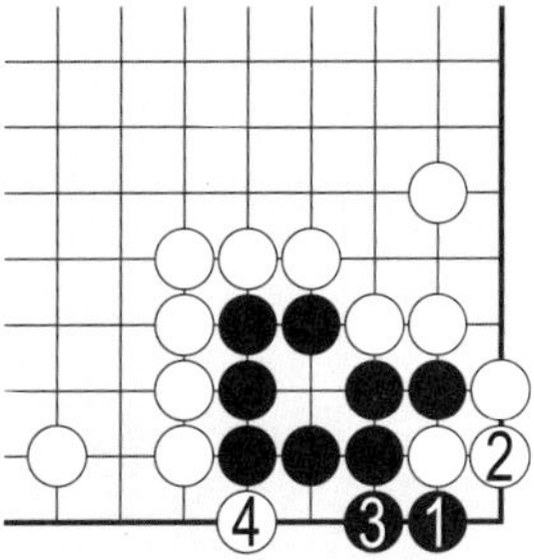

题 232　失败

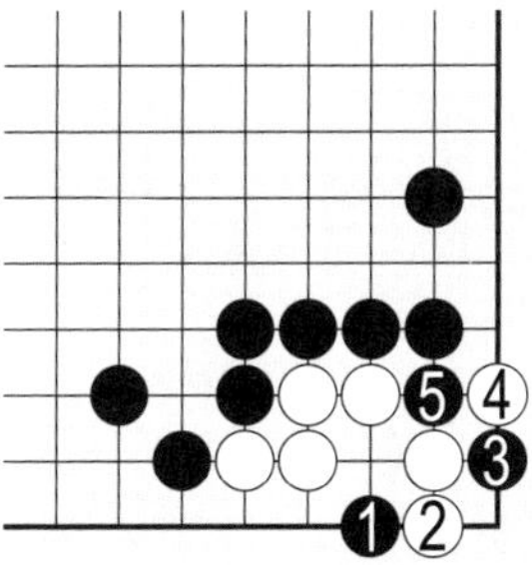

题 233　正解

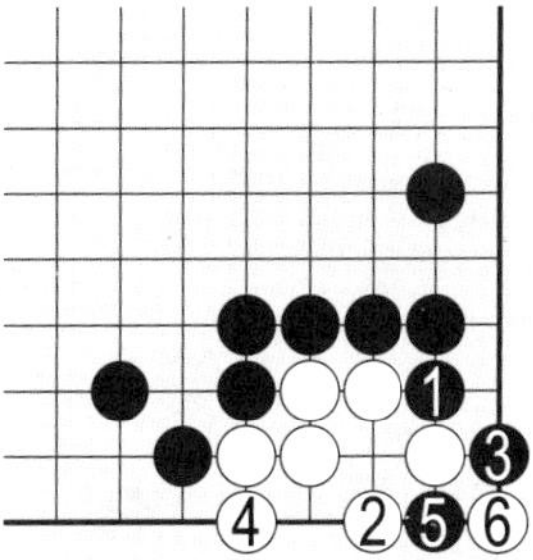

题 233　失败　打劫

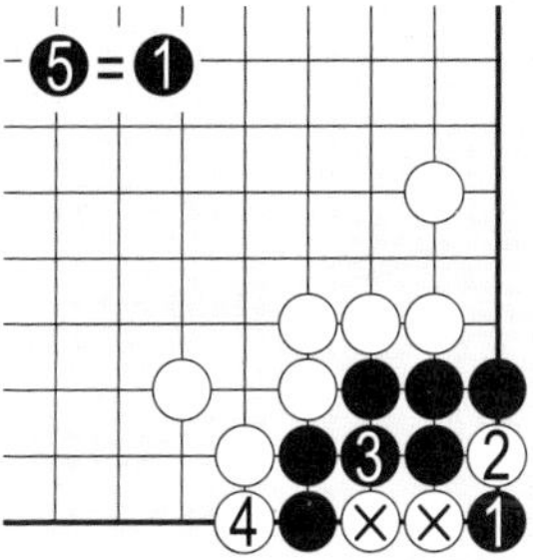

题 234　正解

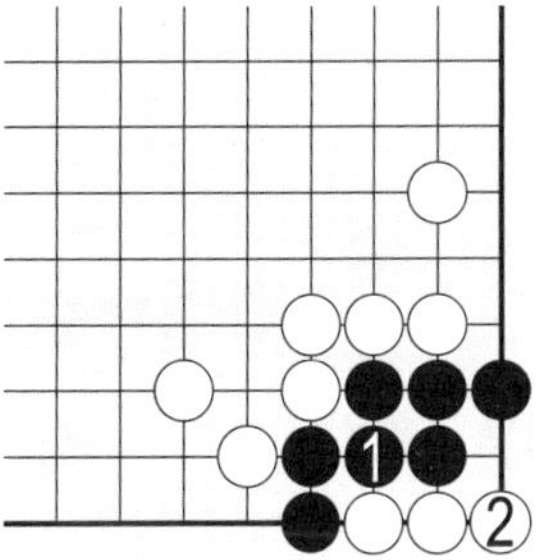

题 234　失败

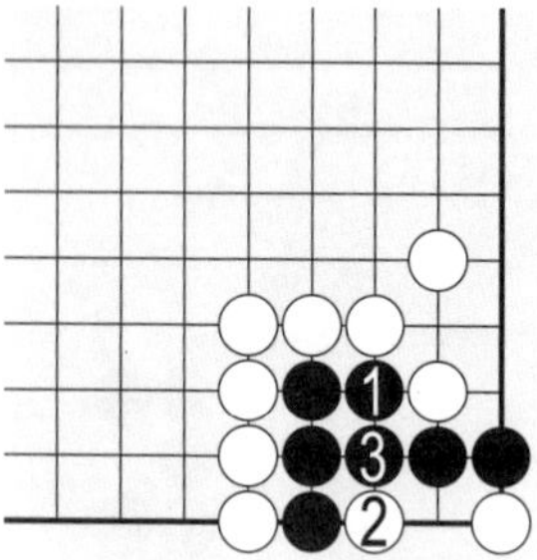

题 235　正解

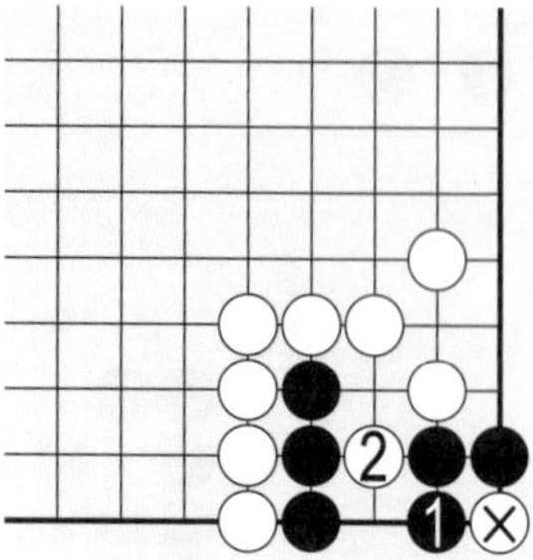

题 235　失败

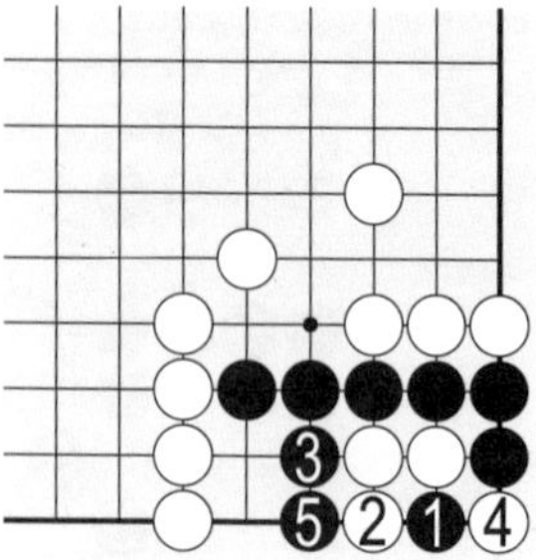

题 236　正解

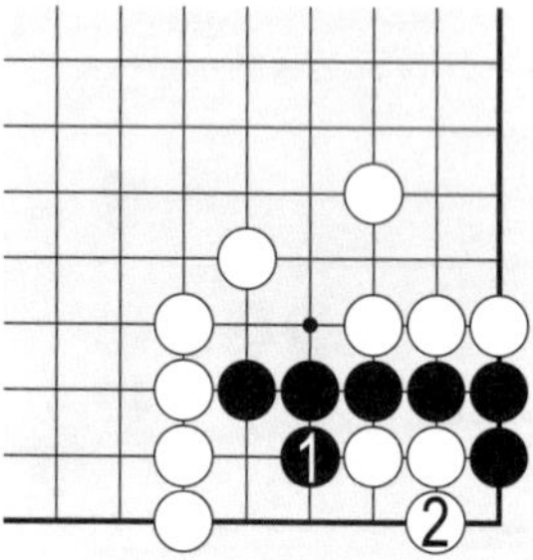

题 236　失败

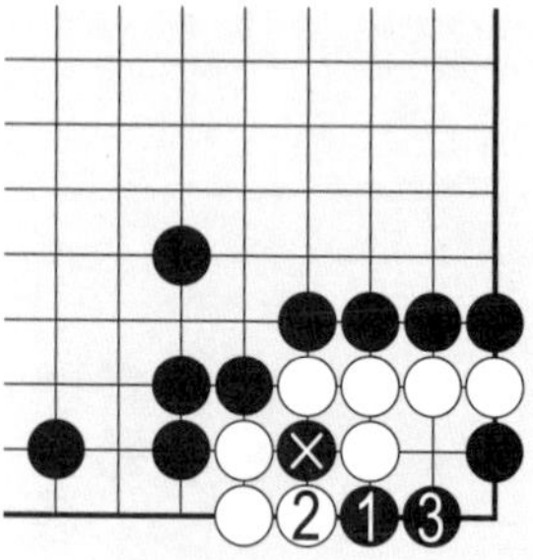

题 237　正解

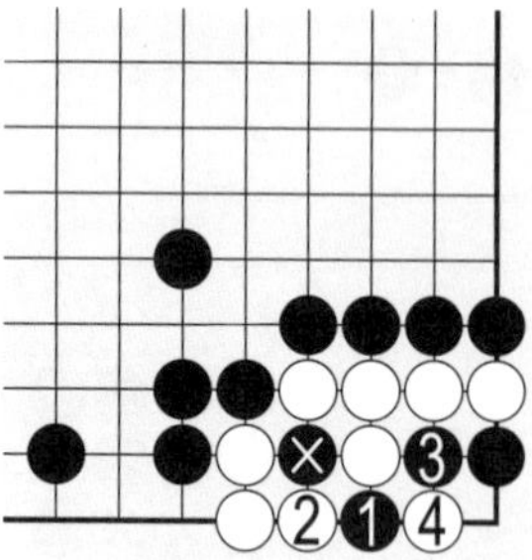

题 237　失败

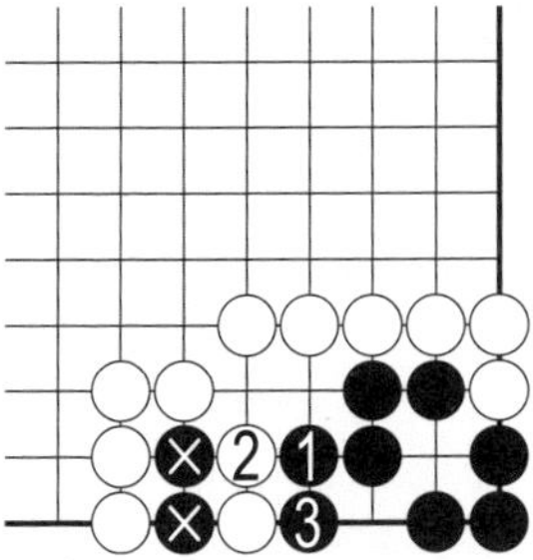

题 238　正解

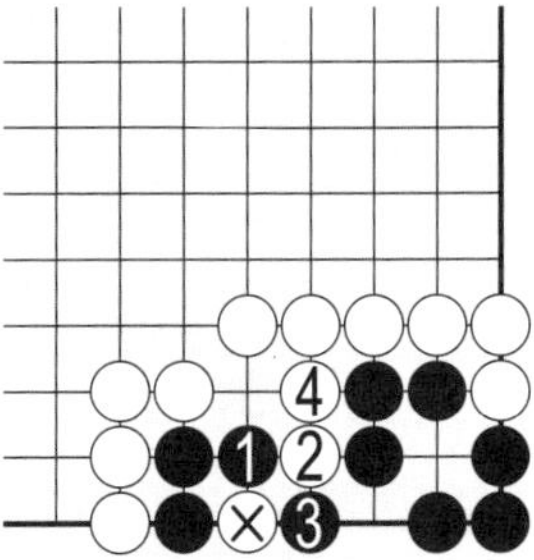

题 238　失败

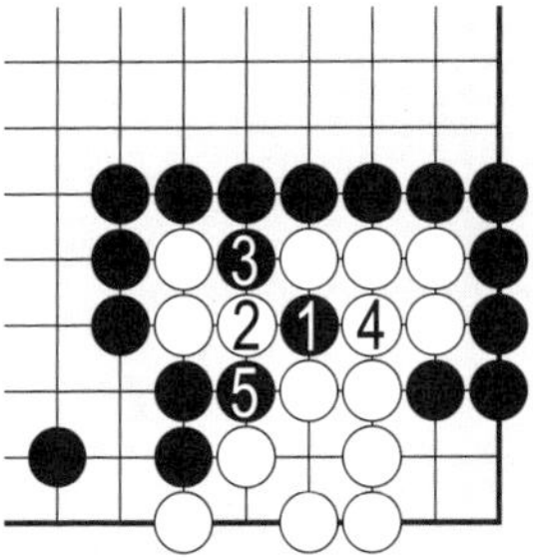

题 239　正解

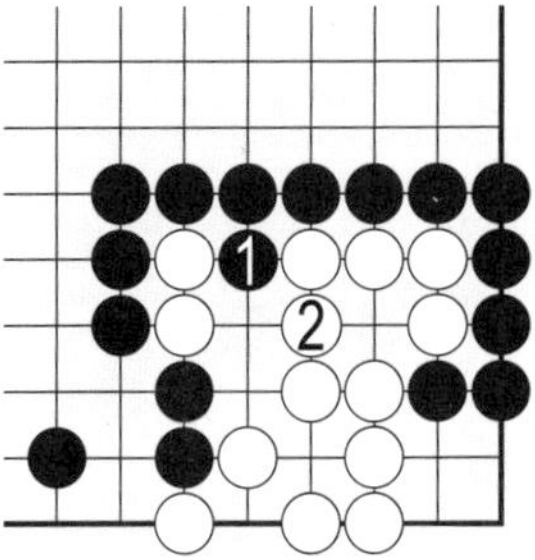

题 239　失败

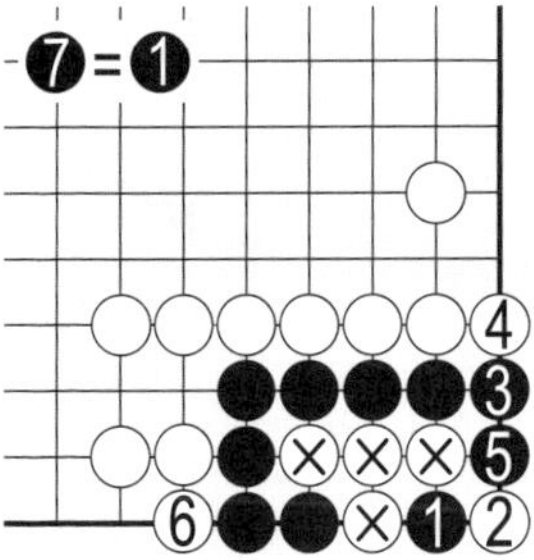

题 240　正解

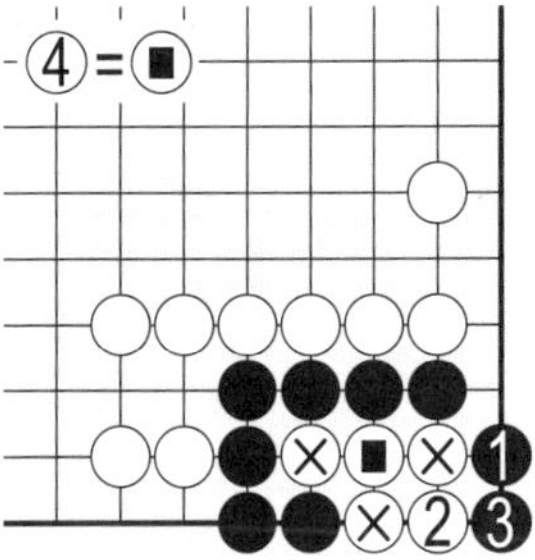

题 240　失败

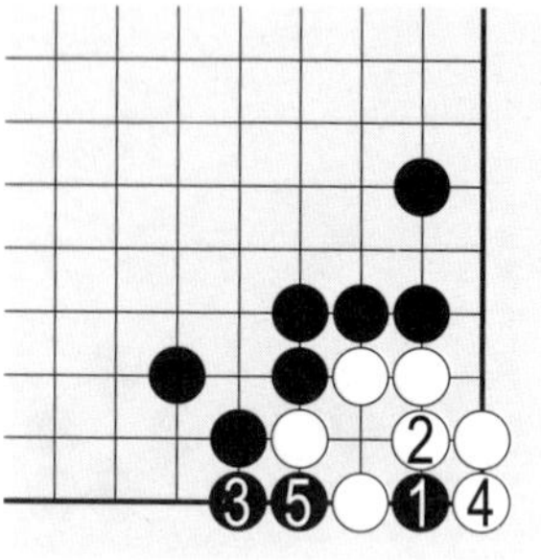

题 241　正解

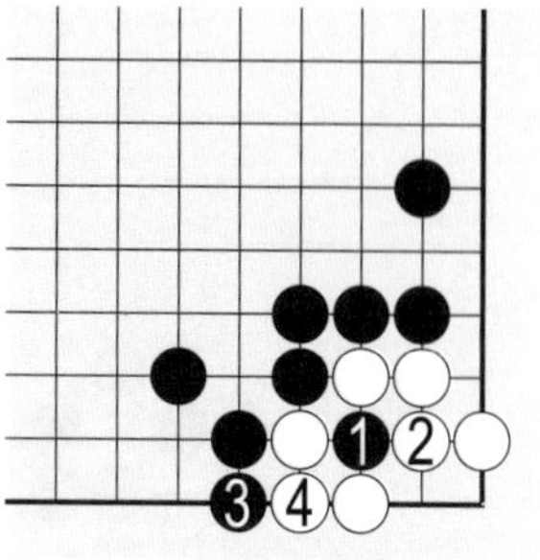

题 241　失败

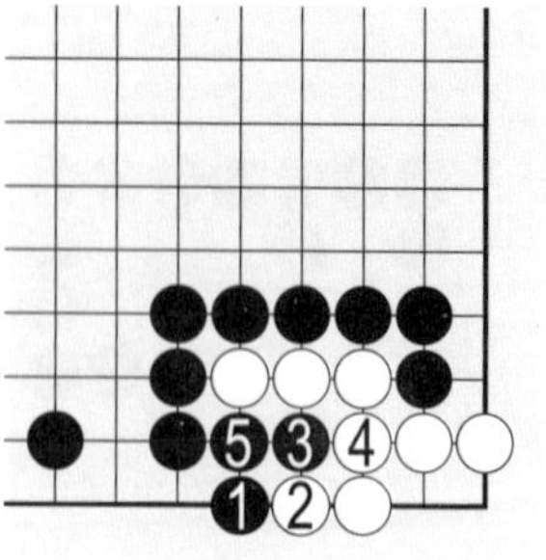

题 242　正解

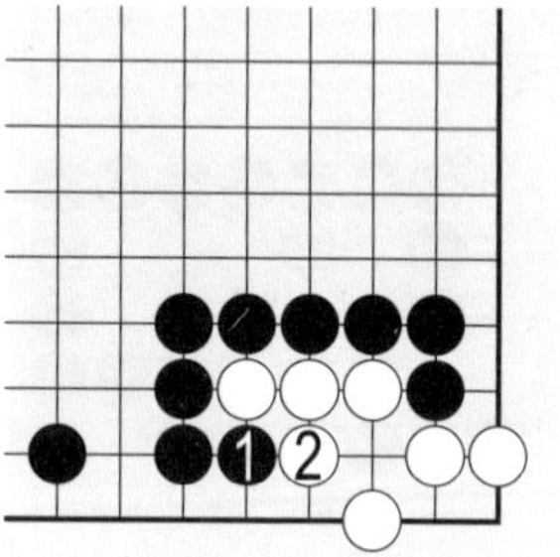

题 242　失败

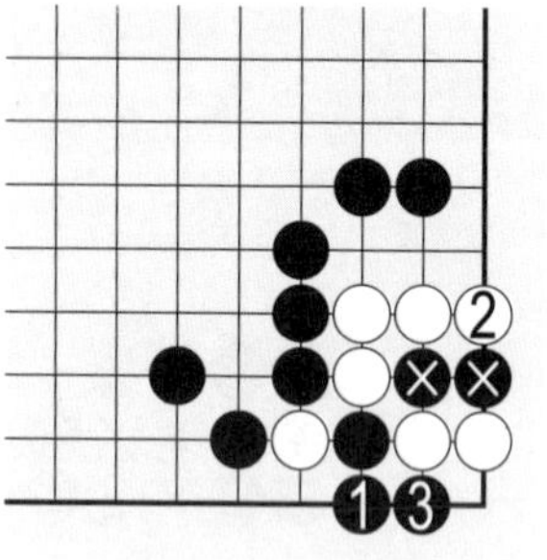

题 243　正解

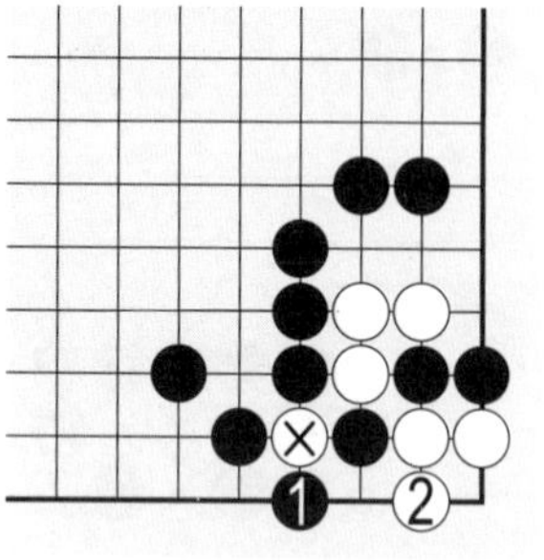

题 243　失败

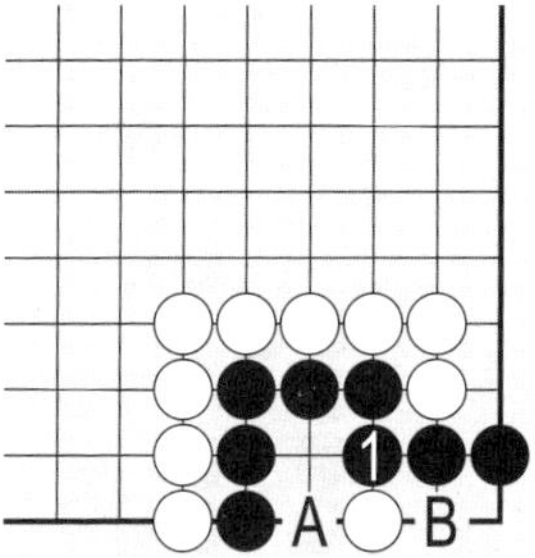

题 244　正解　A、B 见合

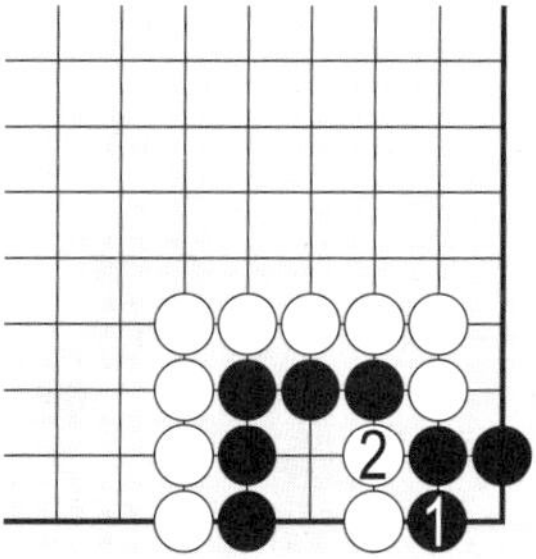

题 244　失败

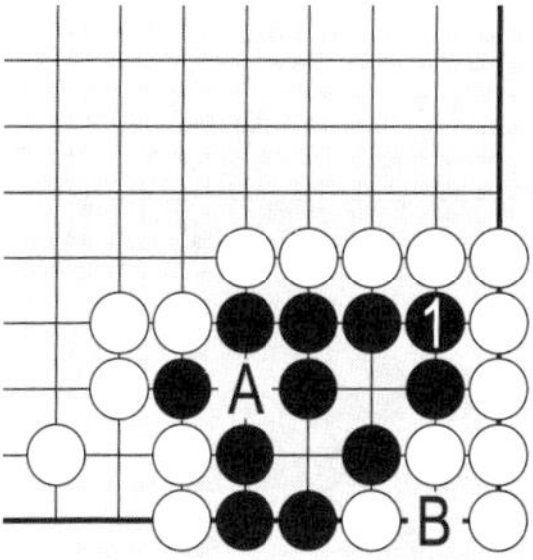

题 245　正解　A、B 见合

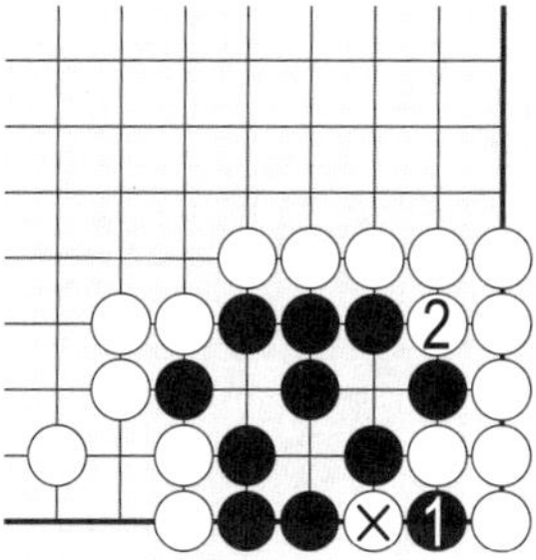

题 245　失败

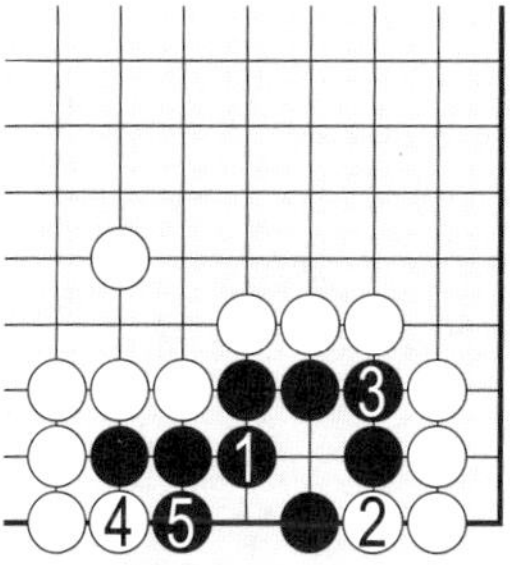

题 246　正解

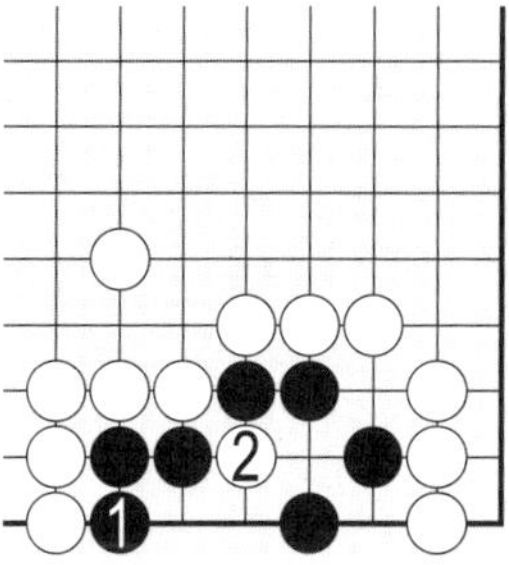

题 246　失败

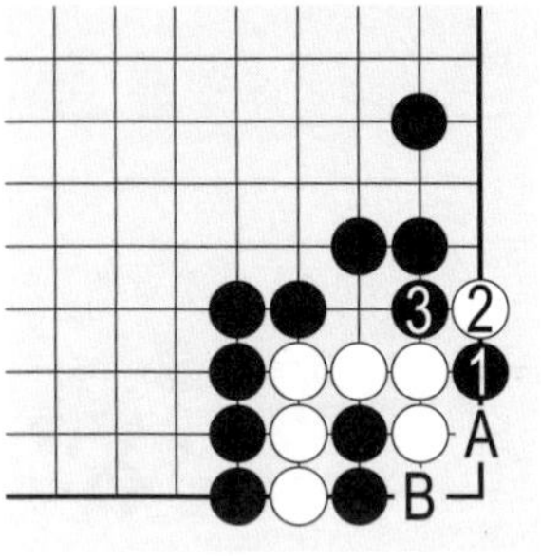

题 247　正解　A、B 见合

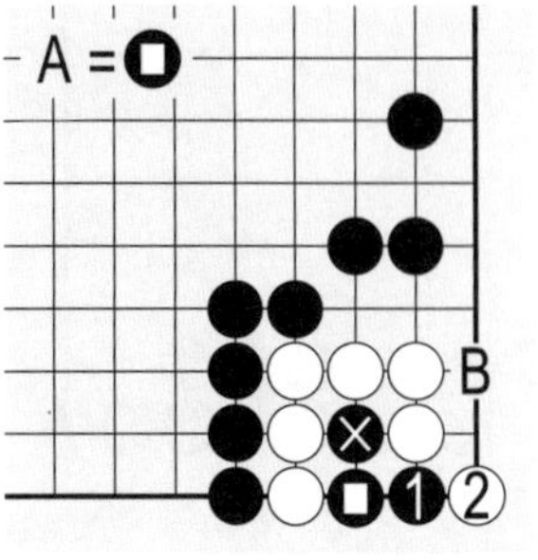

题 247　失败　A、B 见合

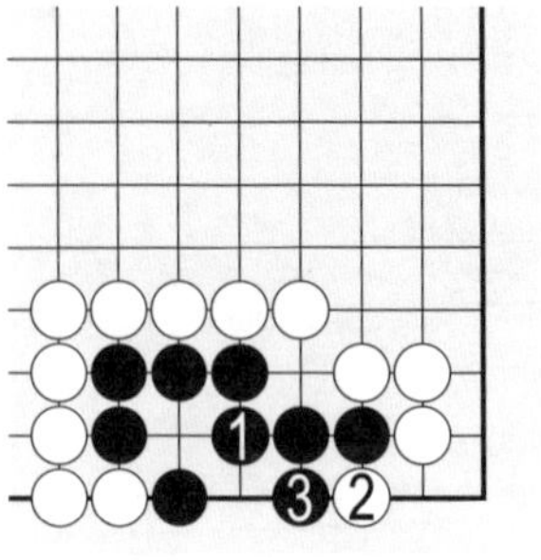

题 248　正解

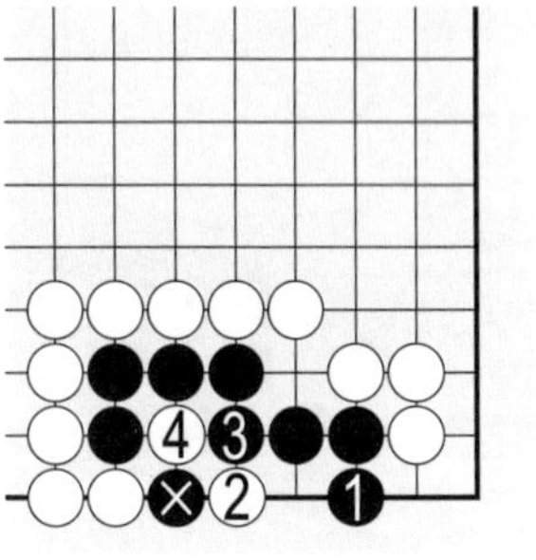

题 248　失败　打劫

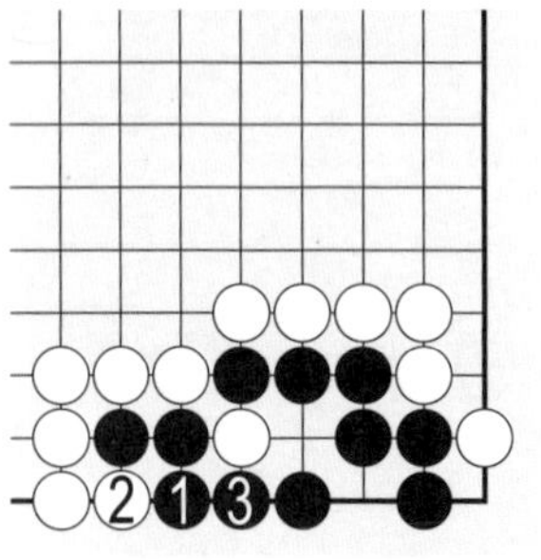

题 249　正解

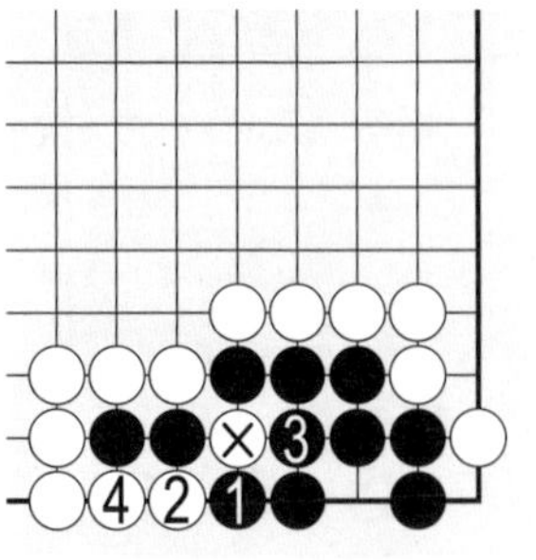

题 249　失败

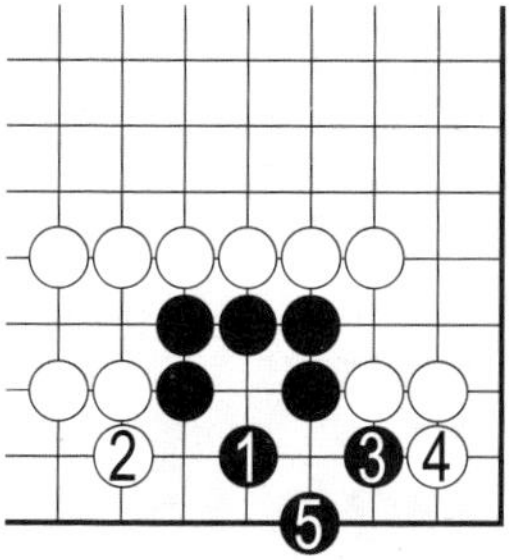

题 250　正解

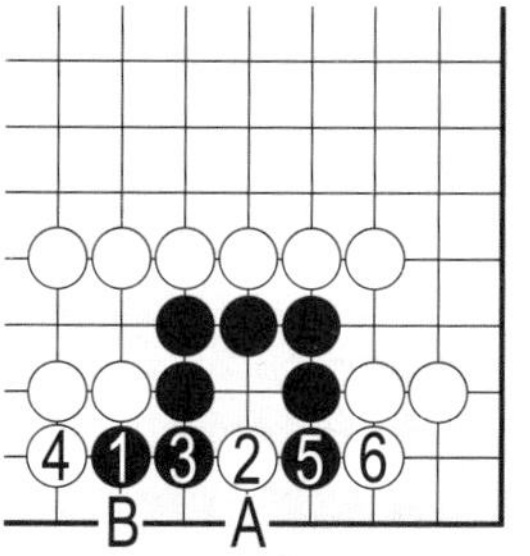

题 250　失败　A、B 见合

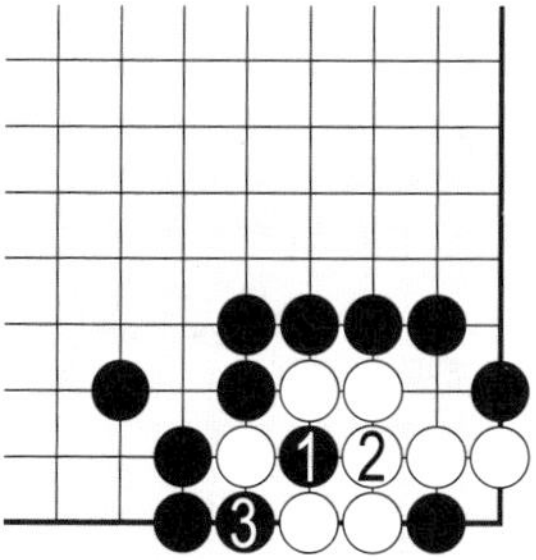

题 251　正解

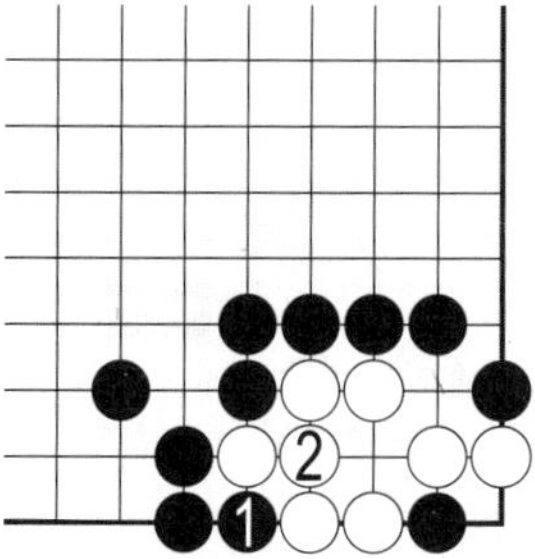

题 251　失败

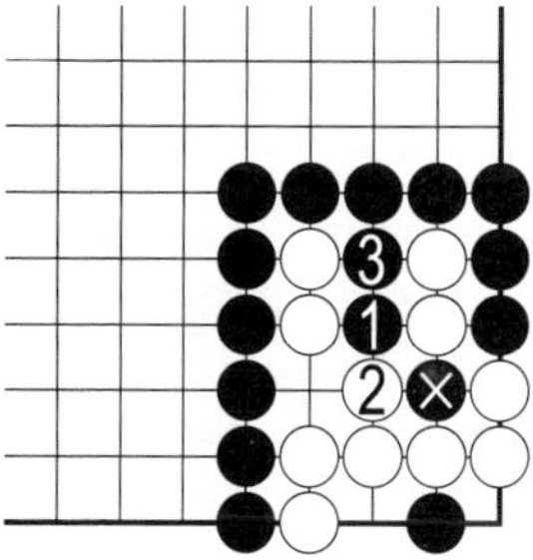

题 252　正解

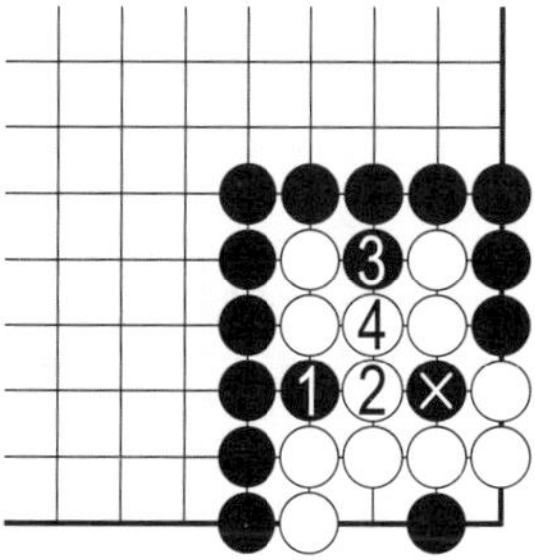

题 252　失败

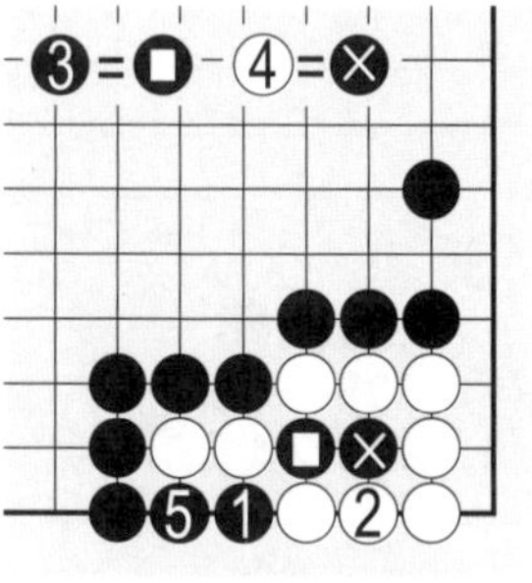

题 253　正解

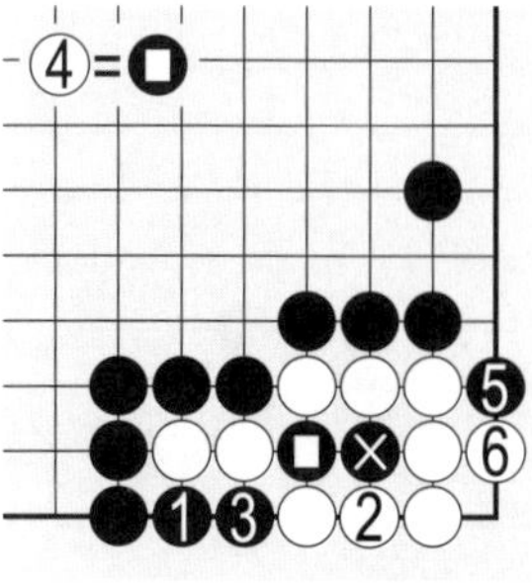

题 253　失败

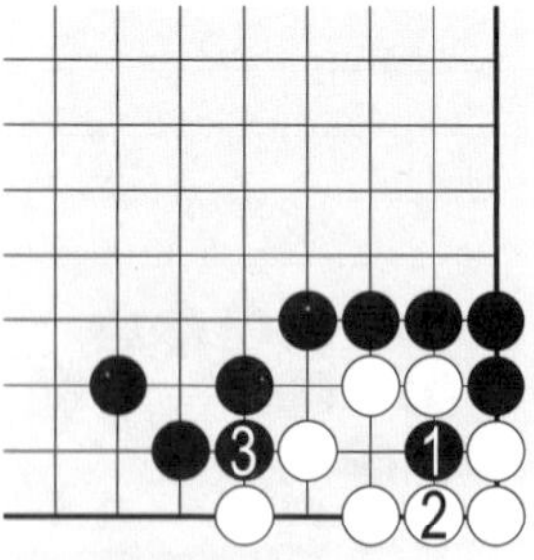

题 254　正解

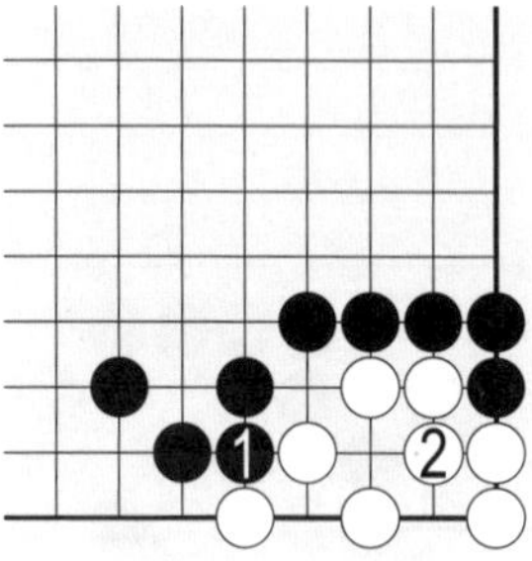

题 254　失败

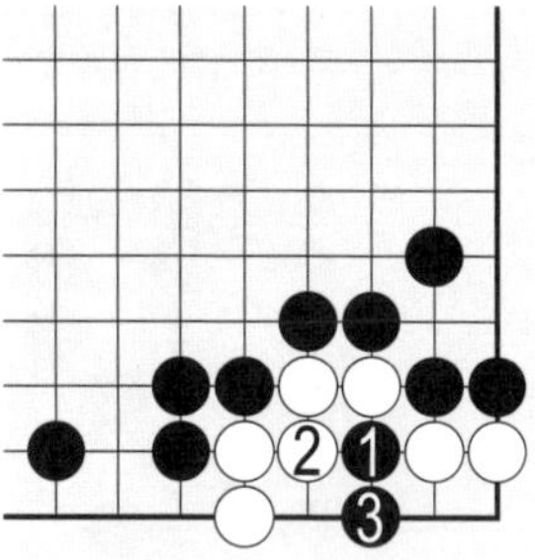

题 255　正解

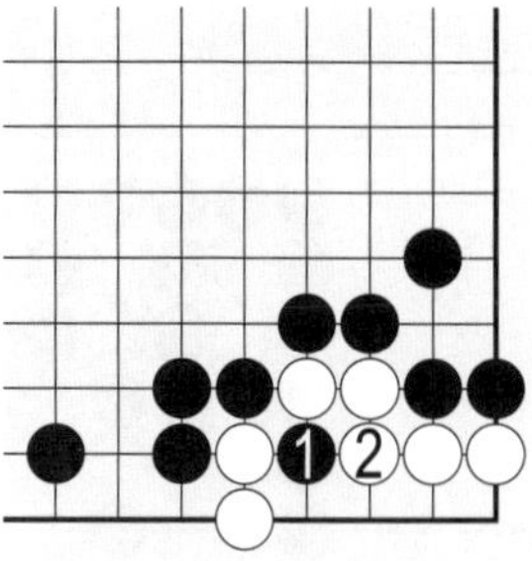

题 255　失败

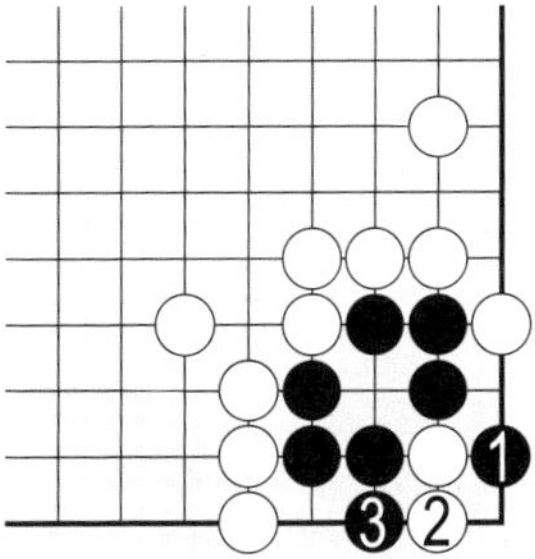

题 256　正解

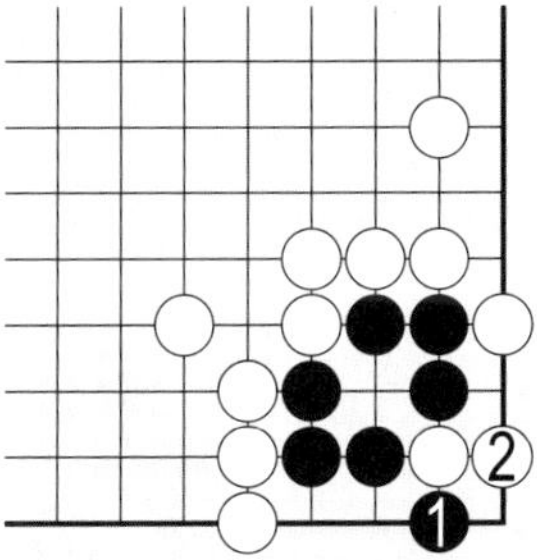

题 256　失败

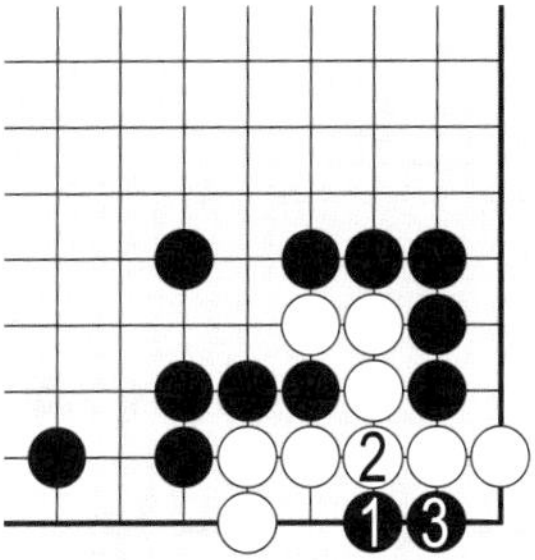

题 257　正解

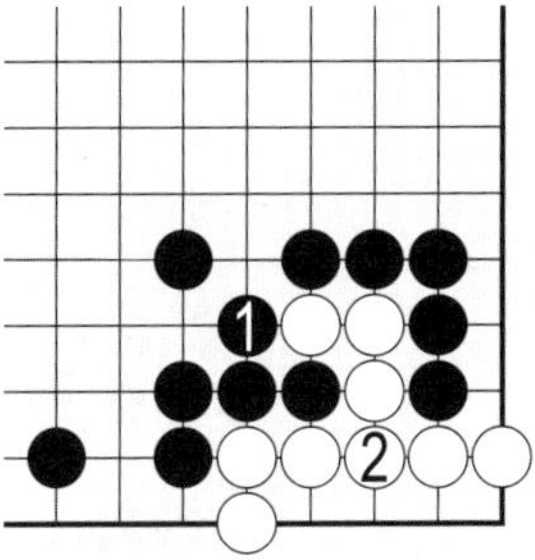

题 257　失败

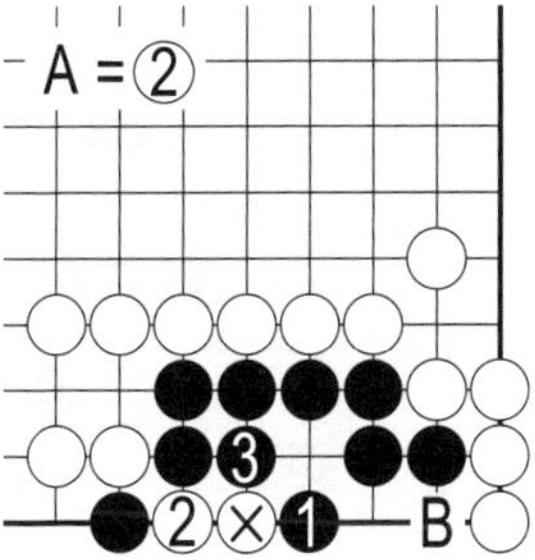

题 258　正解　A、B 见合

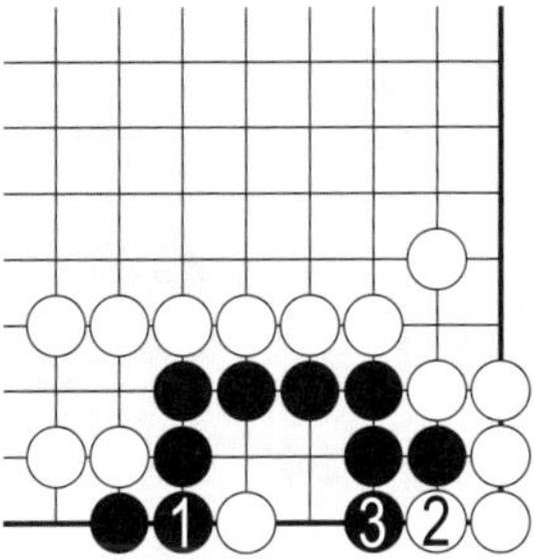

题 258　失败

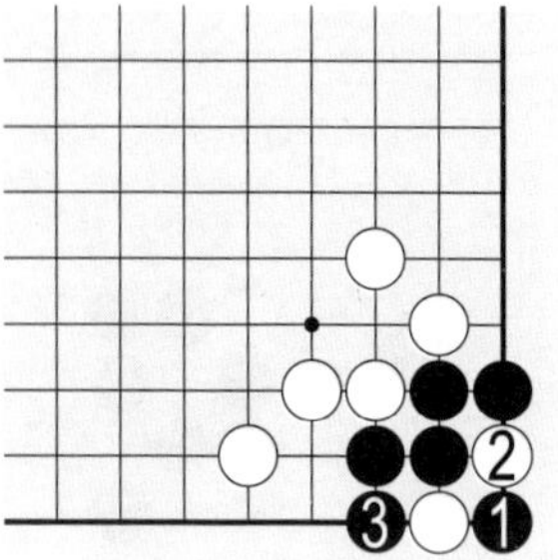

题 259　正解

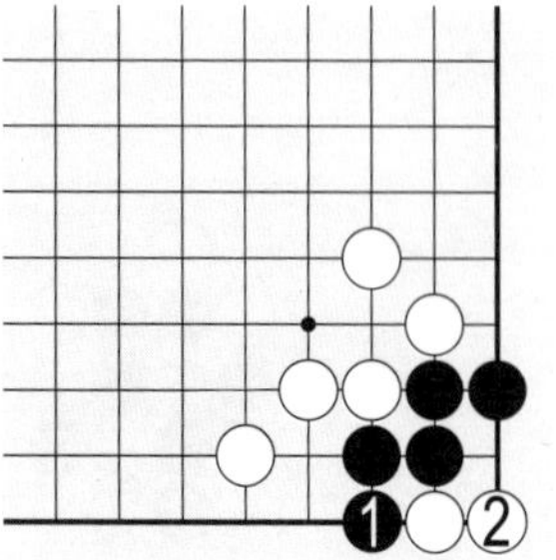

题 259　失败

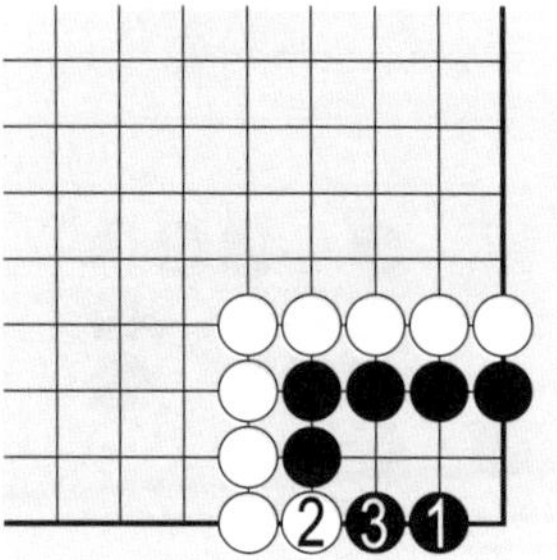

题 260　正解

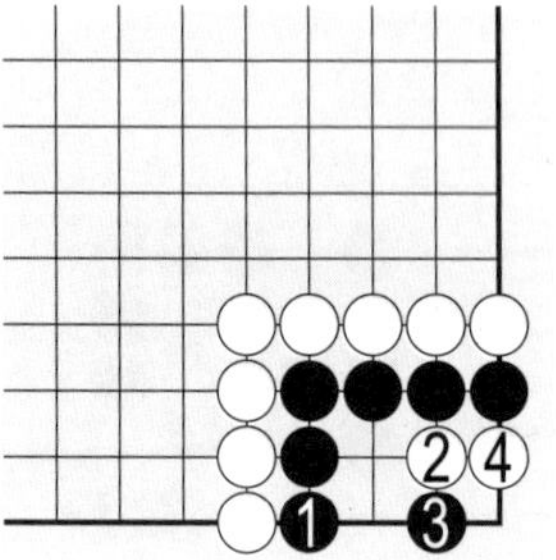

题 260　失败

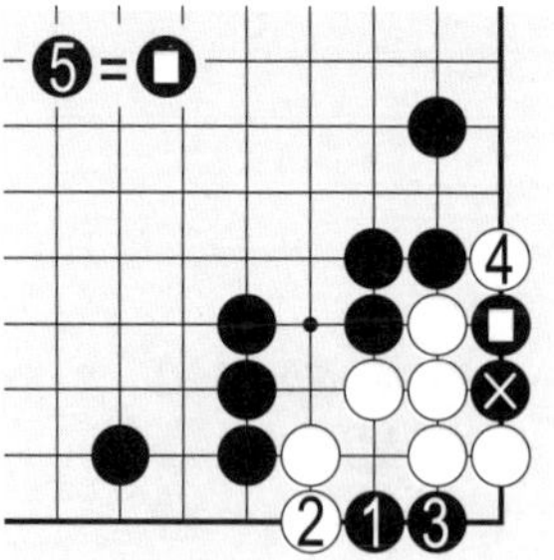

题 261　正解

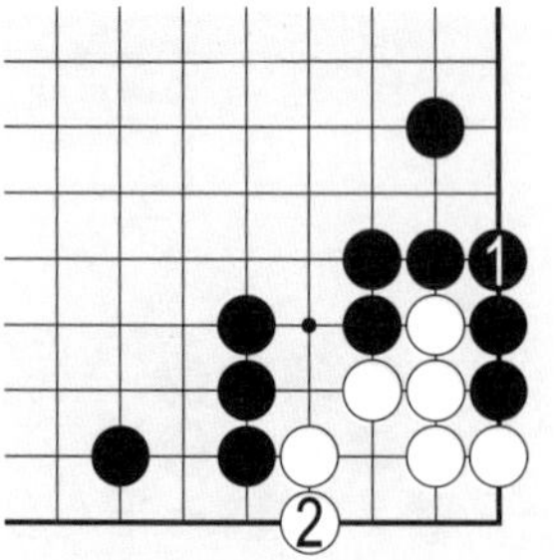

题 261　失败

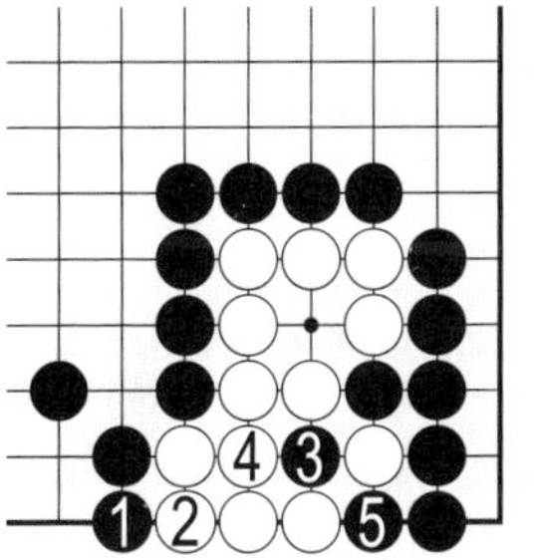

题 262　正解

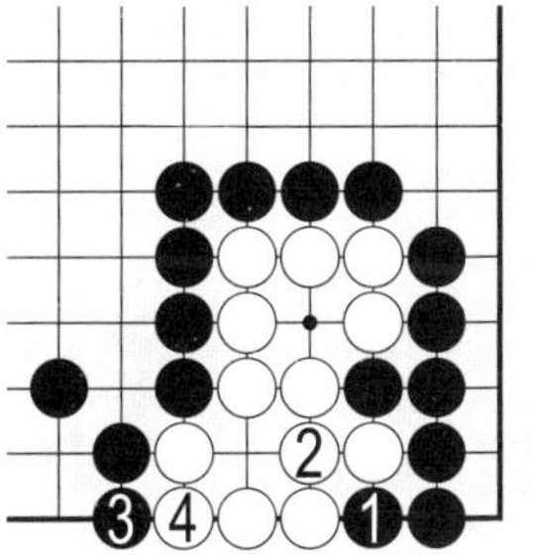

题 262　失败

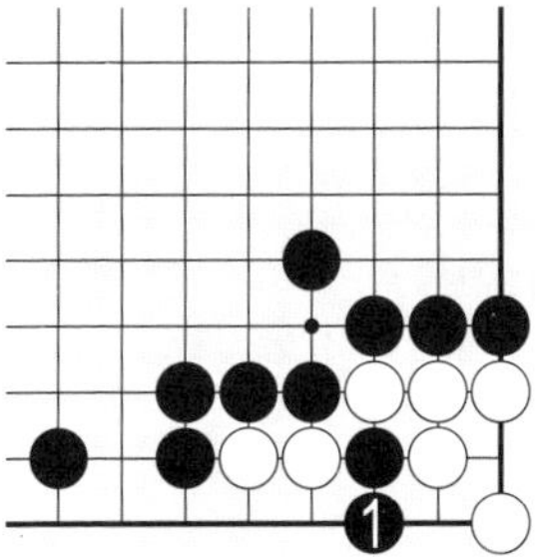

题 263　正解

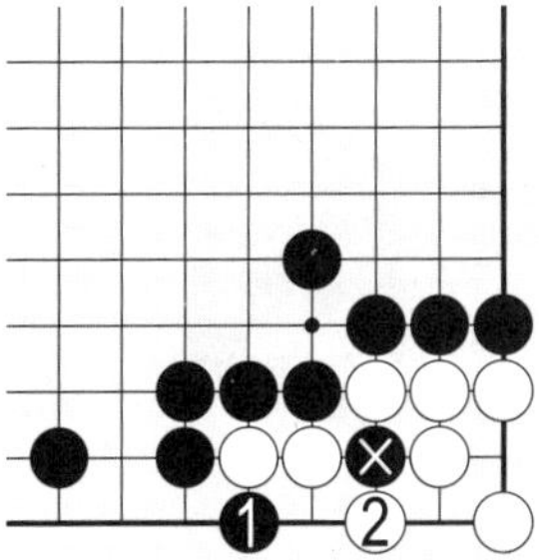

题 263　失败

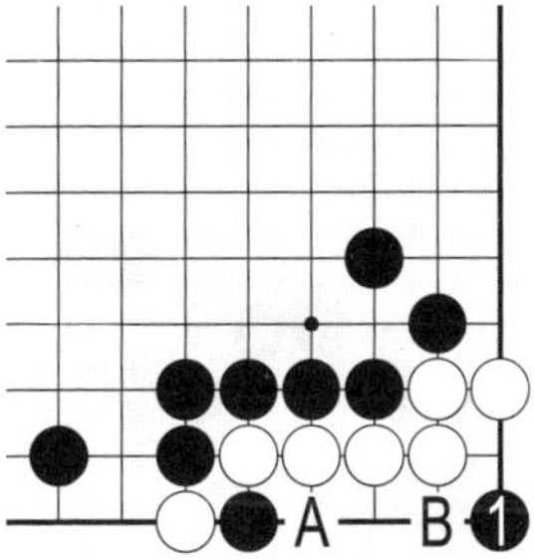

题 264　正解　A、B 见合

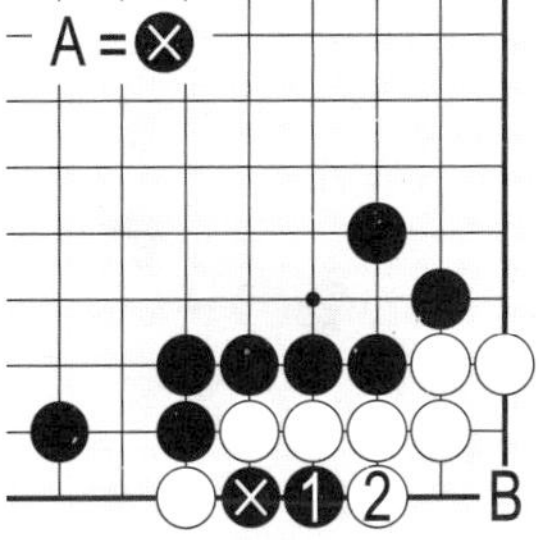

题 264　失败　A、B 见合

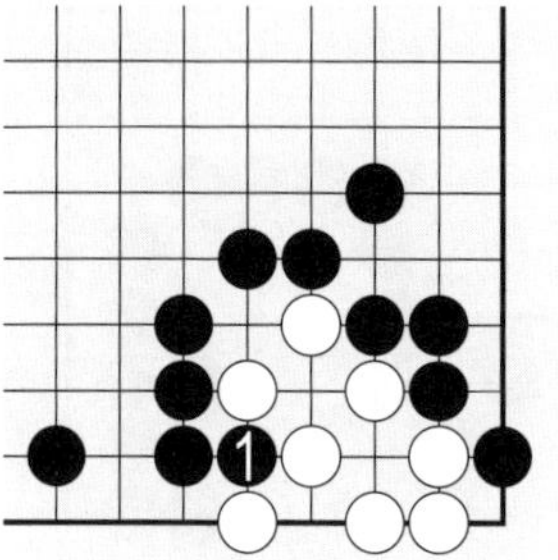

题 265　正解

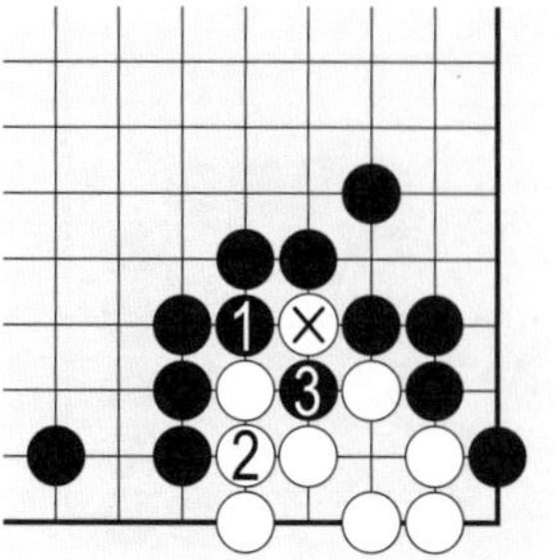

题 265　失败　打劫

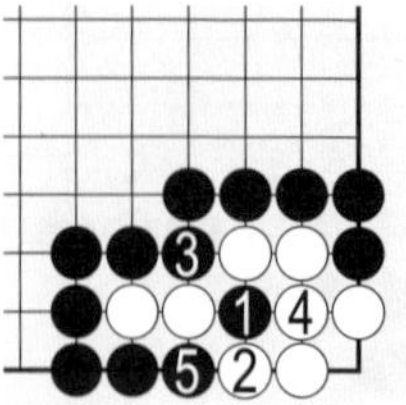

题 266　正解 1

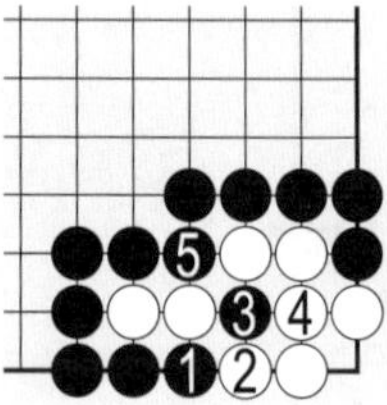

题 266　正解 2

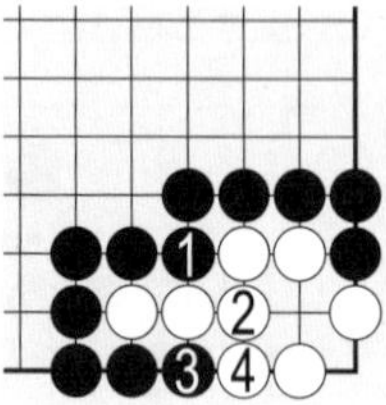

题 266　失败

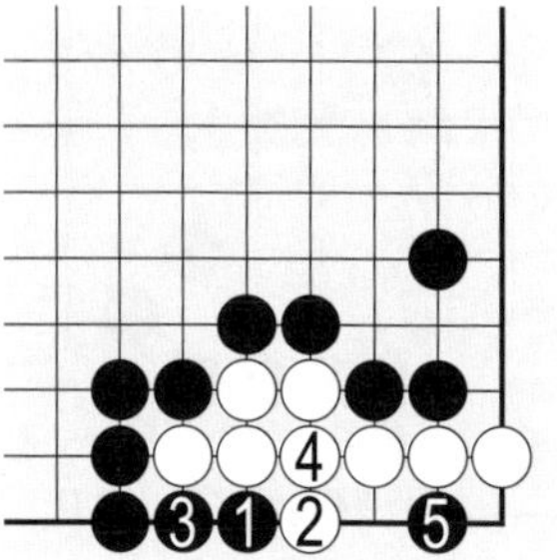

题 267　正解

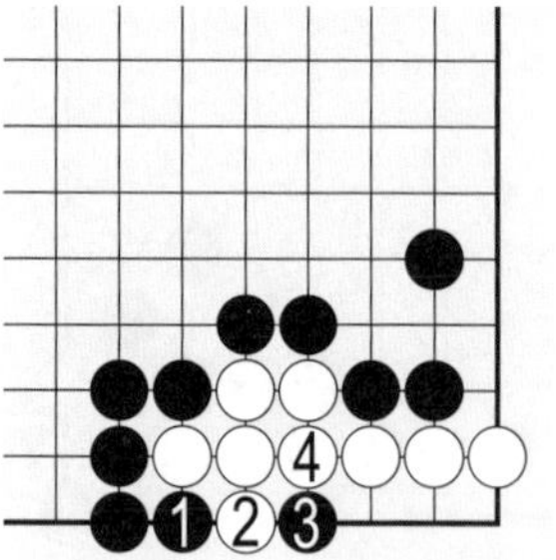

题 267　失败

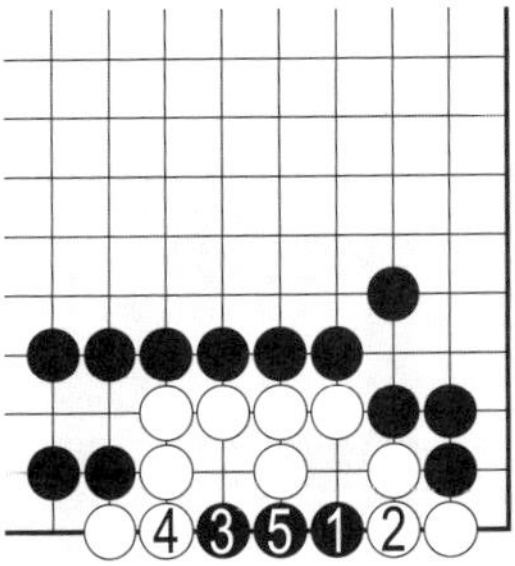

题 268　正解

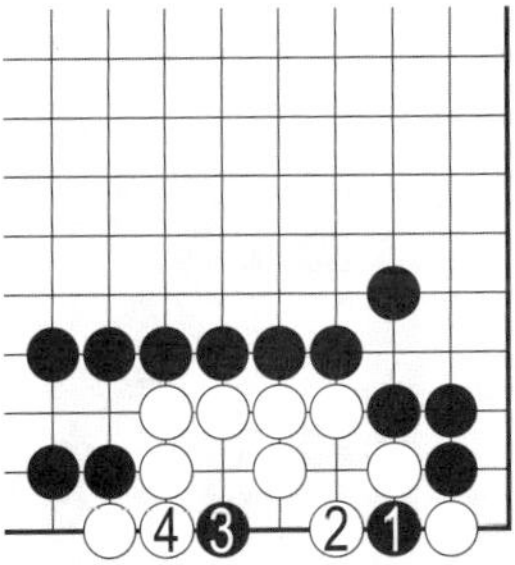

题 268　失败

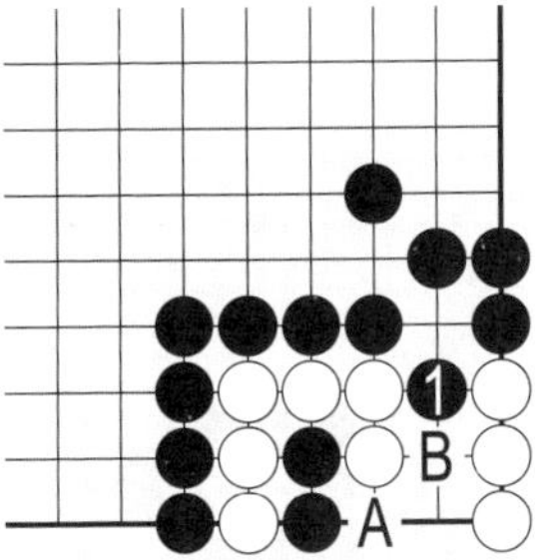

题 269　正解　A、B 见合

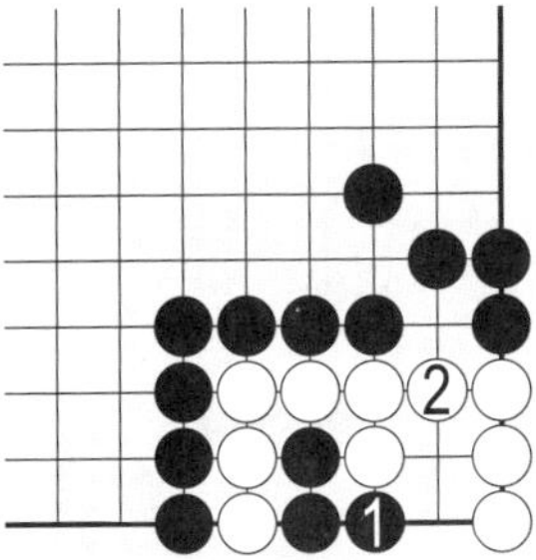

题 269　失败

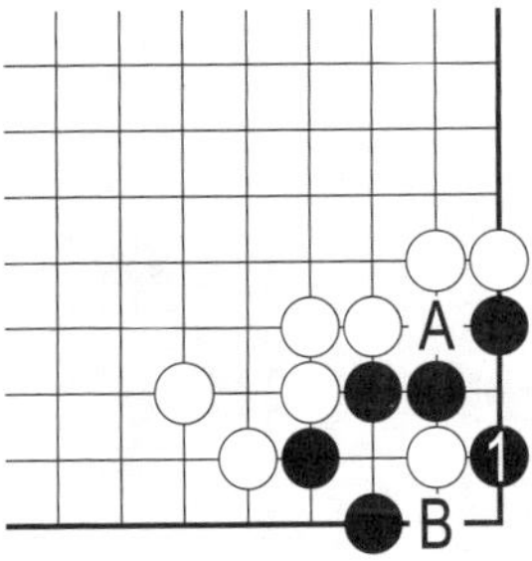

题 270　正解　A、B 见合

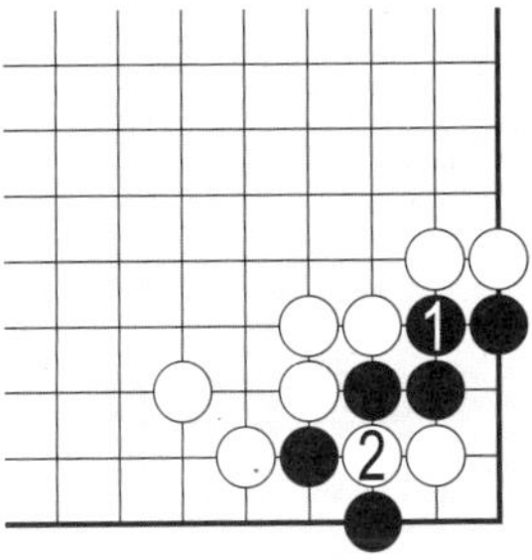

题 270　失败

7级～5级答案

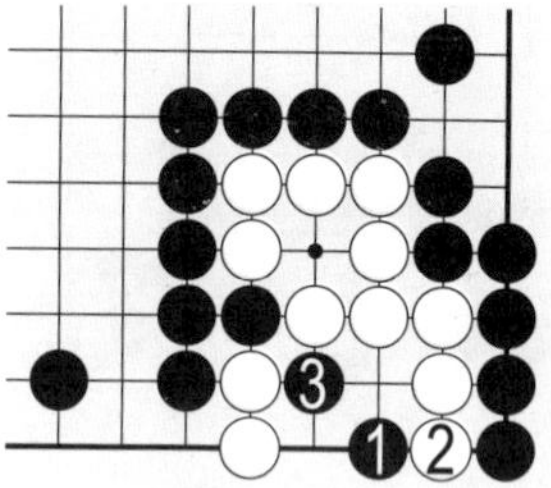

题 271　正解

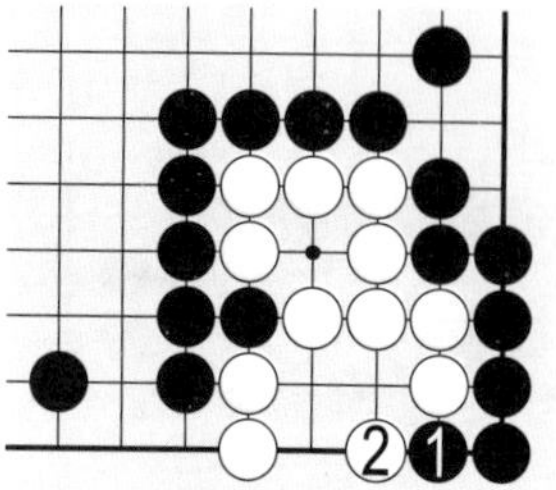

题 271　失败

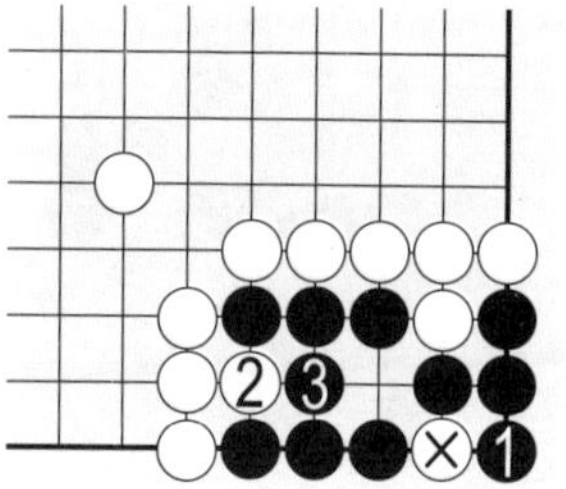

题 272　正解

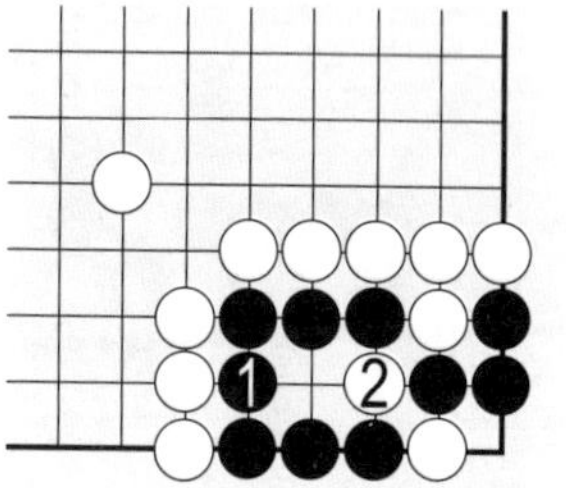

题 272　失败

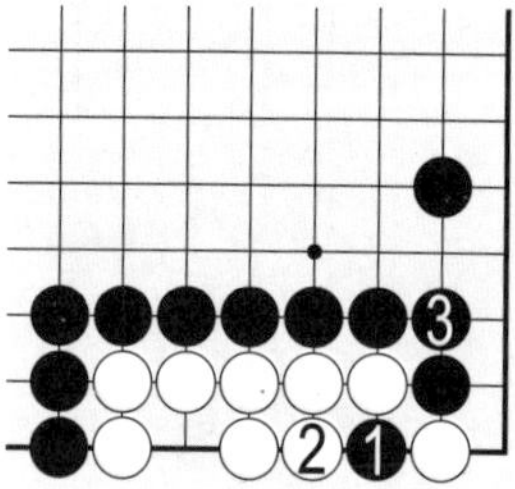

题 273　正解

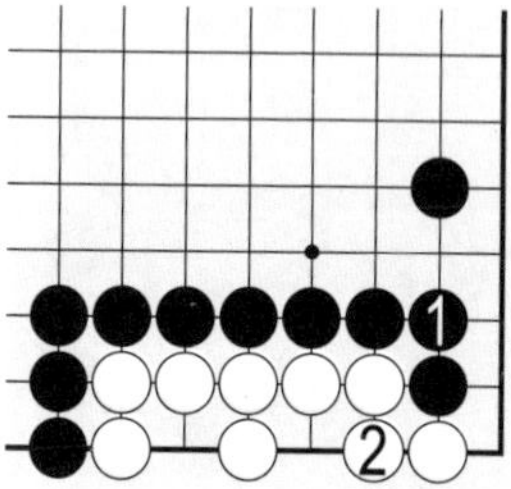

题 273　失败

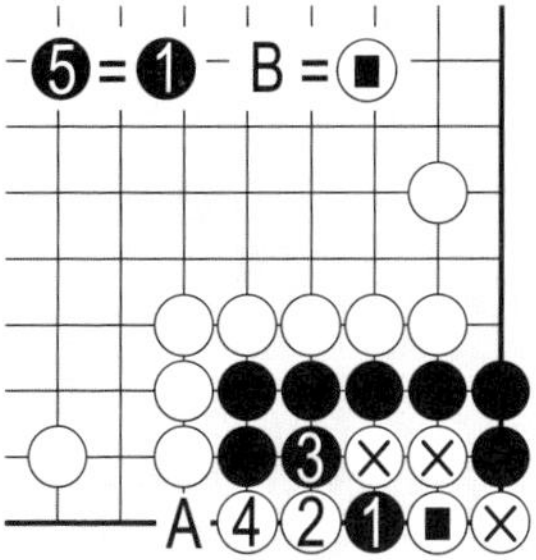

题 274　正解　A、B 见合

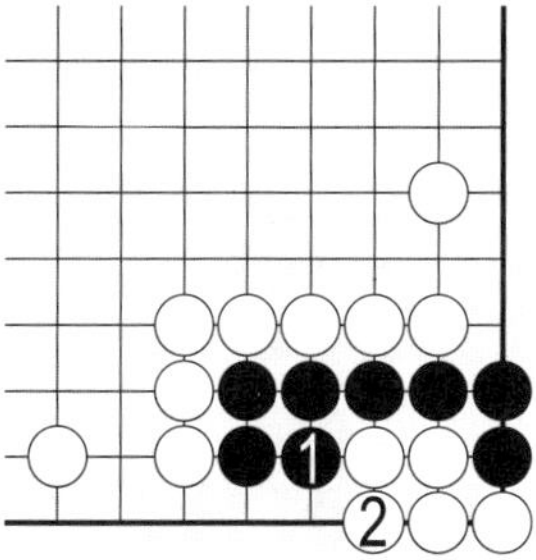

题 274　失败

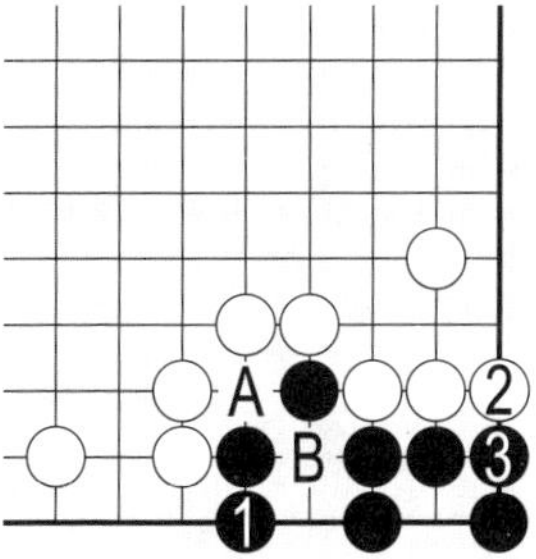

题 275　正解　A、B 见合

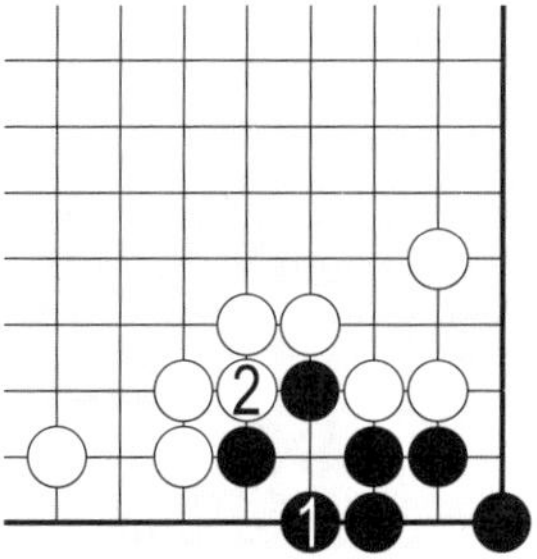

题 275　失败

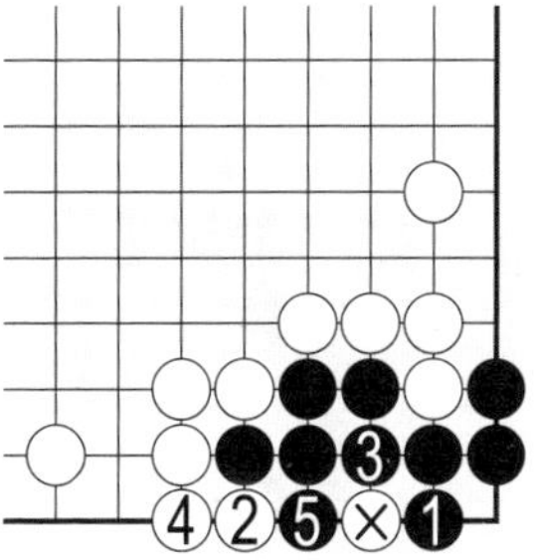

题 276　正解

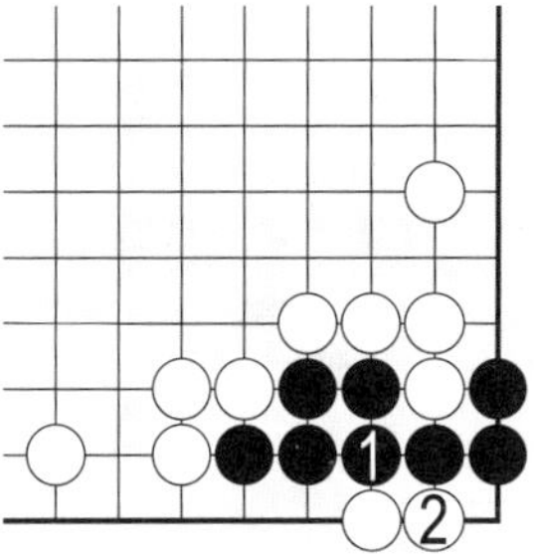

题 276　失败

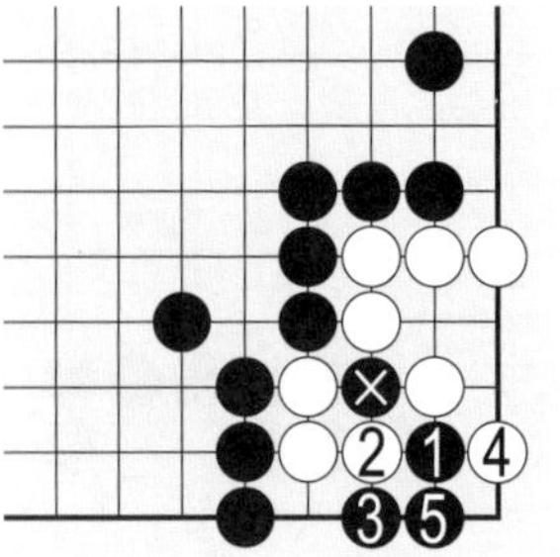

题 277　正解

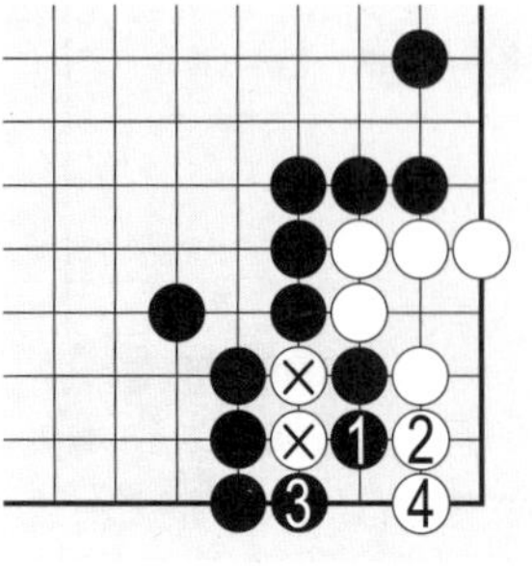

题 277　失败

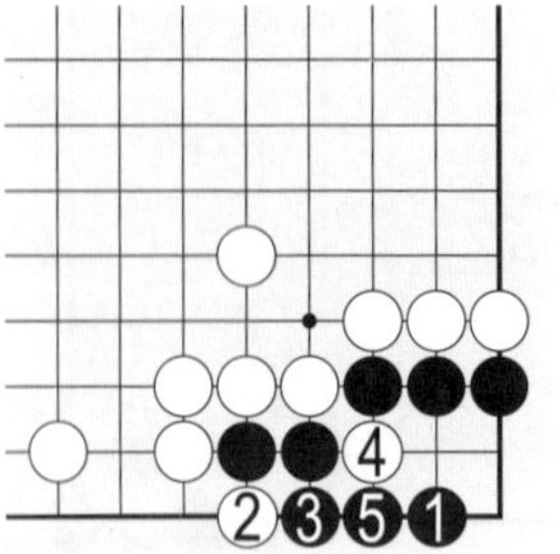

题 278　正解

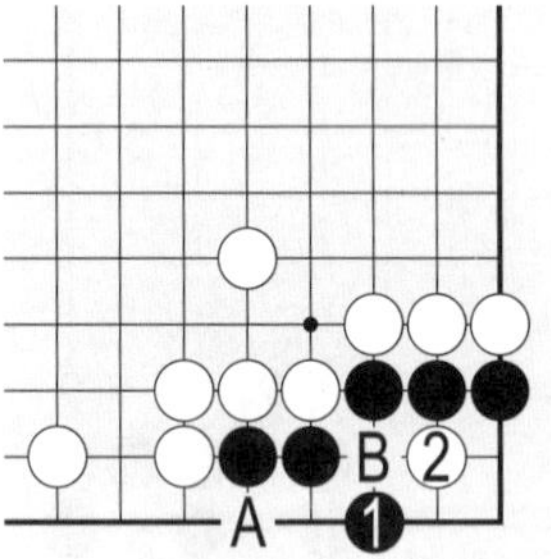

题 278　失败　A、B 见合

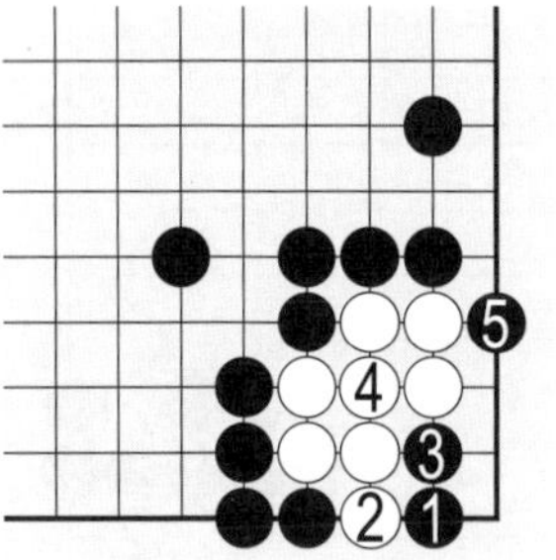

题 279　正解

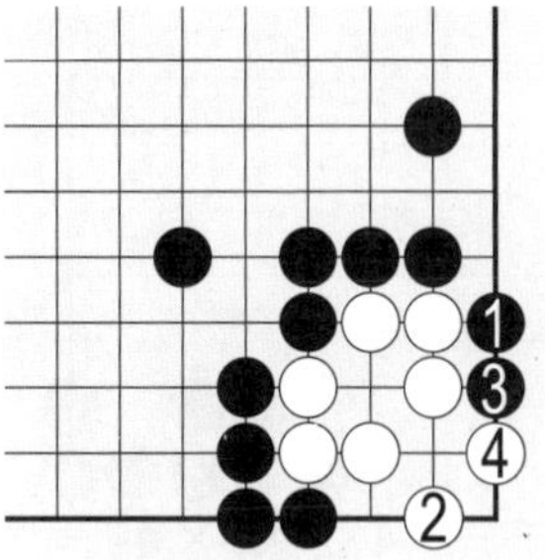

题 279　失败

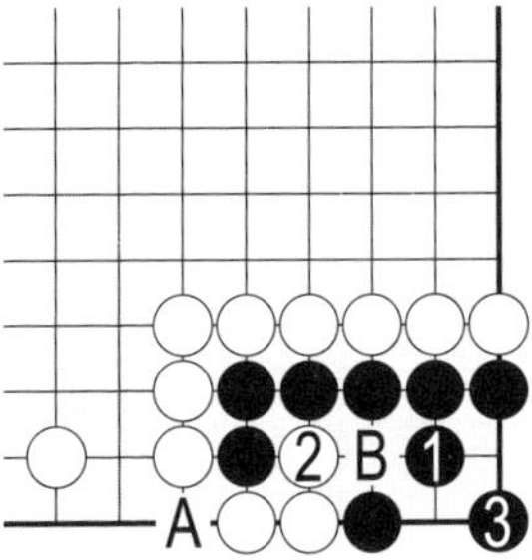

题 280　正解　A、B 见合

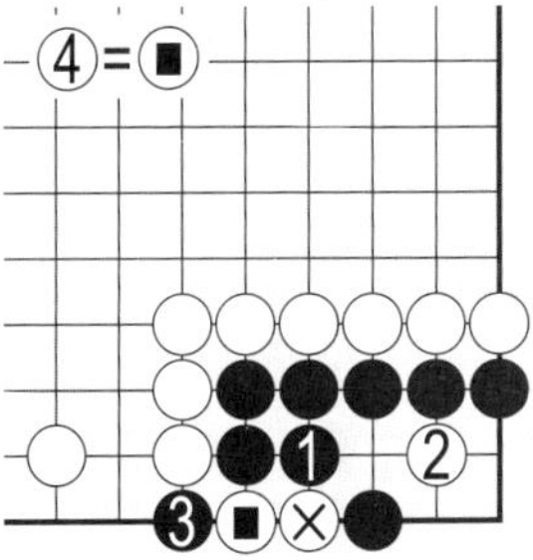

题 280　失败

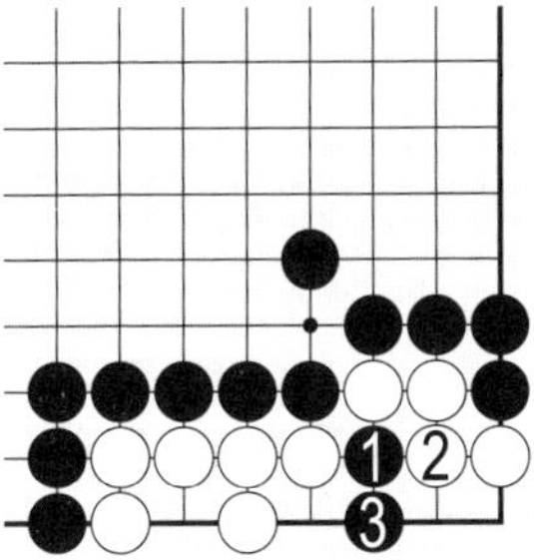

题 281　正解

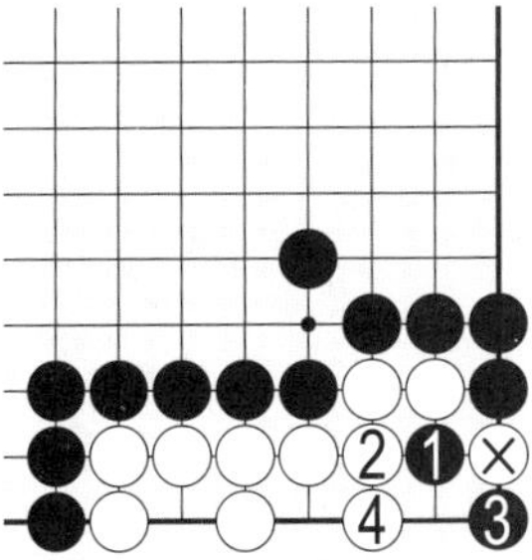

题 281　失败

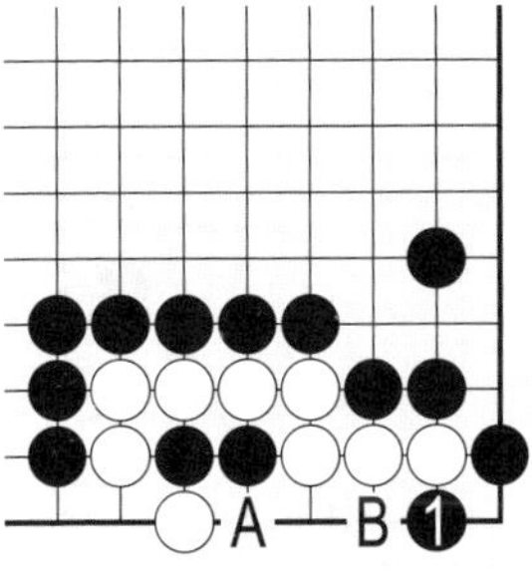

题 282　正解　A、B 见合

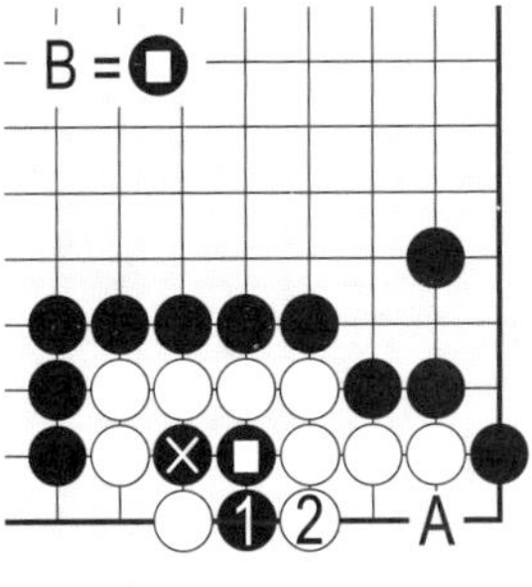

题 282　失败　A、B 见合

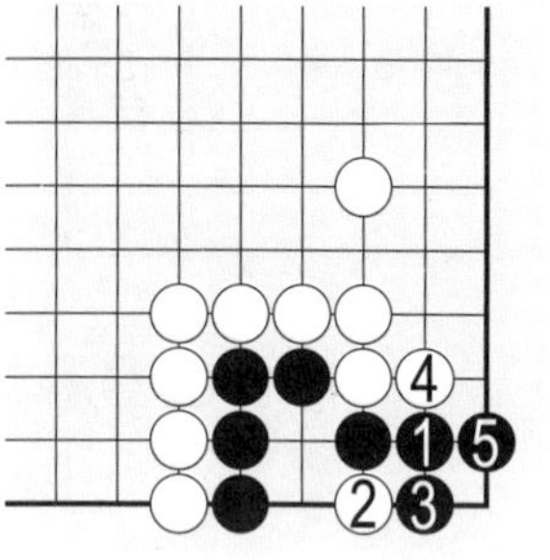

题 283　正解

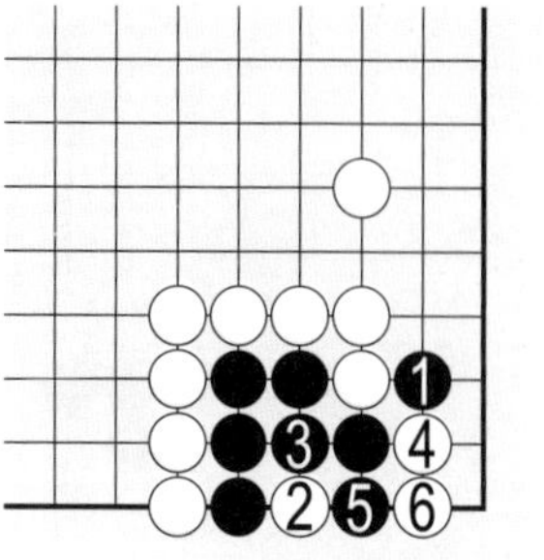

题 283　失败

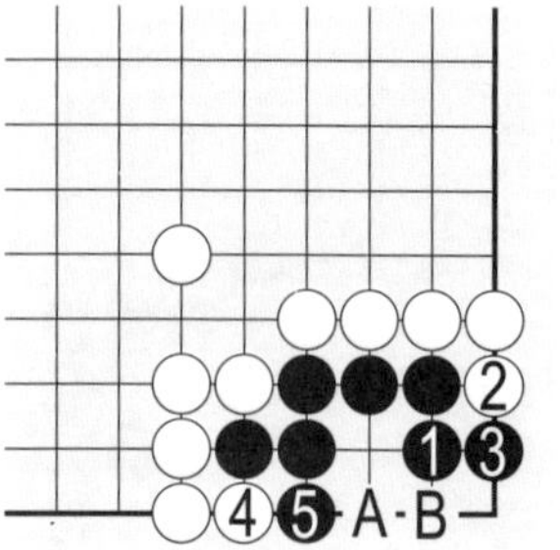

题 284　正解　A、B 见合

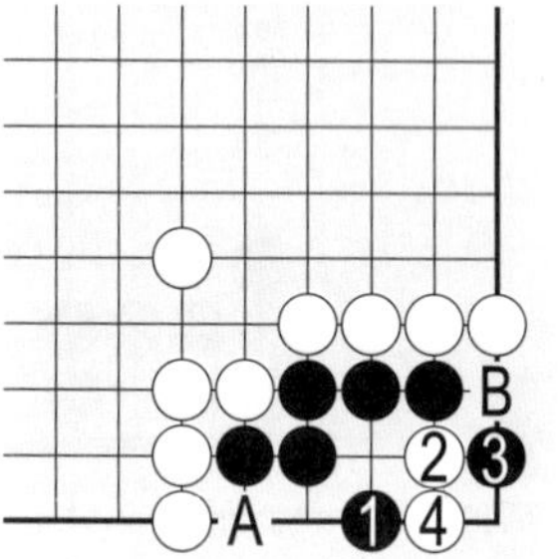

题 284　失败　A、B 见合

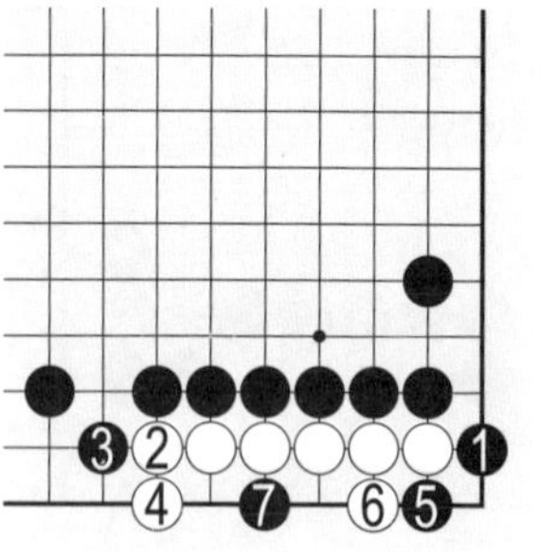

题 285　正解

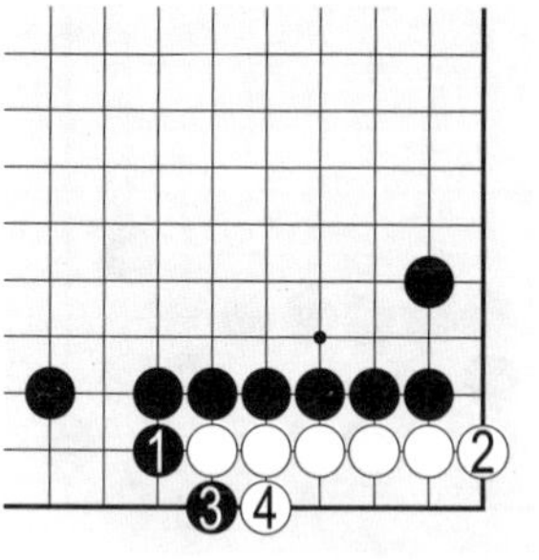

题 285　失败

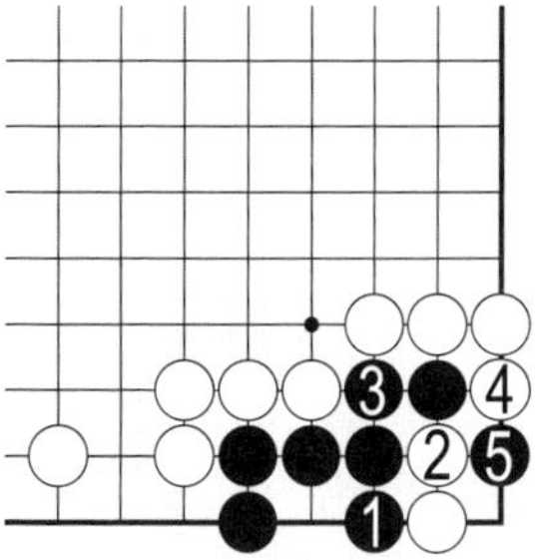

题 286　正解

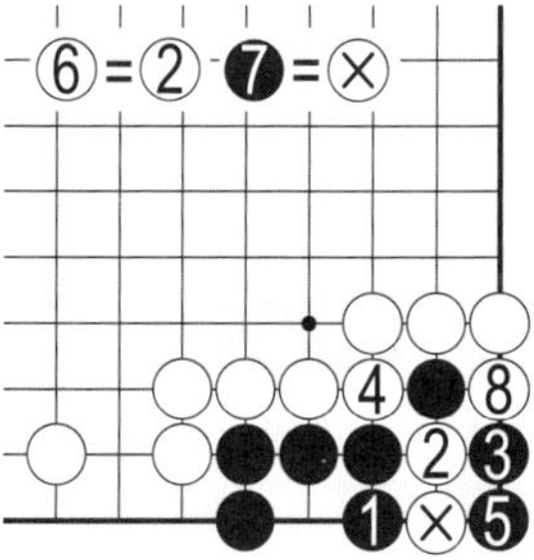

题 286　失败

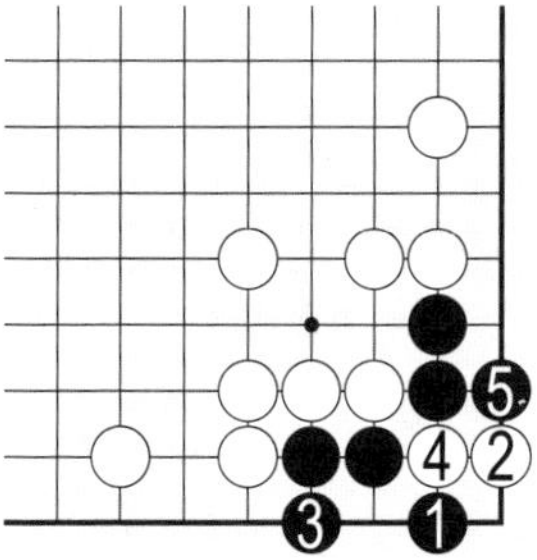

题 287　正解

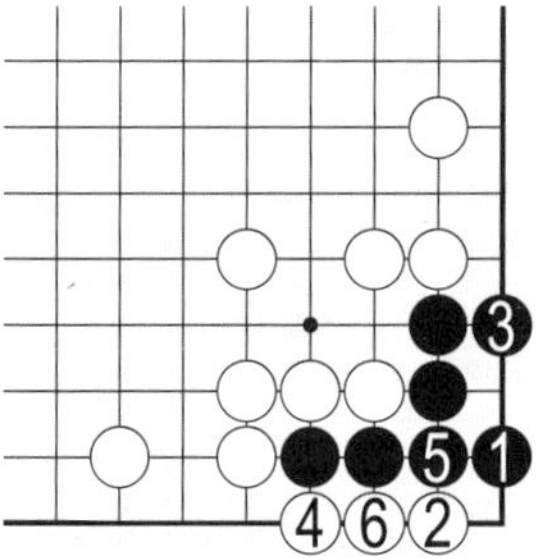

题 287　失败

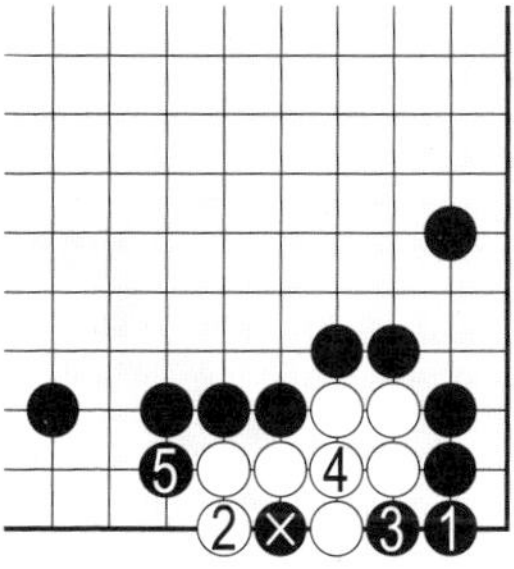

题 288　正解

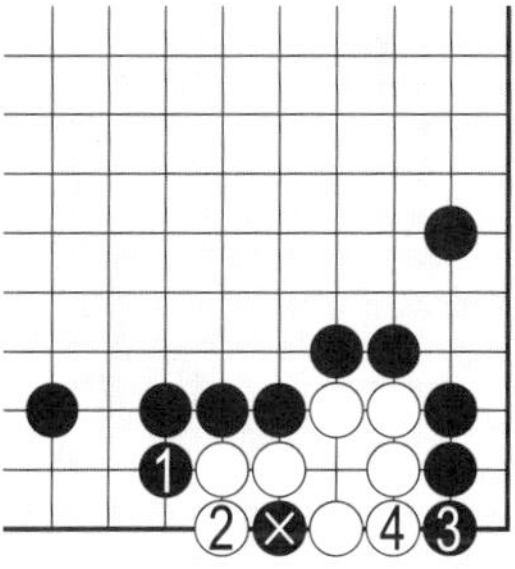

题 288　失败

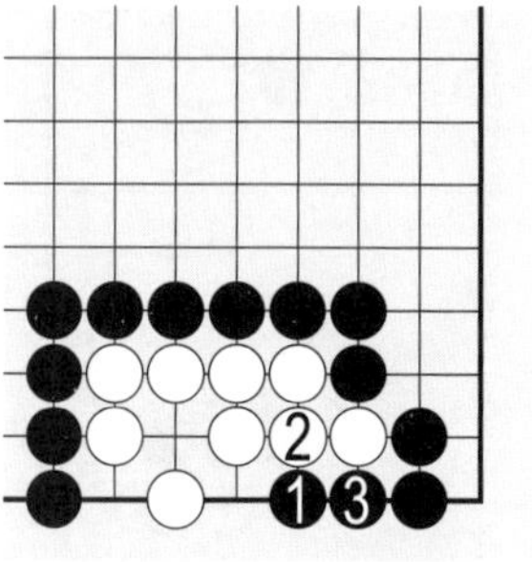

题 289　正解

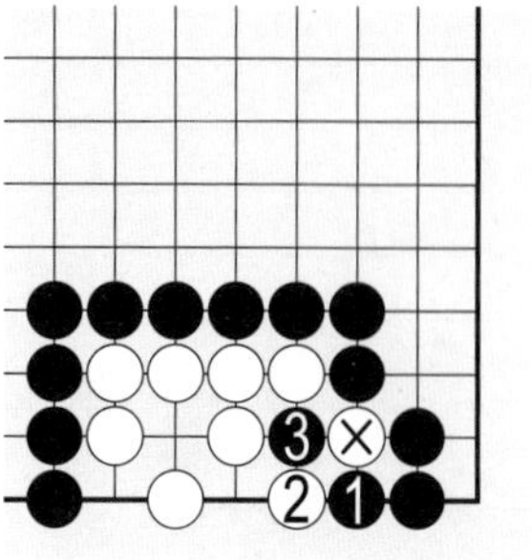

题 289　失败　打劫

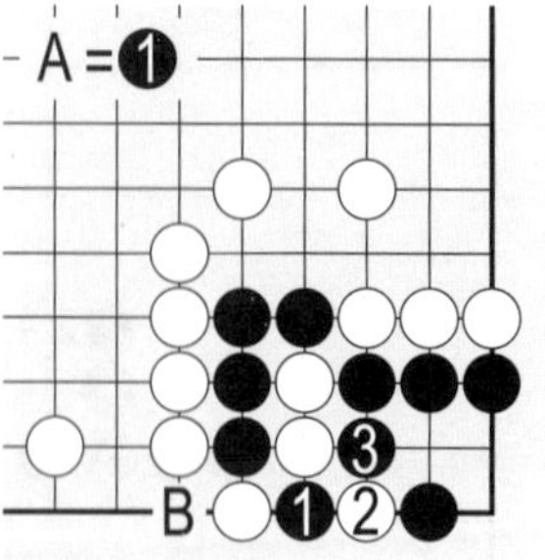

题 290　正解　A、B 见合

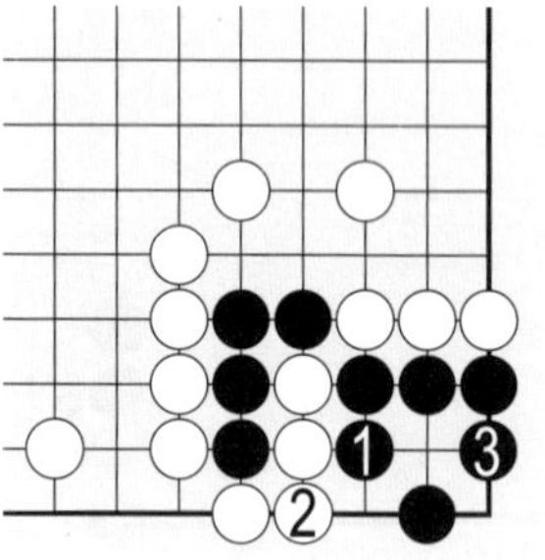

题 290　失败

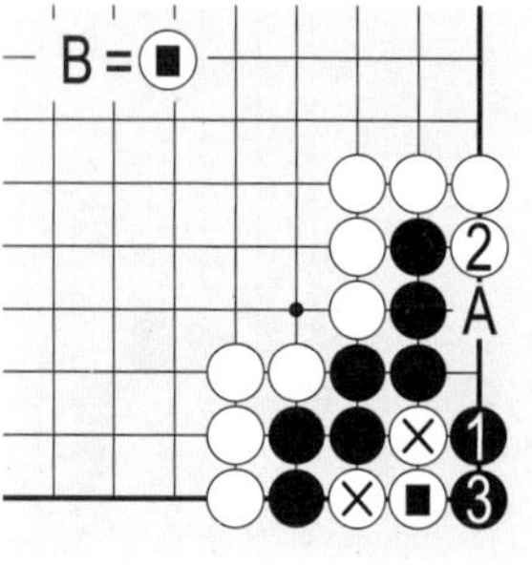

题 291　正解　A、B 见合

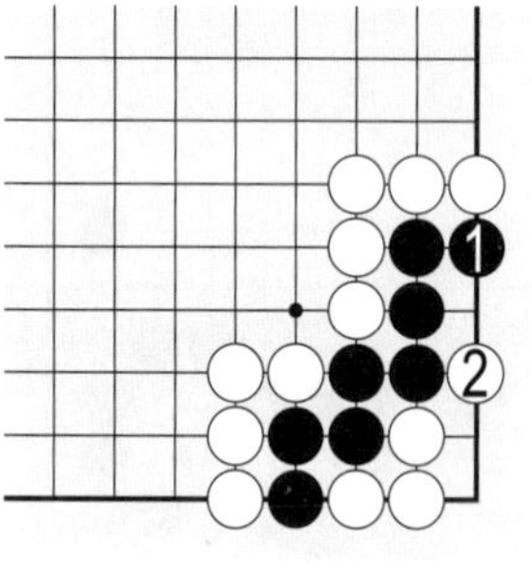

题 291　失败

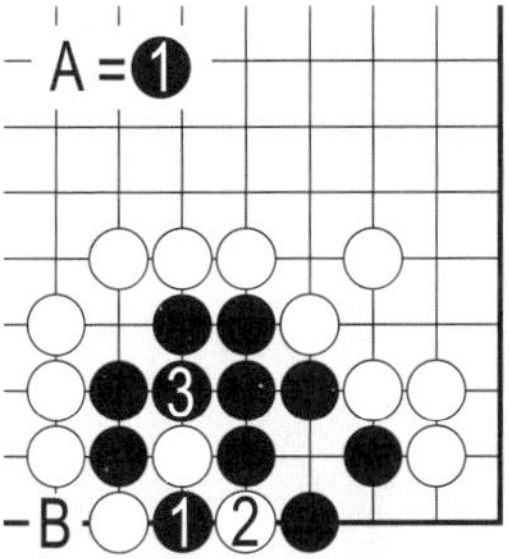

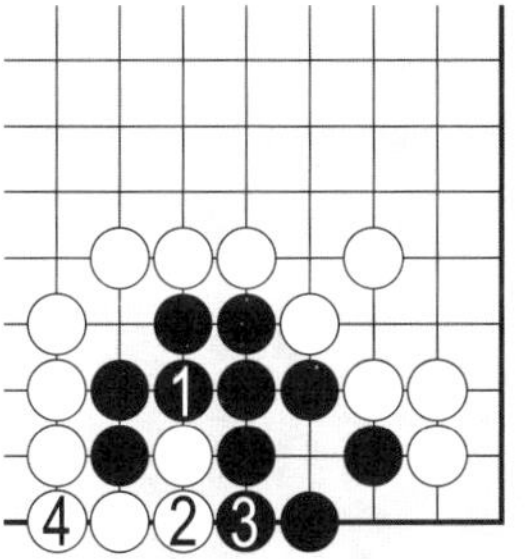

题 292　正解　A、B 见合

题 292　失败

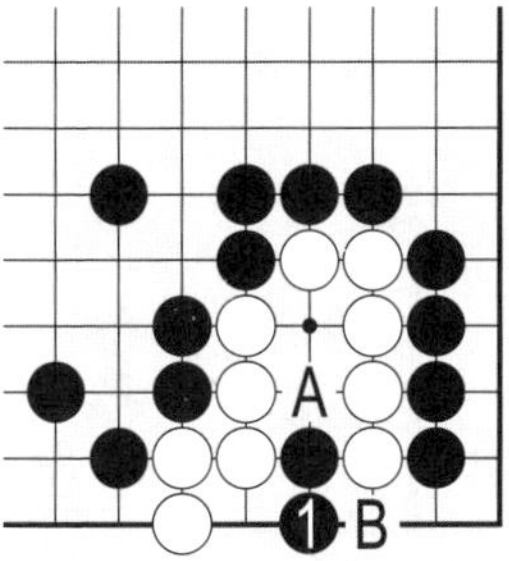

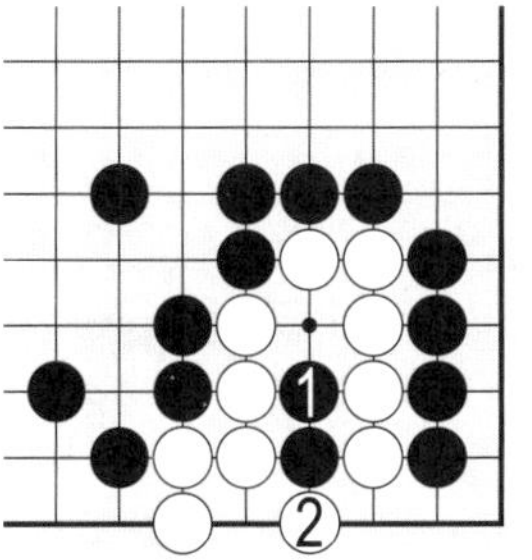

题 293　正解　A、B 见合

题 293　失败

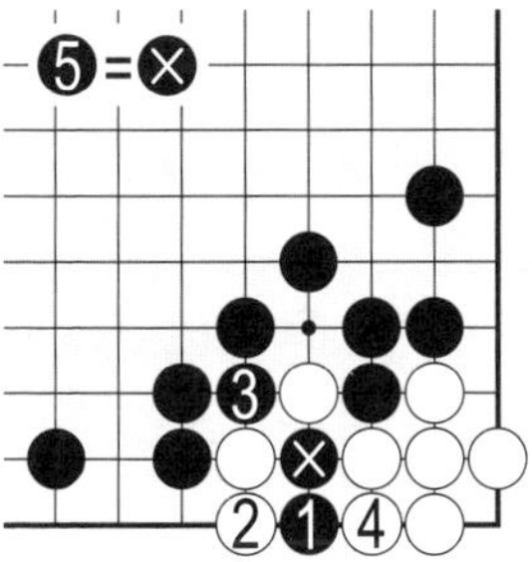

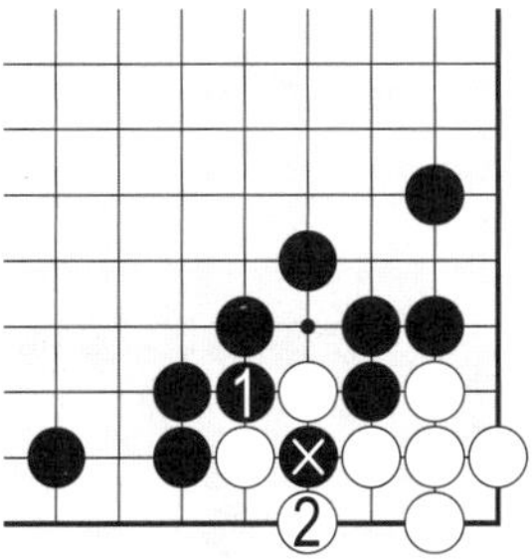

题 294　正解

题 294　失败

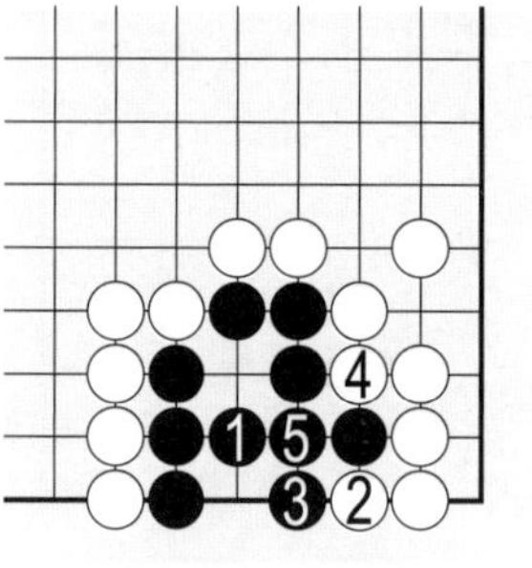

题 295　正解

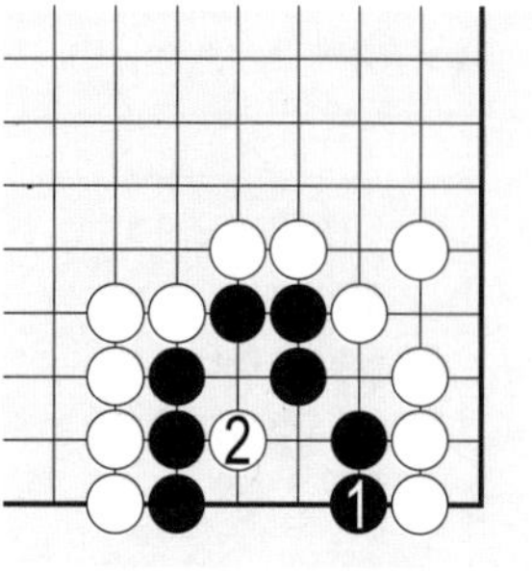

题 295　失败

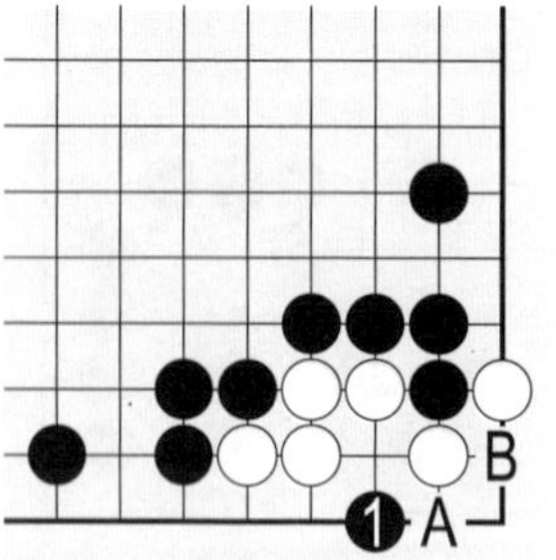

题 296　正解　A、B 见合

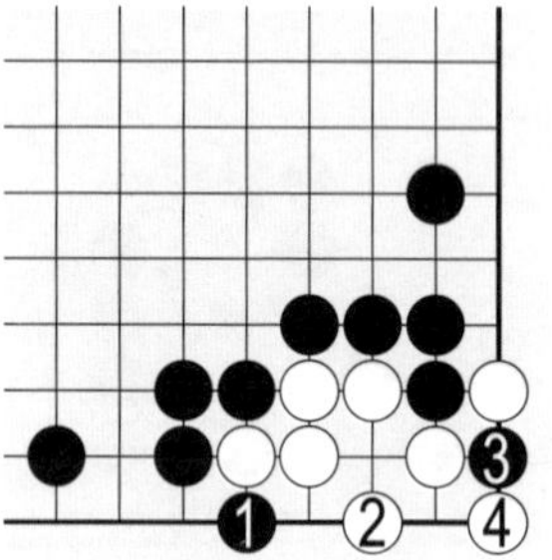

题 296　失败

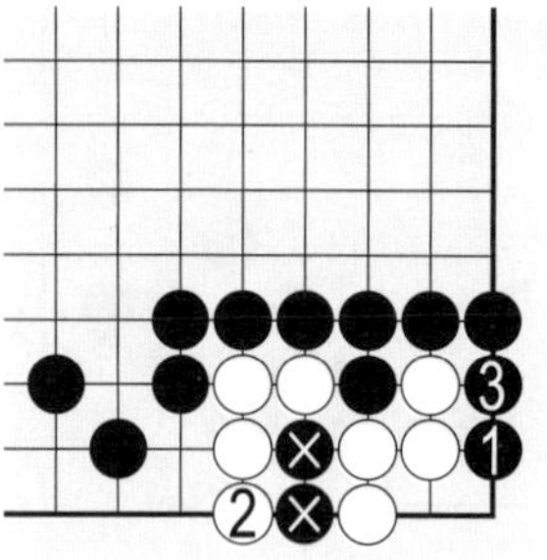

题 297　正解

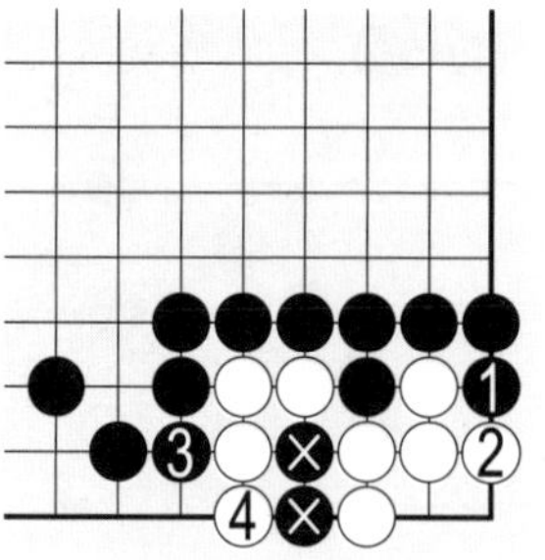

题 297　失败

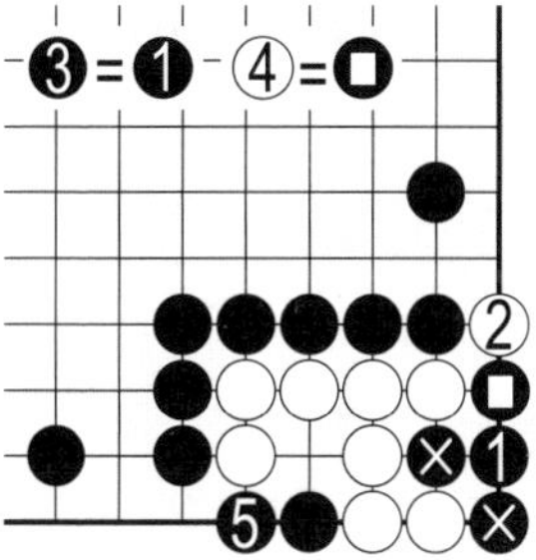

题 298　正解

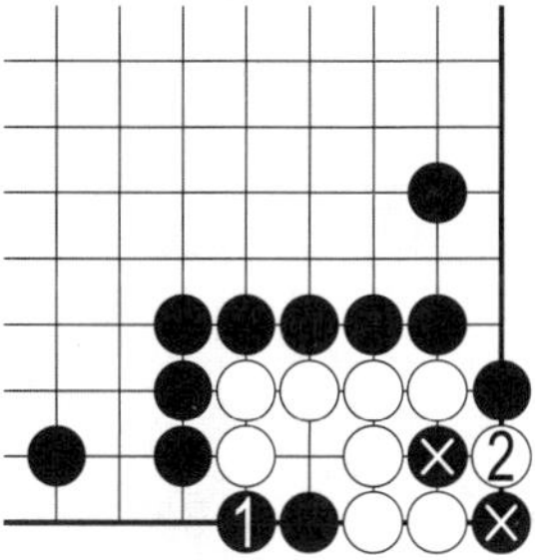

题 298　失败

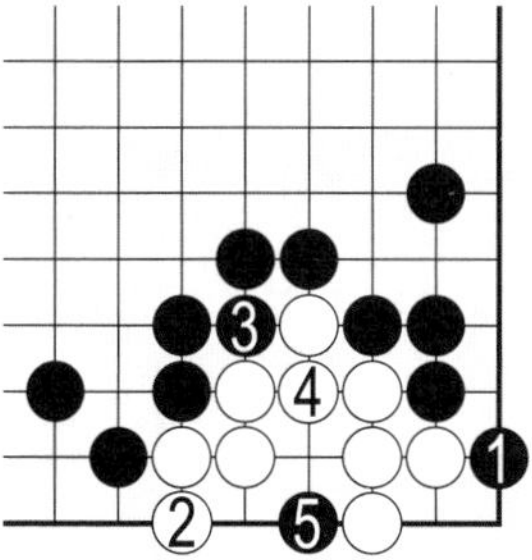

题 299　正解

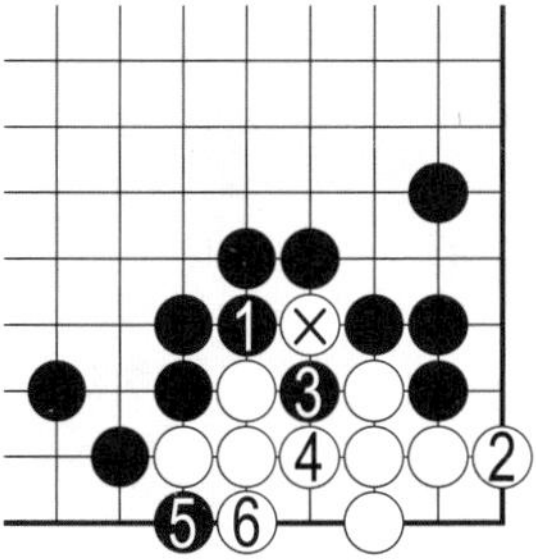

题 299　失败

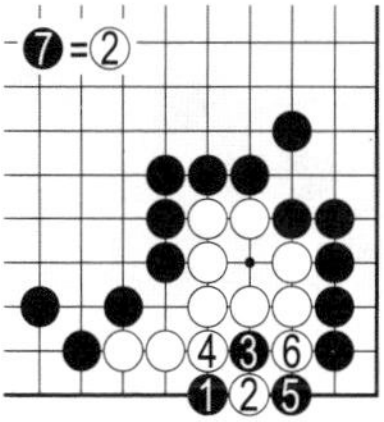

题 300　正解

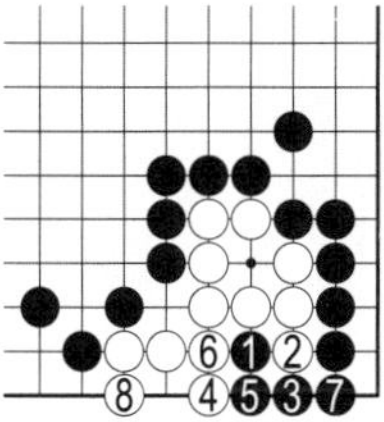

题 300　失败 1

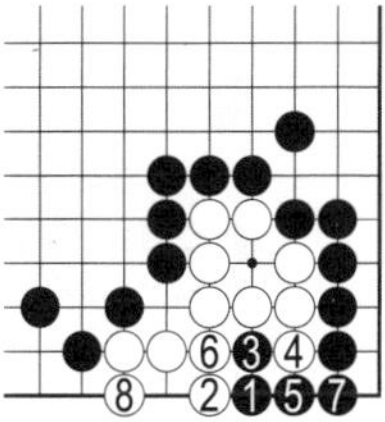

题 300　失败 2

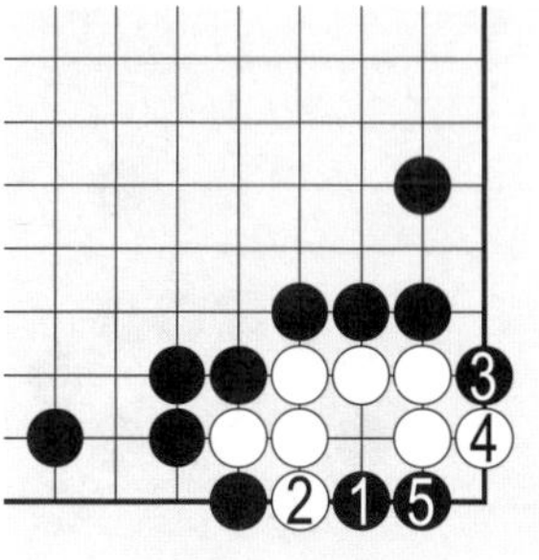

题 301　正解

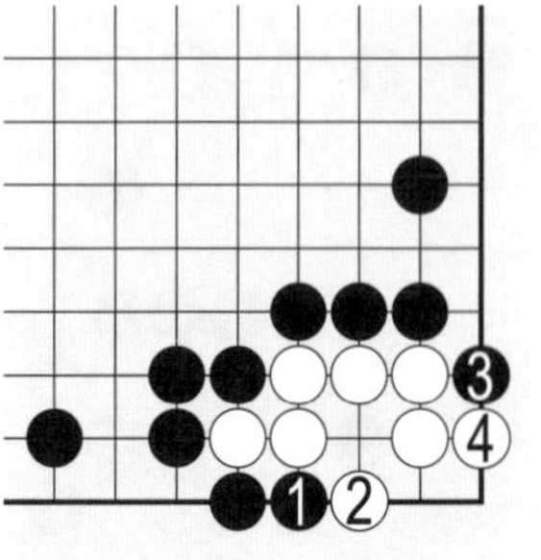

题 301　失败

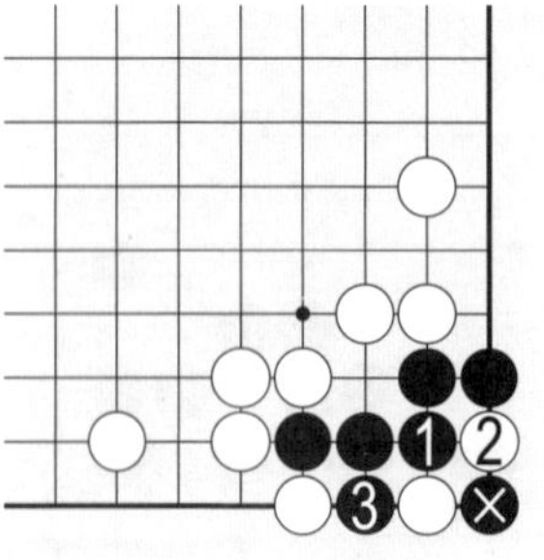

题 302　正解

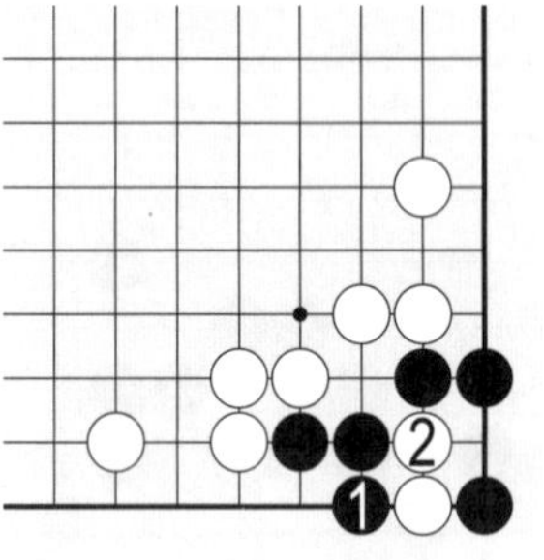

题 302　失败

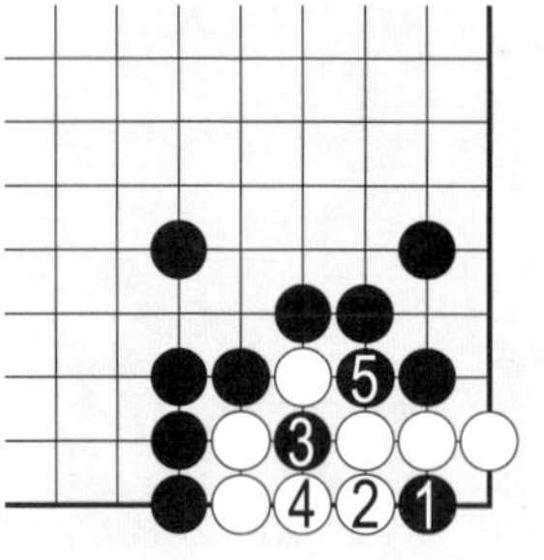

题 303　正解

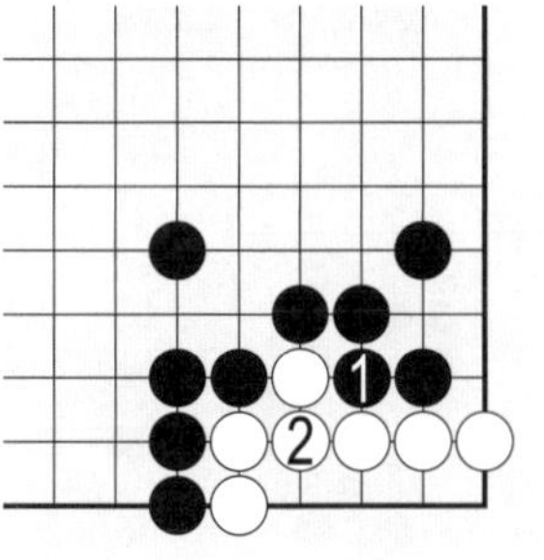

题 303　失败

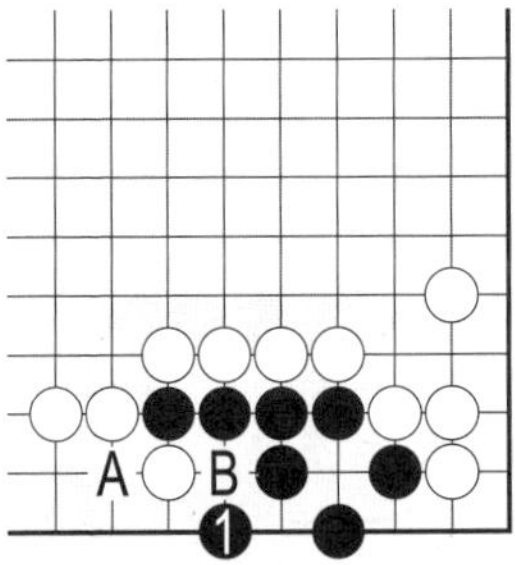

题 304　正解　A、B 见合

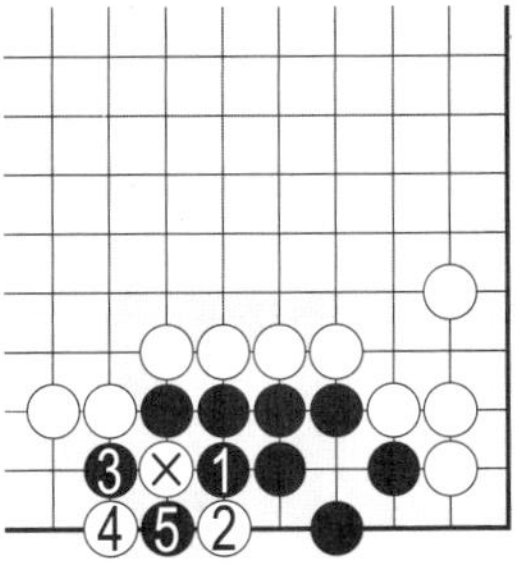

题 304　失败　打劫

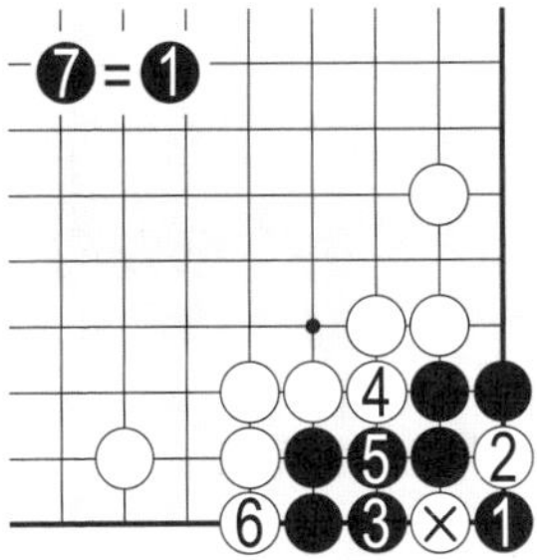

题 305　正解

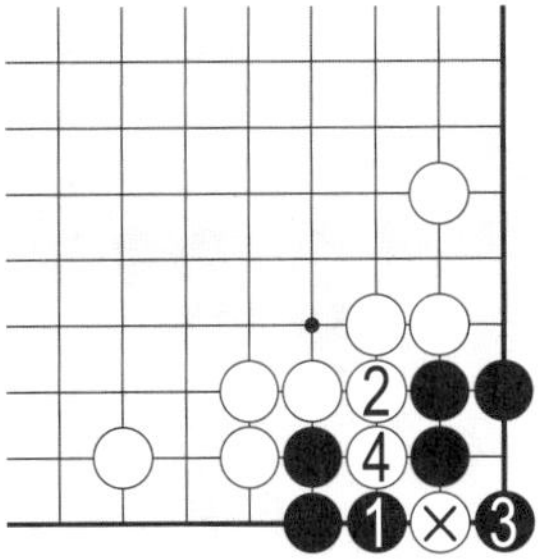

题 305　失败

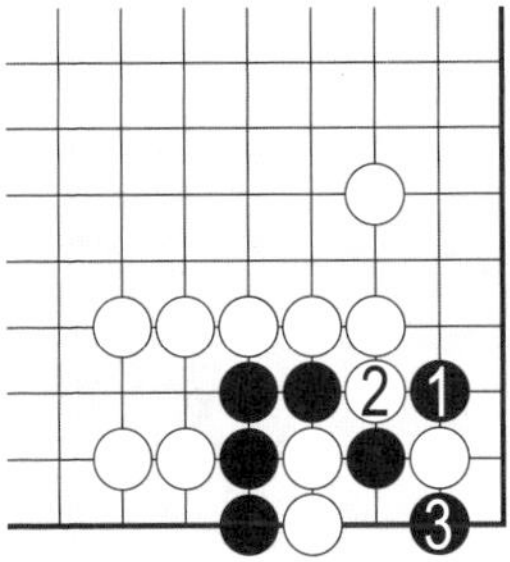

题 306　正解

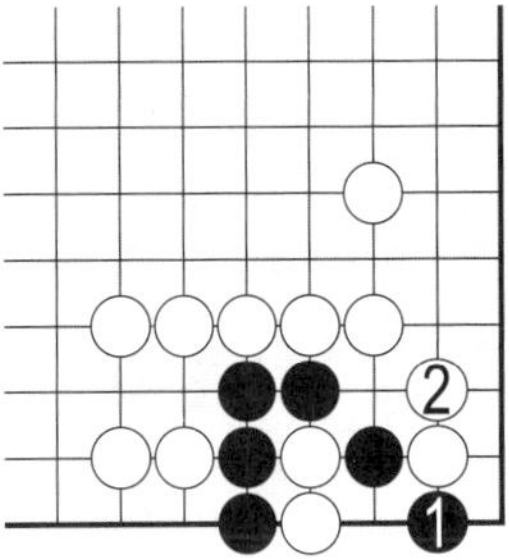

题 306　失败

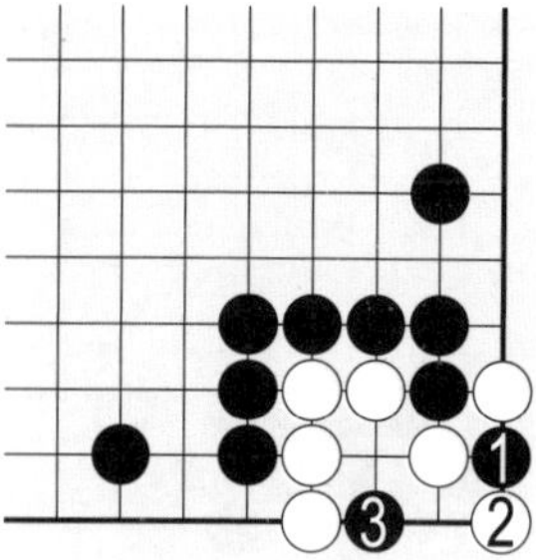

题 307　正解

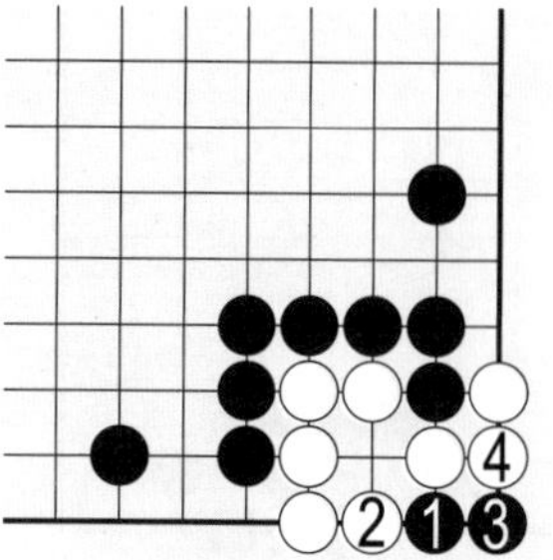

题 307　失败

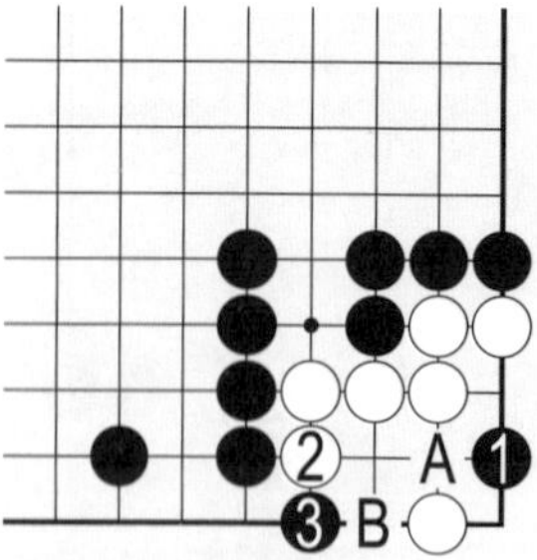

题 308　正解　A、B 见合

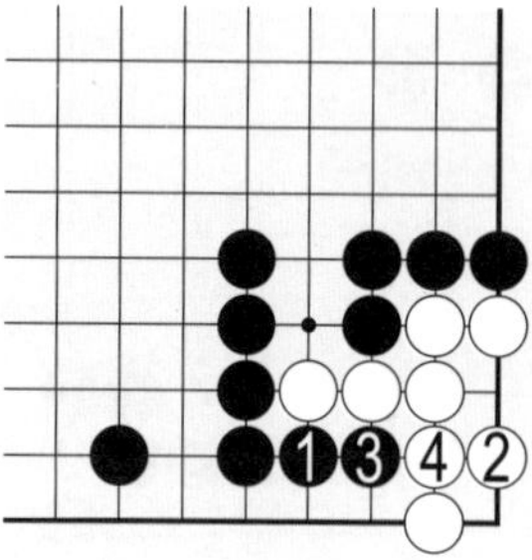

题 308　失败

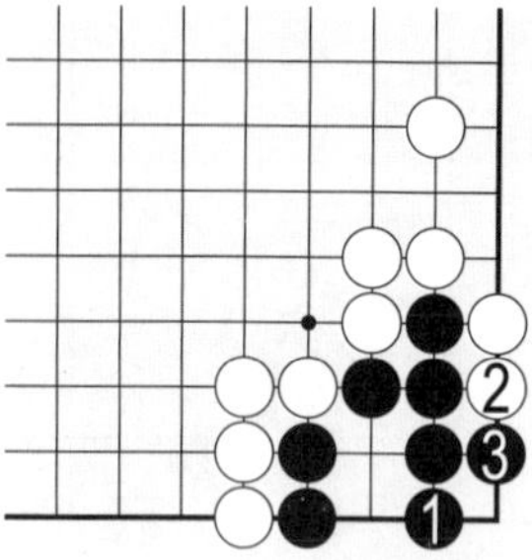

题 309　正解

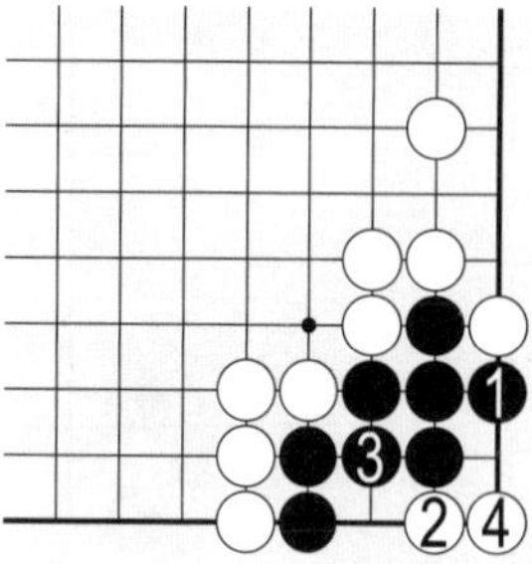

题 309　失败

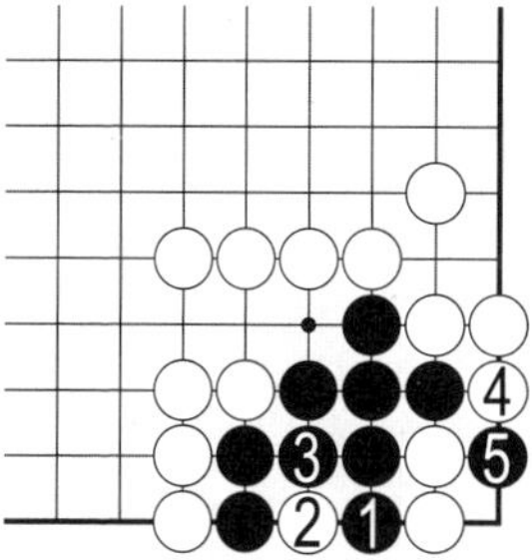

题 310　正解

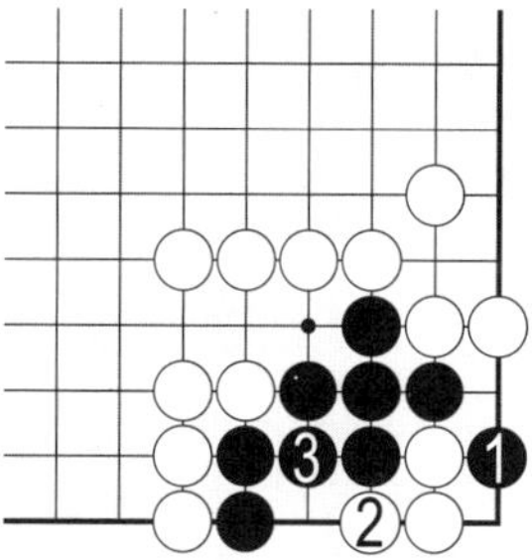

题 310　失败

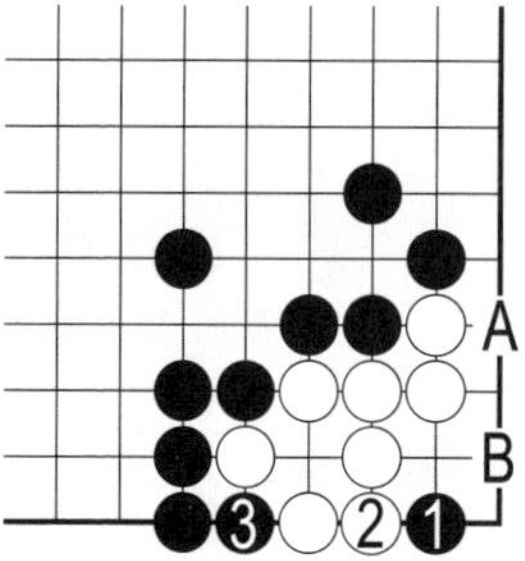

题 311　正解　A、B 见合

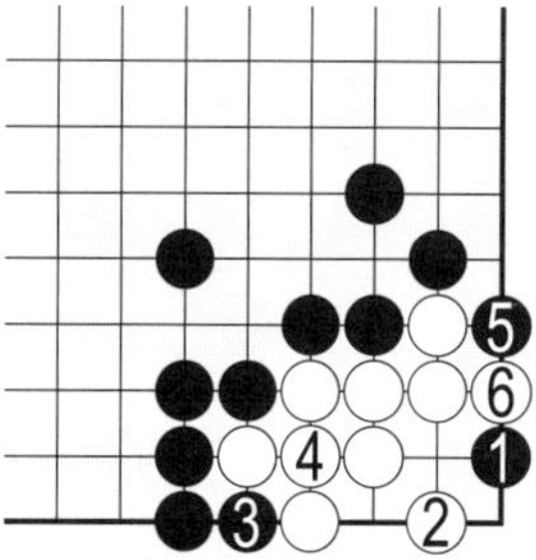

题 311　失败

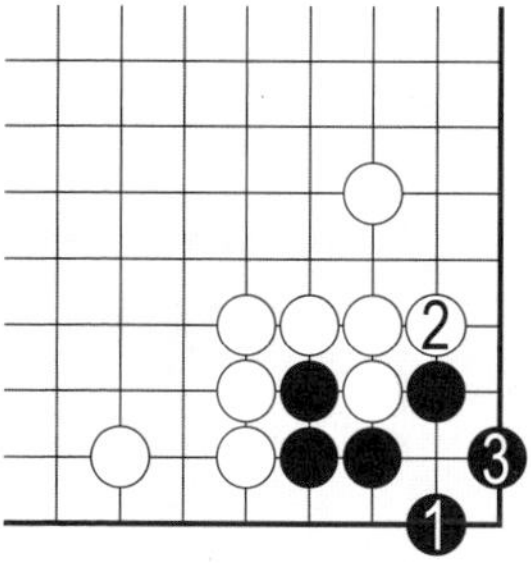

题 312　正解

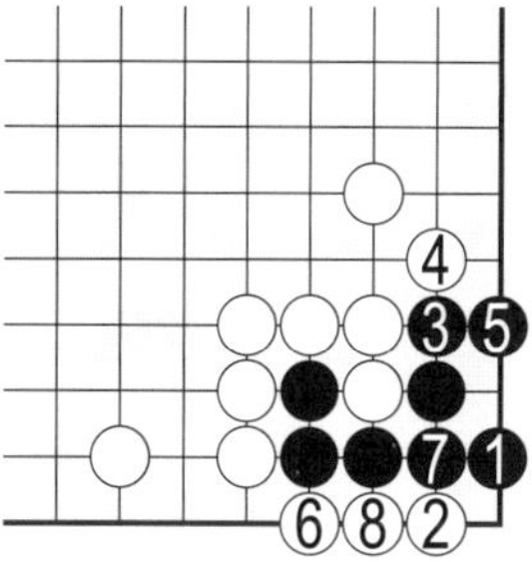

题 312　失败

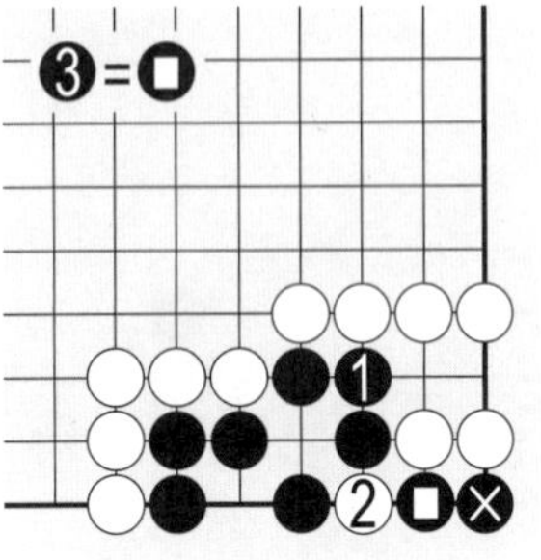

题 313　正解

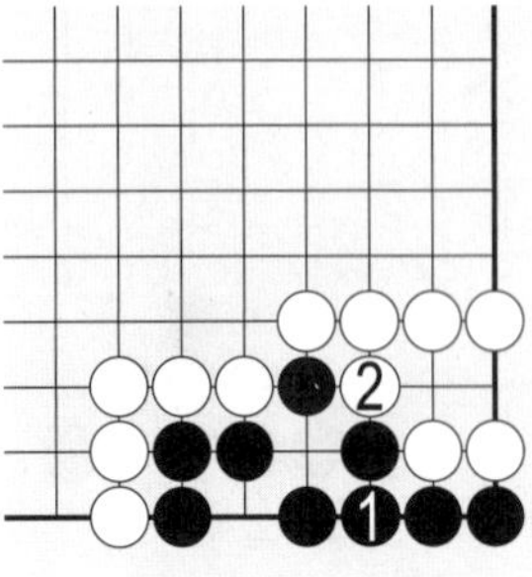

题 313　失败

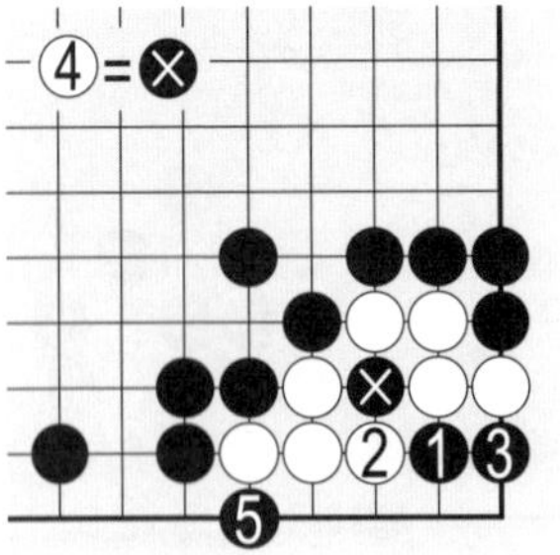

题 314　正解

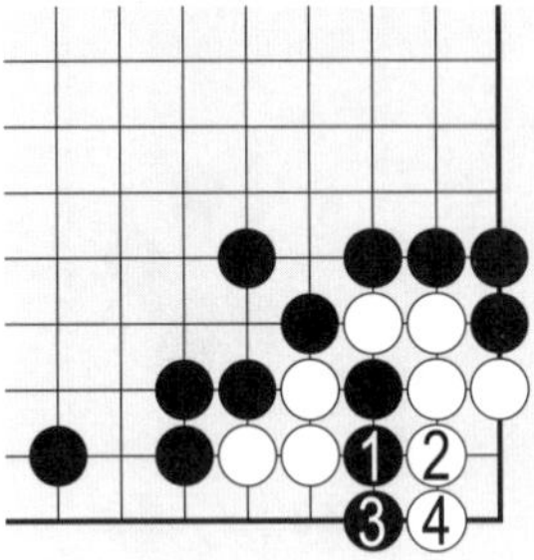

题 314　失败

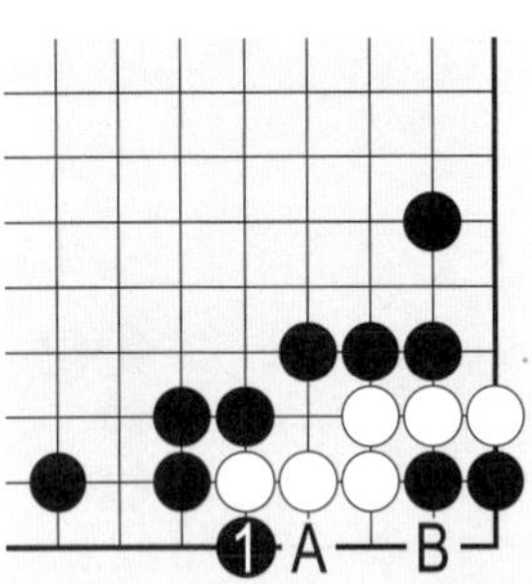

题 315　正解　A、B 见合

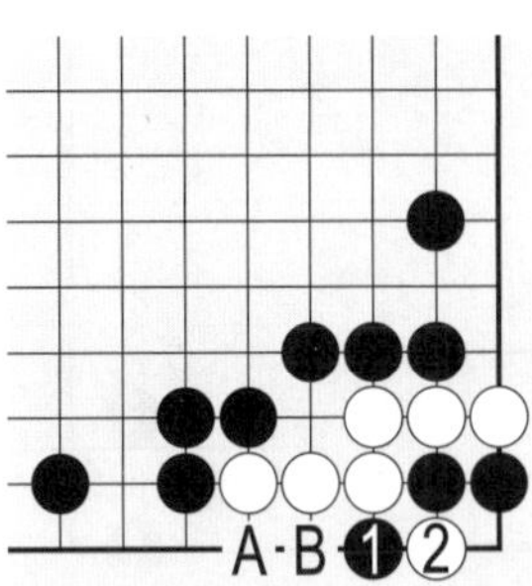

题 315　失败　A、B 见合

4级～ 2级答案

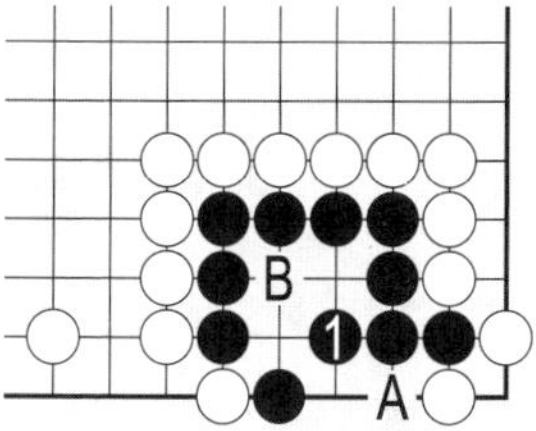

题 316　正解　A、B 见合

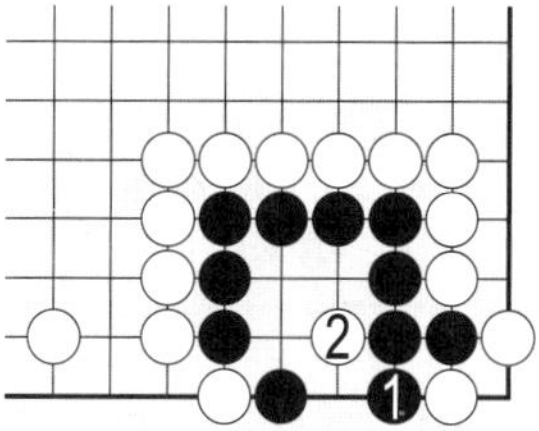

题 316　失败

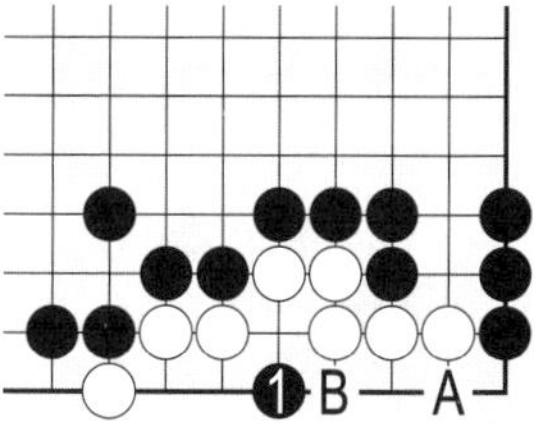

题 317　正解　A、B 见合

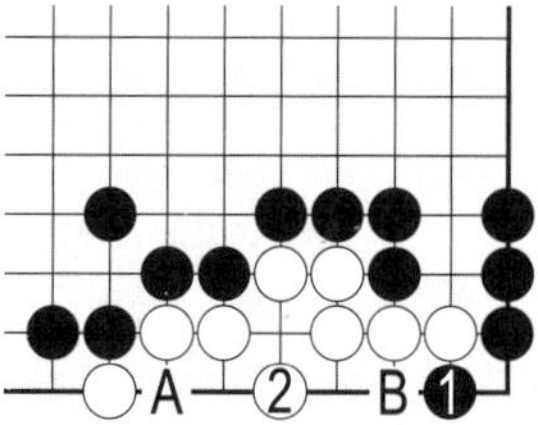

题 317　失败　A、B 见合

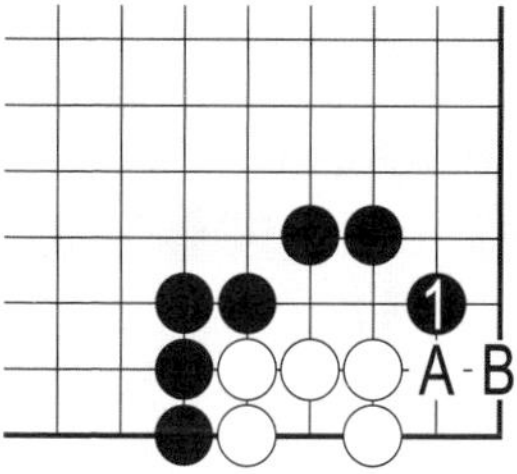

题 318　正解　A、B 见合

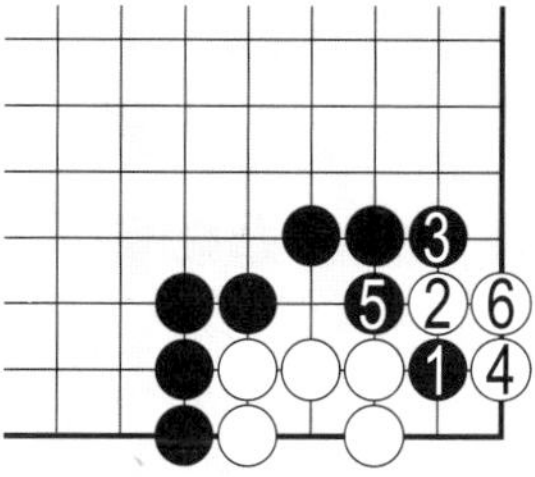

题 318　失败

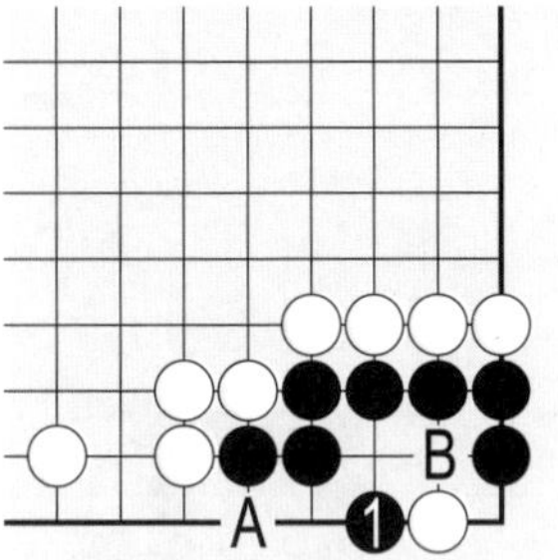

题 319　正解　A、B 见合

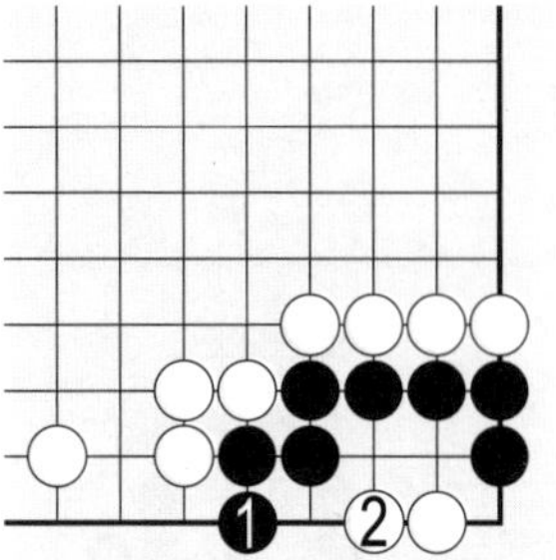

题 319　失败

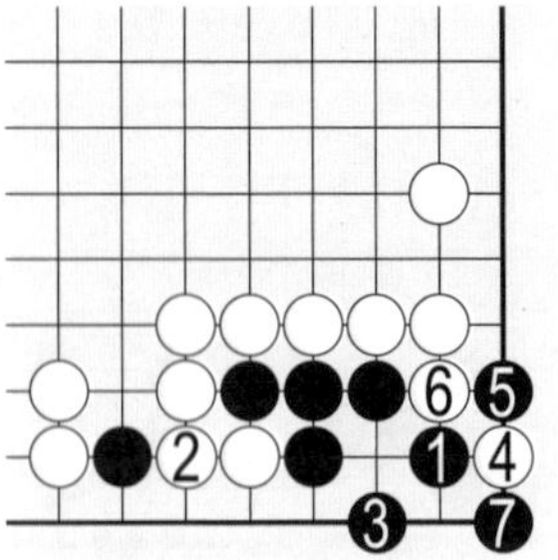

题 320　正解

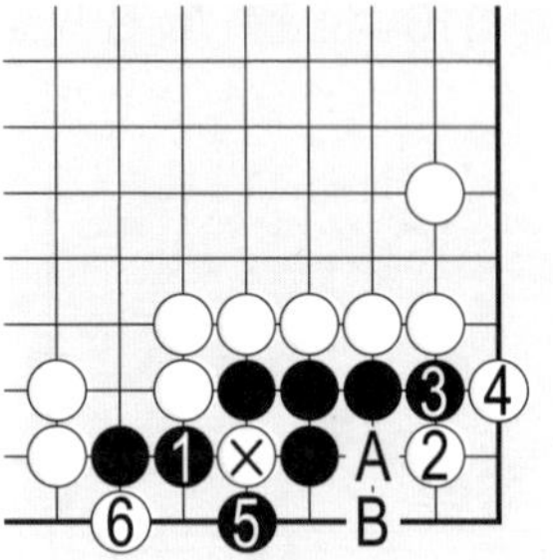

题 320　失败　A、B 见合

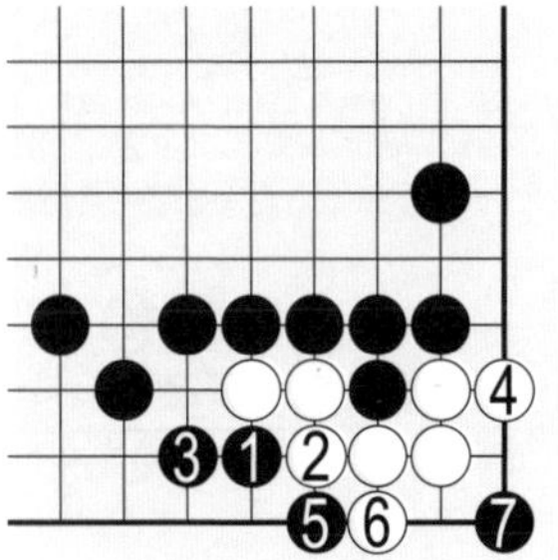

题 321　正解

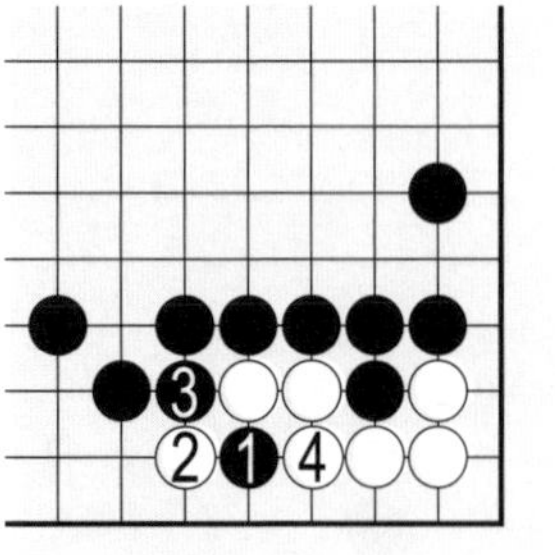

题 321　失败

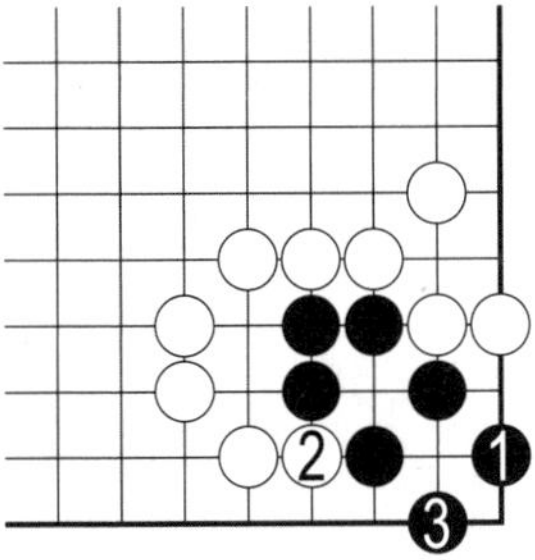

题 322　正解

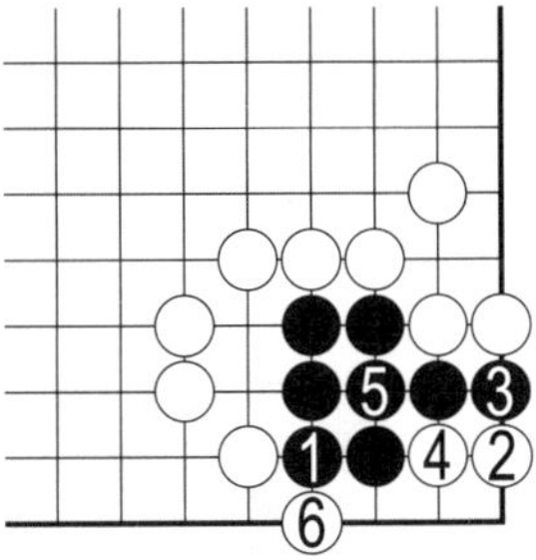

题 322　失败

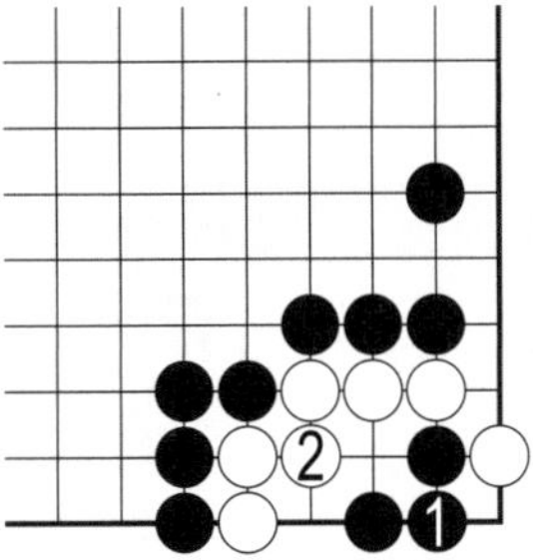

题 323　正解　❸脱先

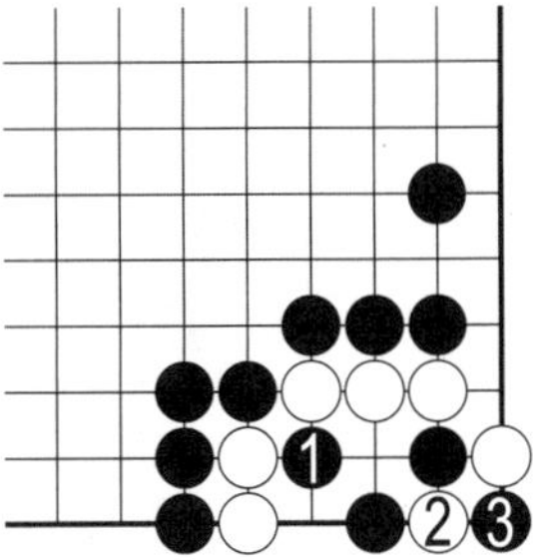

题 323　失败　打劫

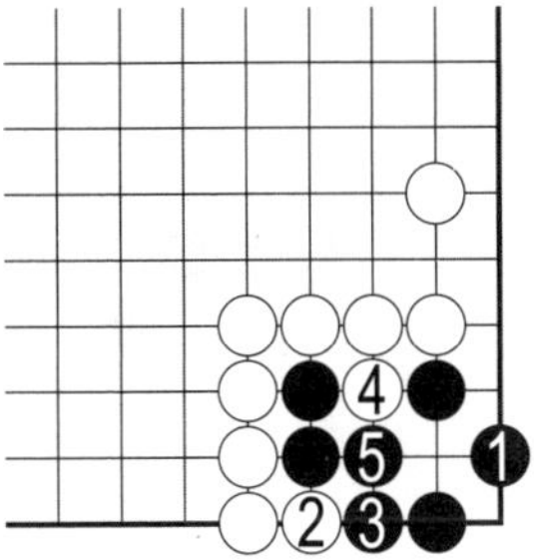

题 324　正解

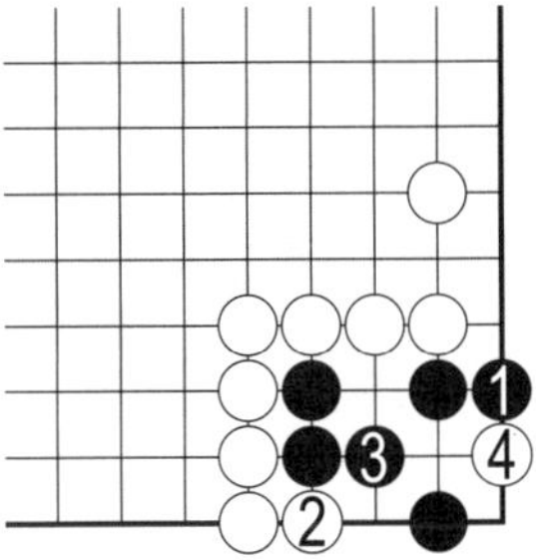

题 324　失败

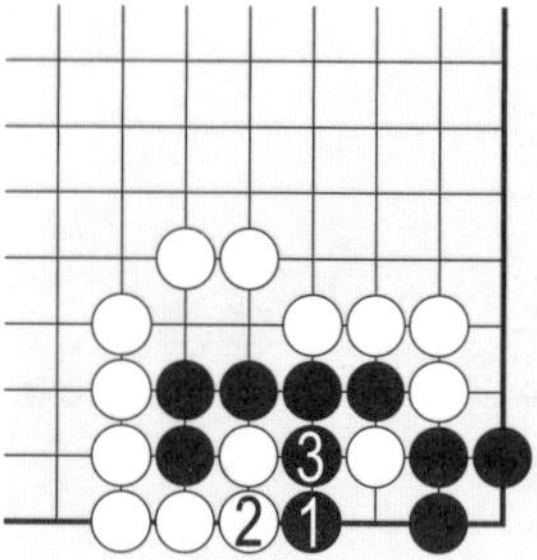

题 325　正解

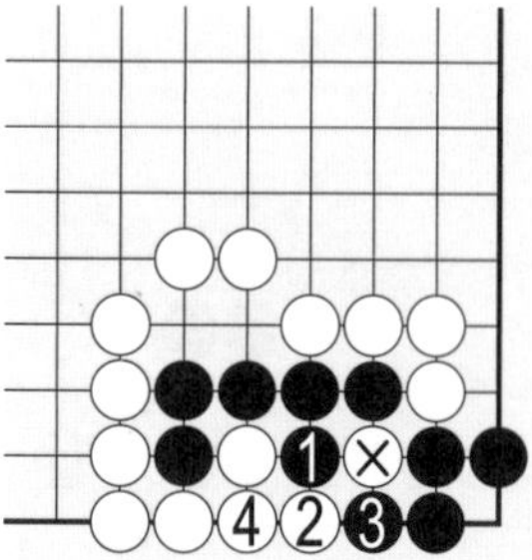

题 325　失败

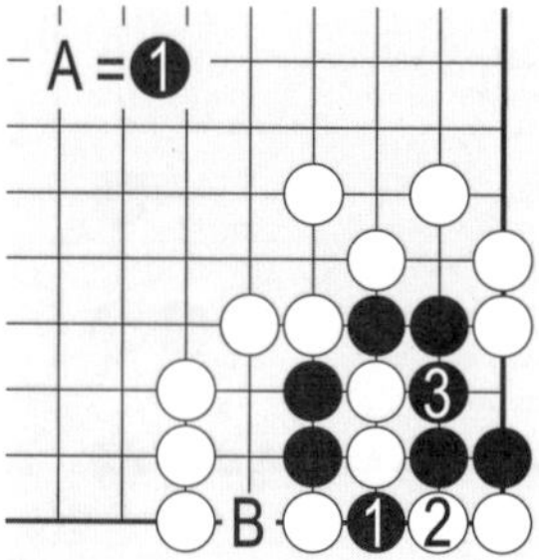

题 326　正解　A、B 见合

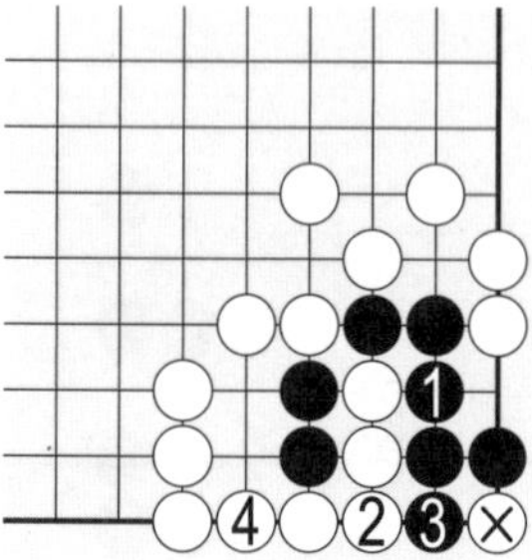

题 326　失败

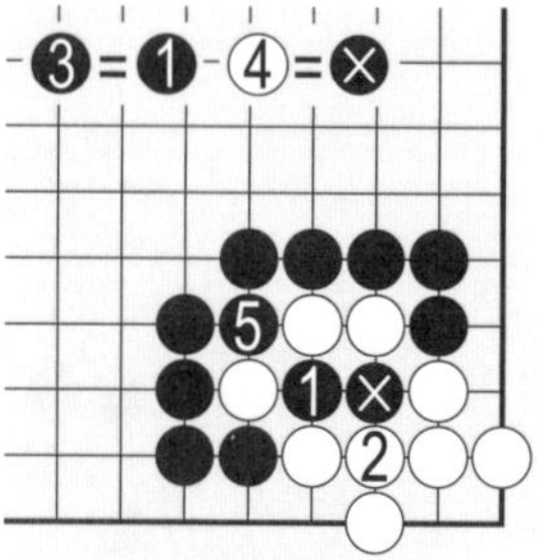

题 327　正解

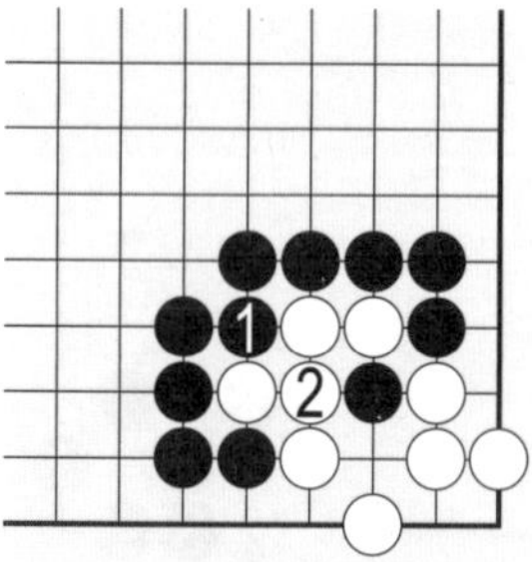

题 327　失败

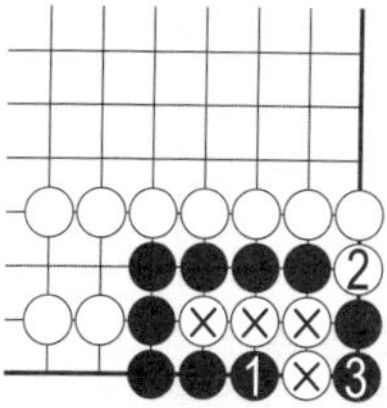

题 328　正解

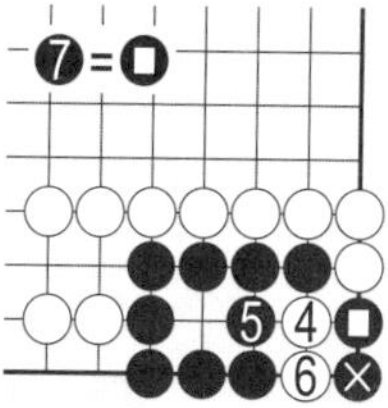

题 328　正解（续）

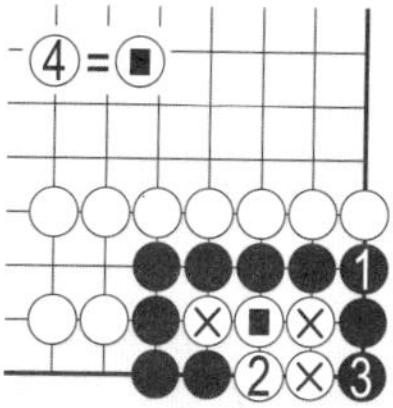

题 328　失败

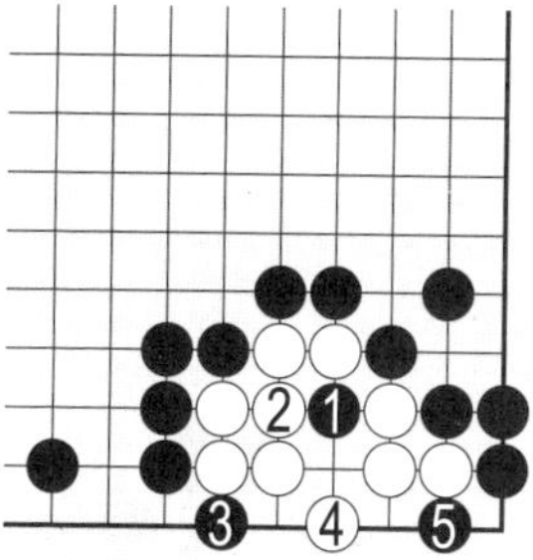

题 329　正解

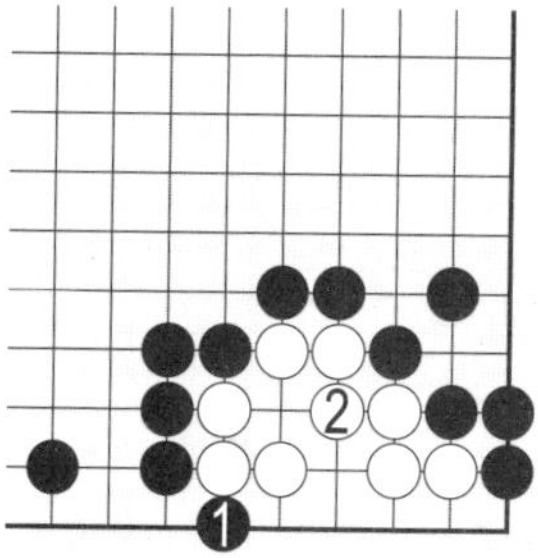

题 329　失败

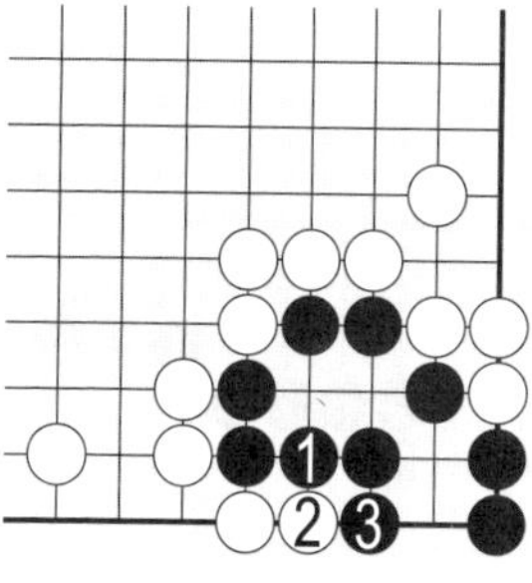

题 330　正解

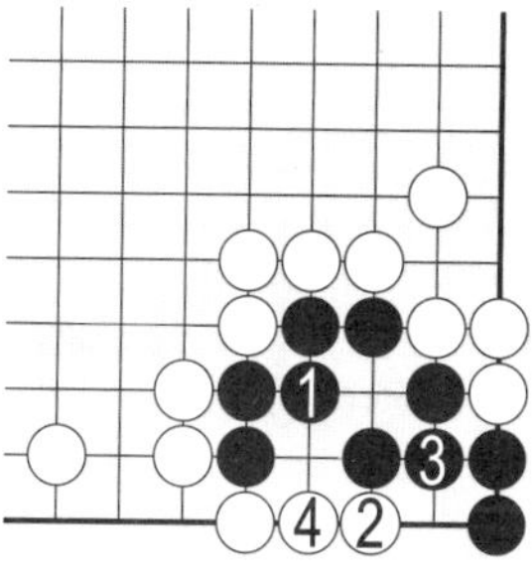

题 330　失败

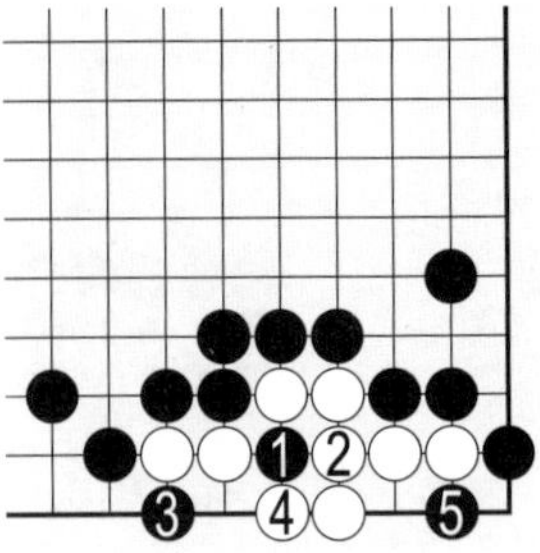

题 331　正解

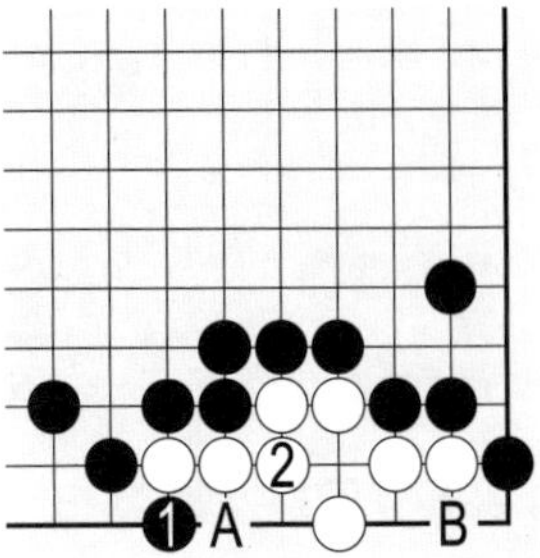

题 331　失败　A、B 见合

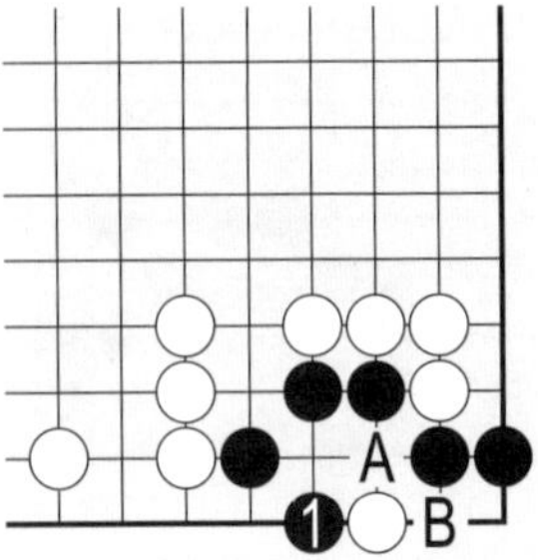

题 332　正解　A、B 见合

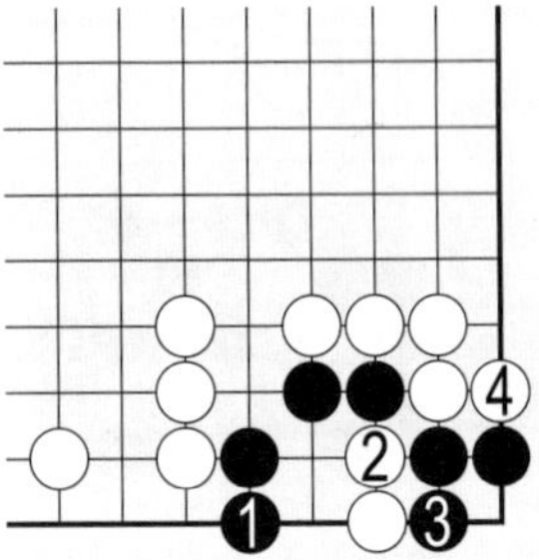

题 332　失败

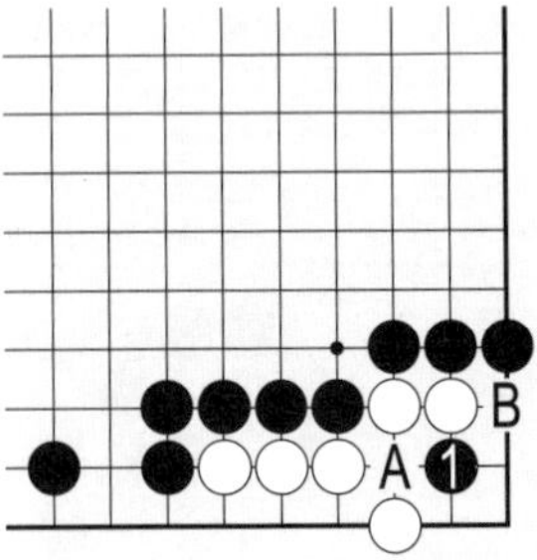

题 333　正解　A、B 见合

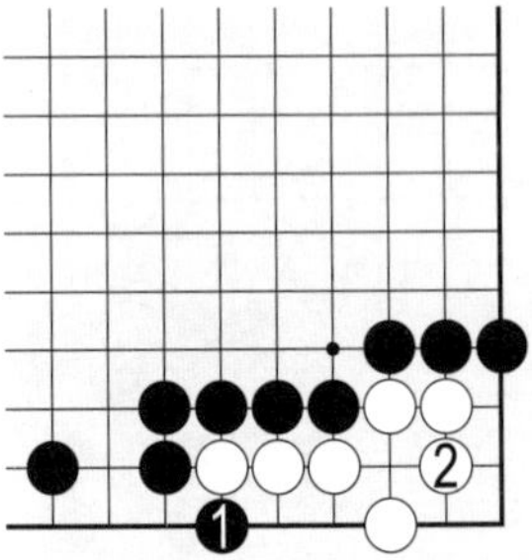

题 333　失败

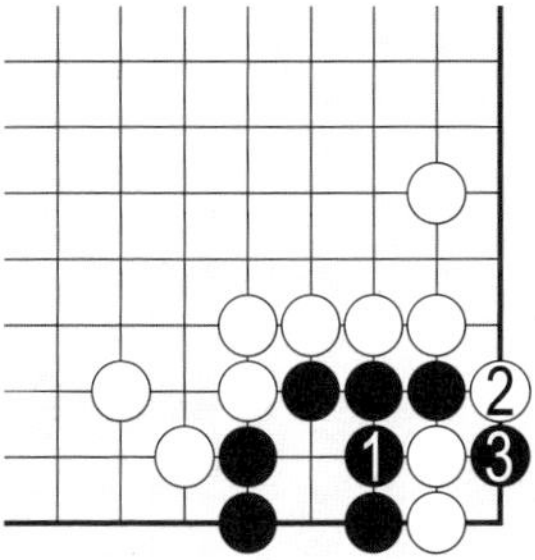

题 334　正解

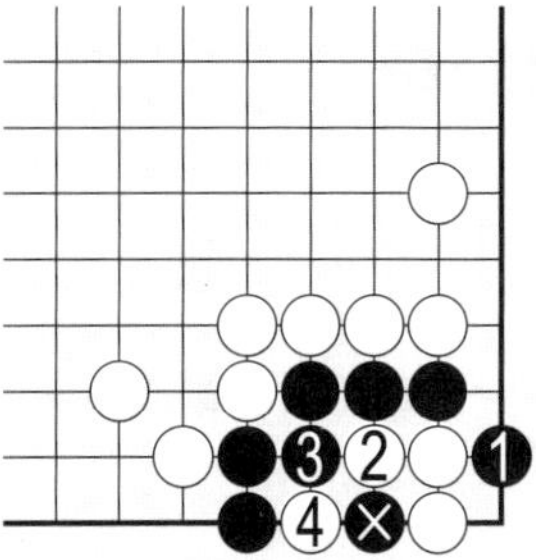

题 334　失败　打劫

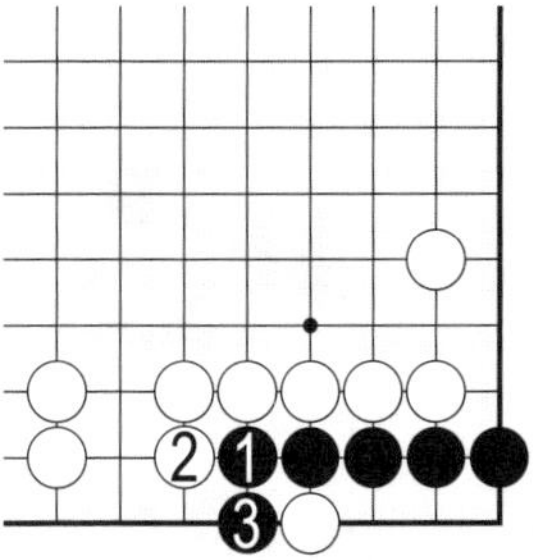

题 335　正解

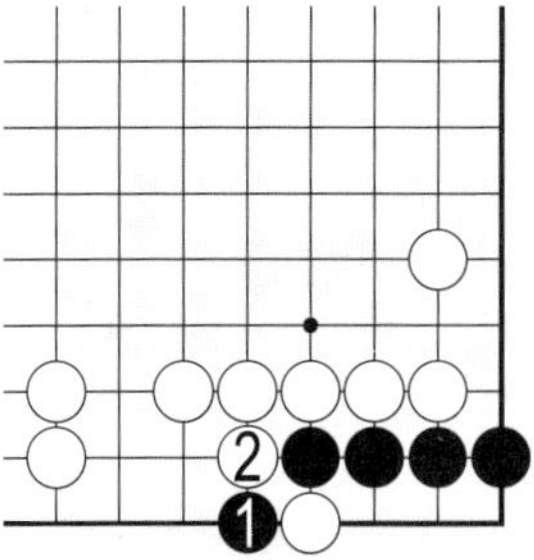

题 335　失败

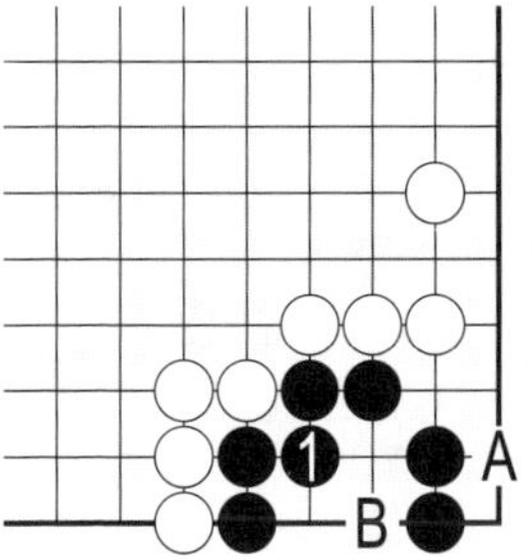

题 336　正解　A、B 见合

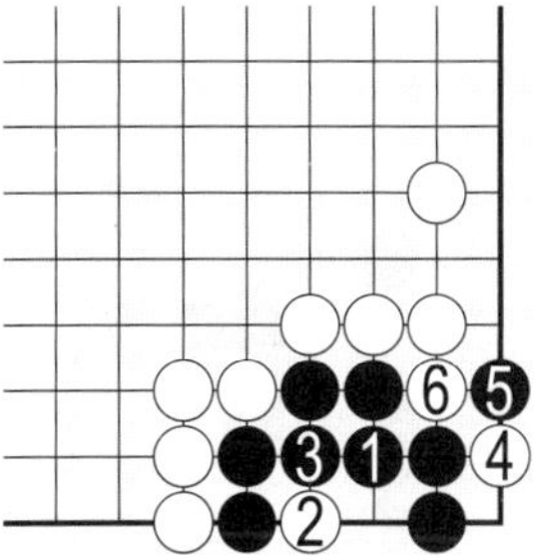

题 336　失败

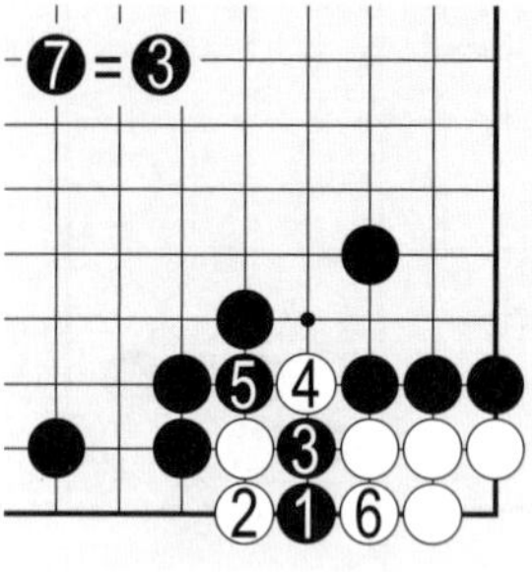

题 337　正解

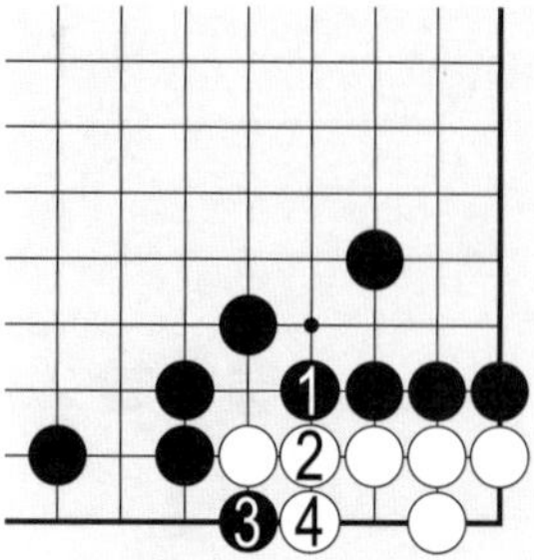

题 337　失败

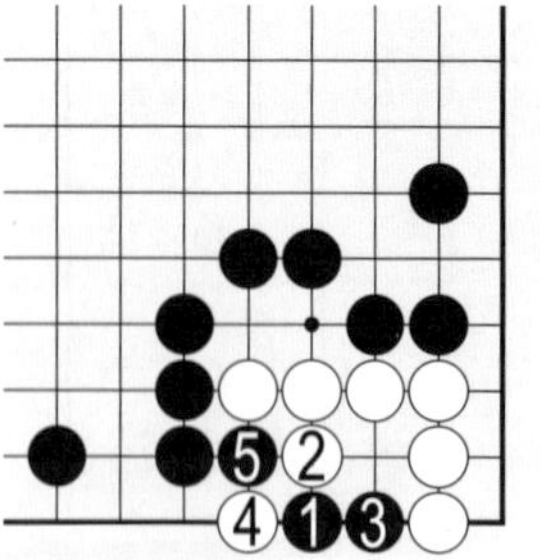

题 338　正解

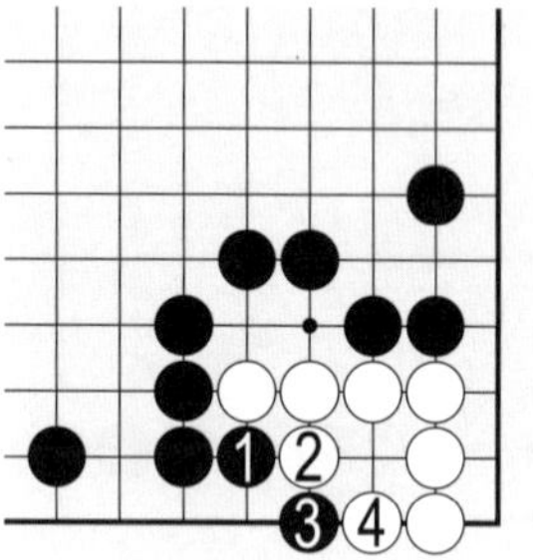

题 338　失败

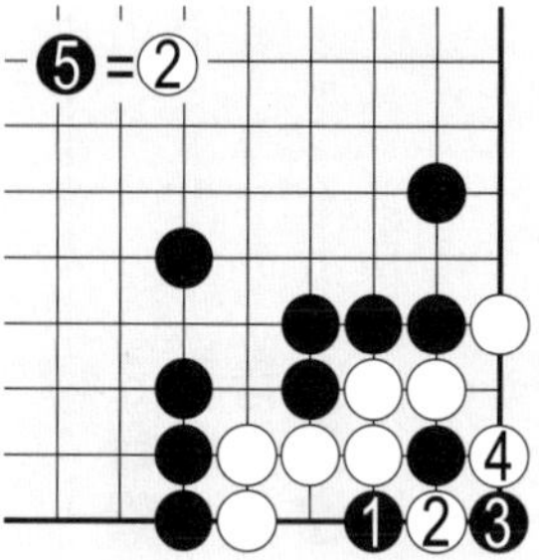

题 339　正解

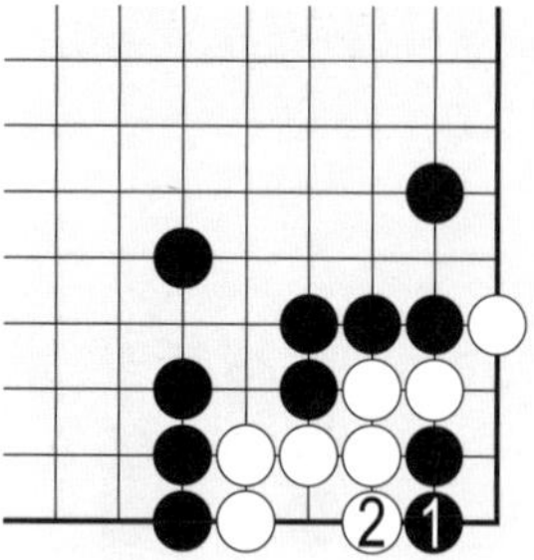

题 339　失败

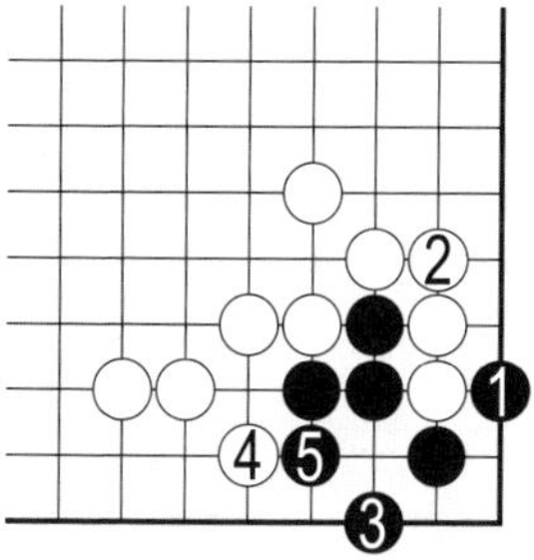

题 340　正解

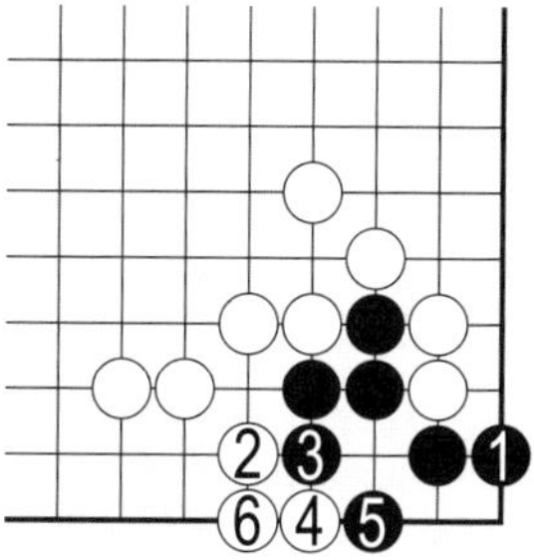

题 340　失败

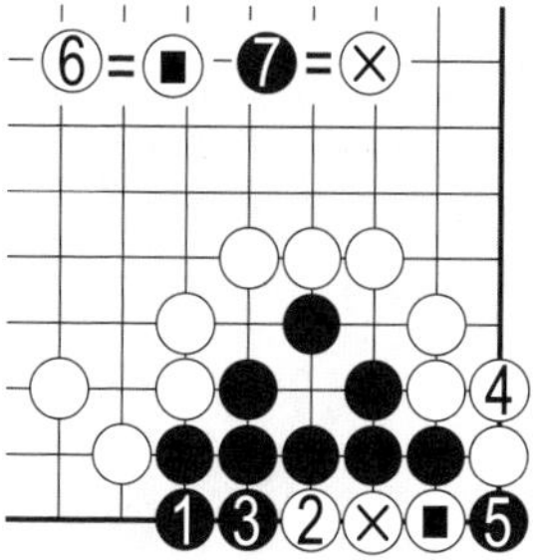

题 341　正解

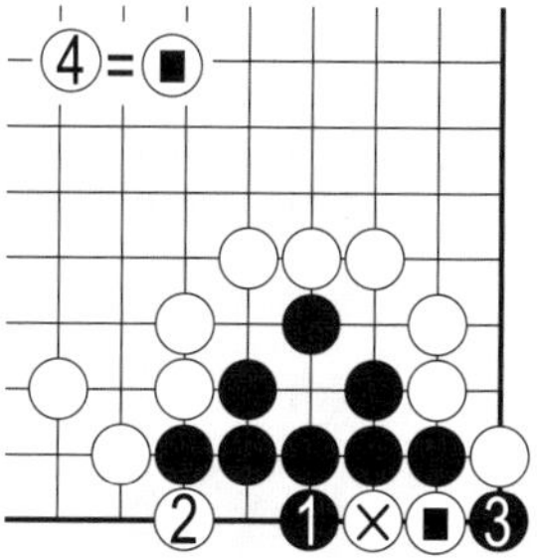

题 341　失败

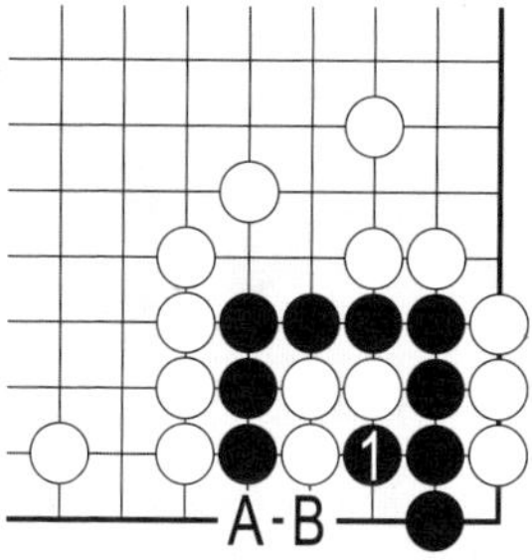

题 342　正解　A、B 见合

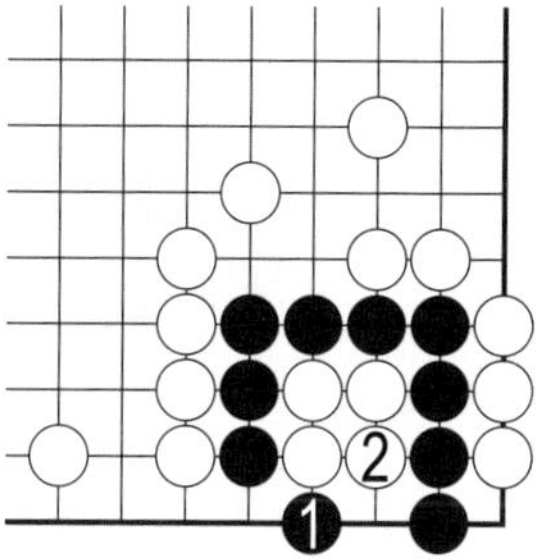

题 342　失败

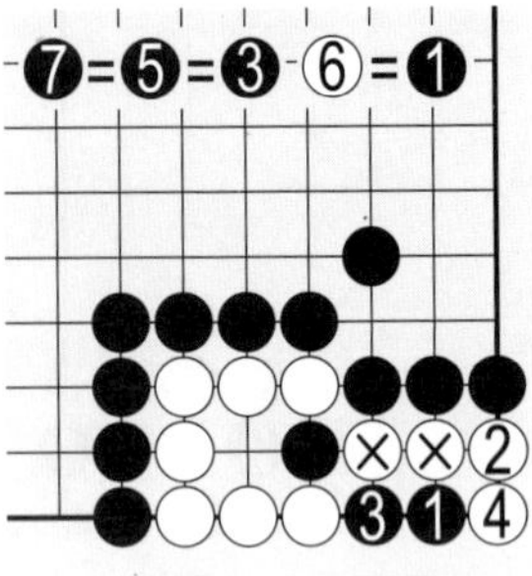

题 343　正解

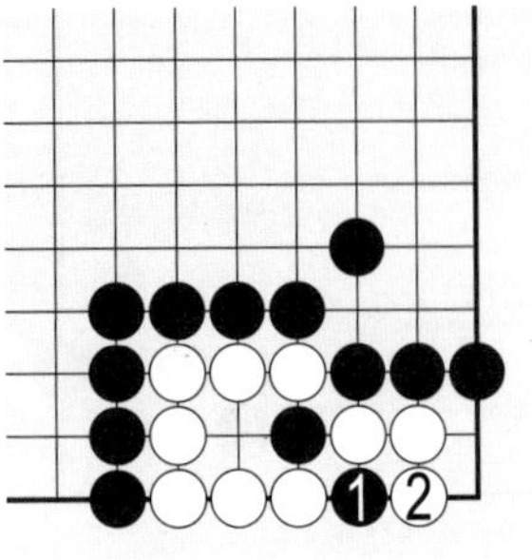

题 343　失败

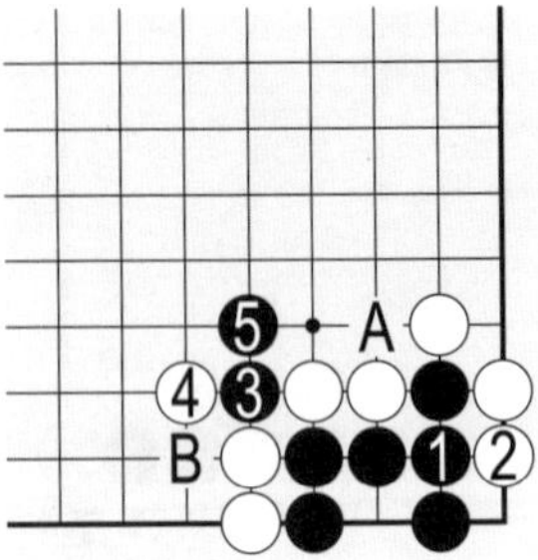

题 344　正解 A、B 见合

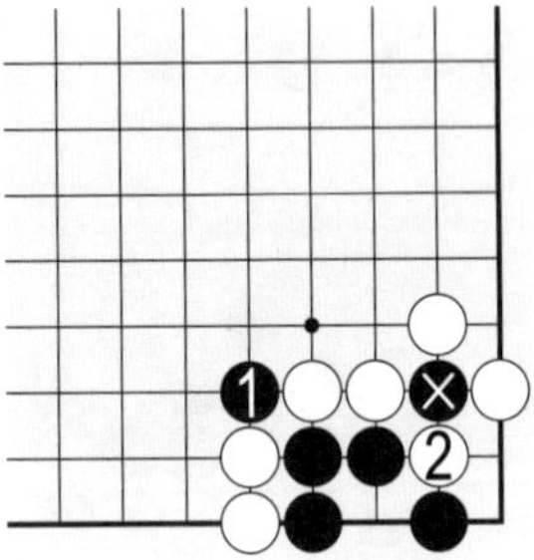

题 344　失败

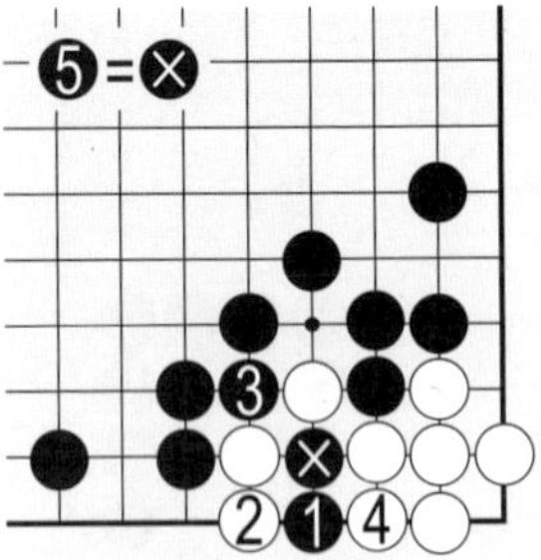

题 345　正解

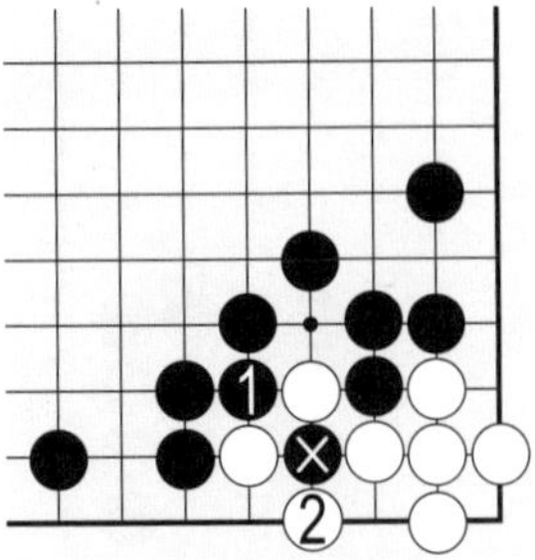

题 345　失败

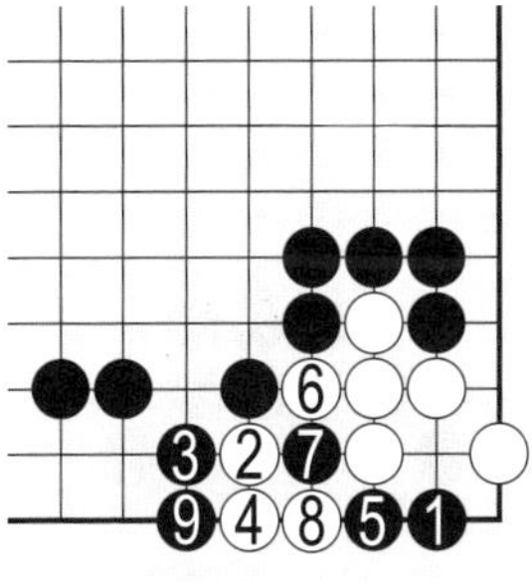

题 346　正解

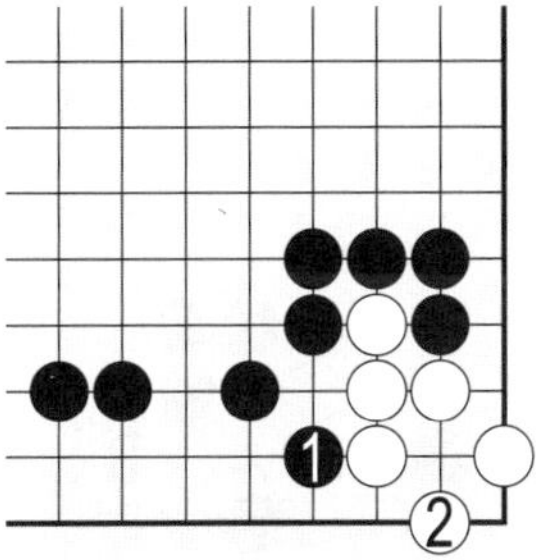

题 346　失败

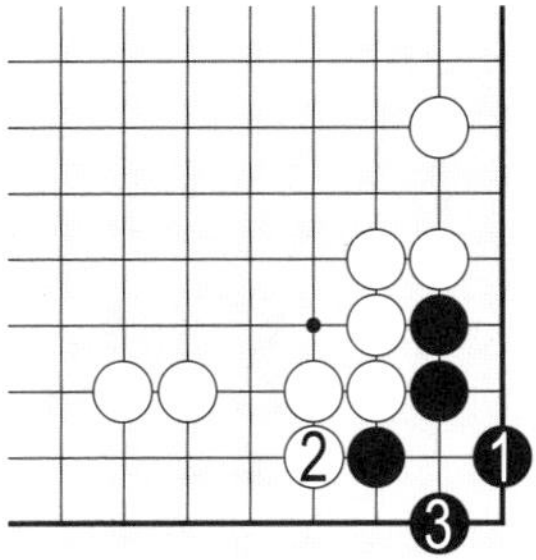

题 347　正解

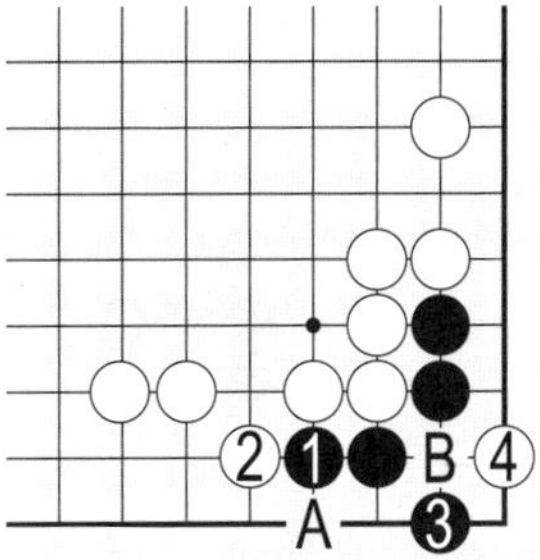

题 347　失败　A、B 见合

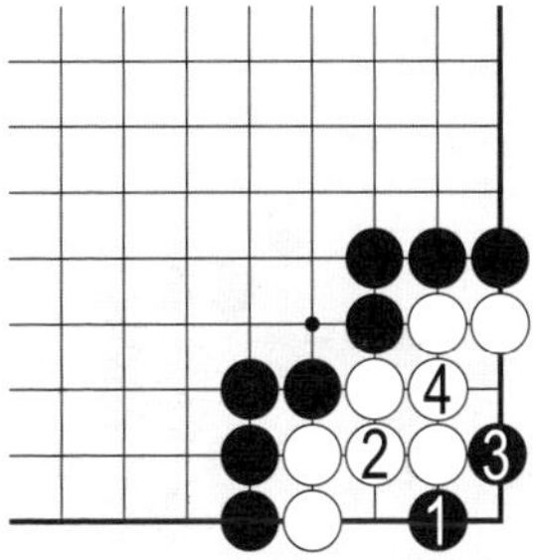

题 348　正解　盘角曲四

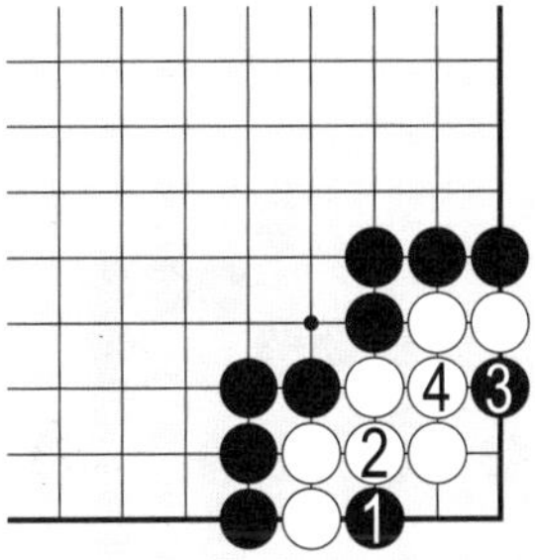

题 348　失败

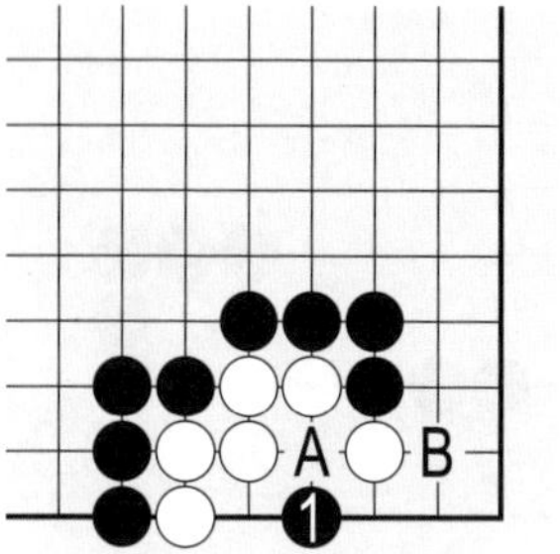

题 349　正解　A、B 见合

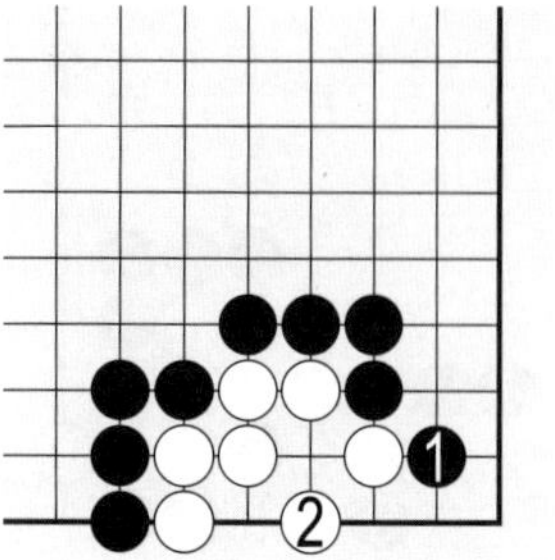

题 349　失败

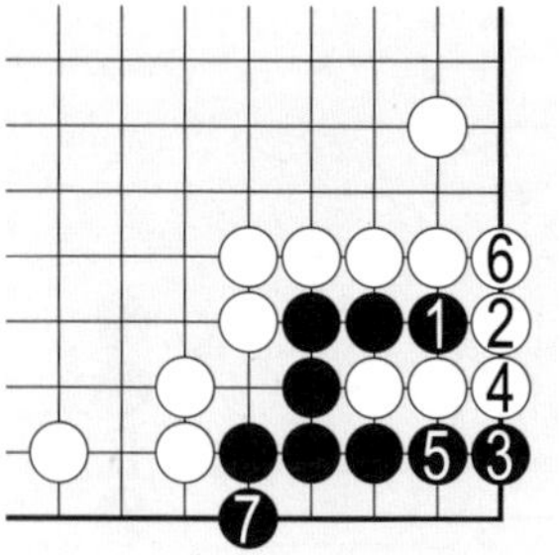

题 350　正解

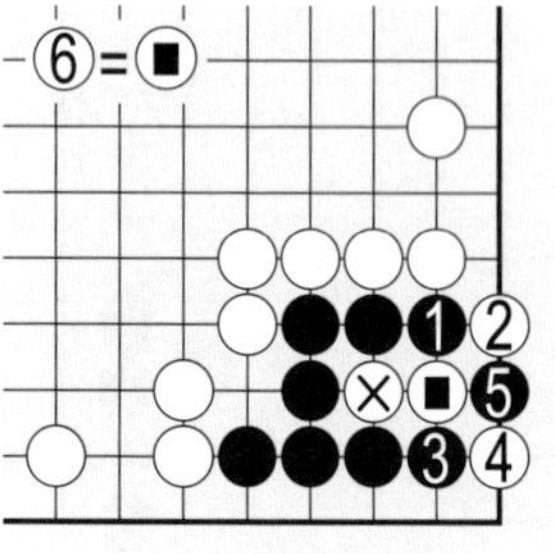

题 350　失败

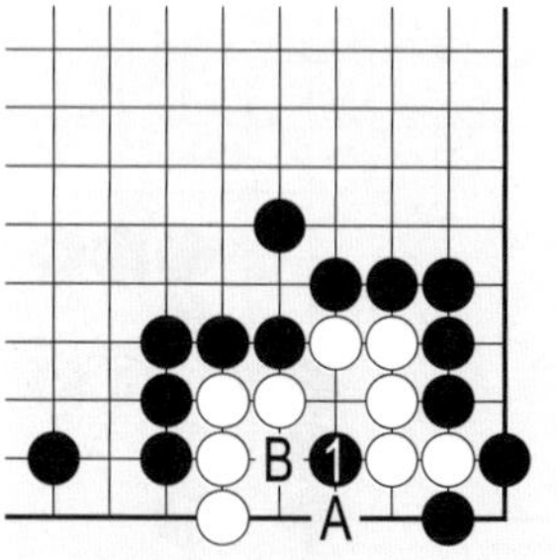

题 351　正解　A、B 见合

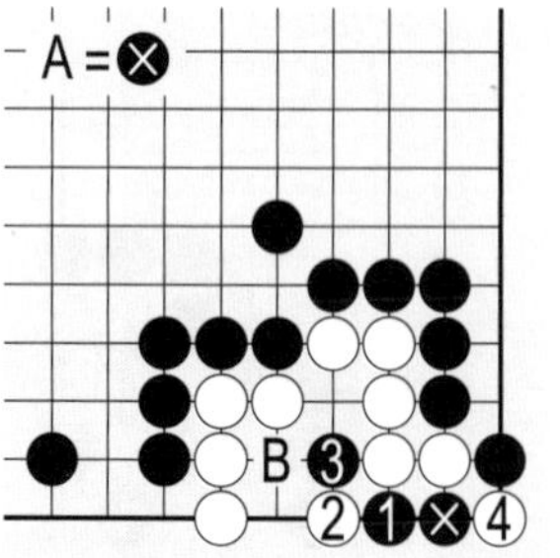

题 351　失败　A、B 见合

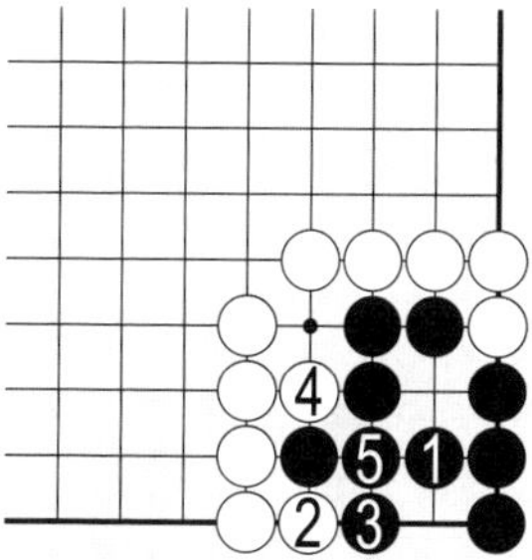

题 352　正解

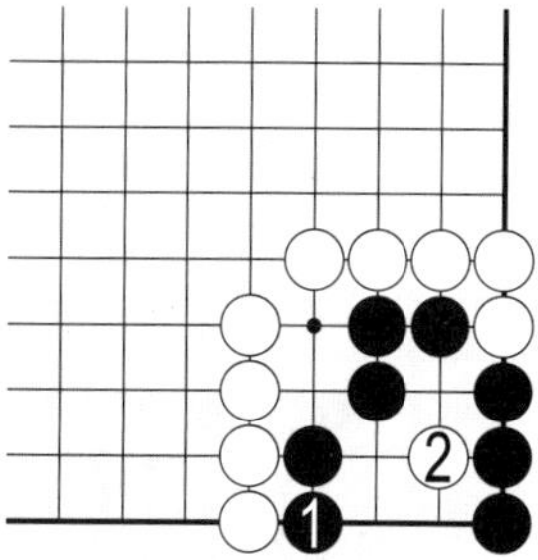

题 352　失败

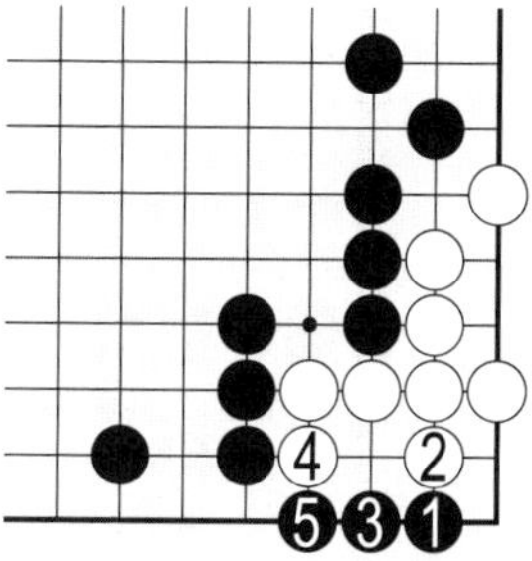

题 353　正解

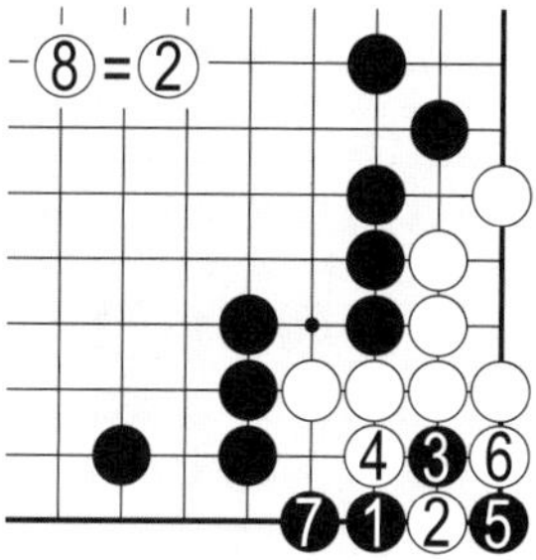

题 353　失败

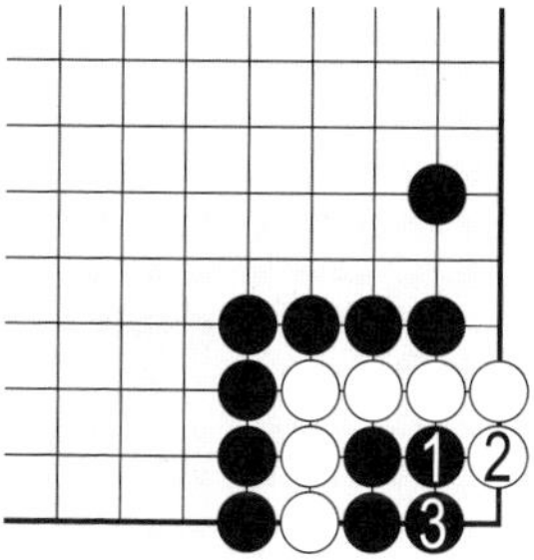

题 354　正解

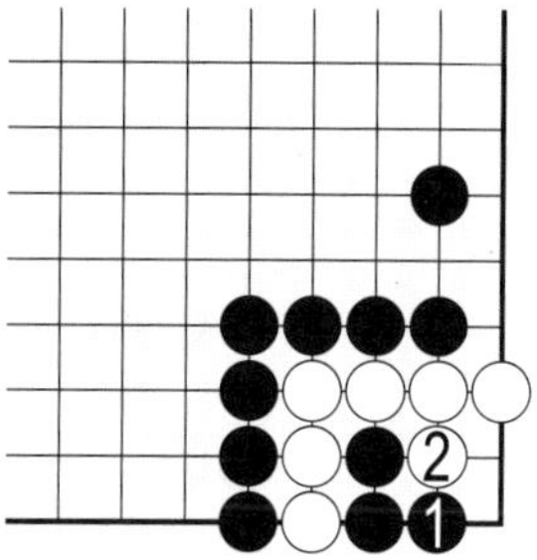

题 354　失败

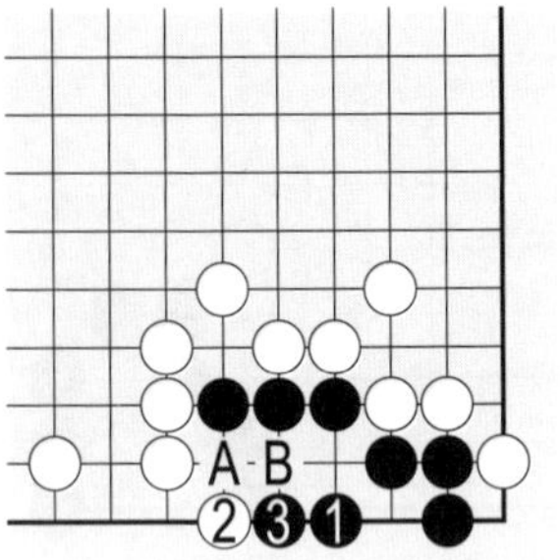

题 355　正解　A、B 见合

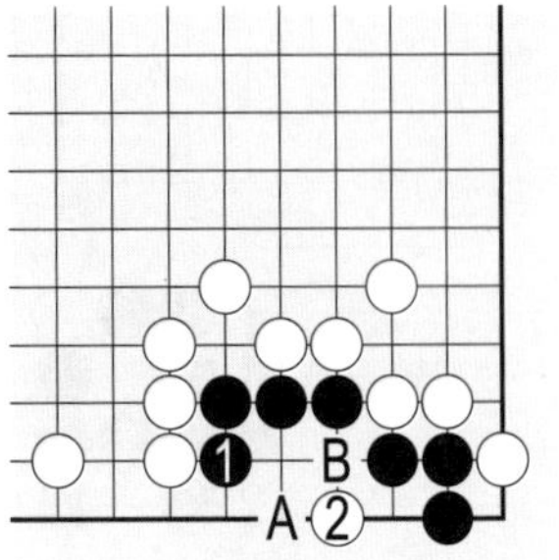

题 355　失败　A、B 见合

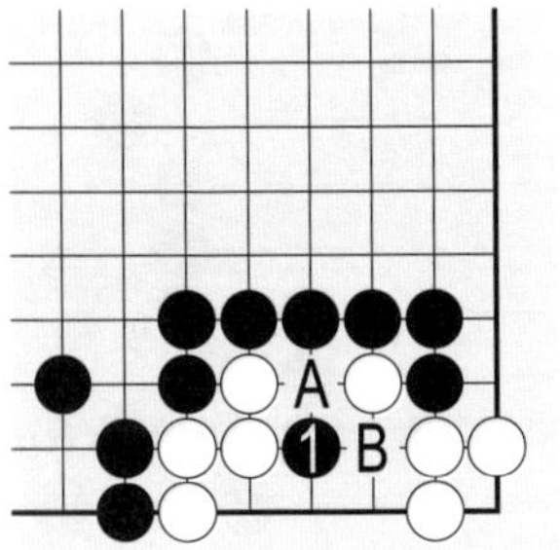

题 356　正解　A、B 见合

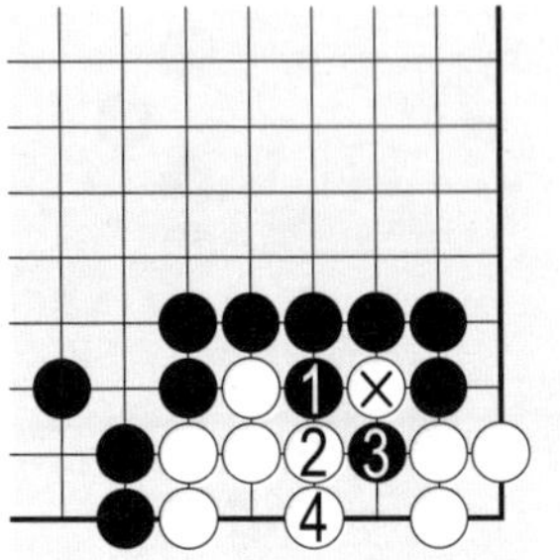

题 356　失败

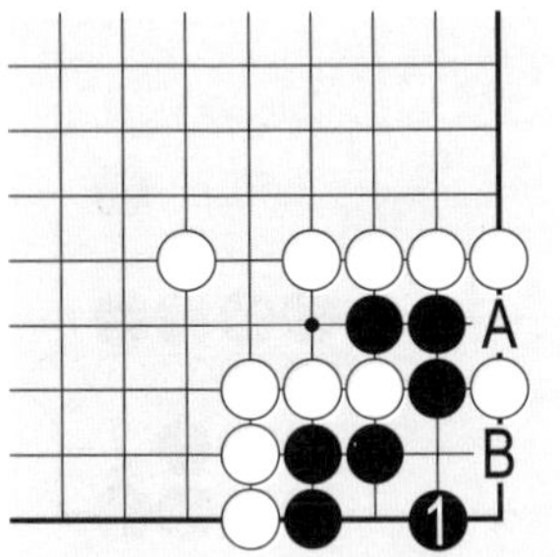

题 357　正解　A、B 见合

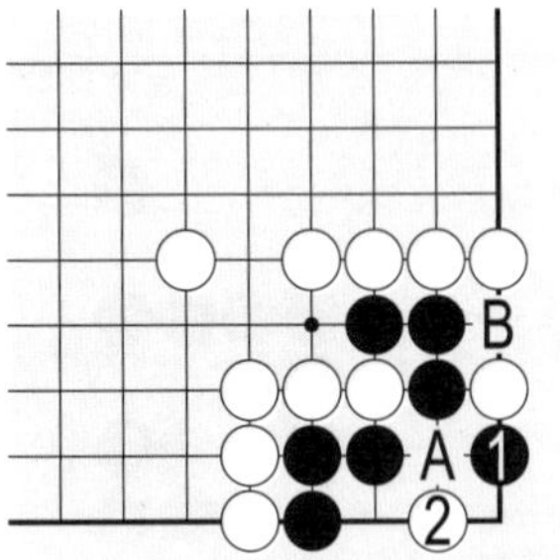

题 357　失败　A、B 见合

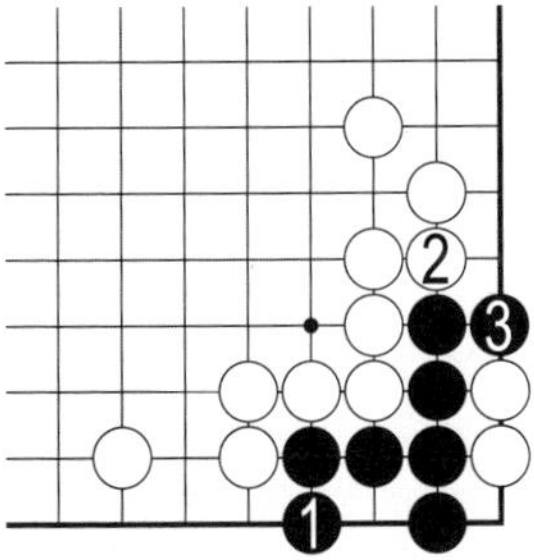

题 358　正解

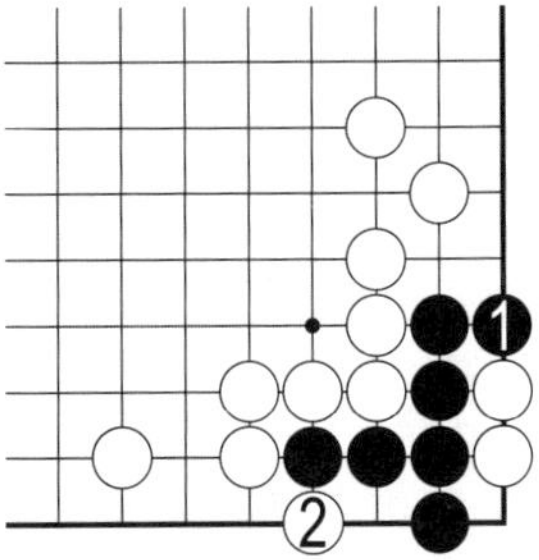

题 358　失败

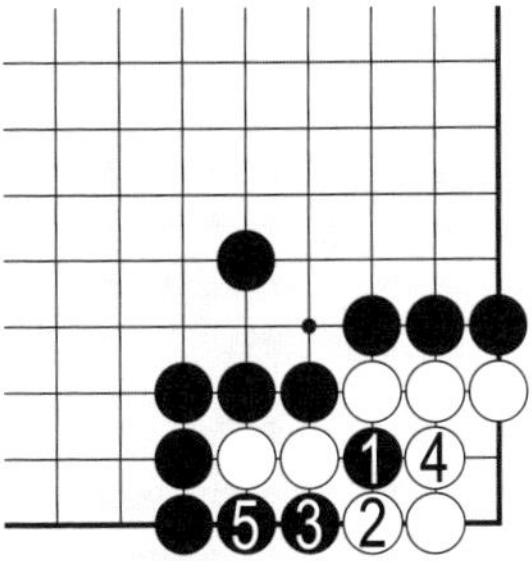

题 359　正解

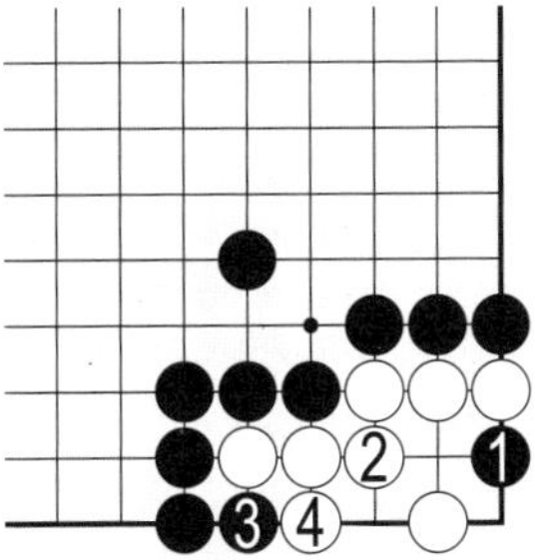

题 359　失败

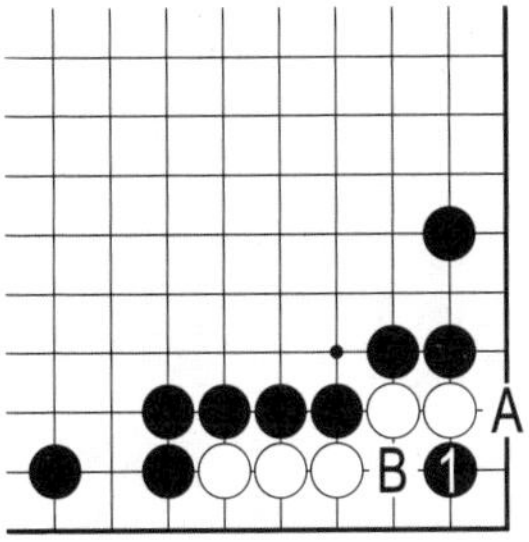

题 360　正解 A、B 见合

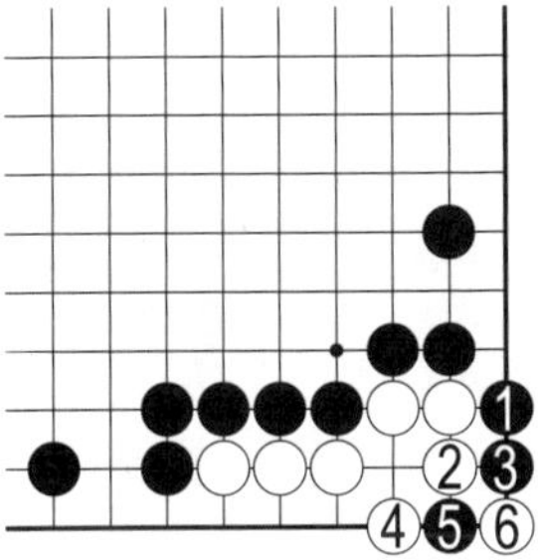

题 360　失败 打劫

1级～1段答案

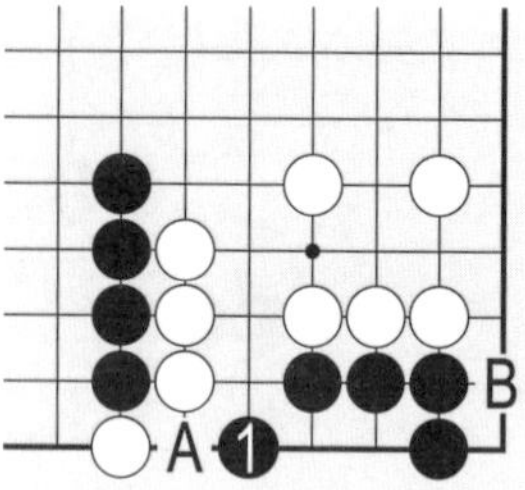

题 361　正解　A、B 见合

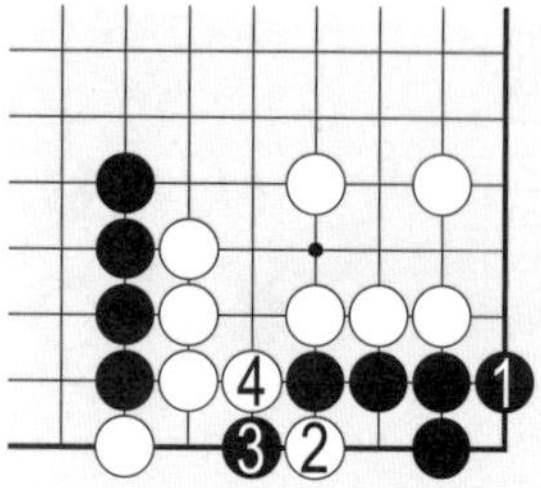

题 361　失败

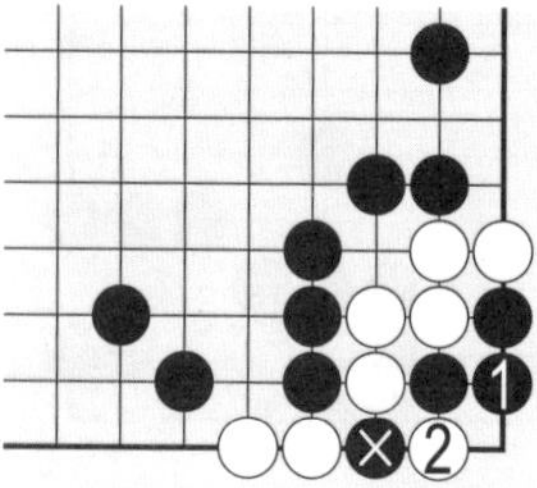

题 362　正解　❸脱先

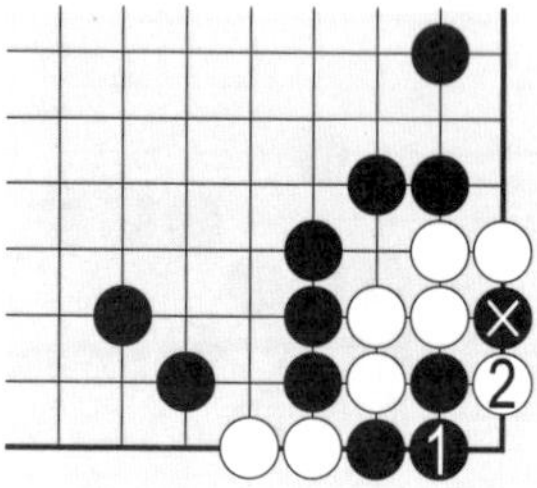

题 362　失败

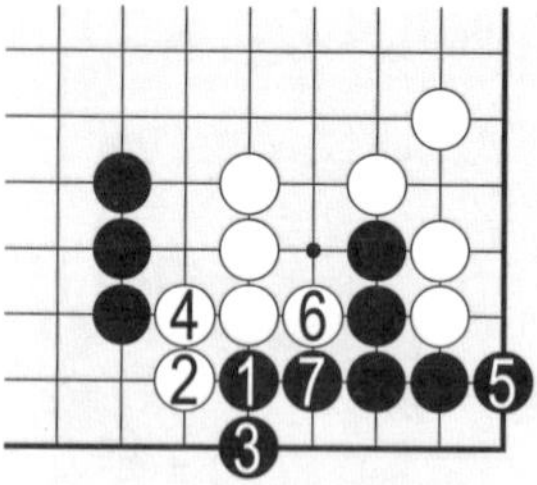

题 363　正解

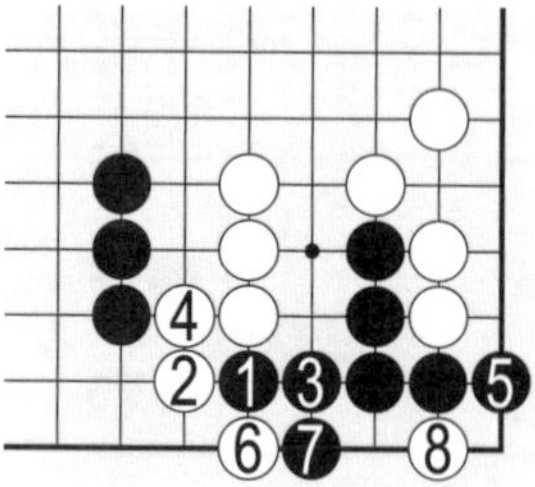

题 363　失败

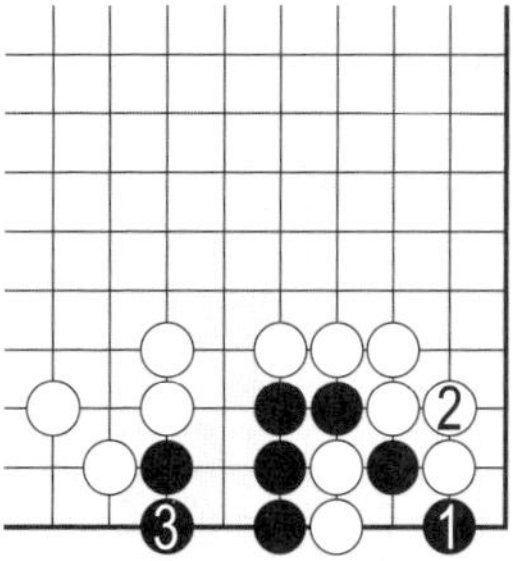

题 364　正解

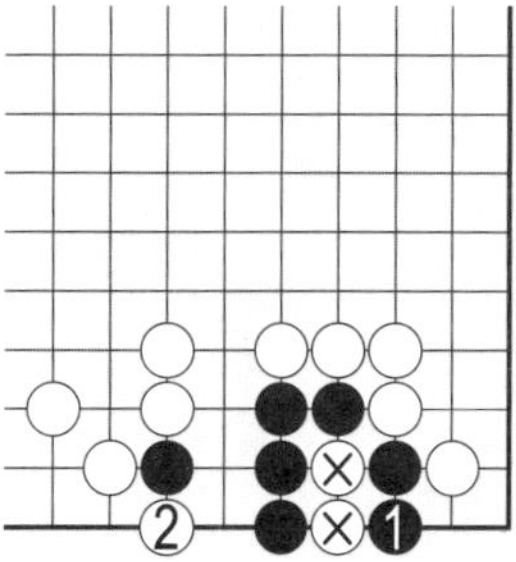

题 364　失败

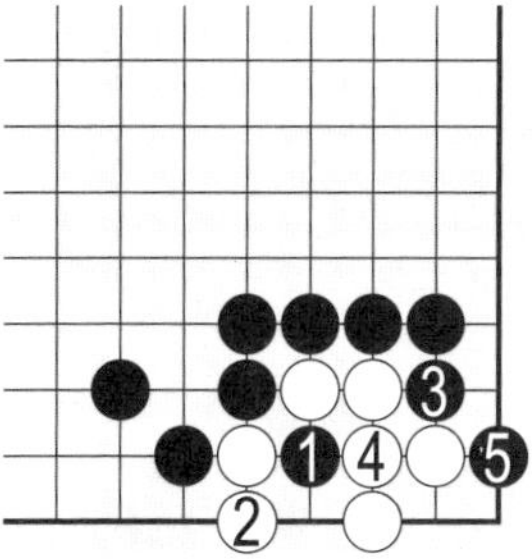

题 365　正解

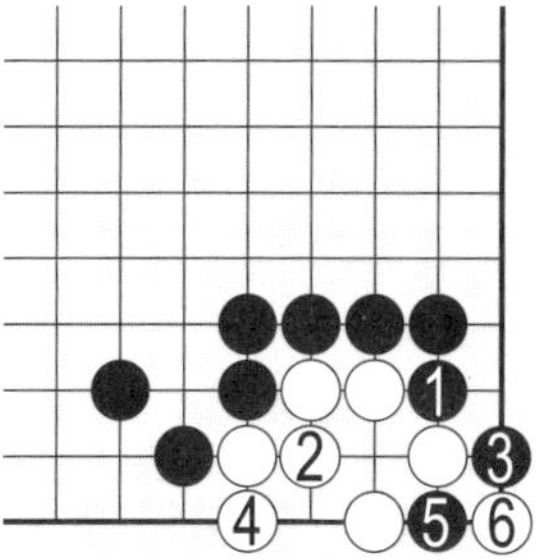

题 365　失败　打劫

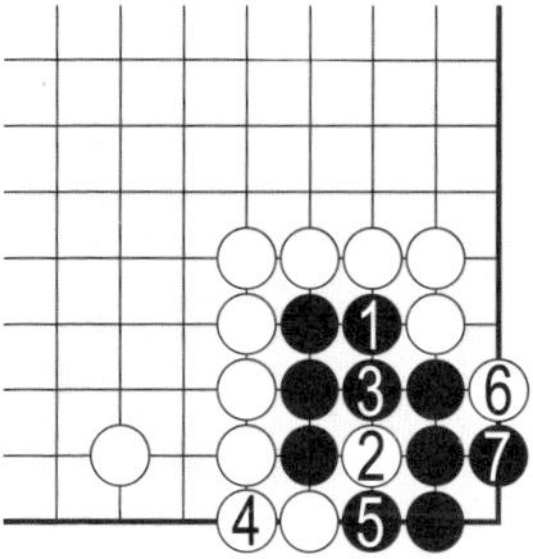

题 366　正解

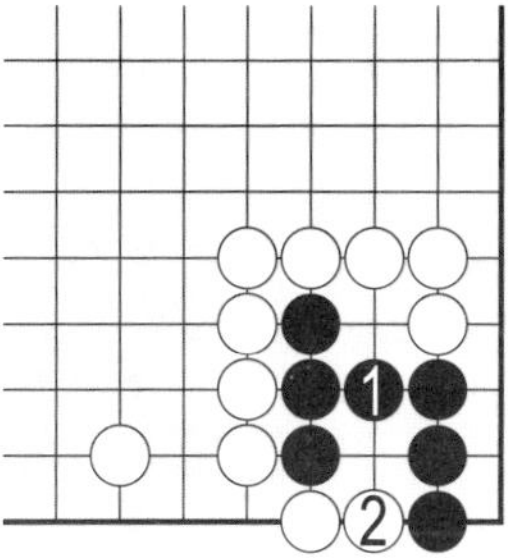

题 366　失败

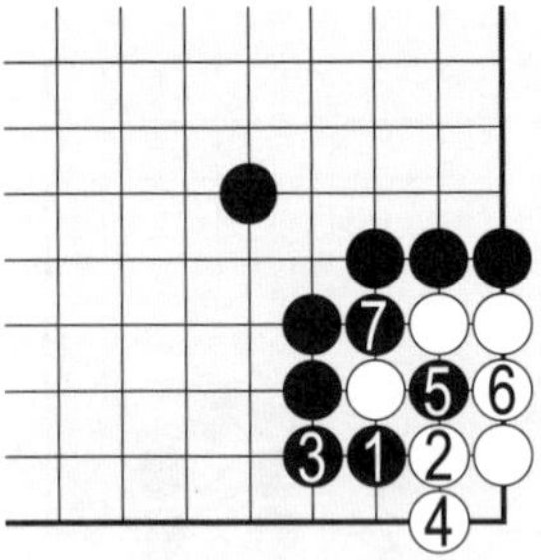

题 367　正解

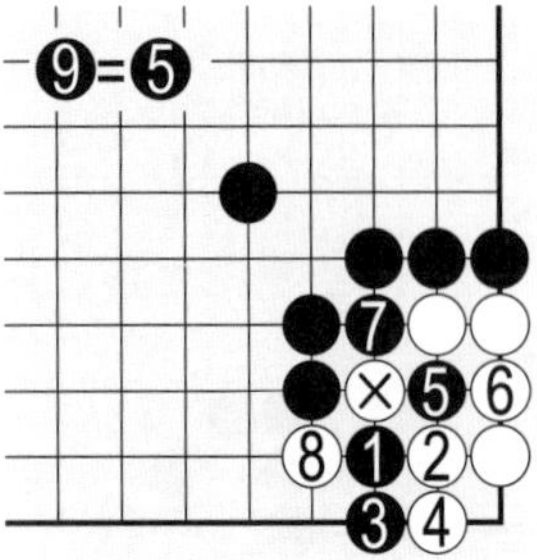

题 367　失败　打劫

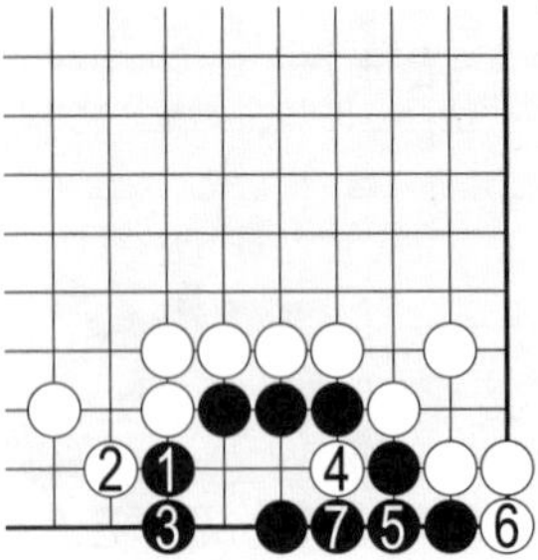

题 368　正解

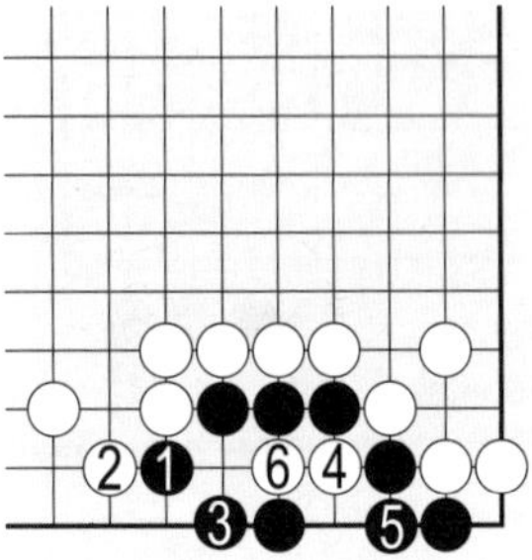

题 368　失败

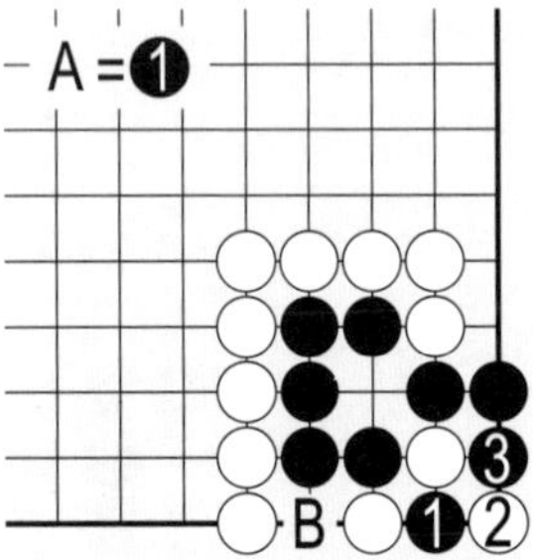

题 369　正解　A、B 见合

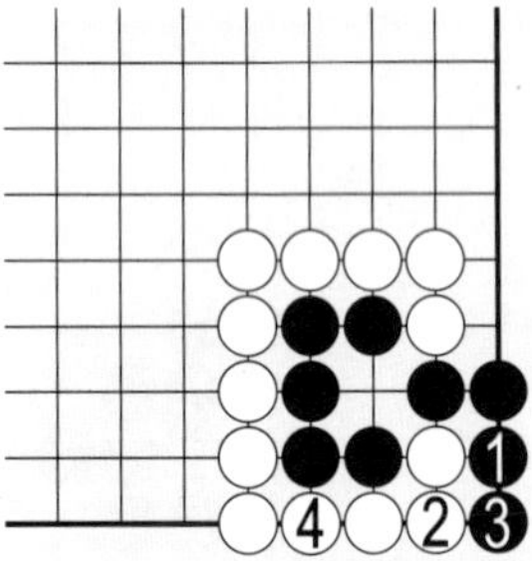

题 369　失败

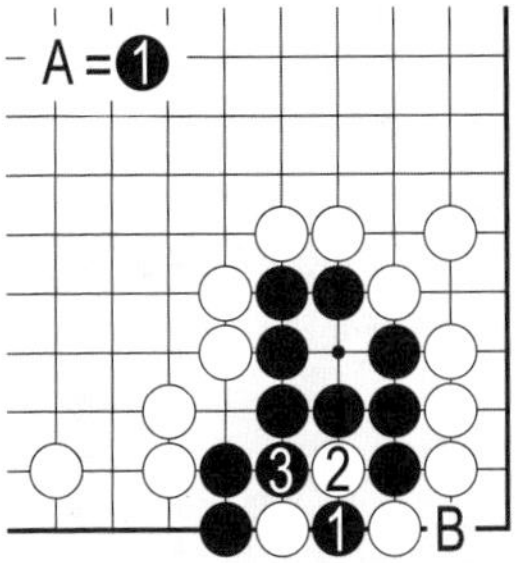

题 370　正解　A、B 见合

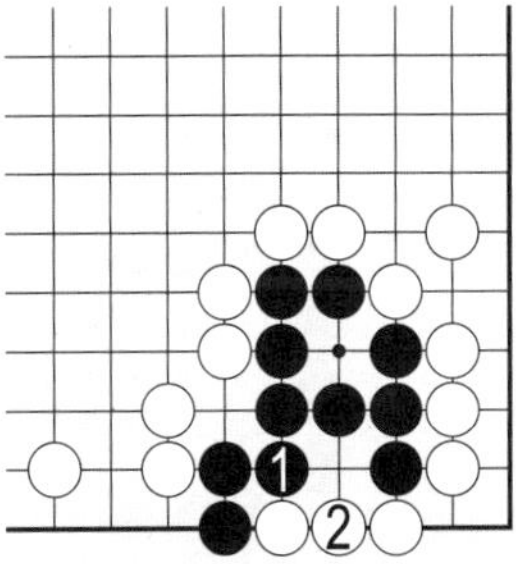

题 370　失败

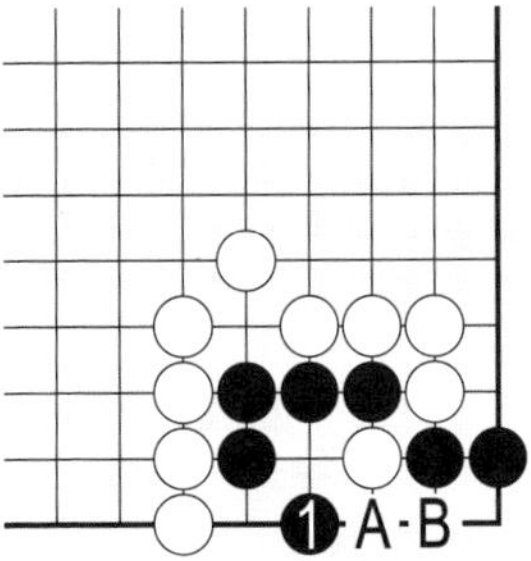

题 371　正解　A、B 见合

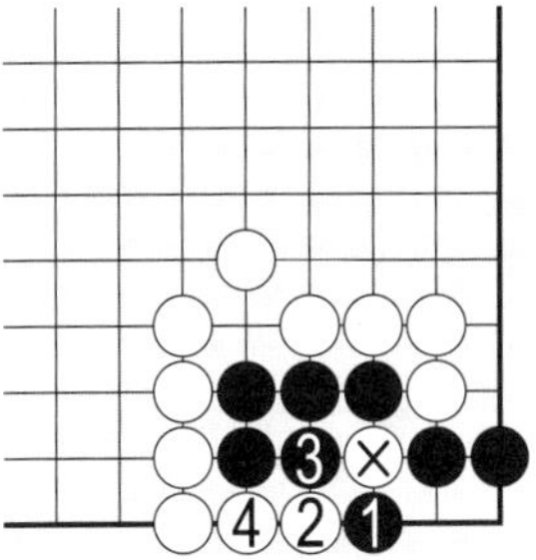

题 371　失败

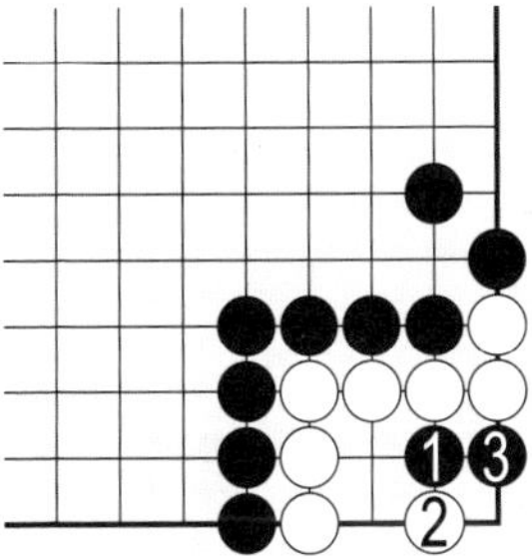

题 372　正解

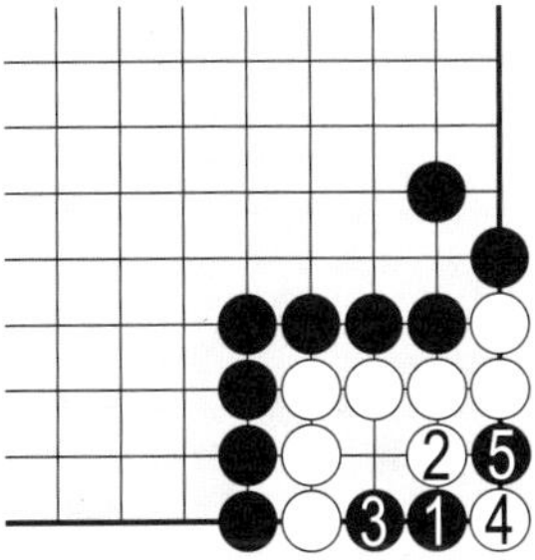

题 372　失败　打劫

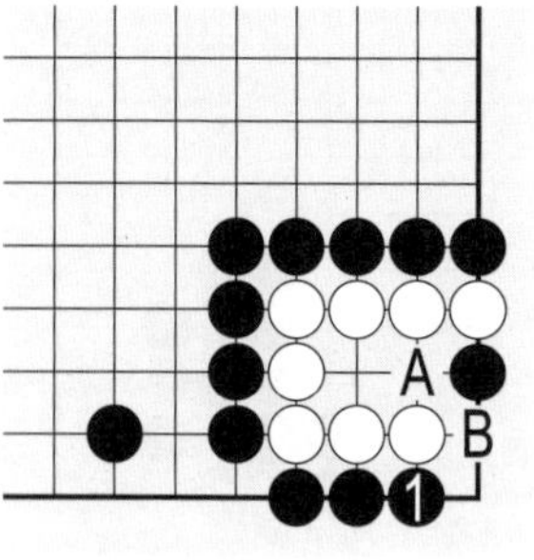

题 373　正解　A、B 见合

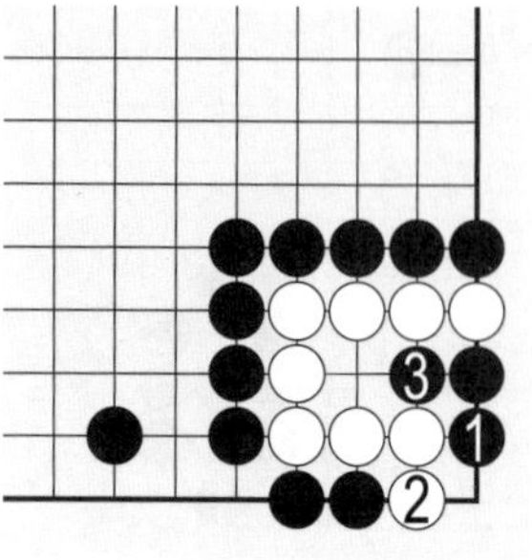

题 373　失败　双活

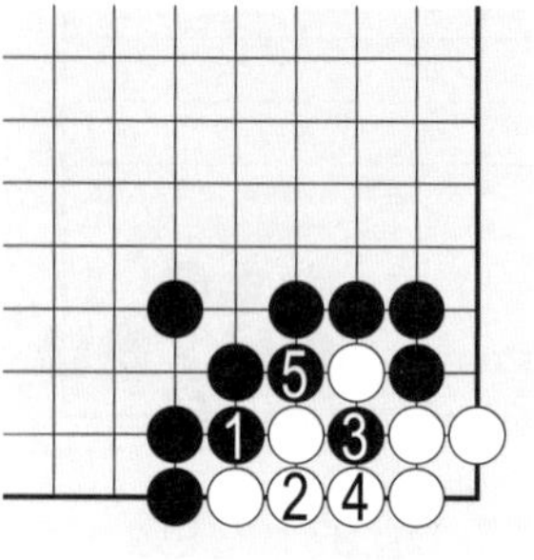

题 374　正解

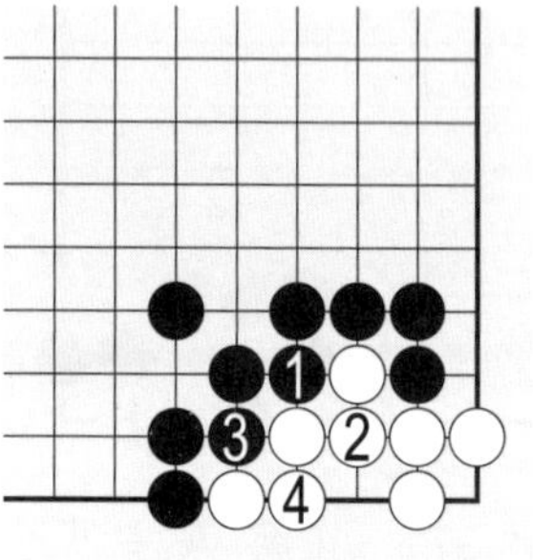

题 374　失败

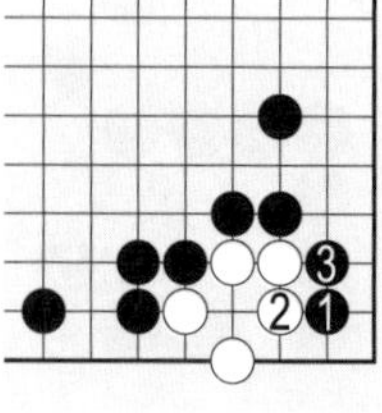

题 375　正解 1

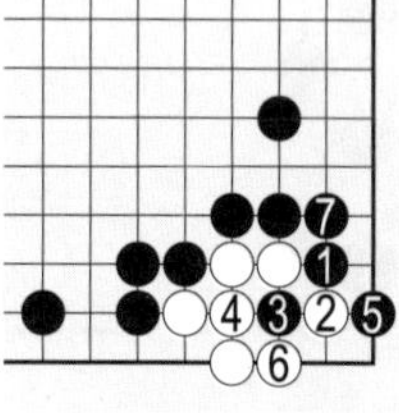

题 375　正解 2

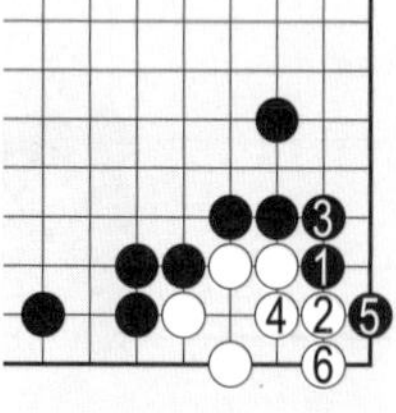

题 375　失败

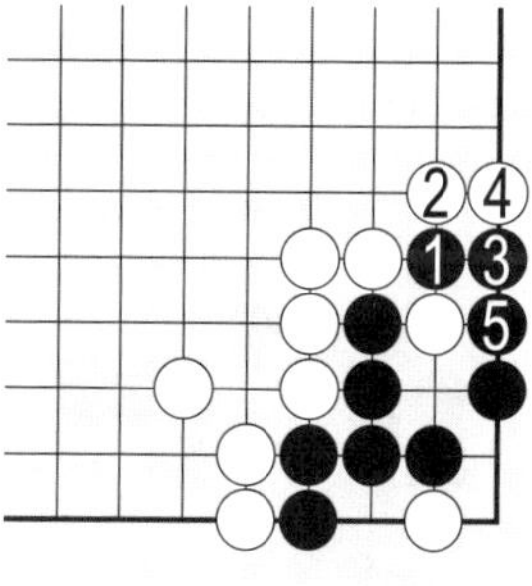

题 376　正解

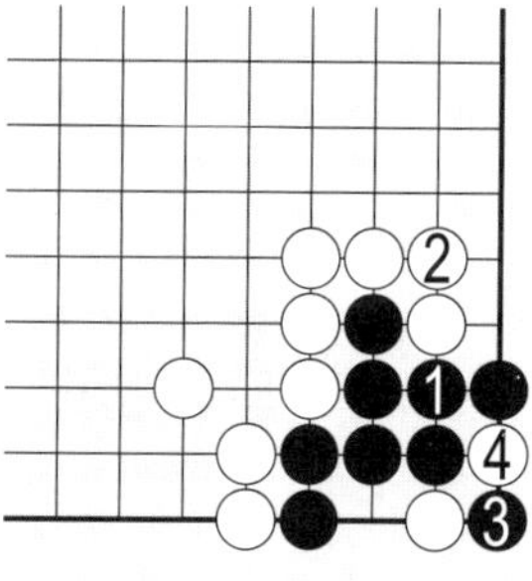

题 376　失败　打劫

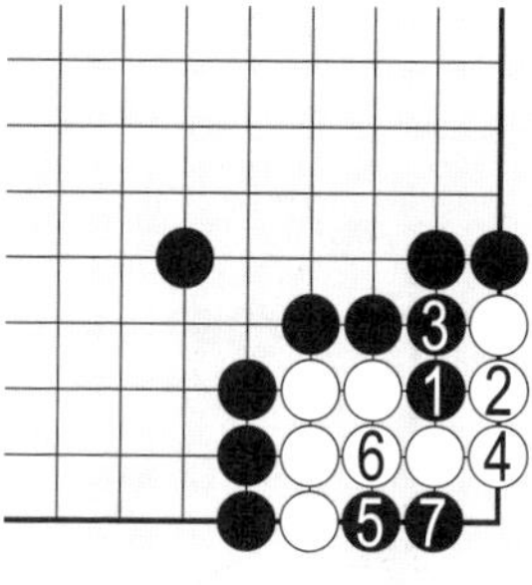

题 377　正解

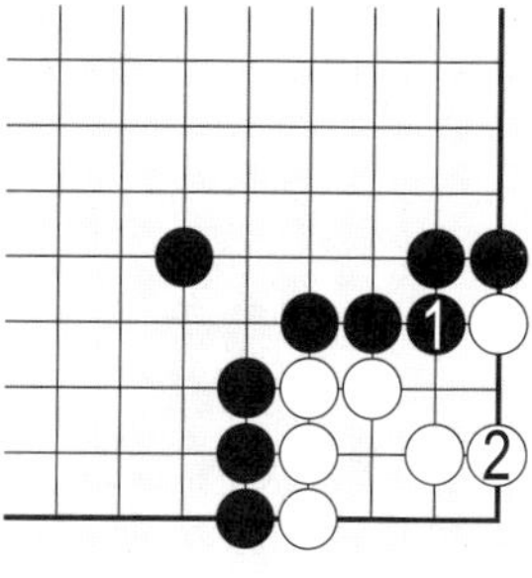

题 377　失败

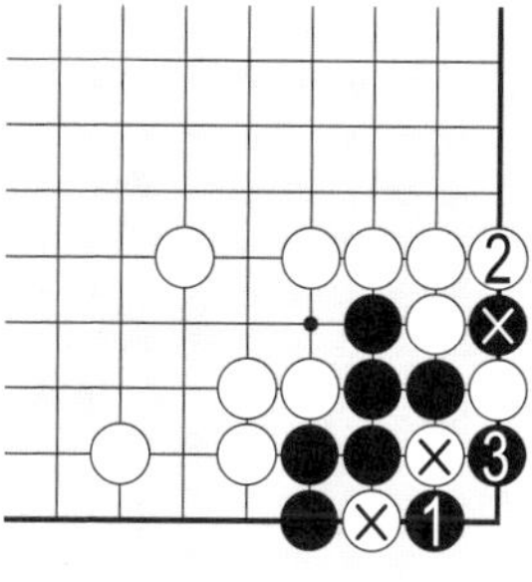

题 378　正解

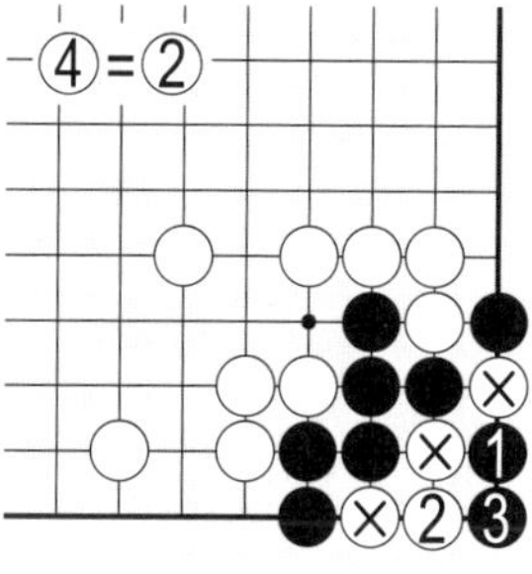

题 378　失败

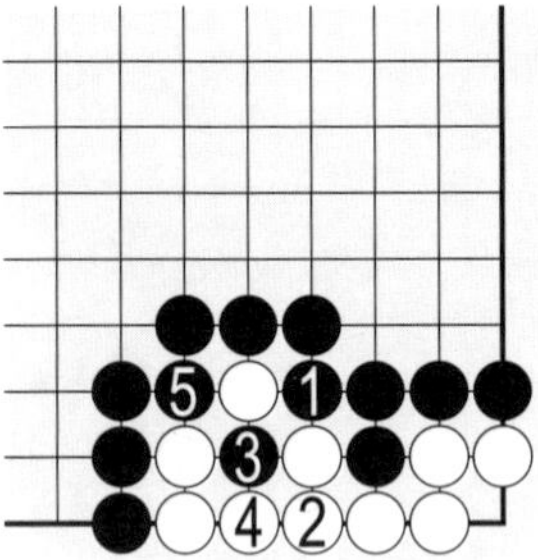

题 379　正解

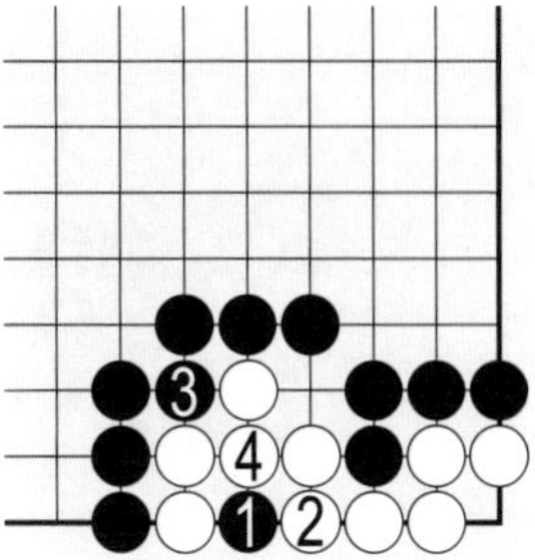

题 379　失败

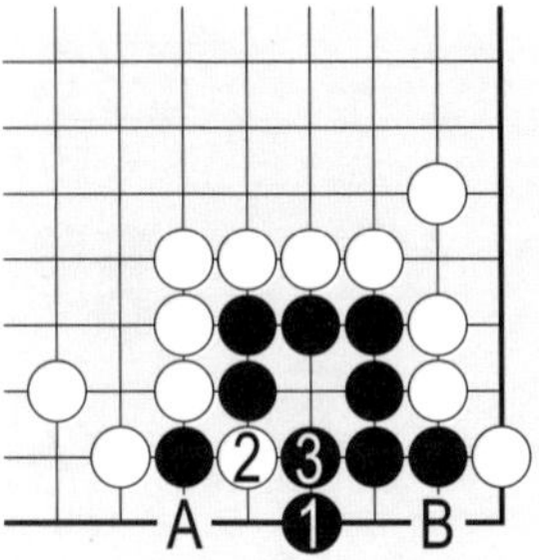

题 380　正解　A、B 见合

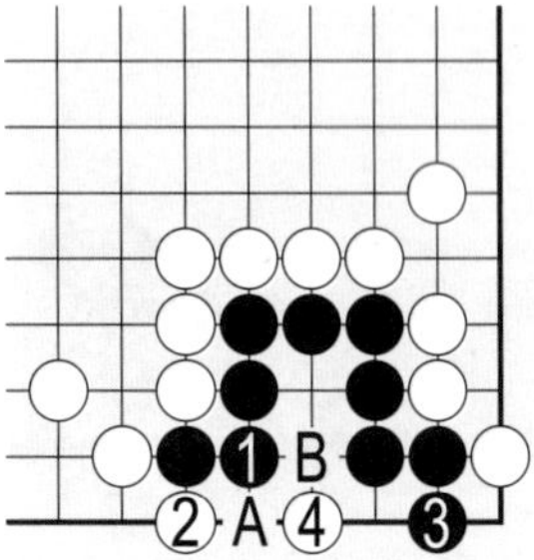

题 380　失败　A、B 见合

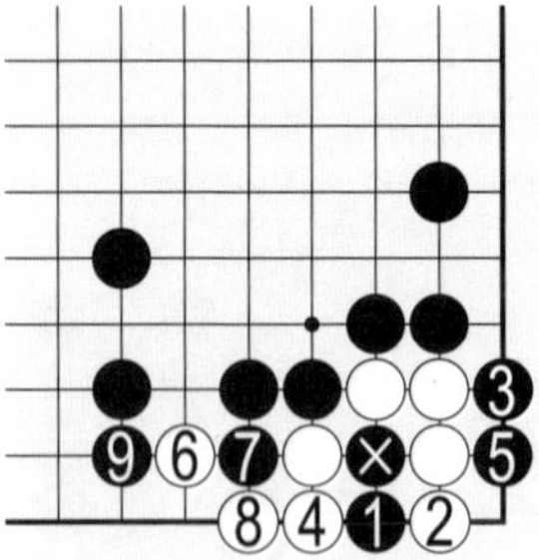

题 381　正解

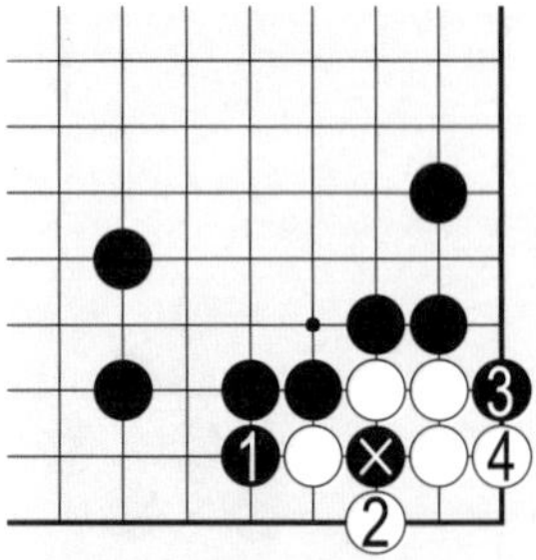

题 381　失败

1级～1段答案

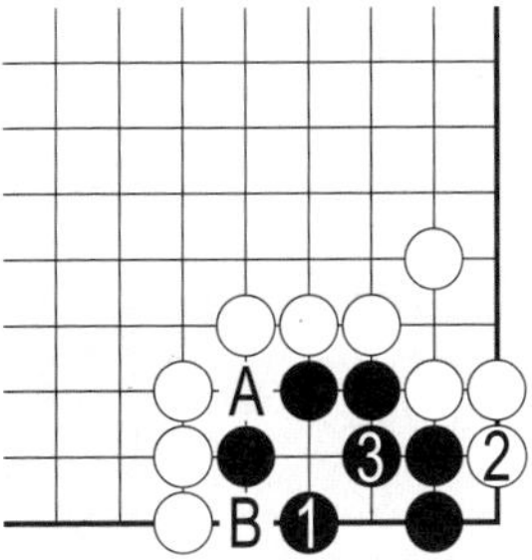

题 382　正解 A、B 见合

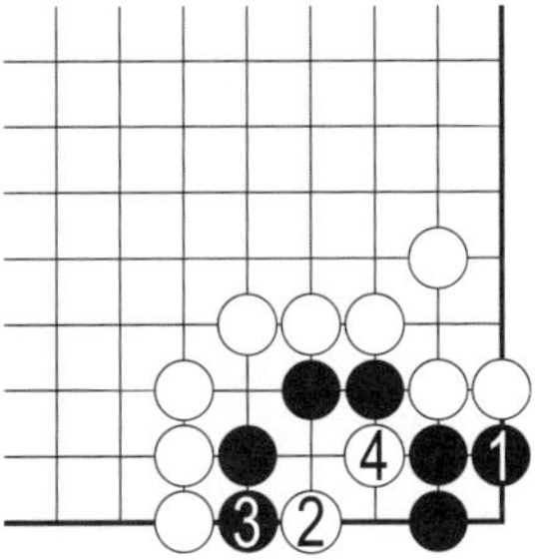

题 382　失败

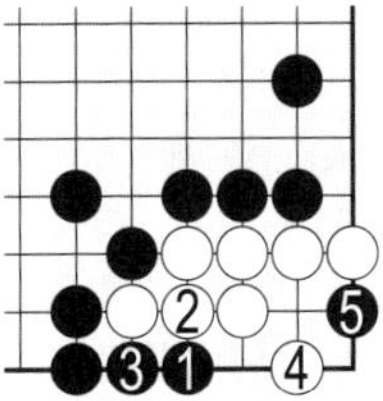

题 383　正解 1

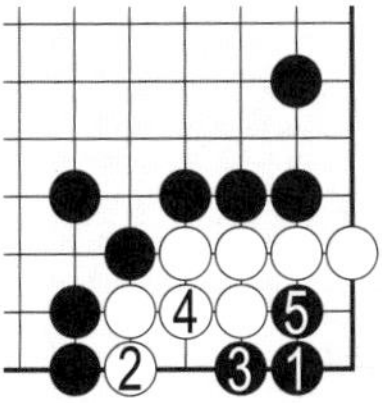

题 383　正解 2

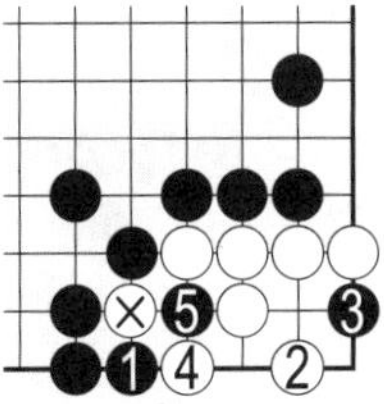

题 383　失败 打劫

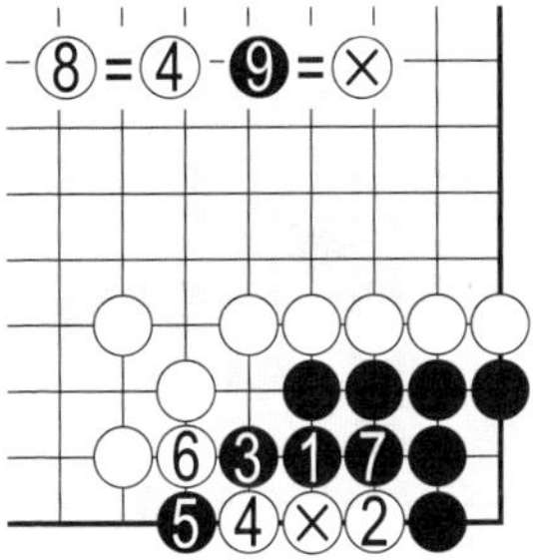

题 384　正解

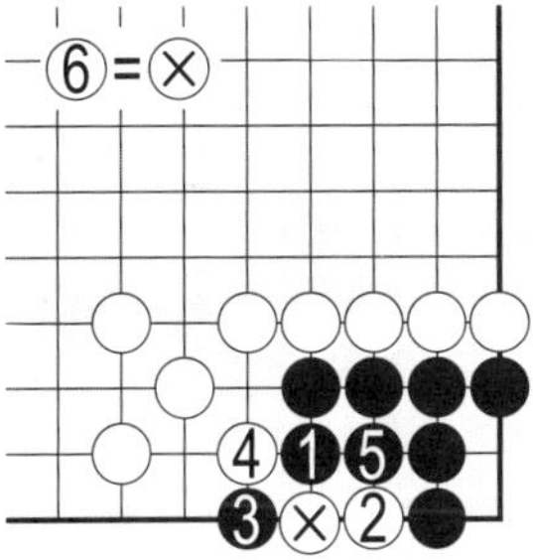

题 384　失败

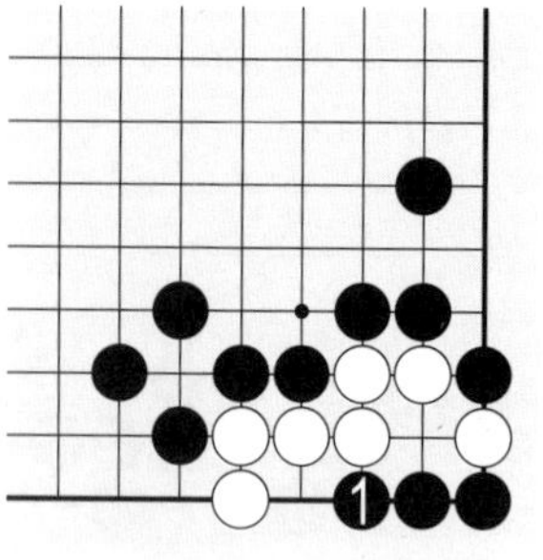

题 385　正解

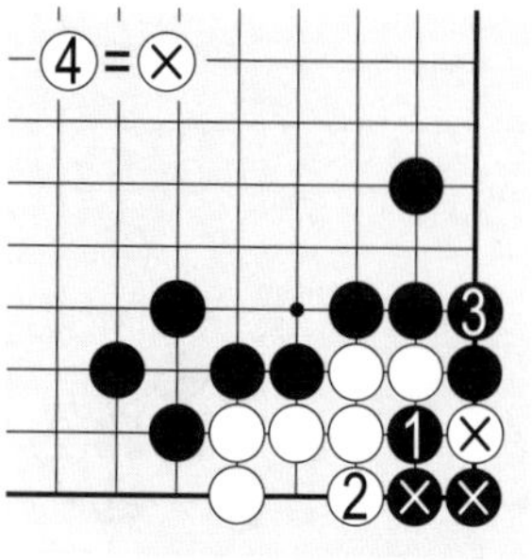

题 385　失败

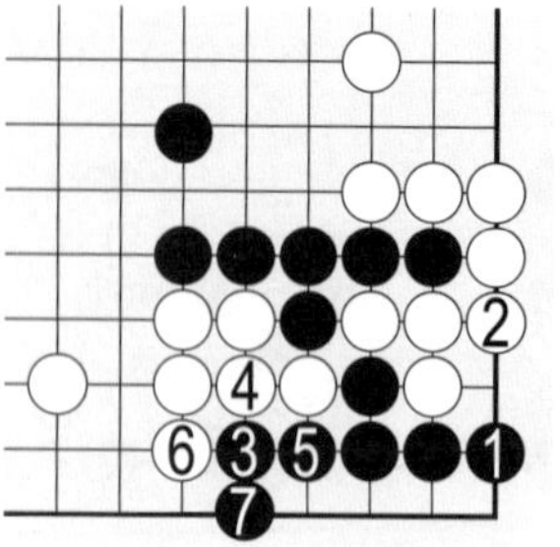

题 386　正解

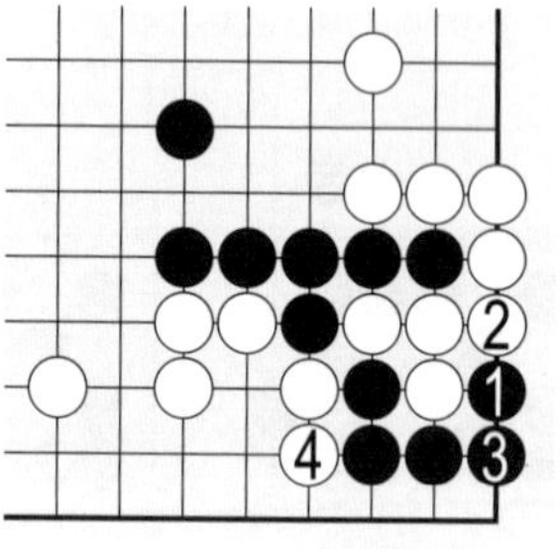

题 386　失败

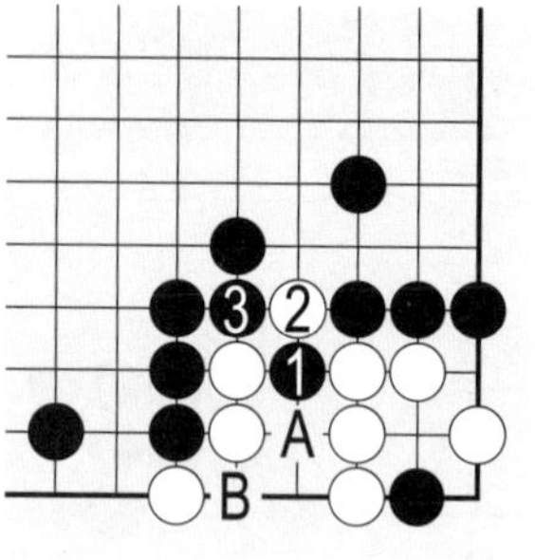

题 387　正解　A、B 见合

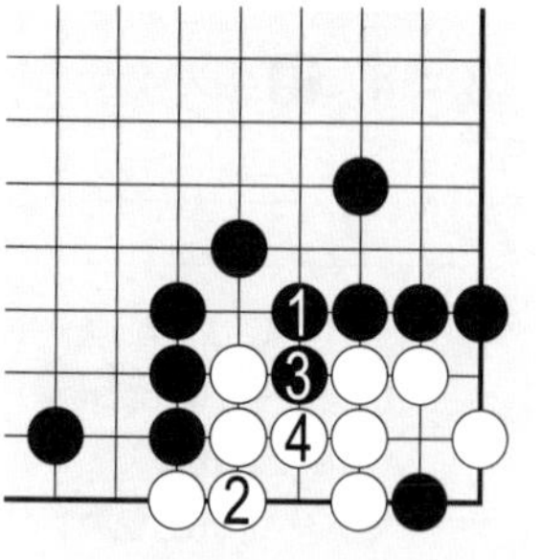

题 387　失败

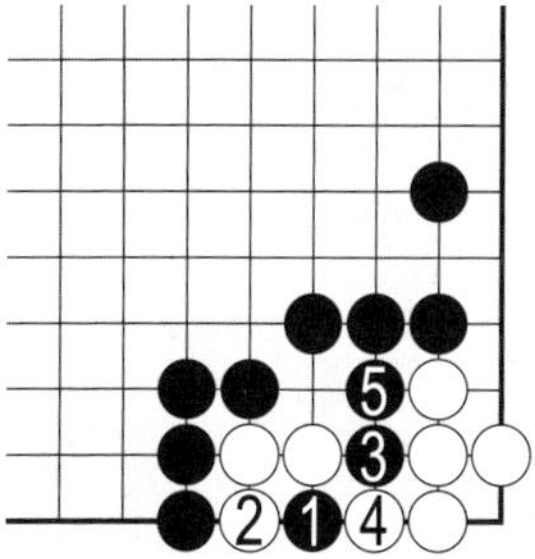

题 388　正解

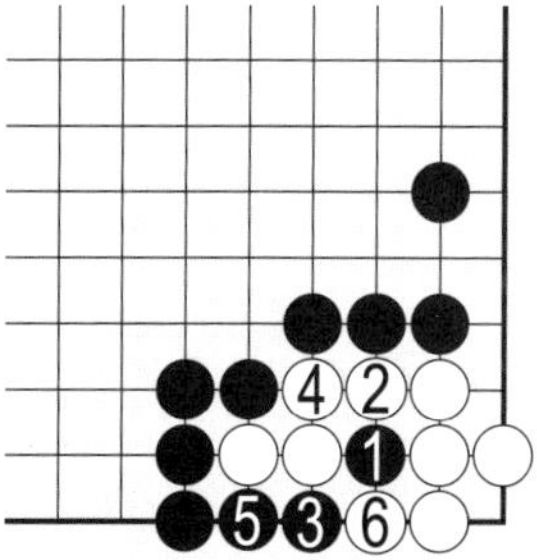

题 388　失败

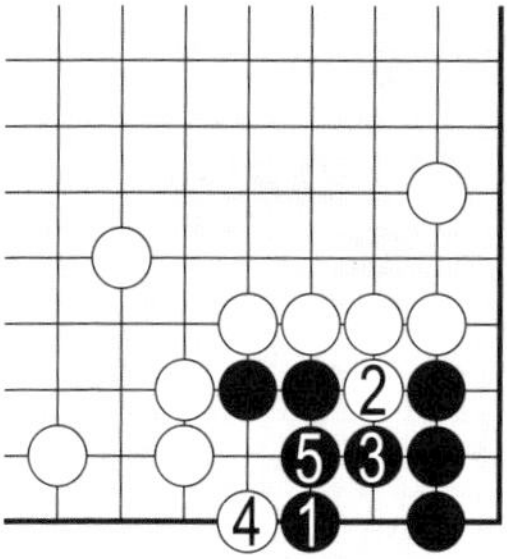

题 389　正解

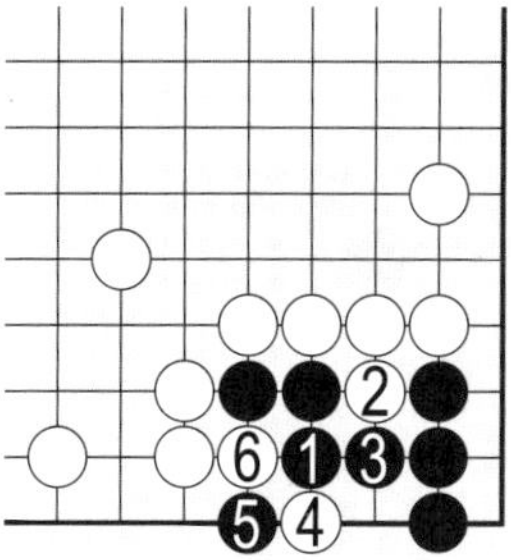

题 389　失败

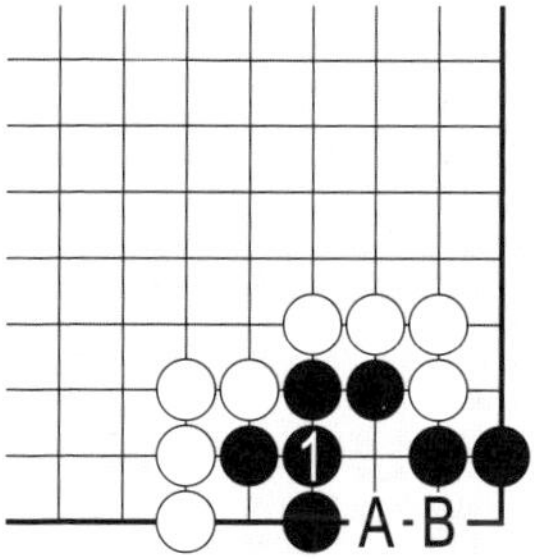

题 390　正解　A、B 见合

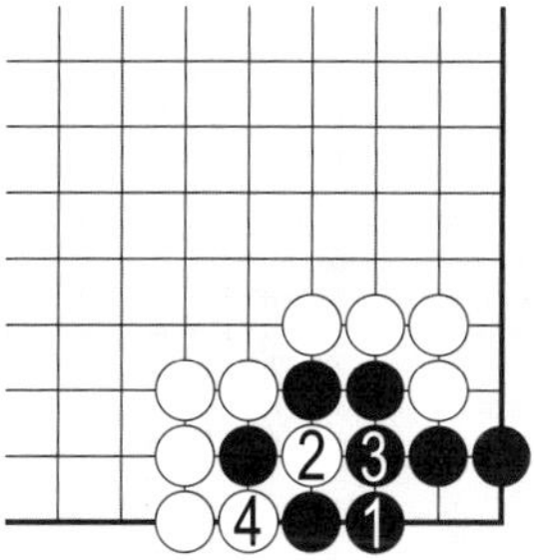

题 390　失败

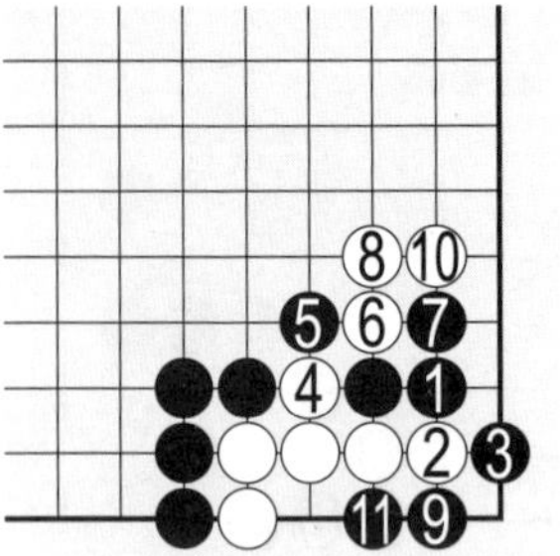

题 391　正解

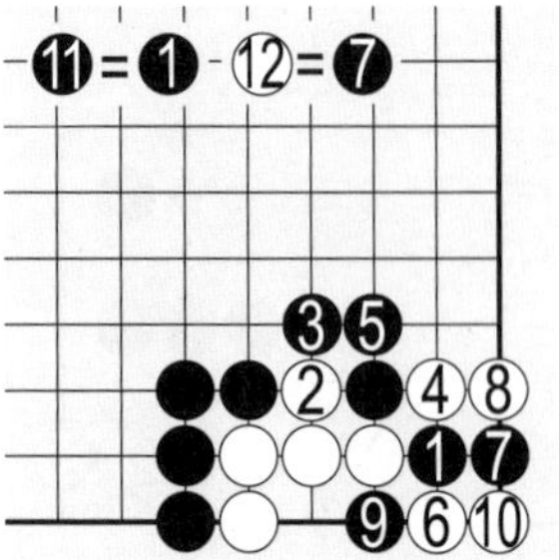

题 391　失败

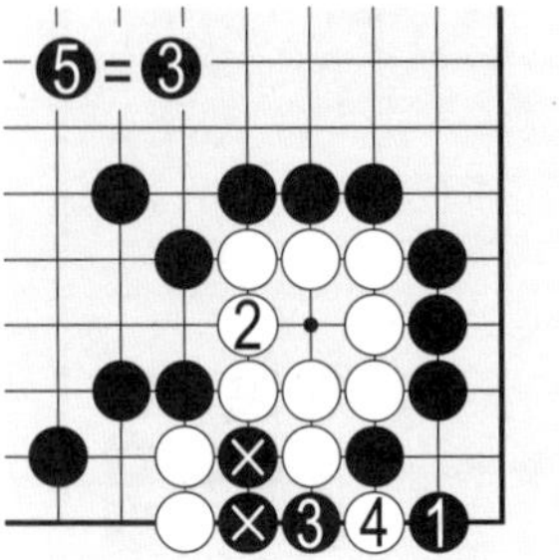

题 392　正解

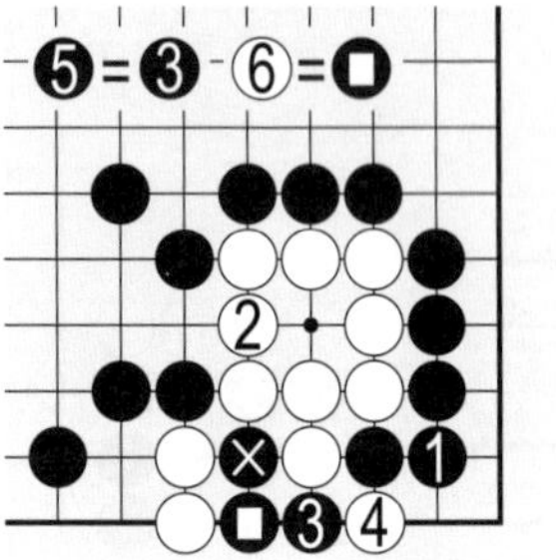

题 392　失败

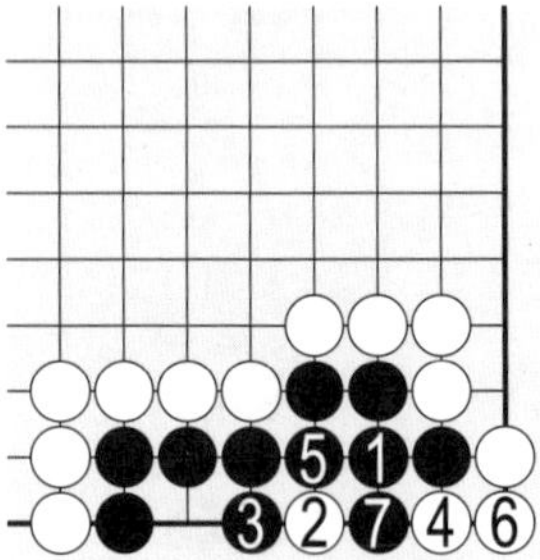

题 393　正解

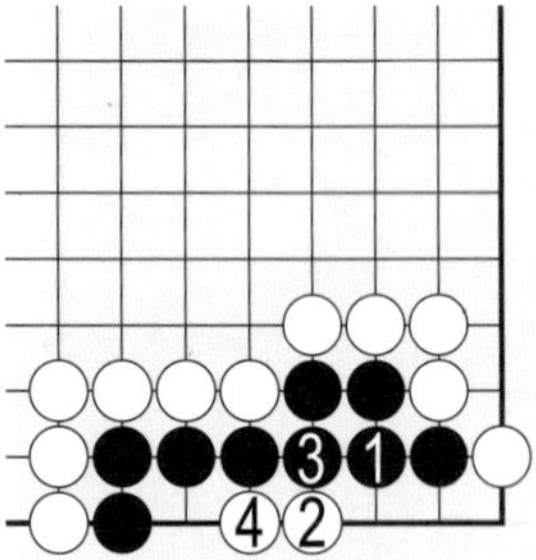

题 393　失败

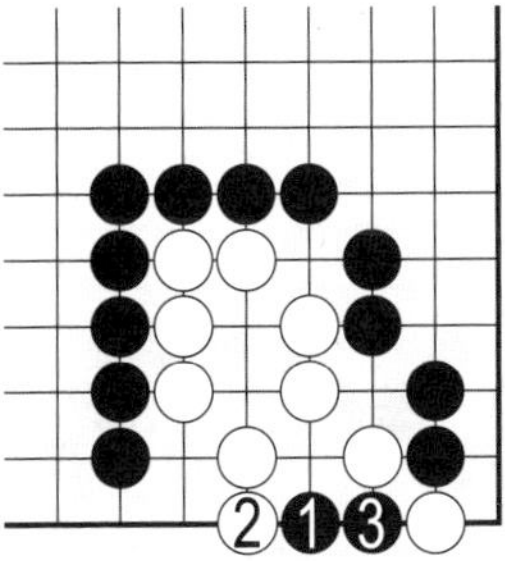

题 394　正解

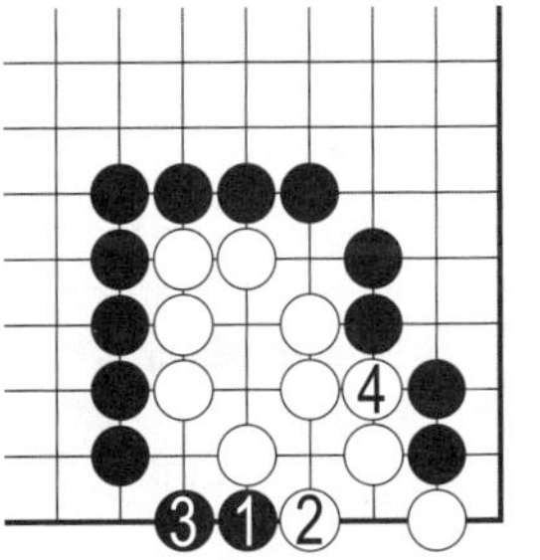

题 394　失败

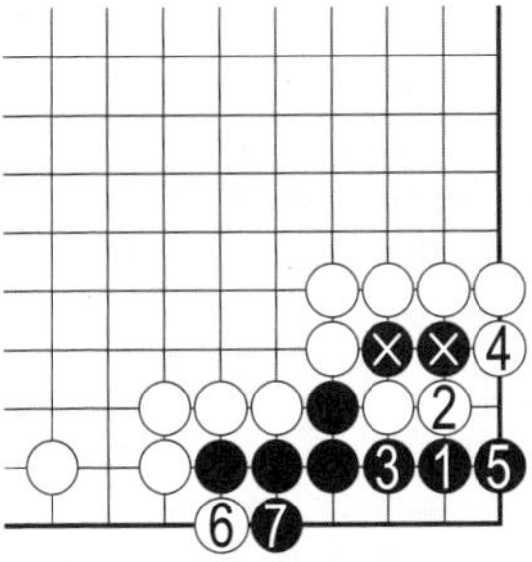

题 395　正解

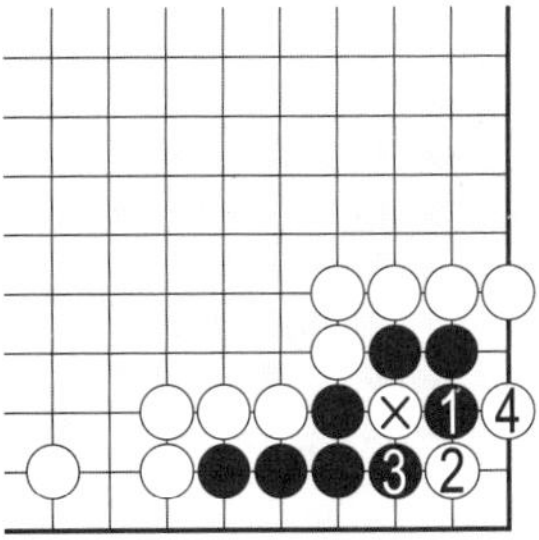

题 395　失败

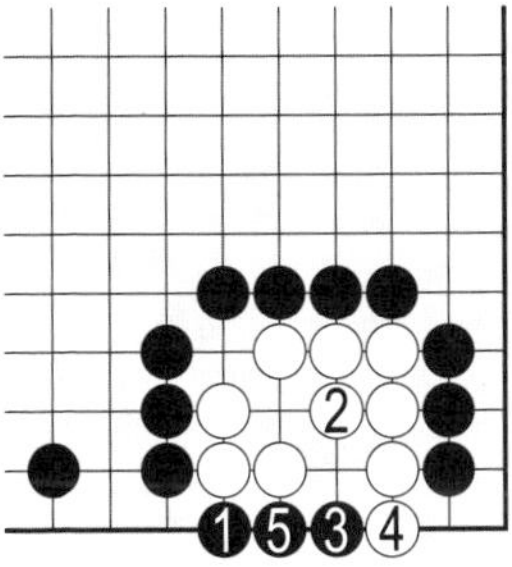

题 396　正解

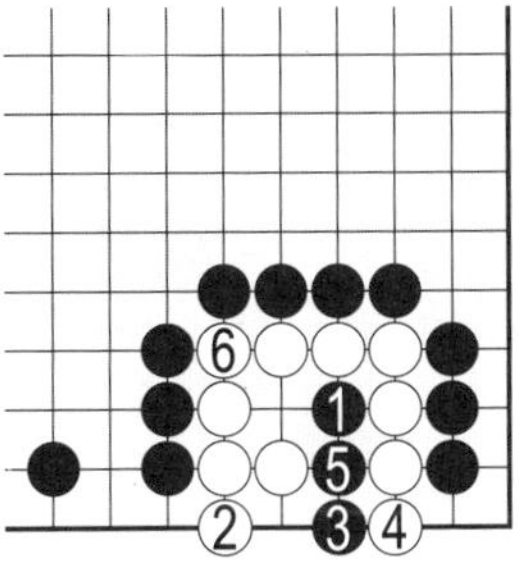

题 396　失败　双活

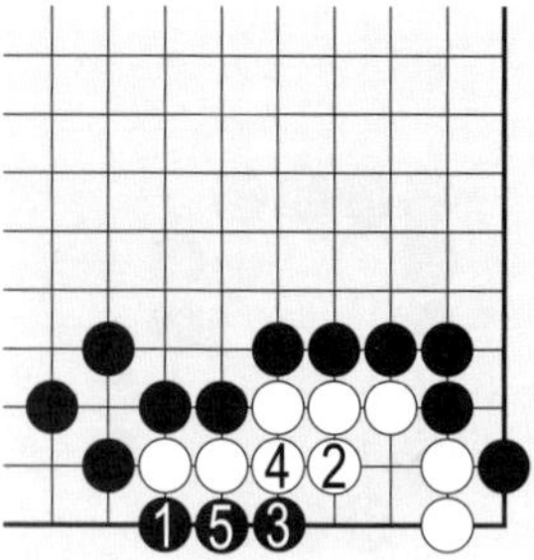

题 397　正解

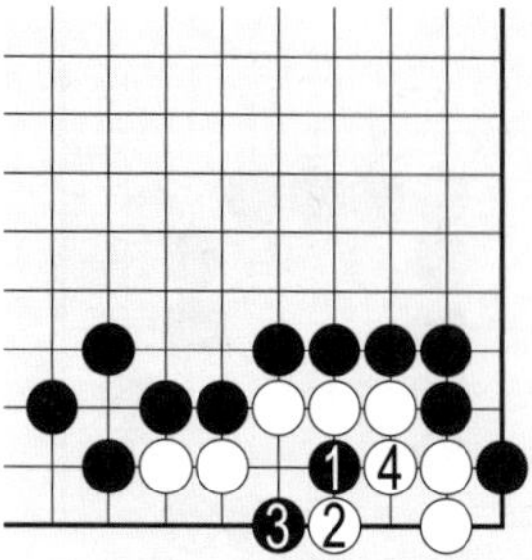

题 397　失败　打劫

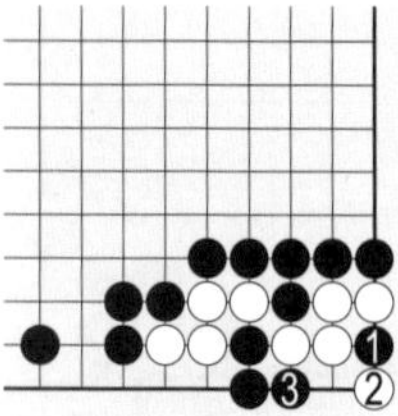

题 398　正解

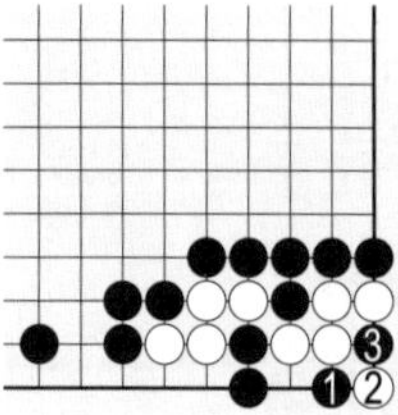

题 398　失败 1

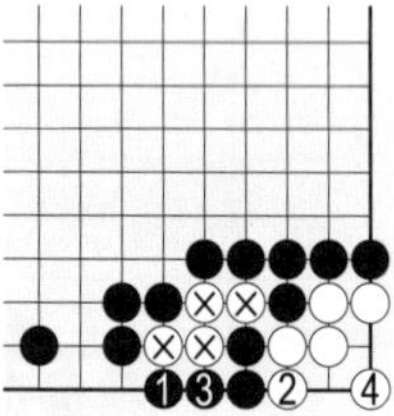

题 398　失败 2

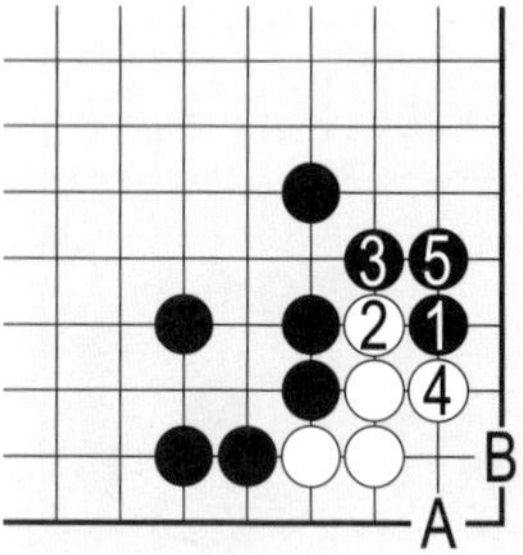

题 399　正解　A、B 见合

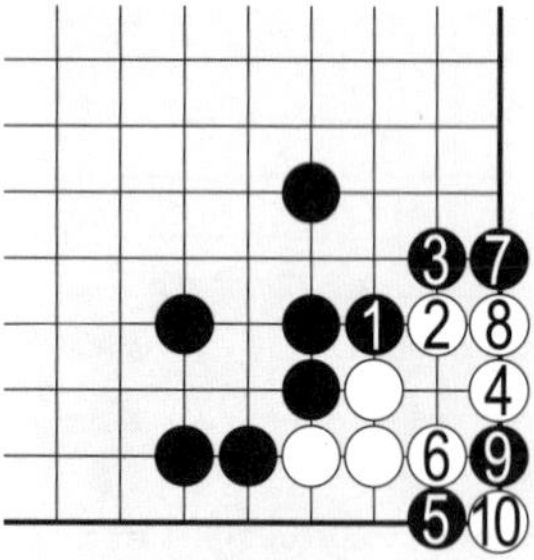

题 399　失败　打劫

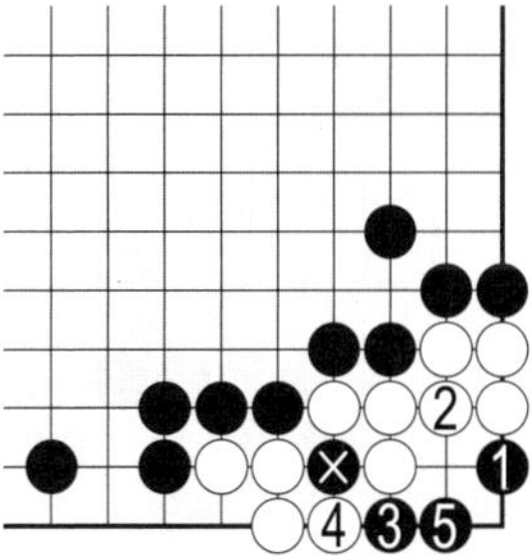

题 400　正解

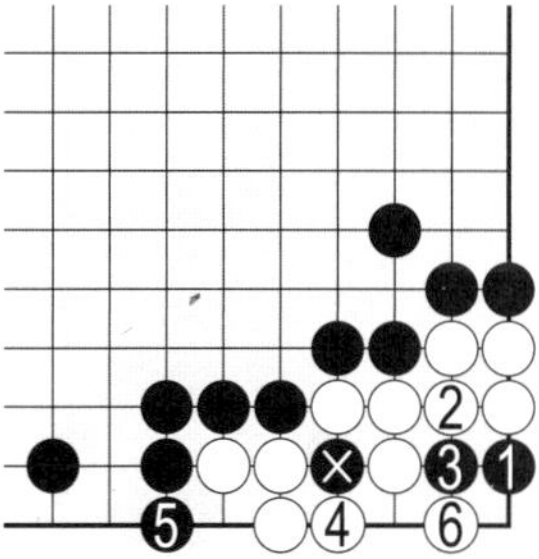

题 400　失败

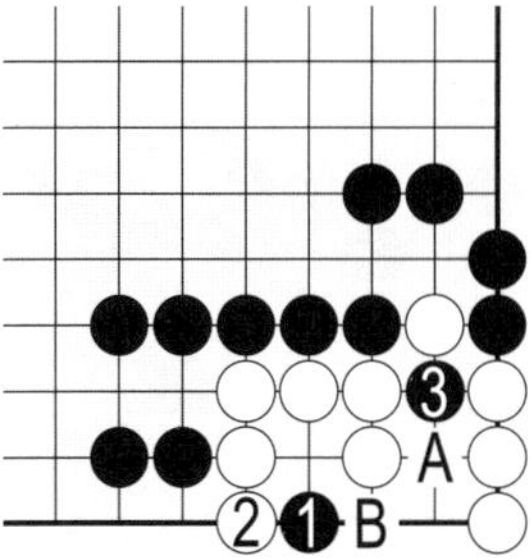

题 401　正解　A、B 见合

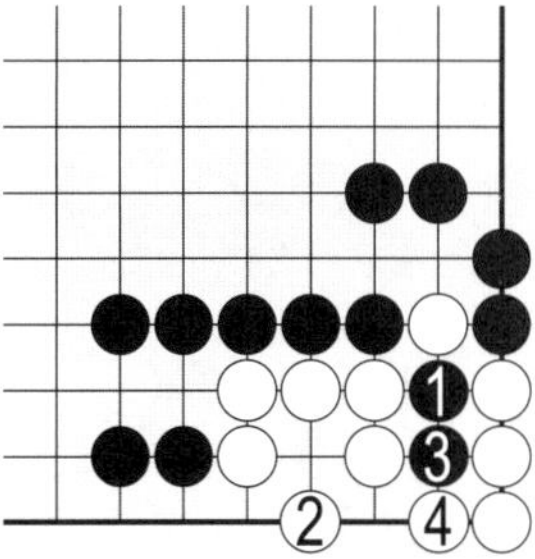

题 401　失败

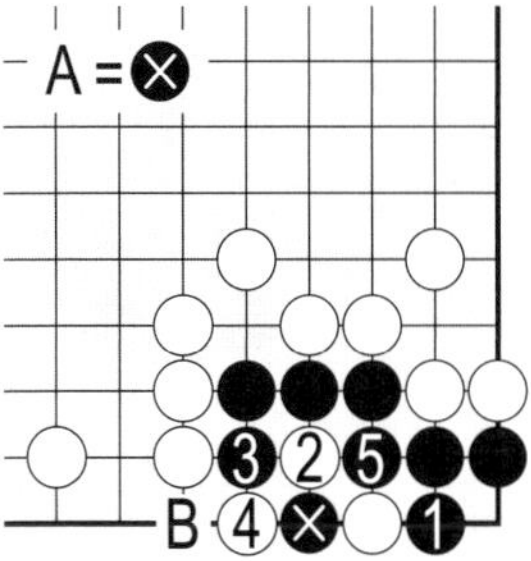

题 402　正解　A、B 见合

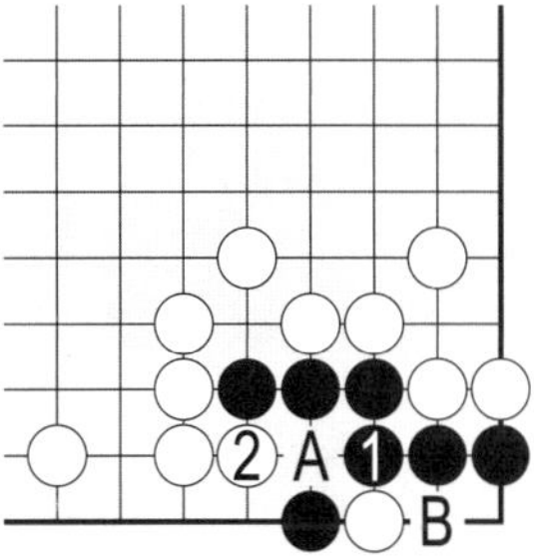

题 402　失败　A、B 见合

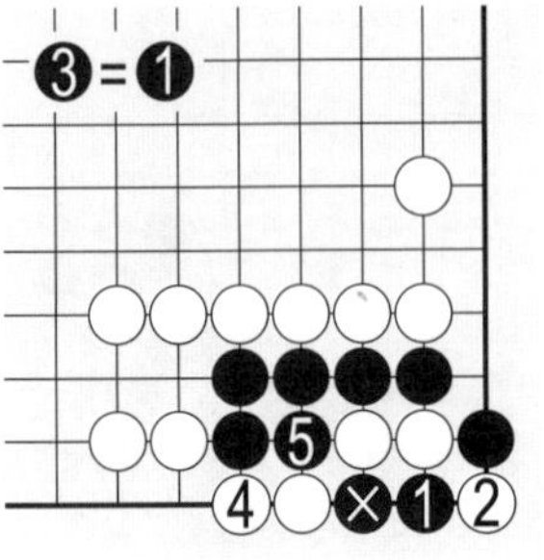

题 403　正解

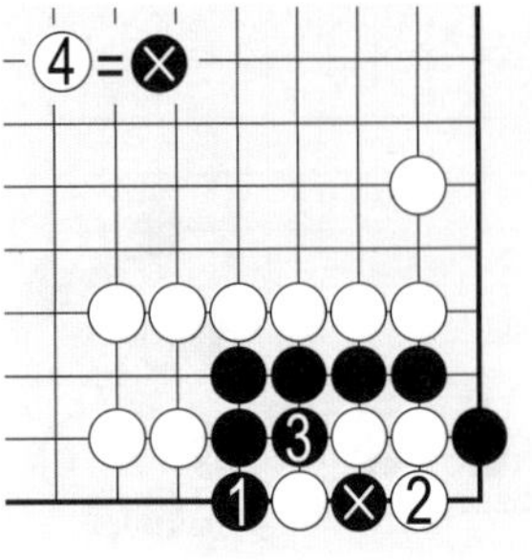

题 403　失败

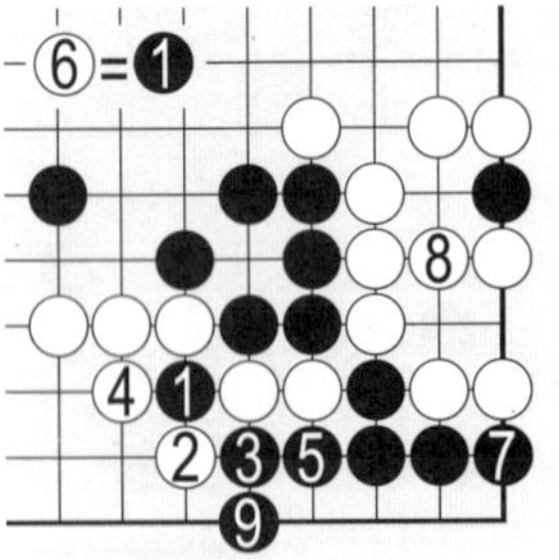

题 404　正解

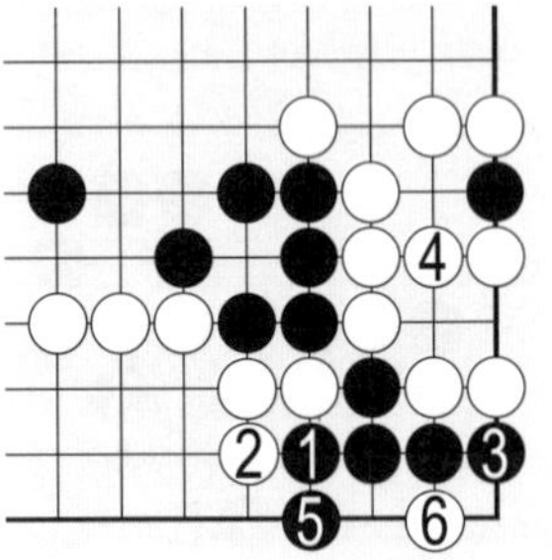

题 404　失败

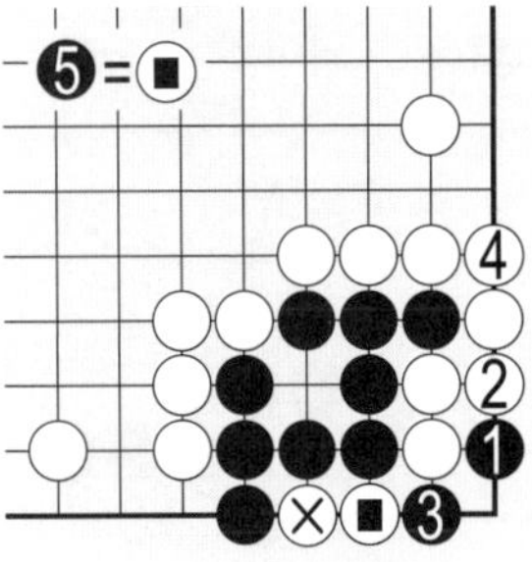

题 405　正解

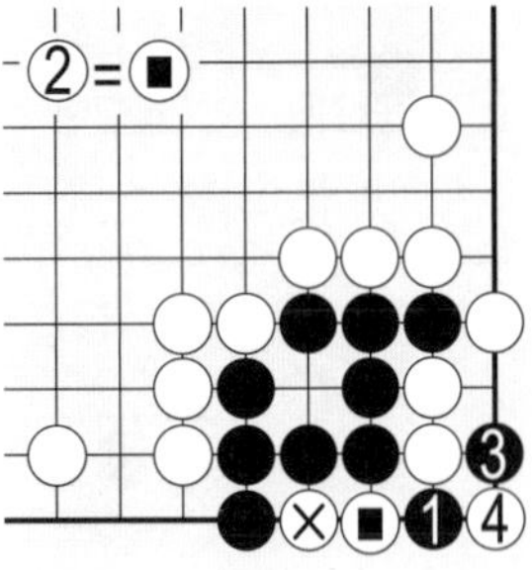

题 405　失败　打劫

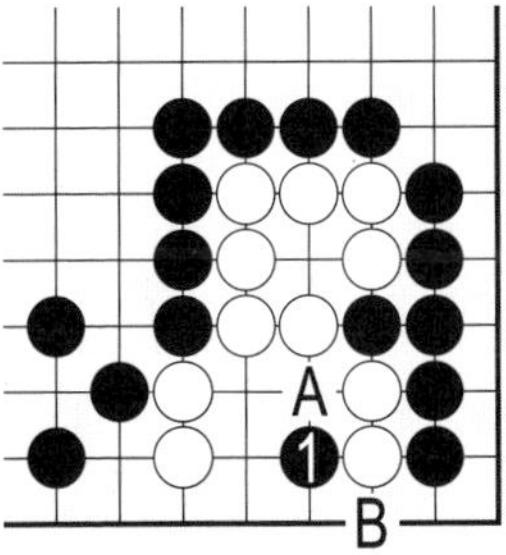

题 406 正解 A、B 见合

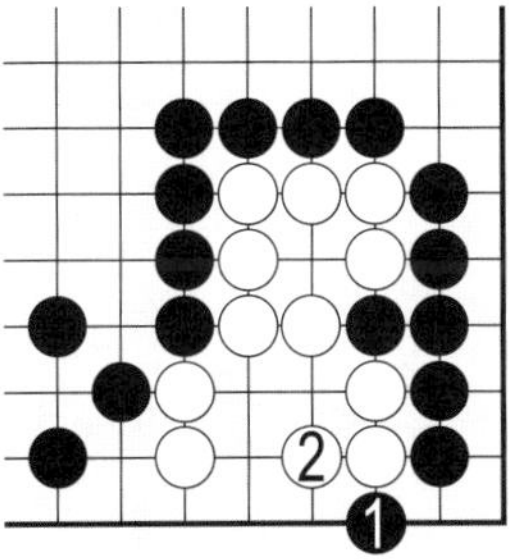

题 406 失败

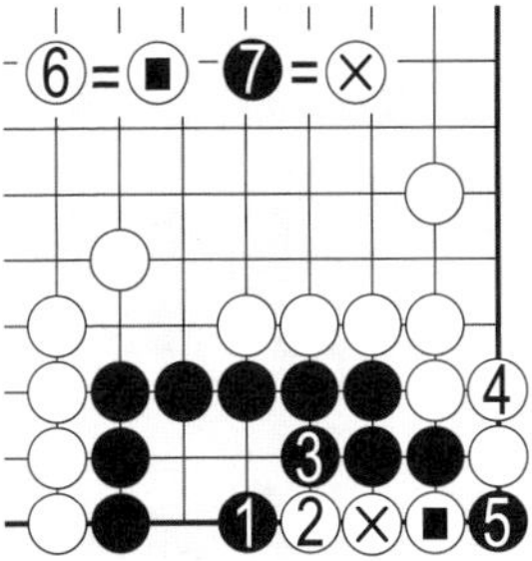

题 407 正解

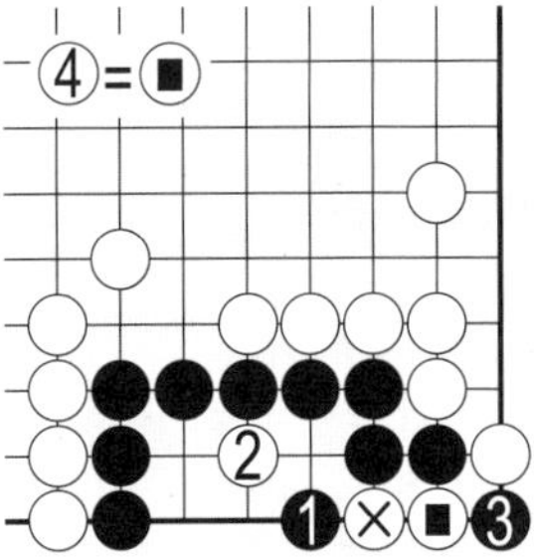

题 407 失败

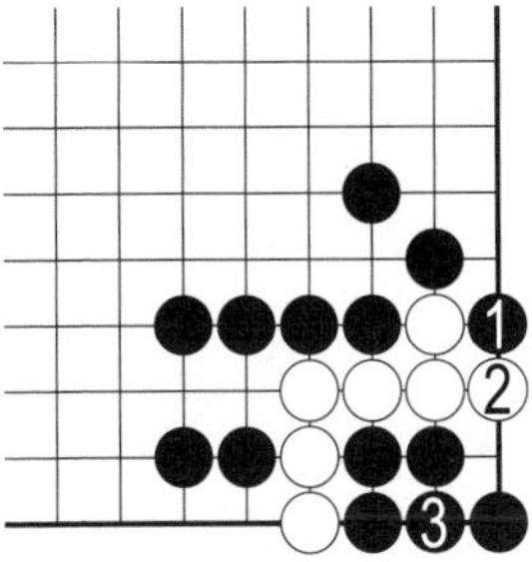

题 408 正解

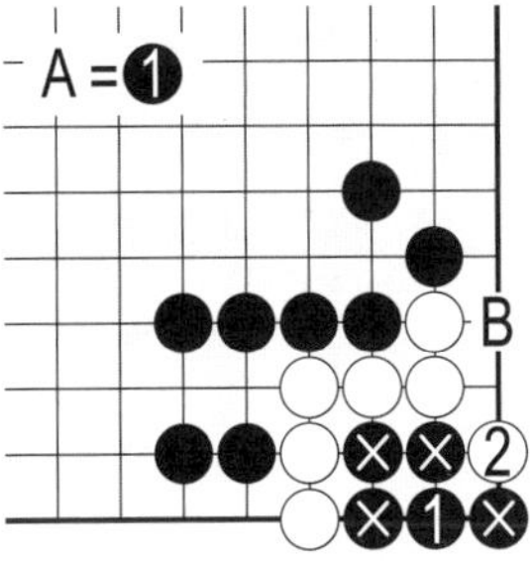

题 408 失败 A、B 见合

《象棋入门一本就够》

一学就会的成人象棋入门书。每天一课，30 天象棋知识全面掌握。

《儿童象棋基础教程》

系统性儿童象棋教程。每周一课，轻松学棋，讲解 + 习题，循序渐进。

《跟着大师学象棋》(全 3 册)

象棋大师的实战智慧，带你从入门走向实战。

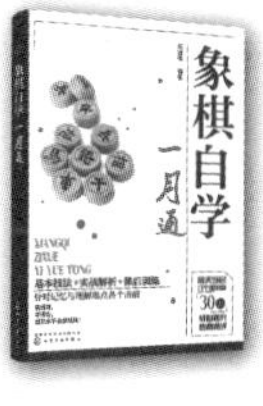

《象棋自学一月通》

基本技法 + 实战分析 + 课后训练。

每天学会几个知识点，30 天轻松晋升象棋高手。